RAMSES II.

T.G.H. JAMES

VORWORT

"Welcher alte Ägypter ist dein Favorit?" Dieses Frage stellen mir neugierige Freunde und Fremde immer wieder. Vermutlich denken sie, dass es doch einen geben muss, einen König, eine Königin, einen Bürgerlichen, dem ich besondere Sympathie entgegenbringe. Manche Menschen lieben Echnaton oder Nofretete oder Hatschepsut. Sie glauben, genug über diese Herrscher zu wissen, um sich ein Urteil erlauben zu können. Der professionelle Ägyptologe weiß jedoch, dass Sentimentalität allein keine Basis für ein Urteil ist. Es bereitet schon Probleme, dem „normalen" alten Ägypter mithilfe der wenigen privaten und persönlichen Schriftstücke, die erhalten sind, wirklich nahe zu kommen. Bei einem König ist dies praktisch unmöglich. Deshalb kann ich niemals antworten: „X ist mein Favorit". Was ich jedoch eindeutig sagen kann: Es ist nicht Ramses II. Natürlich findet man viele Proklamationen dieses Herrscher. Sie sind jedoch fast ausnahmslos überzogen und eitel, ebenso wie viele seiner grandiosen und pompösen Monumente. Das Bild Ramses' II., das der Herrscher als Repräsentation seiner selbst vermutlich akzeptiert hätte, liefern die blumigen Inschriften auf den rhetorischen Stelen. Die Texte künden von der Großartigkeit des Königs und von seinen Errungenschaften im Allgemeinen. Der Ramses, dem diese Inschriften huldigen, wirkt nicht besonders anziehend. Dennoch lässt es sich nicht leugnen, dass Ramses II. eine beeindruckende Persönlichkeit war. Er beauftragte seine höchsten Beamten, im ganzen Land Bauwerke, Statuen und Inschriften anfertigen zu lassen, die sein Ansehen steigern sollten. Der Kopf der Mumie Ramses' II. ist so gut erhalten (und das bei einem Mann von beinahe 100 Jahren), dass er einem Vergleich mit jenen Skulpturen standhält, die offensichtlich die besten Porträts des Königs liefern.

Im Lauf der Jahrhunderte wurde viel über Ramses II. geschrieben, vor allem jedoch in den letzten 50 Jahren. Die Menschen glauben, etwas über den großen Pharao zu wissen und bestimmte Charakterzüge seiner Person zu kennen. Es gab viel Publicity um das Versetzen der Tempel von Abu Simbel, die Konservierung des wundervollen Grabes der Königin Nofretiri, die Freilegung von Pi-Ramses, der Residenz im Delta, und um die Reise der Mumie des Königs nach Paris, wo sie wissenschaftlichen Untersuchungen unterzogen wurde. Man hat akademische Monographien über die großen Monumente verfasst, eine spektakuläre Ausstellung der Objekte aus der Zeit Ramses' II. tourte in den 80-er Jahren durch Nordamerika, es wurden populäre Biographien veröffentlicht und sogar ein dreibändiger Roman über das Leben des Herrschers und seine Zeit. So weit es den Ägyptologen betrifft, war die Veröffentlichung der Texte der 19. und 20. Dynastie, mit dem unspektakulären Titel „Inschriften der Ramessiden", der größte Erfolg hinsichtlich des Studiums Ramses' II. Die Sorgfalt, die der Autor Professor Kenneth Kitchen walten ließ, und seine unermüdliche Energie suchen ihresgleichen in der Geschichte der Ägyptologie. Kitchen hat alle bekannten signifikanten Texte über Ramses II. in zwei umfassenden Bänden zusammengetragen. Einer der Bände ist dem Herrscher selbst und seiner Familie gewidmet, der andere seinen Zeitgenossen, vom höchsten Beamten bis zum niedersten Handwerker. Darüber hinaus gehören zu dem Werk Ergänzungsbände mit Übersetzungen und Kommentaren. Ich bin Kenneth Kitchen überaus dankbar für seine Veröffentlichung, denn das vorliegende Buch profitiert in jeder Hinsicht von seiner Pionierarbeit.

Ich habe in meinem Buch über Ramses II. versucht, unvoreingenommen zu schreiben. Gelegentlich offenbare ich vielleicht eine gewisse Geringschätzung, niemals jedoch Respektlosigkeit. Ramses mag nicht mein Favorit sein, doch er fordert mir großes Interesse und Bewunderung ab.

1
Detail der Statue Ramses' II. vor dem Kairoer Bahnhof. Die Statue trägt ein Armband mit den königlichen Kartuschen und den schützenden Kobras. In der Faust hält Ramses einen Amtsstab mit seinem Thronnamen.

2
Diese Figur Ramses' II. stammt von einem Pfeiler in der großen Halle des Hathortempels in Abu Simbel.

3
Diese Zeichnung von Prisse d'Avennes zeigt Ramses II. in der Schlacht von Kadesch.

4-5
Die Köpfe der nördlichen Kolossalstatuen am Großen Tempel von Abu Simbel.

6-7
Zwei Sitzkolosse, die für Ramses II. beschriftet wurden, flankieren die Haremhabs Kolonnade in Luxor.

8
Dieser königliche Kopf mit dem Nemes-Kopftuch gehört zu einem Granitkoloss Ramses' II., der im Vorhof des Tempels von Luxor steht. Vermutlich wurde die Statue ursprünglich für König Amenophis III. gefertigt.

© 2002 White Star S.r.l.
Via C. Sassone 22/24 - 13100 Vercelli, Italien

2002 Herausgegeben in Deutschland von
Verlag Karl Müller GmbH
Venloer Str. 1271
D - 50829 Köln
Tel. 0221-13065-0 - Fax 0221-13065-210
www.karl-muller-verlag.de

Alle Rechte vorbehalten
Kein Teil des Werkes darf in irgendeiner Form (durch Fotokopie, Mikrofilm oder ein ähnliches Verfahren) ohne die schriftliche Genehmigung des Verlages reproduziert oder unter Verwendung elektronischer Systeme verarbeitet, vervielfältigt oder verbreitet werden.

ISBN 3-89893-037-8

Gedruckt bei Grafedit, Bergamo, Italien
Lithos: Fotomec, Torino, Italien

TEXTE
T.G.H. James

HERAUSGEBER
Valeria Manferto De Fabianis
Laura Accomazzo

LAY-OUT
Patrizia Balocco Lovisetti
Paola Piacco

ÜBERSETZUNG
Susanne Kattenbeck

INHALT

VORWORT   9

EINLEITUNG
RAMSES DER GROSSE   20

KAPITEL 1
ÄGYPTEN NACH DER AMARNAZEIT: VON HAREMHAB BIS SETHOS I.   40

KAPITEL 2
RAMSES II. UND DIE AUSSENWELT   72

KAPITEL 3
DIE SCHLACHT VON KADESCH   98

KAPITEL 4
DER GROSSE BAUMEISTER   124

KAPITEL 5
DAS PERSÖNLICHKEITSBILD RAMSES' II.   196

KAPITEL 6
DIE KÖNIGLICHEN DAMEN   214

KAPITEL 7
DIE KÖNIGLICHEN NACHKOMMEN   242

KAPITEL 8
DAS KÖNIGREICH RAMSES' II.   258

KAPITEL 9
DER KÖNIG UND DIE GÖTTER IM DIESSEITS UND IM JENSEITS   272

KAPITEL 10
DAS VOLK RAMSES' II.   290

KAPITEL 11
RAMSES II. – DIE LEGENDE   304

INHALTSVERZEICHNIS - BIBLIOGRAPHIE - FOTOBEITRÄGE   314

10
Diese Reliefstatue Ramses' II. zeigt den Pharao als Kind. Er sitzt auf einem Kissen in Form des Symbols für Horizont. Die Haarlocke und der Finger am Mund sind charakteristisch für die Darstellung eines Kindes (Louvre, N 522).

11-14
Die Südwand der großen Halle in Abu Simbel. Oben: Ramses II. bringt verschiedenen Göttern Opfer dar. Thot und Sefchet-abu bekräftigen die Jahre seiner Regentschaft im Angesicht von Re-Harachte. Unten: Triumphszenen der Kriege in Syrien, Libyen und Nubien.

16-17
Darstellung aus dem Ramesseum. Ramses kniet vor Amun-Re, von dem er die kunstvoll gearbeitete Atef-Krone in Empfang nimmt und eine Vielzahl an Sedfesten, die durch den Palmstamm verkörpert wird, dessen Kerben die viele Jahre währende Regierungszeit symbolisieren.

18-19
Die Fassade des Großen Tempels von Abu Simbel bei Nacht. Das Flutlicht erfüllt die untergeordneten Statuen der Königinnen, Prinzen und Prinzessinnen, die die vier Kolossalstatuen begleiten, mit Leben.

Ramses
der Grosse

*20 und 21
Granitkoloss Ramses' II. aus dem Ptahtempel in Memphis. Die Statue wurde später von Ramses IV., einem Pharao der 20. Dynastie, übernommen. Heute steht sie in Kairo, in der Nähe des Hauptbahnhofs.*

EINLEITUNG

Der moderne Reisende, der vielleicht nach Einbruch der Nacht in Kairo eintrifft, wird vom alten Ägypten begrüßt, wenn sein Bus vorbei am Hauptbahnhof in die Stadt fährt. Der Granitkoloss eines Königs überragt das Chaos aus sich kreuzenden Straßen, das den Besucher verwirrt. Hier erhascht er einen ersten Blick auf Ramses II. Der große Herrscher hätte vermutlich gern darauf verzichtet, inmitten des Chaos zu thronen, wo seine Persönlichkeit nicht zur Geltung kommt. Eine geführte Tour könnte das Interesse an der Statue wecken, die meisten Reisenden dösen jedoch noch, wenn sie durch Kairo fahren. Städteplaner hatten den Platz für die große Statue des bedeutenden Pharaos ausgesucht, in der Hoffnung, dass ihr dort die gebührende Aufmerksamkeit entgegengebracht werde, doch das Gebiet hat sich zu einem geschäftigen Zentrum entwickelt, in dem keine Zeit für ein kurzes Verweilen bleibt, um Ramses Reverenz zu erweisen. Die zuständigen Behörden denken deshalb darüber nach, den Koloss abzubauen und in dem ruhigen Garten vor dem Ägyptischen Museum wieder aufzustellen oder ihn nach Memphis zu überführen oder an einen anderen öffentlichen Platz in Kairo. Es gibt jedoch noch keine differenzierten Pläne, weder für den Zeitpunkt noch für den Ort.

1955 wurde der Koloss von Memphis nach Kairo gebracht. Memphis liegt nur wenige Kilometer südlich von Kairo am Westufer des Nil. Nach der Revolution im Jahr 1952 wollte man die ägyptische Hauptstadt verschönern und modernisieren. Ramses II. sollte als Sinnbild für die Größe des originären Ägyptens stehen, ein Gruß aus der fernen Vergangenheit. Also wurde seine Statue in einen Stadtteil gebracht, in dem Besucher mit der Bahn ankommen oder abreisen. Sie sollten dem großen Pharao bei der Ankunft oder Abreise begegnen. Der Koloss sollte dominant und passend an jenem Platz stehen, der bereits als „Ramsesplatz", „Midan Ramses" oder „Ramses Square" bekannt war. In gewisser Weise kehrte der Pharao im Triumph zurück, ein geeignetes Objekt für den Nationalstolz.

Es hätte jedoch auch anders kommen können, denn der Koloss sollte eigentlich nach London überführt werden. Im frühen 19. Jahrhundert hatte Mehmed Ali (1769–1849), der Statthalter von Ägypten und Begründer der Dynastie der Khediven, die Statue Großbritannien als Geschenk angeboten. Dies war eines von vielen extravaganten Geschenken, die dieser Herrscher befreundeten Regierungen anbot.

22 oben
Das französische Schiff Louxor *liegt vertäut in Luxor. Es wird unter Leitung von Jean-Baptiste Apollinaire Lebas für die Überführung des westlichen Obelisken aus dem Tempel von Luxor vorbereitet.*

23 rechts
Der Obelisk Ramses' II. auf der Place de la Concorde in Paris. 1831 schenkte Mohammed Ali Pascha den Obelisken Frankreich. Der zweite Obelisk erhebt sich vor dem großen Pylonen des Tempels von Luxor.

22-23
Dieses Gemälde von François Dubois zeigt die Place de la Concorde am 25. Oktober 1836, als der Obelisk aus Luxor aufgestellt wird.

23 oben links
Intarsien an der Nordseite der Basis des Pariser Obelisken belegen, das geschickte Vorgehen J. P. Lebas beim Absenken des Obelisken für den Transport auf der Louxor.

23 unten links
Metallintarsien an der Südseite des Granitsockels des Pariser Obelisken zeigen, wie der Obelisk in seine heutige Position gebracht wurde.

Ein weiteres Geschenk Mehmed Alis war der große Obelisk, der möglicherweise unter Ramses' II. gefertigt wurde und heute auf der Place de la Concorde in Paris steht. Die Franzosen nahmen das Geschenk gern an, denn seit der Napoleonischen Expedition im Jahr 1798 zeigten sie großes Interesse am alten Ägypten. Der Obelisk wurde 1836 in Paris aufgestellt, vier Jahre nach dem Tod von Jean François Champollion. Der französische Ägyptologe konnte die königlichen Namen lesen und entzifferte viele Texte, die die Monumente des alten Ägyptens zieren. Hätte er der Vergoldung der Spitze des Obelisken zugestimmt, die man kürzlich vorgenommen hat? Ich befürchte, er hätte zustimmend genickt. Ramses selbst hätte vermutlich dafür gesorgt, dass seine Entourage in Jubel ausgebrochen wäre, auch wenn es für den göttlichen Herrscher selbst unangebracht gewesen wäre, eine solche Gefühlsregung zu zeigen.

In den ersten Jahren, in denen Champollion damit beschäftigt war, die Hieroglyphen zu entziffern, leitete er die Lesart des Namens Ramses von den alten Kartuschen ab, jenen Ovalen, die im alten Ägypten die Namen der Könige umschlossen. Seine Vermutung sollte sich bald anhand der Lesart des Namens des Königs Thothmes oder Thutmosis bestätigen. Es wird erzählt, dass Champollion so erfreut war über seine Entdeckung, dass er zu seinem Bruder Jacques Joseph rannte, seinen Erfolg herausschrie und in eine Ohnmacht fiel, die mehrere Tage andauerte. Der Begründer der Ägyptologie wusste endlich, wie der Namen Ramses zu entziffern war. Als der Obelisk aus Luxor 1836 in Paris aufgestellt wurde, gab es viele, die den Namen lesen konnten und darüber hinaus einiges über den Initiator dieses großen Monuments wussten.

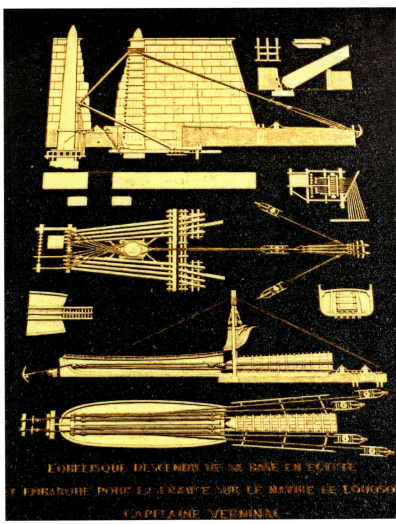

L'OBÉLISQUE DESCENDU DE SA BASE EN ÉGYPTE ET EMBARQUÉ POUR LA FRANCE SUR LE NAVIRE LE LOUQSOR CAPITAINE VERNINAC

HALAGE, VIREMENT ET ÉRECTION DE L'OBÉLISQUE A PARIS

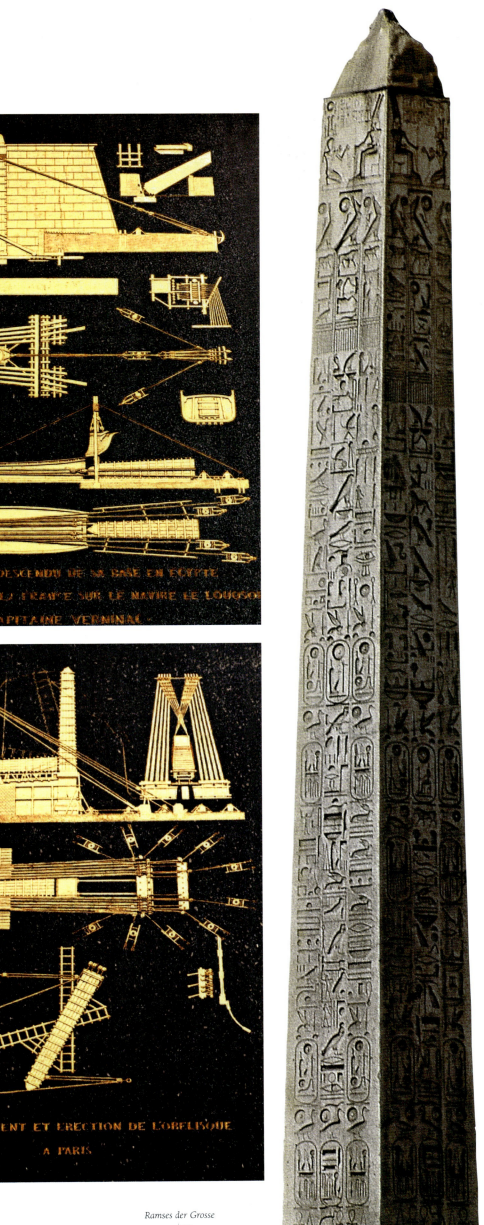

Einleitung

Ramses II.

24 oben links
Die Egyptian Sculpture Gallery des British Museum um 1860. Links thront die Büste Ramses' II. Im Hintergrund erkennt man den Abguss eines Kopfes einer Kolossalstatue aus Abu Simbel.

24 oben rechts
Königliche Artilleristen bereiten die Büste Ramses' II. für die Überführung aus den Townley Galleries in die neue Egyptian Sculpture Gallery des British Museum vor (1834).

24-25
Giovanni Battista Belzonis Darstellung des Transports des „Jüngeren Memnon" aus dem Ramesseum. Die Büste wurde im Sommers überführt, um die Hochwasser des Nils zu nutzen.

25 oben
Der Kopf des „Jungen" oder „Jüngeren Memnon" stammt von einem Granitkoloss Ramses' II. aus dem Ramesseum, dem Totentempel des Königs in Theben-West. Heute befindet sich der Kopf im British Museum (Nr. EA 19).

Nun war in Paris die Präsenz Ramses' II spürbar. London verzichtete auf seinen Koloss. Als Begründung gab man an, es sei den Verantwortlichen vor Ort nicht möglich, die gigantische Statue aus den Erdwällen von Memphis zu befreien. Entscheidender dürften allerdings die anfallenden Kosten gewesen sein. Tatsächlich hatte London außerdem bereits sein Werk von Ramses II. – eine künstlerisch wesentlich wertvollere Statue als der Koloss von Memphis. Als diese Statue 1817 in London eintraf, wusste man nicht, dass sie den großen König repräsentierte. William Hamilton, ein Envoyé Lord Elgins, der 1803 Ägypten bereiste und 1809 seine „Aegyptiaca" veröffentlichte, bezeichnete die Statue als das schönste und perfekteste Stück der ägyptischen Skulptur im ganzen Land. Diese Aussage zog die Aufmerksamkeit des Schweizer Orientreisenden Johann Ludwig Burckhardt auf sich, der in Kairo lebte. Er überzeugte 1816 den neuen britischen Generalkonsul, ihn an der Unternehmung teilhaben zu lassen, bei der die königliche Büste aus dem Ramesseum in Theben-West in das British Museum in London überführt werden sollte. Der Italiener Giovanni Battista Belzoni, angehender Archäologe, wurde mit allen nötigen offiziellen Genehmigungen ausgestattet und setzte das Vorhaben in die Tat um. Die Skulptur war das erste große ägyptische Kunstwerk, das im British Museum aufgenommen wurde. Über seine Ankunft freuten sich nicht nur die Museumstreuhänder, sondern auch die Besucher. Erstere waren zu diesem Zeitpunkt noch nicht vollkommen davon überzeugt, dass die ägyptische Kunst den gleichen Standard aufweisen konnte wie die griechische und die römische. Niemand konnte zweifelsfrei sagen, wen die Skulptur darstellte. Es handelte sich um eine königliche Person – sicher. Sie kam aus einem Tempel – zweifellos. Aber wessen Tempel? Die französischen Gelehrten, die die Napoleonische Expedition in Ägypten begleitet hatten, bezeichneten das Ramesseum – von dem man heute weiß, dass es der Totentempel Ramses' II. war – als Memnonium, Tempel des Memnon, und assoziierten das Bauwerk mit den beiden massiven Quarzitstatuen, die seit dem Altertum als Memnonskolosse bekannt sind. In der klassischen Literatur ist Memnon ein äthiopischer König. Tatsächlich stellen die Kolosse in Theben-West jedoch Amenophis III. dar, einen Pharao der 18. Dynastie. Die Identifizierung der gigantischen Figuren mit Memnon belegt die Findigkeit der klassischen und nachklassischen Gelehrten, die in ihrer Verzweiflung ägyptische Bauwerke und Skulpturen erklärten, indem sie sich auf die dürftigen Informationen bezogen, die ihnen die wenigen antiken Texte lieferten, die sie lesen konnten.

Weder das Ramesseum noch die Kolosse Amenophis' III. haben etwas mit dem mystischen König Memnon zu tun. Doch die falschen Bezeichnungen haben sich durchgesetzt und noch heute ist die große Büste Ramses' II. im British Museum als „Junger" oder „Jüngerer Memnon" bekannt.

Erst einige Jahre nach seiner Ankunft in London sollte der „Jüngere Memnon" als Abbild Ramses' II. identifiziert werden.

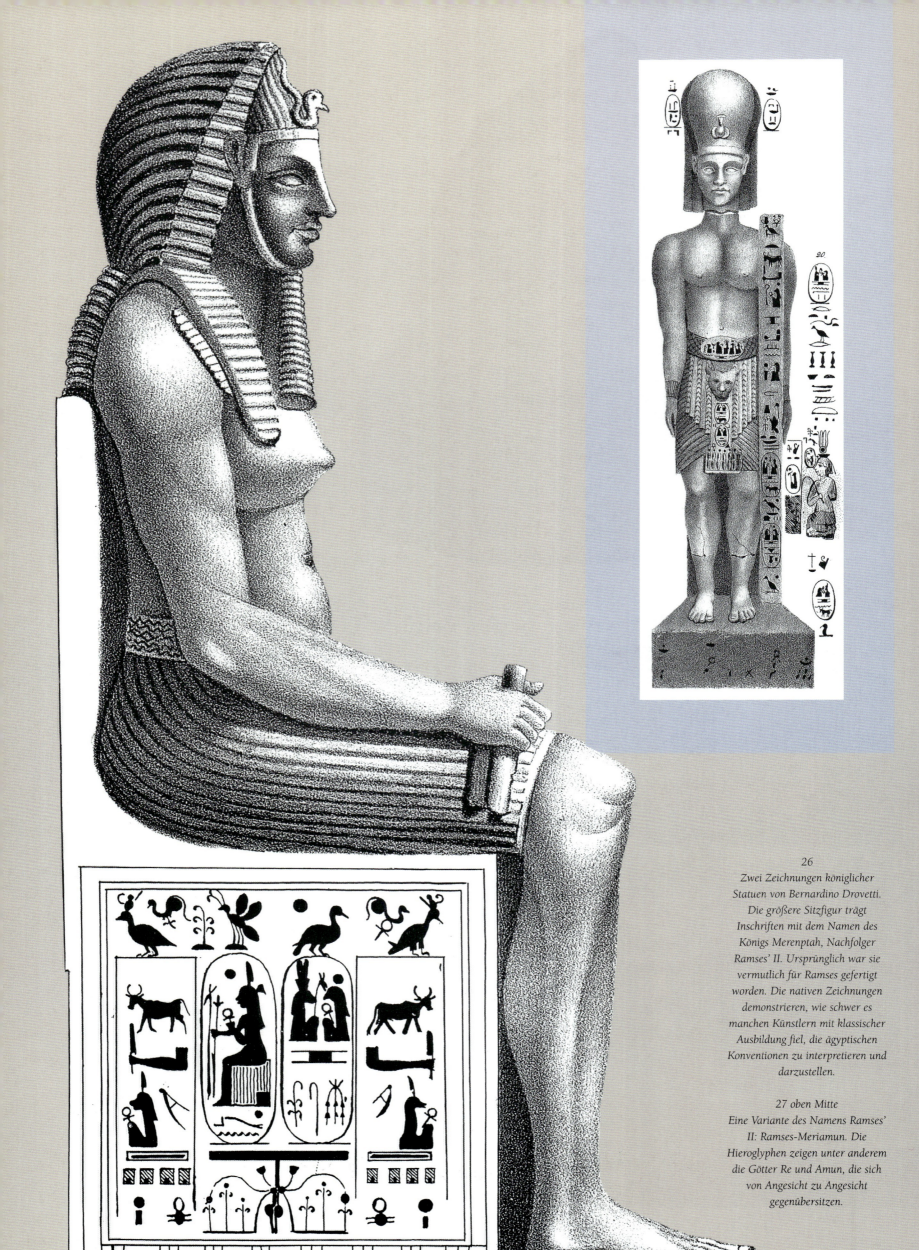

26
Zwei Zeichnungen königlicher Statuen von Bernardino Drovetti. Die größere Sitzfigur trägt Inschriften mit dem Namen des Königs Merenptah, Nachfolger Ramses' II. Ursprünglich war sie vermutlich für Ramses gefertigt worden. Die nativen Zeichnungen demonstrieren, wie schwer es manchen Künstlern mit klassischer Ausbildung fiel, die ägyptischen Konventionen zu interpretieren und darzustellen.

27 oben Mitte
Eine Variante des Namens Ramses' II: Ramses-Meriamun. Die Hieroglyphen zeigen unter anderem die Götter Re und Amun, die sich von Angesicht zu Angesicht gegenübersitzen.

Zu dieser Zeit war der König jedoch schon ins Bewusstsein der britischen Öffentlichkeit gedrungen und auch in der dritten europäischen Kollektion ägyptischer Antiquitäten hatte er sich seinen Platz erobert: im ägyptischen Museum von Turin. Der Pariser Obelisk ist ein überwältigendes Memorial des Ruhms des großen Königs. Die Londoner Büste ist überaus beeindruckend und außerdem berühmt dafür, dass sie möglicherweise den englischen Dichter Percy Bysshe Shelley zu seinem Sonett „Ozymandias" inspirierte. Die Turiner Sitzfigur aus schwarzem Granit in Lebensgröße ist geradezu menschlich in ihren Ausmaßen und in ihrer einfühlsamen Bearbeitung. Sie stellt Ramses als jungen Mann dar. Der Stil geht auf die Postamarnazeit zurück und entspricht dem kultivierten künstlerischen Standard, der zur Zeit Sethos' I. herrschte. Jean Jacques Rifaud, ein französischer Künstler, hat die Sitzfigur im Tempel von Karnak entdeckt. Er arbeitete für Bernardino Drovetti, der von 1811 bis 1814 und von 1821 bis 1829 Generalkonsul in Ägypten war. Drovetti stammte aus dem Piemont. Er war ein hochintelligenter, in gewisser Weise verschlagener Diplomat und Politiker, der im Hinblick auf das Sammeln von Antiquitäten in Konkurrenz mit Belzoni stand, dem Vertreter Henry Salts – ein trauriger Konflikt zwischen Männern, die eigentlich sehr ähnliche Ziele verfolgten, jedoch nicht fähig waren, die reichen Grabungsstätten im Bereich von Theben unter sich aufzuteilen.

Einige Stücke aus der Kollektion Drovettis gelangten in den 20er-Jahren des 19. Jahrhunderts nach Turin, darunter auch die berühmte Statue Ramses' II.

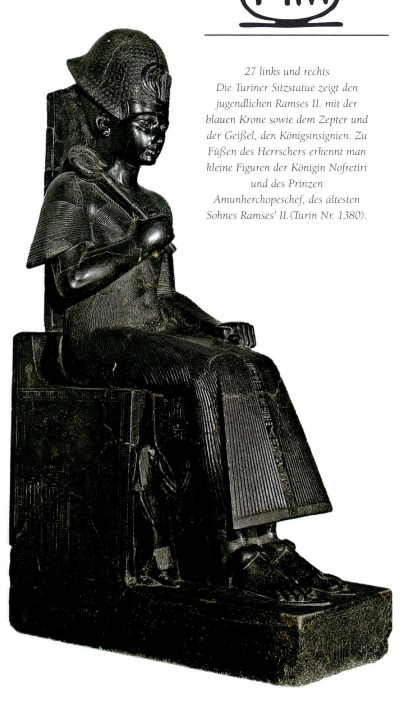

27 links und rechts
Die Turiner Sitzstatue zeigt den jugendlichen Ramses II. mit der blauen Krone sowie dem Zepter und der Geißel, den Königsinsignien. Zu Füßen des Herrschers erkennt man kleine Figuren der Königin Nofretiri und des Prinzen Amunherchopeschef, des ältesten Sohnes Ramses' II. (Turin Nr. 1380).

28 und 29
Die Kartusche mit dem Thronnamen
Ramses' II., Usermaatre-Setpenre, gekrönt
von der Sonnenscheibe und zwei
Straußenfedern. Zwei Uräusschlangen mit
der weißen Krone Oberägyptens (links) und
der roten Krone Unterägyptens (rechts)
flankieren die Kartusche.

Ramses sicherte sich bereits früh in der Geschichte der Ägyptologie einen Platz in den angehenden ägyptologischen Zentren. Sein Bild stand stellvertretend für die Macht der Pharaonen. Was wusste man zu jener Zeit tatsächlich über Ramses, als die Hieroglyphen noch nicht entziffert waren und die Texte noch nicht verstanden wurden? Zumindest kannte man den Namen aus der Bibel, obwohl nicht geklärt war, ob sich der Name auf eine königliche Person bezog: „Joseph aber wies seinem Vater und seinen Brüdern Wohnsitze an und gab ihnen Grundbesitz im Land Ägypten, im besten Teil des Landes, im Land Ramses, wie der Pharao befohlen hatte." (1. Mose 47,11). Es wird berichtet, dass die Oppression des Volkes Israel unter einem neuen König begann, der nicht näher spezifiziert wird: „Daher setzten sie Arbeitsaufseher über es, um es mit ihren Lastarbeiten zu drücken. Und es baute für den Pharao Vorratsstädte: Pitom und Ramses."
(2. Mose 1,11). Von diesem Ort begann der Exodus der Israeliten: „Sie brachen auf von Ramses im ersten Monat, am fünfzehnten Tag des ersten Monats. Am zweiten Tag nach dem Passah zogen die Söhne Israel aus mit erhobener Hand vor den Augen aller Ägypter … Und die Söhne Israel brachen auf von Ramses und lagerten in Sukkot."
(4. Mose 33,3–5). In den biblischen Aufzeichnungen bezieht sich der Name Ramses auf einen Ort, nicht auf eine Person oder spezifischer auf einen König oder Pharao. Es wurde die Hypothese aufgestellt, dass sich die Oppression und vielleicht sogar der Exodus des Volkes Israel unter der Herrschaft eines Königs namens Ramses ereignet haben könnten. Damit wurde jeder König mit diesem Namen von jenen, die die Wahrheit in den Worten der Bibel suchten, mit einer schlechten Reputation belegt.

Im letzten Kapitel dieses Buches wird deutlich, wie der Mythos Ramses' sich in der ägyptischen Geschichte und in der Tradition der Sekundärliteratur etabliert hat. Etwas von dieser Tradition hatte bis in die Klassik Bestand. Ramses erscheint in verschiedenen Formen und mit variierenden Namen in den klassischen Aufzeichnungen über Ägypten. Herodot, der unterhaltsamste der griechischen Schriftsteller, schrieb im 5. Jahrhundert v. Chr. seine Historie nieder. Sie enthält einige Abschnitte über Ägypten, deren Inhalt sich teilweise auf den Besuch Herodots in Ägypten gründen. Er hatte zwar den engsten Kontakt zur lebendigen Tradition der Ägypter der späten Pharaonenzeit, spricht jedoch von Rhampsinitus. Diodorus Siculus, ein Historiker des 1. Jahrhunderts v. Chr., spricht von Remphis und schreibt relativ isoliert aus zweiter Hand über ein Gebäude, das er als Grab des Osymandias bezeichnet. Andere Schreiber der Klassik sprechen von Rhamsesis und Rhamses. Es gab scheinbar Konfusionen hinsichtlich den

Namen dieses Königs und jenem des großen Eroberers Sesostris oder Sesothis, der mit Senusret III. identifiziert werden sollte, einem König der 12. Dynastie. Der ägyptische Historiker Manetho, ein Priester aus Sebennjtos, fasst die ägyptische Geschichte im 3. Jahrhundert v. Chr. in Annalen zusammen, wobei er sich auf überlieferte Aufzeichnungen aus seiner Heimat stützte. Er unterteilte offensichtlich als Erster die Könige Ägyptens in Dynastien, wie es auch heute noch üblich ist. Seine Aufzeichnungen sind zum Teil in den Werken einiger Schreiber der Klassik erhalten. Unter den Königen der 19. Dynastie, die Manetho aufführt, erscheint ein Herrscher namens Rapsaces oder Rampses, der 66 Jahre regierte – eindeutig Ramses II.

Sehr frühe Schriftsteller wie zum Beispiel jene, die die Bibel verfasst haben, lieferten nur wenige hilfreiche Informationen, anhand derer die europäischen Gelehrten des beginnenden 19. Jahrhunderts sich ein Bild von der Herrschaft und den Verdiensten des Königs machen konnten, der als Ramses II. bekannt ist. Ägyptische Namen lassen sich nur schwer in moderne Formen übertragen oder, um es präziser auszudrücken, es ist eigentlich nicht schwierig, doch die verschiedenen wissenschaftlichen Systeme und Traditionen bevorzugen bestimmte Formen der Übertragung. Der Name Ramses setzt sich im Ägyptischen aus drei Teilen zusammen: Ra-mes-su, „Ra (oder Re) hat ihn erschaffen". Dies ist der Geburtsname des Königs, den man für gewöhnlich in der zweiten Kartusche der königlichen Titulatur findet. In der Regel ist diesem ein Epitheton beigefügt, „geliebt von Amun". Die erste Kartusche enthält den Thronnamen. Im Falle Ramses' II. lautet dieser User-Ma'at-Re oder abgekürzt Usimare und bedeutet „der eine, der stark in Ma'at (Wahrheit, Recht und Ordnung) ist, ist Re". Das entsprechende Epitheton ist Setpenre, „der eine, der von Re auserwählt ist". Im alten Ägypten identifizierte der Titel in der ersten Kartusche den königlichen Namen. Die zweite Kartusche umfasst den „Familiennamen", unter dem der König vor seiner Krönung bekannt war. Die verschiedenen Formen des Namens Ramses' II. resultieren aus semantischen Unschärfen oder verblassten Erinnerungen. Usimare könnte der Osymandyas von Diodor und der Ozymandias von Shelley sein. Shelley hat das Ramesseum nie besucht, den Totentempel Ramses' II. und mit großer Wahrscheinlichkeit das Grab des Osymandyas von Diodor. Es ist durchaus möglich, dass Shelley die große Büste aus dem Ramesseum, die sich im British Museum befindet, niemals gesehen hat, diesen „Jüngeren Memnon", der als Inspiration für sein Sonett gedient haben soll. Sicher ist jedoch, dass Johann Ludwig Burckhardt und Henry Salt, die die Büste aus dem Ramesseum entfernt haben, bezüglich ihrer Identität im Dunkeln tappten.

Salt war regelrecht besessen von der Entdeckung und dem nachfolgenden Kopieren der Szenen des Felsenheiligtums Ramses' II. in Abu Simbel. Burckhardt berichtete 1813 als erster Europäer über die Tempel von Abu Simbel. Er weckte damit nicht nur das Interesse von Salt, sondern auch von William John Bankes, einem reichen britischen Reisenden, der Nubien erstmals 1815 besuchte. Salt schickte 1816 nach Belzoni, um den Großen Tempel öffnen zu lassen, doch dem Unternehmen war erst 1817 bei einem zweiten Versuch Erfolg beschieden. Man kann nur schwer nachvollziehen, wie wenig zu jener Zeit über das alte Ägypten bekannt war. Als Bankes und Salt im Herbst 1818 nach Abu Simbel kamen, konnten sie nicht beurteilen, ob die Tempel mit Karnak vergleichbar waren oder mit den später entstandenen Heiligtümern von Edfu, Dendera und Philae. Bankes untersuchte eine griechische Inschrift, die in ein Bein eines der großen Sitzkolosse des Haupttempels gemeißelt ist. Daraus leitete er ab, dass der Tempel vor der Zeit eines Königs mit Namen Psammetich entstanden sein musste, der in der Inschrift erwähnt wird. Bankes erinnerte sich, dass einige Könige der 26. Dynastie, die um 660 v. Chr ihre Blütezeit erlebte, den Namen Psammetich trugen. Er kam zu dem richtigen Schluss, das die Tempel von Abu Simbel lange vor den ptolemäischen und römischen Heiligtümern erbaut worden sein mussten. 1818 waren die Hieroglyphen noch nicht entziffert und vor allem der Franzose Jean François Champollion und der Brite Thomas Young diskutierten heftig über die Schriftzeichen. Die entscheidenden Schritte mussten erst noch unternommen werden und Champollion hatte von der Kartusche Ramses' II. noch keine Notiz genommen. Somit konnten die Ausgräber in Abu Simbel die Tempel diesem König auch nicht zuweisen.

William John Bankes interessierte sich eine Zeit lang lebhaft für die Entzifferung der Hieroglyphen und steuerte wertvolle Beiträge zur Dekodierung bei. Er entdeckte auch die Königsliste im Tempel Ramses' II. in Abydos und ahnte deren Bedeutung, obwohl er die königlichen Namen nicht lesen konnte. Henry Salt war der Meinung, noch wesentlich mehr tun zu können. Er ließ eine Bibliothek mit den Werken der ersten Ägyptologen einrichten und trat in Korrespondenz mit den führenden Wissenschaftlern, die sich mit der Entzifferung der Hieroglyphen beschäftigten. Seine Rückschlüsse wurden nicht immer akzeptiert und er ärgerte sich über den liebenswürdigen Spott, den seine Aufzeichnungen oftmals auf sich zogen. Letztendlich erwies er der Ägyptologie jedoch einen großen Dienst, indem er John Gardner Wilkinson unter seine Fittiche nahm, der 1821 nach Ägypten reiste. Der junge Mann stammte aus Neapel und hatte eine Karriere beim Militär zugunsten einer Laufbahn als Ägyptologe aufgegeben. Wilkinson hatte dies Sir William Gell zu verdanken, der einen intellektuellen Salon in Neapel unterhielt und unter anderem als Vermittler zwischen den wissenschaftlichen Theoretikern in Europa und den Ausgräbern in Ägypten fungierte. Zu Beginn seines langen Aufenthalts in Ägypten widmete Wilkinson seine Aufmerksamkeit vor allem der Sammlung und Identifizierung der königlichen Titel in den Kartuschen. Auf seinen Reisen durch das Land notierte er neue Namen, die er anschließend analysierte. Im Lauf der Zeit entwickelte er eine bemerkenswerte Fertigkeit beim Identifizieren der königlichen Namen. Salt schrieb über Wilkinsons Fähigkeiten an Gell: „Ich habe in der Tat noch nie eine Person gesehen, die sich mit so viel Elan in das Studium der Hieroglyphen versenkt … er arbeitet daran wie ein Pferd." Champollion mag als Erster den hieroglyphischen Namen Ramses' entschlüsselt haben, doch Wilkinson kam ihm zuvor, indem der festhielt, dass die königlichen Titel in verschiedenen Schreibweisen dargestellt werden konnten. Seine

eigene Sammlung der Kartuschen lieferte ihm ausreichende Beweise für die unterschiedlichen Schreibweisen und er machte sich vertraut mit dem, was man vielleicht als Extravaganz der Hieroglyphenschrift hinsichtlich der königlichen Namen bezeichnen kann. Als Wilkinson 1823 in Begleitung seines Studienkollegen James Samuel Wiggett erstmals nach Nubien reiste, überquerte er den Nil bei Semna auf einem improvisierten Fährboot. In seinem Reisebericht schreibt er, dass Wiggett und er einander gegenübersaßen „wie die 2 Götter im Namen Ramses'". Damit bezieht er sich nicht auf die einfache Schreibweise der Kartusche Ramses', sondern auf jene, die die beiden Götter Re und Amun umfasst: Ramses-Meriamun.

30 oben
Porträt Giovanni Battista Belzonis in türkischer Kleidung. Europäische Reisende, die Ägypten besuchten, kleideten sich „à la turque", wie sie zu sagen pflegten. Die Gewänder waren nicht nur bequem, sondern dienten auch der Sicherheit.

30-31
Belzonis Version einer Szene aus der ersten Halle des Großen Tempels von Abu Simbel zeigt Ramses II., der einen libyschen Gefangenen massakriert. Links ist Königin Nofretiri zu erkennen.

31 unten links
Belzonis Darstellung der ersten Halle des Großen Tempels von Abu Simbel. Belzoni war enttäuscht über die magere Ausbeute an Objekten, die er im Tempel entdeckte.

31 unten rechts
Belzonis Darstellung des Tempels von Abu Simbel vom Ostufer des Nil aus betrachtet. 1816 versuchte Belzoni erstmals in den Großen Tempel zu gelangen. Dies glückte ihm jedoch erst 1817 bei seinem zweiten Besuch.

Wilkinson verbrachte zwölf Jahre ohne Unterbrechung in Ägypten. Er beschäftigte sich intensiv mit den Inschriften und Illustrationen der antiken Monumente, wobei er ein außergewöhnliches Gespür für die Hieroglyphenschrift entwickelte und sich ein beispielloses Wissen über die Kultur des alten Ägyptens aneignete. Nach seiner Rückkehr nach Großbritannien veröffentlichte er 1837 das dreibändige Werk, das ihn berühmt machte: „Manners and Customs of the Ancient Egyptians". Das zweite Kapitel ist der ägyptischen Geschichte gewidmet. Es ist beeindruckend, in welchem Umfang Wilkinson über die Herrschaft Ramses' II. berichtet, vor allem, wenn man bedenkt, dass er dieses Werk innerhalb von 15 Jahre nach der Entzifferung der Hieroglyphen (1822) verfasst hat. Zu jener Zeit gab es noch immer nur wenige aktive Ausgräber und ernsthafte wissenschaftliche Theoretiker. Viele zeigten nur ein begrenztes Interesse und einige konnten das System Champollions nicht akzeptieren. Die Ägyptologen ergingen sich in Theorien und Spekulationen, die sich oftmals auf höchst zweifelhafte Beweise stützen. Man musste integre Wissenschaftler finden, die mit den raschen Fortschritten mithalten konnten und mit den Monumenten vor Ort vertraut waren. Nur so war es möglich, Tatsachen von Erfindungen zu unterscheiden. Wilkinson war ein solcher Wissenschaftler.

Was hatte Wilkinson über Ramses II. zu sagen? Nicht sehr viel, auch wenn er seiner Herrschaft zehn Seiten widmete. Mit Bezug auf klassische Quellen, datiert er die Regentschaft des Königs, den er Remeses nennt, auf das Ende einer lange herrschenden 18. Dynastie. Er akzeptiert die 66 Regierungsjahre Manethos und sieht diese Zeitspanne von seinen eigenen Aufzeichnungen gestützt, die sich auf Daten an den antiken Monumenten beziehen, die bis in das 62. Regierungsjahr des Königs reichen. Außerdem beruft er sich darauf, dass die vielen Monumente, die der König selbst in entlegensten Gebieten wie Tanis im Delta und Abu Simbel in Nubien hinterlassen hat, belegen, dass es sehr lange gedauert haben muss, bis sie alle fertig gestellt waren. Dieses Argument erwies sich als trügerisch. Man mag es Wilkinson jedoch nachsehen, den die Vielfalt und Pracht der Bauwerke Ramses' verzaubert hat. Anhand seiner Beobachtungen, die er insbesondere in den Tempeln von Luxor, Karnak und Abu Simbel sowie im Ramesseum (das er ebenfalls Memnonium nannte, da sich diese Bezeichnung etabliert hatte) machte, zog er weitreichende und detaillierte Schlussfolgerungen in Bezug auf das Heer zur Zeit Ramses'. Seine Überlegungen betrafen unter anderem das Waffensortiment und den Einsatz der Waffen in der Schlacht und bei Belagerungen. Er akzeptierte die Identifizierung Ramses' mit Sesostris und ordnete als Konsequenz daraus den Bau des Kanals vom Nil zum Roten Meer Ramses zu. Die Zeit und neue Beweise sollten diese fehlerhaften Aussagen zu gegebener Zeit korrigieren. Ungeachtet dieser Fehlinterpretationen gelang es Wilkinson, etwas vom Flair der Herrschaft Ramses' einzufangen, auch wenn Hyperbeln seine Meinung unterstreichen: „Die Herrschaft Remeses war ebenso bemerkenswert wie das augusteische Zeitalter Ägyptens, als die Künste einen Grad der Perfektion erreichten, den keine nachfolgende Epoche erfolgreich imitieren konnte, und die Armeen Ägyptens wurden von diesem Fürsten

wesentlich tiefer im Herzen Asiens stationiert, als während der erfolgreichsten Invasionen seiner Vorgänger." Der Pharao war für Wilkinson bereits „Remeses der Große".

Die herausragende Stellung, die Wilkinson Ramses II. zuwies, basierte in erster Linie auf den Beweisen, die die antiken Monumente Ägyptens lieferten und die er selbst alle bereist hatte, von Tanis bis Abu Simbel. Er war überzeugt, dass es weitaus mehr zu entdecken gab „in Memphis und anderen Hauptstädten, deren Lage heute unbekannt ist oder die von Erdwällen versiegelt sind". Die Reputation eines Königs an der Vielzahl seiner Monumente zu beurteilen, ist leider äußerst riskant, denn die Bauwerke geben weder Auskunft über die Qualität und die Moral des Herrschers, noch über die Verwaltung, die Prosperität des Landes und die Lebensbedingungen des Volkes. Es ist kaum möglich, ein schlüssiges Bild von einem altägyptischen König zu zeichnen oder einen adäquaten Bericht über seine Herrschaft zu liefern, der sich auf Fakten bezieht.

Nach der Zeit Wilkinsons gewann man viele Informationen anhand von Inschriften, zeitgenössischen Quellen, Grabbeigaben und aufgrund sorgfältiger Untersuchungen der antiken Stätten. Und dennoch ist die Sichtweise Wilkinsons bezüglich Ramses II. und seiner Regentschaft noch immer jene, an die sich ein Großteil der Touristen erinnert, die die altägyptischen Stätten besuchen. An vielen Orten, die auf einer Pauschalreise durch Ägypten einfach besucht werden müssen, wird der Führer deklamieren: „Und hier sehen Sie König Ramses II., der den Göttern Opfer darbringt." Oder: „Diese Kolossalstatue zeigt den bedeutendsten Herrscher Ägyptens, Ramses II." Oder: „Dieser Bereich des Tempels wurde von Ramses II. an das Bauwerk seines Vorgängers angefügt." Oder: „Dieses Gebäude (oder diese Statue) hat Ramses II. übernommen. Er ließ seinen Namen über jenen von König … meißeln, unter dessen Herrschaft der Tempel erbaut (oder die Statue angefertigt) wurde." Wenn der Führer den Punkt erreicht hat, an dem er seine Gruppe einschätzen kann, mag er vielleicht sagen: „Und wer hat diesen Tempel erbaut?" Oder: „Wem gehört diese Kartusche?" Und der Chor wird antworten: „Ramses II."

32 links
Sir John Gardner Wilkinson in türkischer Kleidung sitzt auf einem Kissen vor einem fantas-tischen thebanischen Hintergrund. Er verbrachte zwölf Jahre ohne Unterbrechung in Ägypten, überwiegend in Theben, und verfasste die ersten brauchbaren Bücher über die Monumente und die Kultur Ägyptens.

32 rechts
Grundriss des Ramesseums von Sir John Gardner Wilkinson. Während seines langen Aufenthalts in Ägypten zeichnete und veröffentlichte er Pläne von vielen bedeutenden Tempeln, Gräbern und antiken Stätten.

33 links
Jean François Champollion, der Begründer der Ägyptologie, entzifferte die ägyptischen Hieroglyphen. Dieses Gemälde von Leon Cogniet entstand nach dem Tod des französischen Ägyptologen.

33 rechts
Henry Salt war von 1816 bis zu seinem Tod im Jahr 1827 britischer Generalkonsul in Ägypten. Er studierte die Hieroglyphen eingehend, war ein exzellenter Künstler und erstellte sorgfältige Kopien der ägyptischen Inschriften.

Die bedeutendste Ägyptenreisende des 19. Jahrhunderts war Amelia Blandford Edwards, eine erfolgreiche Romanschriftstellerin. Sie unterbrach 1873 wegen des schlechten Wetters eine Reise durch Italien und floh mit ihrer Begleitung nach Ägypten in die Sonne. Das Land faszinierte sie so sehr, dass sie ihre Reise in dem Werk „A Thousand Miles up the Nile" festhielt, das 1877 veröffentlicht und 1889 in einer überarbeiteten Ausgabe neu aufgelegt wurde. Außerdem unterstützte sie die Gründung des „Egypt Exploration Fund" (später „Egypt Exploration Society"). Ihre Niederschrift dient vor allem der Unterhaltung, obwohl sie sich größte Mühe gab, die Fakten richtig wiederzugeben. Ein Kapitel hat sie Ramses dem Großen gewidmet. Als Edwards Ägypten besuchte, wusste man viel mehr über den König als in den 30er-Jahren des 19. Jahrhunderts, als Wilkinson seine Eindrücke niederschrieb. Das Kapitel beginnt selbstbewusst: „Die zentrale Figur der ägyptischen Geschichte war stets, und wird es vermutlich auch immer sein, Ramses der Zweite. Er hat diesen Status teilweise zurecht inne, teilweise zufällig. Er war zu Größe geboren; er erreichte Größe; und er hat Größe geliehen, die ihm aufgedrängt wurde." Anschließend skizziert sie die bekannten Ereignisse aus Ramses' Regierungszeit, wobei sie ihn gelegentlich lobt, kritisiert und dogmatisch über seinen Charakter nachdenkt, ihn letztendlich jedoch bewundert. Sie scheut sich nicht, Emotionen auszudrücken, die einem selbstsicheren Romanschriftsteller – im Gegensatz zu einem ausgebildeten Historiker – zustehen mögen: „Sein Lebensabend war lang und splendid. Es wurde seine Passion und sein Stolz, neue Städte zu gründen, Dämme zu errichten, Kanäle auszuheben, Festungen zu errichten, Statuen, Obelisken und Inschriften zu vervielfältigen und die prächtigsten und kostspieligsten Tempel zu erbauen, in denen ein Mensch jemals gebetet hat." Weiter heißt es: „Die Summen einzuschätzen, die diese Projekte verschlungen haben, ist heute unmöglich. Jeder Tempel, jeder Palast forderte Hekatomben ... Es ist bekannt, wie die Hebräer litten ... Dennoch wurden selbst die Hebräer weniger grausam behandelt, als manche, die hinter den Landesgrenzen entführt wurden." Nachdem sich die Schriftstellerin frei über viele Verdienste Ramses' ausgelassen hat, gibt sie zu, dass es vergebens sei, erklären zu wollen, was für eine Art Mann Ramses war. Dennoch versucht sie es: „Dass er persönlich tapfer war, mag man mit gewisser Zurückhaltung aus dem Poem des Pentaur [die Niederschrift der Schlacht von Kadesch] schließen; und dass er nicht unbarmherzig war, zeigt die Auslieferungsklausel des Vertrags mit den Khetau [Hethiter]. Sein Stolz war offensichtlich grenzenlos." Schließlich kommt Edwards zu dem Schluss, „dass er weder besser noch schlechter war als der Durchschnitt der orientalischen Despoten – dass er ruhelos im Krieg war, verschwenderisch im Frieden, gierig nach Kriegsbeute und nicht in der Ausübung der beinahe unbegrenzten Macht kargte. Sie endet mit einem gezielten Schlag gegen das, was man heute vielleicht als Chauvinismus Ramses' bezeichnen könnte: „Seine Fürsten und Minister wandten sich für gewöhnlich in der Sprache der Ehrerbietung an ihn. Selbst seine Frauen, die es eigentlich

34
Amelia Blandford Edwards, viktorianische Roman- und Reiseschriftstellerin bereiste Ägypten von 1873 bis 1874. 1877 schrieb sie den Bestseller A Thousand Miles up the Nile. Außerdem unterstützte sie die Gründung des „Egypt Exploration Fund", der 1882 ins Leben gerufen wurde.

besser hätten wissen müssen, sind bei Handlungen der Adoration vor ihm dargestellt. Wen wundert es da, dass der Mann, der derart vergöttert wurde, sich selbst für einen Gott hielt?"

In gewisser Weise akzeptierte Amelia B. Edwards die Beurteilung der Verdienste des Königs, so wie sie von den hohen Verwaltungsbeamten und Priestern präsentiert wurde. Sie ließ sich offensichtlich vom Persönlichkeitsbild Ramses' II. verleiten, das die beeindruckenden Bauwerke und deren grandiosen Szenen und Texte vermitteln. Sie muss sich dessen nicht zu sehr schämen. Im Umgang mit dem Altertum bleibt den Wissenschaftlern und der interessierten Öffentlichkeit oft nichts anderes übrig, als ihre Beurteilung auf die verfügbaren Beweise zu gründen. Im Falle Ramses' II. dominieren die großen Werke seiner Herrschaft und es ist nicht leicht, Wörter zu vermeiden, die zweideutig, aber entscheidend sind. Ab der Zeit Wilkinsons war Ramses II. „der Große"; seine Werke sind gewaltig, beeindruckend, grandios, prahlerisch und pompös. Er selbst wird als egozentrisch, selbstverherrlichend, stolz und bester Vermarkter seiner eigenen Grandeur charakterisiert. Selbst gute Historiker konnten nicht widerstehen, Ramses nach den sichtbaren Zeugnissen seiner Regentschaft zu beurteilen. James Henry Breasted, ein Historiker mit tadelloser Ausbildung, schrieb im frühen 20. Jahrhundert eine Historie Ägyptens nieder, die zu einem Standardwerk wurde und seine Autorität viele Jahrzehnte nicht in Frage stellte. Das Werk existiert noch heute und lohnt sich noch immer, zu lesen, allerdings mehr aufgrund der fließenden Erzählung, als wegen der wiederholten moralischen Reflexionen, die angesichts neuer Beweise und Interpretationen nicht länger haltbar sind.

Breasted war in seiner Einschätzung Ramses' II. zurückhaltender als Amelia B. Edwards, doch selbst er konnte der Versuchung nicht widerstehen, ihn anhand zweifelhafter Prämissen zu humanisieren und in der Konsequenz zu kritisieren. Breasted hielt die Statue von Rifaud und Drovetti in Turin für eine hervorragende Skulptur: „Niemals wurde etwas Besseres von der ägyptischen Bildhauerei produziert." Für Breasted war das Werk „ein glaubwürdiges Porträt", beurteilt anhand der Gesichtszüge der gut erhaltenen königlichen Mumie. „Er war eine schlanke und hoch gewachsene Person, mit Gesichtszügen von traumhafter und beinahe unmännlicher Schönheit, die in keiner Weise die männlichen Züge andeuten, die er zweifellos besaß. Denn der Vorfall von Kadesch zeigte ihn ohne Frage als Mann von großartiger Courage mit der Fähigkeit, die größte Krise zu überwinden." Der „unbeugsame Wille", den er in den nachfolgenden Kampagnen in Asien zeigte, „machte den beinahe fatalen Fehler von Kadesch mehr als wett." Später „war er durchaus bereit, den wohl verdienten Frieden zu genießen", der bis zum Ende seiner Regierungszeit Bestand haben sollte. Dann folgt der protestantische Tadel: „Er war maßlos eingebildet und stellte seine Kriege an seinen Monumenten weitaus ostentativer dar, als Thutmosis III. es jemals tat. Er liebte die Bequemlichkeit und das Vergnügen und gab sich ohne Einschränkung wollüstigen Freuden hin." Breasted fügt hinzu, um diese Behauptung zu veranschaulichen: „Er hatte einen riesigen Harem und im Lauf der Jahre vervielfachten sich seine Kinder rasch." In späteren Jahren „lebte Ramses weiter in einer Herrlichkeit, die selbst jene von Amenhotep III. übertraf …" Sein Reich wurde von ausländischen Infiltranten bedroht, doch der „Altersabbau machte ihn taub gegenüber den Warnungen und Beschwerden, die in den Tagen seiner vitalen Jugend zu sofortigen Vergeltungsmaßnahmen gegen die Invasoren geführt hätten." Die Bedrohung „erweckte ihn nicht mehr aus der Lethargie, in die er gefallen war." Am Ende „verstarb er … im letzten Augenblick zur Erlösung seines Reiches. Wir können das vertrocknete Antlitz des ehrwürdigen Monarchen betrachten, das sich nur wenig von dem unterscheidet, der er in jenen letzten Tagen der Pracht in der Stadt von Ramses war, und die Ähnlichkeit mit dem Gesicht des Jünglings der stattlichen Turiner Statue ist äußerst markant."

Die Entdeckung neuer, signifikanter Inschriften und weiterer historischer Quellen aus dem alten Ägypten und anderer Reiche wie zum Beispiel Hatti verlangt eine grundlegende Neubeurteilung der Ereignisse, die sich in den 67 Jahren der Herrschaft Ramses' II. zugetragen haben. Breasted wäre heute wohl gezwungen, einige seiner Beurteilungen über den König zu modifizieren, es wäre jedoch unklug von ihm, auf der Grundlage veränderter, jedoch absolut inadäquater Beweise eine neue Charakterisierung vorzunehmen. Menschen, die sich intensiv mit einer längst vergangenen Ära beschäftigen oder mit einer Person, die vor vielen Jahrtausenden gelebt hat, glauben oftmals, sie könnten aufgrund ihres „tiefen Verständnisses" Einblicke in jene Zeit gewinnen, die es ihnen erlauben, Mutmaßungen anzustellen und Schlussfolgerungen zu ziehen. Die Ägyptologen sind oft so sehr in ihre wissenschaftlichen Untersuchungen vertieft, dass sie überzeugt sind, die Vergangenheit mit dem antiken Stück, das sie gerade studieren, fassen zu können.

In diesem Buch werden viele unterschiedliche Aspekte der Herrschaft Ramses' II., des Großen, beleuchtet, die ganze Geschichte wird jedoch nicht erzählt. Die ägyptische Geschichte ist eine Mixtur, die sich aus verschiedenen Quellen zusammensetzt: viele sind öffentlich und offiziell und damit von unsicherer Validität; viele sind private Inschriften, verfasst in Worten, die dem jeweiligen Regime entsprachen; viele sind ganz intim, persönlich und im Allgemeinen am glaubwürdigsten. All diese Quellen findet man während der gesamten Regentschaft Ramses' II. eher unregelmäßig und es gibt große zeitliche Lücken.

Ein signifikantes Beispiel ist die Oppression der Israeliten in Ägypten, die in der Bibel geschildert ist. Viele Wissenschaftler glaubten, man müsse diese Unterdrückung in die Zeit Ramses' II. datieren und den nachfolgenden Exodus in die Regentschaft Merenptahs. Die Beweise diesbezüglich, die aus Ägypten erhalten sind, sind so dürftig, dass sowohl die Oppression als auch der Exodus sich nie ereignet haben könnten. Menschen, die die biblische Darlegung akzeptieren, können es kaum glauben, das eine solch signifikante Episode keine Spuren in den ägyptischen Aufzeichnungen hinterlassen haben soll. Ägyptologen, die das Puzzle der Aufzeichnungen zusammensetzen, die die klimatischen Bedingungen im Delta kennen, wo sich der Auszug der Israeliten ereignet haben soll, und die wissen, dass nur wenig für die Existenz einer relativ kleinen ausländischen Gruppe im Nordosten Ägyptens spricht, sind meist nicht überrascht, dass man bisher keine entscheidenden Beweise für den biblischen Bericht gefunden hat. Man muss den Aufzeichnungen der Bibel nicht grundsätzlich misstrauen, Wissenschaftler müssen jedoch jedes Detail hinterfragen. Wilkinson akzeptierte die Bibel und datierte die Ereignisse in die Zeit Thutmosis III. Amelia B. Edwards war geneigt, der Version grundsätzlich Glauben zu schenken, die die Oppression in die Zeit Ramses' II. datiert und den Exodus in die Zeit Merenptahs. Breasted ließ Vorsicht walten und schlug vernünftigerweise vor: „Die Korrektheit der hebräischen Tradition muss möglicherweise ein wenig in Frage gestellt werden, wenn sie die Oppression einiger Stämme ihrer Vorfahren dem Erbauer von Pitom und Ramses zuschreibt; dass ein Stamm ihrer Ahnen aus dem Land geflohen sein soll, um solcher Mühsal zu entkommen, steht einigermaßen in Einklang mit dem, was man über diese Zeit weiß." Mehr gibt es dazu nicht zu sagen. In dem Jahrhundert, das seit dieser Aufzeichnung verstrichen ist, sind keine neuen Beweise aufgetaucht, die Breasteds Meinung widerlegen würden. Man weiß weit mehr über die Stadt Ramses, die die Ägyptologen als Pi-Ramses identifiziert haben, und Grabungen im östlichen Delta haben die Lebensbedingungen zur Zeit der Ramessiden und vor deren Dynastien etwas erhellt. Die entscheidende Niederschrift wurde bisher jedoch nicht gefunden. Das Volk Israel wird deshalb in den folgenden Kapiteln keine signifikante Rolle spielen. Ramses II. wird im Rampenlicht stehen, wie er es zweifellos auch erwartet hätte. Zunächst gilt es allerdings, herausfinden, wie es kam, dass Ägypten seine Bühne wurde.

Ramses II. Einleitung

38-39
Das Antlitz eines der stehenden Granitkolosse im Vorhof des Tempels von Luxor. Die hei-teren Gesichtszüge stehen in Kontrast zur Strenge der Persönlichkeit, die hier dar-gestellt ist. Die Augen sind so angeordnet, dass sie auf den Betrachter herabblicken.

Ägypten nach der Amarnazeit: von Haremhab bis Sethos I.

40
Dieser Sandsteinkopf gehört zu einer Kolossalstatue Echnatons, die sich in der frühen Regierungszeit des Königs im Atontempel von Karnak erhob. Die königlichen Gesichtszüge wirken beinahe wie eine Karikatur (Luxor-Museum, J 53).

41 oben
Dieser Talatat-Block vom 9. Pylonen des Tempels in Karnak zeigt Echnaton, der Aton huldigt. Der Herrscher streckt die Hände empor, um die Leben spendenden Strahlen Atons zu empfangen. Zwischen den Abbildungen des Königs erkennt man die kleinere Figur der Nofretete (Luxor-Museum, J 223).

41 unten
Ein Relief, das man im königlichen Grab in Amarna entdeckt hat, zeigt Echnaton, Nofretete und ihre beiden ältesten Töchter, die Aton ein Blumenopfer darbringen (Kairo RT 10.11.26.4).

42-43
Karl Richard Lepsius' Zeichnung der königlichen Familie im Grab des Eye in Amarna. Man erkennt Echnaton und Nofretete, die eine ihrer Töchter auf dem Arm hält, sowie zwei weitere Töchter hinter der Königin. Das Original ist heute schwer beschädigt.

KAPITEL 1

Wenn Ramses II. und sein Vater Sethos I. in das 21. Jahrhundert zurückkehren würden oder wenn sie von der Barke des Sonnengottes Re aus auf die Welt herabblicken würden, wären sie sicher überrascht, wofür sich die Ägyptologen am meisten interessieren, die über die Geschichte und die Zivilisation des „Geliebten Landes" Kemet schreiben. Sie wären entsetzt über die Unmengen an Seiten, die der Herrschaft Echnatons gewidmet sind, über die Anziehungskraft, die die häretischen Ansichten dieses Pharaos ausüben und über die Aufmerksamkeit, die man den künstlerischen Eigenheiten der Amarnazeit widmet. Wie konnte es passieren, dass, ungeachtet der Erfolge der königlichen „Agenten", die auf Tutanchamun und Eye folgten, der „Kriminelle Echnaton" (wie Echnaton gelegentlich genannt wurde) so hoch in der Gunst steht, und zwar nicht nur in der in sich geschlossenen Welt der Gelehrten, sondern auch im Bewusstsein der gebildeten Öffentlichkeit? Nicht, dass Sethos oder Ramses viel über die Gelehrten oder die gebildete Öffentlichkeit gewusst hätten!

Die strahlende Stadt Achetaton, das spirituelle Zentrum Echnatons, das der Pharao nie wieder verlassen wollte, wurde dem Erdboden gleichgemacht. Unter Ramses II. wurden viele Gebäude der Stadt abgetragen und als Baumaterial für Gebäude in Schmunu (Hermopolis) wieder verwendet. Die ungewöhnlichen Tempel, die Echnaton und Nofretete in Karnak errichten hatten lassen, bevor der Hof nach Achetaton umzog, wurden demontiert und für die Pylonen verwendet, die unter Haremhabs Herrschaft erbaut wurden. Von den einst prächtigen Gebäuden, die die Zentren Echnatons zu Beginn der 19. Dynastie zierten, ist nicht viel erhalten. Es scheint, als hätte sich Ägypten von der Krankheit befreit, die das Land unter Echnaton und seinen Nachfolgern heimsuchte, die auf die eine oder andere Weise mit der „Amarnainfektion" kontaminiert waren. Weshalb waren die Herrscher der Amarnazeit so verhasst? Es mag nicht nur am Atonkult gelegen haben, der die etablierte Religion des Landes ersetzte und die tiefe Feindschaft der Priesterschaft nach sich zog. Es mag vielmehr an der unzulänglichen Außenpolitik gelegen haben, die die Integrität des Königreiches ernsthaft bedrohte. Es mag vielleicht an einer grundsätzlichen Malaise gelegen haben, die daraus resultierte, dass das etablierte soziale System des Landes missachtet wurde und dass die neue Kultur bei Hofe auf das Volk befremdlich wirkte. Es mag vielleicht auch nur daran gelegen haben, dass die seltsamen, exklusiven Praktiken Echnatons alle Bereiche des Lebens in Ägypten betrafen und von Grund auf veränderten. Die Amarnazeit sollte einfach ausgelöscht werden. Nicht nur Echnaton sollte aus dem nationalen Gedächtnis getilgt werden, sondern es musste auch die Erinnerung an Neferneferuaton, Tutanchamun und Eye ausgelöscht werden. Diese Pharaonen hatten zwar nur geringe Bedeutung, waren jedoch blutsverwandt mit Echnaton und damit kontaminiert.

In der Liste der Pharaonen, die im großen Tempel Sethos' I. in Abydos verewigt wurde, fehlen die Namen der Pharaonen der Amarnazeit. Nach Amenophis III., jenem strahlenden Herrscher der späten 18. Dynastie, findet man den Namen von Haremhab. Dargestellt ist der junge Prinz Ramses, der seinem Vater die Papyrusrolle mit den Namen der Vorfahren reicht, die an den Opfern des Königs von Ober- und Unterägypten teilhaben sollten. Die Amarnakönige waren davon ausgenommen. Sie waren jedoch nicht die einzigen Herrscher, die dieses Schicksal ereilte. Hatschepsut, die berühmte Pharaonin der 18. Dynastie, findet man ebenfalls nicht in der Liste, vermutlich weil sie Thutmosis III., den rechtmäßigen Herrscher, vom Thron verdrängt hatte. Auch die Könige, die zwischen der 12. und 18. Dynastie über Ägypten herrschten, sind nicht erwähnt. Einige von ihnen hatten große Leistungen vollbracht und wären einer Erwähnung wert gewesen, darunter jene, die die Hyksos aus dem Reich vertrieben hatten. Diese asiatischen Eroberer suchten das Land in der Zweiten Zwischenzeit heim und bedrohten die Integrität Ägyptens. Die bewusste Nichterwähnung der Pharaonen der Amarnazeit, resultierte sicher daraus, dass man diese Herrscher für unwürdig hielt, neben den edlen Namen der Vorfahren zu erscheinen. Schließlich waren sie es, die das Staatsschiff ins Wanken und das Land aus dem Gleichgewicht gebracht hatten und die Ma'at, die Göttin des Rechts, der Ordnung und der Wahrheit, ignoriert hatten.

Haremhab findet in der Liste Erwähnung, ungeachtet der Tatsache, dass er mit dem verhassten Regime vertraut war, da er unter Tutanchamun und Eye wichtige Staatsämter bekleidet hatte. Er war vermutlich jedoch nicht blutsverwandt mit der königlichen Familie von Amarna. Haremhabs zweite Gattin, Mutnodjmet, könnte allerdings eine Schwester von Nofretete und die Tochter Eyes gewesen sein. Eye war zwar nicht von königlichem Geblüt, spielte jedoch eine herausragende Rolle in den letzten Jahren der Herrschaft Echnatons. Diese Vermutungen sind nicht belegt. Wenn sie jedoch der Wahrheit entsprechen, bildeten sie lediglich eine dürftige Basis, um die Thronbesteigung Haremhabs nach Eyes Tod zu legitimieren. Die Verbundenheit mit dem Amarnaregime und insbesondere die Verwandtschaft mit Nofretete hätten eigentlich genügen müssen, um seinen Namen in der Ahnenliste unerwähnt zu lassen.

44 links
Sitzstatue des Gottes Amun, der König Haremhab beschützt. Der Herrscher ist schreitend dargestellt und hält das Heqa-Zepter in der Hand, das Symbol der Königswürde. Man hat das Kunstwerk unter dem Hauptof des Tempels von Luxor entdeckt (Luxor-Museum).

44 rechts
Ring aus massivem Gold mit rechteckiger Verzierung. Eine Seite der Verzierung trägt die Kartusche mit dem Thronnamen Haremhabs, Djoserscheprure-Setpenre, auf der anderen Seite ist der König als Löwe dargestellt und wird als „Herr der Macht" beschrieben (Louvre N 747).

45
Kopf der Schieferstatue Thutmosis' III., die man 1904 in der Cachette im Tempel von Karnak entdeckt hat. Eine perfekte Darstellung des Königtums im Neuen Reich, aus-geführt mit höchster Geschicklichkeit und in künstlerischer Vollendung (Luxor-Museum J 2).

Man wird vermutlich nie erfahren, wie es dazu kam, dass Haremhab den Thron bestieg. Seine Nachfolger der 19. Dynastie betrachteten seine Regierungszeit jedoch eindeutig als verdienstvoll. Dies belegt die Tatsache, dass sie den Personenkult in seinem Andenken erlaubten. Das Zentrum dieses Kultes bildete das spektakuläre Grab Haremhabs in Sakkara, das vermutlich unter Tutanchamun errichtet wurde. Einige Wissenschaftler gehen sogar davon aus, dass mit dem Bau bereits unter Echnaton begonnen wurde, als Haremhab im Heer und in der Verwaltung von Memphis einen hohen Rang innehatte. Das große Grab in Sakkara wurde 1975 wieder entdeckt und in den darauf folgenden Jahren vollständig freigelegt. Es offenbart aufgrund seiner Ausmaße sowie der Qualität der Dekorationen und Inschriften den Status, den Haremhab nach dem Niedergang von Achetaton innehatte. Man weiß nicht, was Haremhab dazu veranlasste, Theben wieder zum religiösen Zentrum zu machen und Memphis als Verwaltungszentrum des Nordens oder sogar des ganzen Landes zu rehabilitieren. Man muss davon ausgehen, dass der Herrscher eng mit Eye zusammenarbeitete, weil er darauf spekulierte, dass er zu gegebener Zeit den Thron Ägyptens besteigen würde. Er mag auch die wenigen kleinen Strafexpeditionen in Kleinasien und Nubien organisiert oder sogar geleitet haben.

König Eye starb um 1323 v. Chr. Er wurde in einem Grab im westlichen Tal des Tals der Könige beigesetzt. Seine letzte Ruhestätte befindet sich in der Nähe des Grabes von Amenophis III., Vater Echnatons. Mit dem Bau wurde vermutlich unter Tutanchamun begonnen, für den das Grab ursprünglich bestimmt war. Eye regierte nicht ganz vier Jahre. Damit blieb ihm nicht genug Zeit, um ein Grab errichten zu lassen, das der Tradition der 18. Dynastie entsprach. Aller Wahrscheinlichkeit nach war das Grab, in dem Tutanchamun beigesetzt wurde, eigentlich für Eye bestimmt. Mit dem Tausch der Gräber und der Beaufsichtigung der Beerdigung des jungen Tutanchamun, etablierte Eye traditionell seinen Anspruch auf den Thron. Man darf annehmen, dass Haremhab das Gleiche tat, als er diese Aufgaben für Eye übernahm, obgleich weder eine Darstellung und noch ein Text in Eyes Grab diese Vermutung untermauert. Es gibt keine Schriftstücke, die belegen, dass Haremhab gegen den Willen einer Opposition an die Macht kam. Aufgrund der unter seiner Herrschaft errichteten Gebäude und der Texte, die über seine Leistungen erhalten sind, darf man davon ausgehen, dass er ein selbstbewusster Regent war. Haremhab diente viele Jahre im Heer und in der Staatsverwaltung, so dass er die Probleme Ägyptens kannte und wusste, welche Mittel angewandt wurden, um diese zu lösen. Eine Doppelstatue in Turin stellt Haremhab und seine Gattin Mutnodjmet dar. An der Rückseite der Statue befindet sich ein Text, der die Krönungszeremonien beschreibt. Dieser Text beinhaltet eine Passage, die darauf hinweist, dass Haremhab viele Jahre Vizeregent der Beiden Länder war. Er schlüpfte in die königliche Rolle, als hätte er nur auf sein Stichwort gewartet, um die Bühne zu betreten.

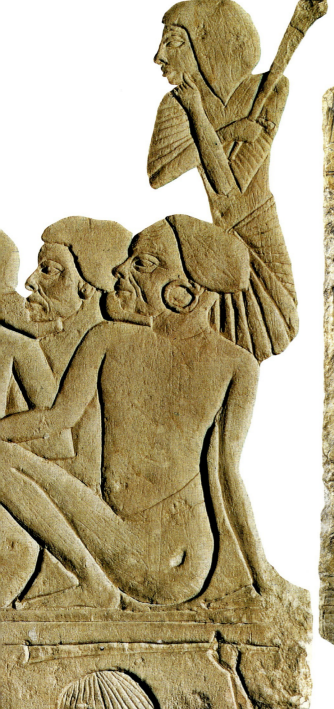

46 oben links
Relief aus dem Grab Haremhabs in Sakkara. Dargestellt sind Syrier, Nubier und Libyer, die ihre Hände zum Gruß (möglicherweise Haremhabs) erheben. Es handelt sich offensichtlich nicht um Gefangene, sondern um Abgesandte (Louvre, E 11273).

46 oben rechts und 46-47
Relief aus dem Grab Haremhabs in Sakkara. Afrikanische Gefangene kauern auf dem Boden. Sie werden von Aufsehern bewacht, die mit Knüppeln bewaffnet sind. Ein Schreiber macht sich Notizen (Bologna, 1887).

47 Mitte
Dieses Relief stammt vermutlich aus dem Grab Haremhabs in Sakkara. Das mittlere Register zeigt weibliche Trauernde, die anderen Register zeigen männliche Trauernde, die an der Bestattung des Verstorbenen teilnehmen (Louvre E 11247).

47 rechts
Ohrring aus Gold mit Einlagen aus blauem Glas aus dem Grab Haremhabs in Sakkara. Die Sphinx in der Mitte trägt die blaue Krone und hat das Profil eines Königs der Amarnazeit (Kairo JdE 97864).

48 oben links
Detail eines Reliefs des Opetfestes im Tempel von Luxor. Bei der Prozession wurden auch heilige Tiere mitgeführt. Der massige Stier, den man hier sieht, trägt einen gefiederten Kopfschmuck zwischen den Hörnern.

48 unten links
Diener der Priesterschaft tragen eine der schweren göttlichen Barken, in denen während des Opetfestes die Abbilder der Götter Amun, Mut und Chons von Karnak nach Luxor transportiert wurden.

48 oben rechts
Diener mit Papyrusstauden führen Gänse für die Feierlichkeiten des Opetfestes mit sich. Andere Diener treiben massige Bullen an, die über und über mit Girlanden bedeckt und so schwer sind, dass sich ihre Hufe unter ihrem Gewicht nach oben biegen.

48 unten rechts
Tanz und Musik spielten eine bedeutende Rolle bei ägyptischen Festen. Dieses Detail eines Reliefs des Opetfestes zeigt Musikanten. Man erkennt drei Lautenspieler mit langhalsigen Instrumenten, gefolgt von Musikanten mit Klappern.

Haremhab war zweifellos der Vorfahr der Könige der 19. Dynastie, vielleicht nicht physisch, eindeutig jedoch politisch und inspirativ. Eine lange, aber schwer beschädigte Inschrift in Karnak, listet die Schritte auf, die der König unternahm, um der Korruption und der Ausbeutung der unteren sozialen Schichten Herr zu werden. In der Rechtsprechung und den alltäglichen Regierungsgeschäften hatte in der Amarna- und der Postamarnazeit ein regelrechter Verfall eingesetzt. Eine Stele, die in Memphis aufgestellt wurde und sich ebenfalls in schlechtem Zustand befindet, gibt zum Teil jene Texte wieder, die auf der Doppelstatue in Turin zu finden sind. Haremhab wird zum Sohn des Amun erklärt, wodurch seine königliche Herkunft untermauert wird. Außerdem wird konstatiert, dass er die Tempel und alten Kulte des Landes rehabilitierte. Die Überreste der Bauten, die Haremhab im Bereich von Theben errichten ließ, belegen, dass er die Kulte in Luxor und Karnak wieder belebte. Er führte aber auch Arbeiten fort, die bereits unter Amenophis III. begonnen worden, unter Tutanchamun jedoch zum Erliegen gekommen waren. Das beste Beispiel für die bewusste Eliminierung Tutanchamuns durch Haremhab, bietet noch heute jener Bereich des Tempels

von Luxor, der als Kolonnade des Haremhab bekannt ist. Die Kolonnade steht in einem Hof, dessen umgebende Gebäude mit Malereien und Inschriften verziert sind. Die Darstellungen zeigen das Opetfest, das angeblich unter Haremhab, tatsächlich jedoch vor allem unter Tutanchamun, zelebriert wurde. Wo auch immer der Name Tutanchamuns im Text erschien, wurde er durch jenen Haremhabs ersetzt. Stilistisch ähneln die Darstellungen, die herrlich gestaltet sind, Szenen, die man im Grab Haremhabs in Sakkara entdeckt hat, das ebenfalls zur Zeit Tutanchamuns errichtet und verziert wurde. Viele Skulpturen in den Tempeln von Karnak und Luxor tragen eindeutig die Gesichtszüge des jungen Königs, wurden jedoch von Haremhab annektiert und neu beschriftet. Die Entscheidung, Tutanchamun ebenso wie die Herrscher der Amarnazeit und Eye aus dem Gedächtnis der Ägypter zu tilgen, war eine wohl überlegte politische Handlung. Heute ist es jedoch schwierig, eine Erklärung für dieses Vorgehen zu finden. Die Königsgräber Tutanchamuns und Eyes wurden unter Haremhab nicht offiziell entweiht. Diese Könige waren tot und ihre Gräber waren versiegelt. Sie waren aus dem Weg und ihre letzten Ruhestätten waren keine öffentlichen Monumente, die der Erinnerung an die Vergangenheit dienen konnten.

Ganz anders verhielt es sich mit den ungewöhnlichen Tempeln, die Echnaton und Nofretete in Karnak errichten hatten lassen. Sie mussten demontiert werden ebenso wie die Tempel und Paläste in Achetaton. Es besteht kein Zweifel, dass Haremhab in Karnak der Zerstörer war, denn die perfekt geformten Blöcke, die man für die Gebäude verwendet hatte, dienten als Füllmasse für die Pylonen, die im großen Amuntempel unter Haremhab errichtet wurden. Diese

Blöcke werden aufgrund ihrer Form und ihrer Ausmaße als *talatat* bezeichnet. Sie waren in den Außenwänden der Pylonen exakt übereinander gesetzt, wurden entfernt, ab dem Zweiten Weltkrieg genauestens untersucht und später zum Teil wieder zusammengesetzt. Die Eliminierung der Tempel von Echnaton und Nofretete war damit nur temporär.

Haremhabs militärische Laufbahn mag außergewöhnlich gewesen sein. Es gibt jedoch kaum Belege dafür, dass er unter Tutanchamun, oder als er selbst König war, wesentliche militärische Feldzüge durchgeführt hätte. Haremhab war in jeder Hinsicht Oberbefehlshaber. Die Titel, die sein Grab in Sakkara zieren, betonen seinen Rang: Oberaufseher der Generäle des Herrn der Beiden Länder, General des Herrn der Beiden Länder, Größter General, Größter General des Königs, Größter General des Königs der Beiden Länder. Mit diesen Hyperbeln unterstrich Haremhab lediglich eine offensichtliche Tatsache. Er war die Nummer eins in der militärischen Hierarchie.

49 links
Relief eines Königs im Tempel von Luxor. Die Kartusche trägt den Namen Haremhabs, die königlichen Gesichtszüge zeigen jedoch unverkennbar den jungen Tutanchamun. Die Kartusche wurde zweifellos neu beschriftet.

49 rechts
Bemalte Kolossalstatue aus Quarzit. Der Stil deutet auf die Regierungszeit Tutanchamuns hin, die Statue wurde jedoch von seinen Nachfolgern Eye und Haremhab, in dessen Totentempel man sie fand, übernommen (Kairo JdE 59869).

Er selbst sah sich zweifellos vorrangig als Mann des Militärs. Bei Beförderungen favorisierte er stets Angehörige des Militärs. Eine der herausragenden Persönlichkeiten war Pramses. Am zehnten Pylon in Karnak stehen Schreiberstatuen dieses hervorragenden Staatsdieners. Sie tragen Inschriften, die den Aufstieg Pramses' skizzieren. Pramses war der Sohn von Sethos, einem Offizier von niederem Rang, der aus dem Delta stammte. Der Text listet nicht präzise den stetigen Aufstieg Pramses' in der militärischen Hierarchie auf. Zunächst war er Aufseher der Pferde, Wagenlenker Seiner Majestät, Bote des Königs im gesamten Ausland, General des Herrn der Beiden Länder und königlicher Schreiber der Kommandeure. Er bekleidete außerdem bedeutende zivile und religiöse Ämter: Aufseher der Schatzkammer, Aufseher der Flussmündungen, Aufseher der Priester aller Götter. Schließlich wurde Pramses zum Stellvertreter Seiner Majestät im Süden und im Norden sowie zum Wesir ernannt. Sei es nun dem Schicksal oder einfach seinem Talent zu verdanken, Pramses stand hoch in der Gunst Haremhabs, der seiner Beförderung stets zustimmte, so dass er letztendlich die höchsten Ämter in den zivilen, religiösen und militärischen Bereichen des ägyptischen Lebens bekleidete.

Vermutlich beschloss Haremhab bereits relativ früh, Pramses zu seinem Nachfolger zu machen. Die Historiker des Neuen Reiches

betonten immer wieder, dass das militärische Element die Karriere Pramses' – der aus einer einfachen Familie aus dem Delta stammte – auch im zivilen Bereich gefördert habe. Doch Pramses demonstrierte vermutlich mehr als militärische Effizienz und die Fähigkeit kommandieren zu können. Wie bei Haremhab zeigten sich seine Fähigkeiten in der erfolgreichen Ausübung der Ämter, die man ihm übertragen hatte. Seine Handlungsweise in Bezug auf Verwaltungsangelegenheiten in Kombination mit der Loyalität gegenüber seinem König prädestinierte ihn als möglichen Thronfolger.

Die Frage der Erbfolge und die Legitimierung des Anspruchs auf den Thron war den regierenden Pharaonen stets ein Anliegen. Bei einem König, der Söhne hatte, regelte grundsätzlich das Erstgeburtsrecht die Erbfolge. Gelegentlich gab es jedoch Schwierigkeiten, was die Umsetzung dieses Rechts anging, vor allem dann, wenn der Anspruch auf den Thron durch eine Heirat kompliziert wurde. Der Status der Gemahlin des zukünftigen Erben gab ihr aufgrund ihrer königlichen Abstammung die Möglichkeit, die Nachfolge zu beeinflussen. Wie die Erbfolge im Detail geregelt wurde, ist nicht bekannt. Man brauchte jedoch einen König, um die „richtige" Erbfolge sicherzustellen. Deshalb griff man gelegentlich vermutlich auf konstitutionelle Einrichtungen wie die Mitregentschaft zurück. Wie es König Sethos I. gelang, die Nachfolge seines Sohnes Ramses sicherzustellen, soll später noch erläutert werden. Für Haremhab sollte die Frage der Nachfolge zu einer wichtigen, wenn nicht sogar zur wichtigsten Frage überhaupt werden. Der Herrscher war alt, kinderlos und sah sich einem konstitutionellen Hindernis gegenüber, da seine Abstammung vom göttlichen Königtum fragwürdig war.

Haremhab war nur entfernt mit der königlichen Linie der 18. Dynastie verwandt. Er hatte keine Kinder und konnte somit nicht erwarten, dass er der blutsverwandte Gründer jener Linie sein würde, die ihm folgen sollte. Er war jedoch einst „Stellvertreter der Beiden Länder", wie der Text auf der Doppelstatue in Turin belegt. Dieser Titel wurde in der Regel Mitregenten

50
Dieser Kopf Haremhabs gehört zu einer Darstellung im Grab des Herrschers im Tal der Könige. Haremhab bringt Hathor, der Göttin des Westens, Wein dar. Die strahlenden Farben kontrastieren mit dem blaugrauen Hintergrund.

51 oben
Fein gearbeitete und herrlich bemalte Kartuschen mit dem Geburts- und dem Thronnamen Haremhabs aus dem thebanischen Grab des Herrschers. Der Geburtsname (links) lautet Haremhab-Meriamun, der Thronname (rechts) Djoserxeprure-Setpenre.

51 unten
Eine Szene aus dem thebanischen Grab Haremhabs. Der König erweist Isis „viermal" die Ehre. Die Göttin ist die „Mutter des Gottes, Herrin des Himmels, Gebieterin aller Götter". Rechts ist der schakalköpfige Gott Anubis zu erkennen.

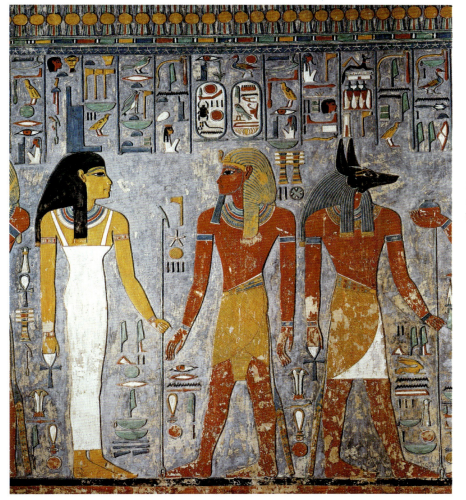

52-53
Die Vorkammer des königlichen Grabes von Haremhab zieren Darstellungen, in denen der Herrscher verschiedene Götter begrüßt und ihnen Opfer darbringt. Man erkennt den schakalköpfigen Gott Anubis, Isis die Große, Horus-Sohn-der-Isis, Hathor, Herrin des Himmels, und Osiris.

53 unten
Darstellung der Göttin Hathor aus dem Grab Haremhabs. Die Göttin empfängt Wein vom König und wird als „Herrin des Westens, Herrin des Himmels, Gebieterin aller Götter" beschrieben.

verliehen. Haremhab hätte demnach gemeinsam mit Eye regiert, der ebenfalls kinderlos geblieben war. Nach Eyes Tod bestieg Haremhab den Thron. Er ernannte Pramses zum „Stellvertreter Seiner Majestät im Süden und im Norden" und rechtfertige somit dessen Nachfolge. Als Haremhab um 1295 v. Chr starb, folgte ihm Pramses auf den Thron. Er entfernte das „P" aus seinem Namen und wurde Ramses. Er gilt als Gründer der 19. Dynastie. Einige Historiker sehen jedoch in Haremhab den Gründer dieser Dynastie. Seine Regierungszeit markiert eine Art Übergangsperiode zwischen den endgültig aus dem Gedächtnis getilgten Herrschern der 18. Dynastie und der neuen Linie der 19. Dynastie, die aus dem Delta stammte. Man sollte auch bedenken, dass die dynastische Unterscheidung zu dieser Zeit in der ägyptischen Geschichte noch nicht etabliert war, auch wenn man von Änderungen der familiären Linie Notiz nahm. Wenn man dies berücksichtigt, wurde Haremhab zweifellos als Nachfolger der Ramessiden betrachtet. Sein erstes Grab in Sakkara wurde zu einem verehrten Kultzentrum, vor allem unter Ramses, dessen Schwester Tia ihr Grab neben jenem von Haremhab errichten ließ.

Ramses I. beaufsichtigte die Beerdigung Haremhabs im Tal der Könige und bekräftigte damit die Legitimität seiner Herrschaft. Das große Grab ist herrlich dekoriert mit Texten und Darstellungen, die im Neuen Reich für königliche Begräbnisse Standard waren. Den Hintergrund bildet ein besonderer blaugrauer Ton. Das gesamte Schema und seine Umsetzung unterscheiden sich grundlegend vom nicht königlichen Grab Haremhabs in Sakkara. Abgesehen vom traditionellen königlichen Begräbniskult gibt es keinen Hinweis auf einen Kult, der in Verbindung mit dem Grab in Theben steht. Dieser Kult wurde in der Regel im königlichen Totentempel praktiziert, der am Rand der kultivierten Ebene von Theben-West erbaut wurde. Man errichtete den Totentempel Haremhabs am südlichen Ende der Tempelreihe, angrenzend an die Stelle, an der der Totentempel Ramses' III. in Medinet Habu erbaut werden sollte. Seine abgeschiedene Lage war vorgegeben durch die Tempelfundamente eines Heiligtums, das für Eye bestimmt war, und möglicherweise durch jenes, das für Tutanchamun vorgesehen war. Von diesen Fundamenten ist jedoch nichts erhalten. Sie sind ebenso wie andere Totentempel der 18. Dynastie verschwunden, demontiert zur Zeit der Ramessiden.

Es deutet nur wenig darauf hin, dass Haremhab während seine Regentschaft eine aggressive Außenpolitik betrieb, um der Schwächung des Staates entgegenzuwirken, die aus der Amarnazeit resultierte. Zweifellos war er glücklich, dass die meisten

Nahostländer, die eine Bedrohung für Ägypten darstellen konnten, mit anderen Angelegenheiten beschäftigt waren und die geschwächte Macht des Herrschers, die vor allem unter Echnaton deutlich geworden war, nicht zu ihren Gunsten nutzen konnten. Es ereignete sich jedoch ein Zwischenfall, der für Ägypten eine echte Gefahr darstellte. Der Hethiterfürst Suppiluliuma entsandte einen seiner Söhne als zukünftigen Gemahl für eine ägyptische Königin, bei der es sich um Anchesenamun gehandelt haben könnte, die Witwe Tutanchamuns. Aufzeichnungen der Hethiter berichten, dass der junge Prinz in Ägypten ermordet wurde. Diese Tragödie ereignete sich, als Eye König war. Es bestand die Gefahr, dass die Situation eskalierte und zu einem offenen Konflikt zwischen Ägypten und Hatti, dem Reich der Hethiter, führte. Es wurde jedoch nichts unternommen, um den Tod des Prinzen zu rächen. Suppiluliuma starb um 1323 v. Chr. Kurz darauf verstarb auch sein Nachfolger Arunwandas II. Sein Bruder und Nachfolger Mursilis II., jung und unerfahren, musste sich mit Arzawa auseinander setzen, einem Reich im Westen, mit den Ländern, die das Schwarze Meer nach Norden begrenzten, und mit dem Königreich Azzi-Hayasa im Osten. Der wiedererstarkte Einfluss der Hethiter in diesen Regionen band deren Aufmerksamkeit viele Jahre an diese Gebiete. Mit jenen Gebieten, die einst enge Beziehungen zu Ägypten unterhielten, gab es ebenfalls Schwierigkeiten, vor allem mit Syrien und der Handelsstadt Karkemisch. Es scheint, als habe Haremhab einen Vorteil daraus gezogen, dass die Hethiter mit anderen Angelegenheiten beschäftigt waren, denn er unternahm einen Raid gegen die libanesische Küste, bei dem seine Streitkräfte im Osten vermutlich bis nach Karkemisch vordrangen. Außerdem schlug Haremhab eine Rebellion in Nubien konsequent nieder.

Ägypten nach der Amarnazeit

Haremhab konzentrierte sich vorwiegend auf den Aufbau der Wirtschaft Ägyptens, auf die Rehabilitation der Kulte und Heiligtümer der Götter und auf die Stärkung des Nationalstolzes. Mit diesem Vorgehen bereitete er den Weg für seinen auserwählten Nachfolger. Es war vermutlich offensichtlich, dass es Probleme in Kleinasien und mit der Wahl Pramses' als Nachfolger geben könnte. Inschriften weisen darauf hin, dass Haremhab die Wahl Pramses' mit dessen militärischen Verdiensten und seinen administrativen Fähigkeiten rechtfertigte, die er bereits bewiesen hatte. Haremhab traf eine weise Entscheidung. Das einzige Problem war Pramses' Alter. Als er den Thron bestieg, war er vermutlich bereits Mitte sechzig, ein hohes Alter für die damalige Zeit und wohl kaum ein Alter, in dem man einem solch verantwortungsvollen Amt gerecht werden konnte. Für Pramses sprach jedoch seine außergewöhnliche Laufbahn. Er würde als König und Gründer einer neuen Linie eher akzeptiert werden, als ein weniger erfolgreicher Mann. Außerdem hatte Pramses einen Sohn, Sethos, der in den Vierzigern war, als Haremhab starb. Die Erbfolge war vielversprechend und Haremhabs Erwartungen sollten nicht enttäuscht werden.

Pramses bestieg als Ramses den Thron. Er nahm den Thronnamen Menpehtire an, „Jener, der ewige Kraft besitzt, ist Re". Dieser Titel suggerierte positives Handel und bewusst oder zufällig rief er den Thronnamen Amosis' ins Gedächtnis, des ersten Königs der 18. Dynastie: Nebpehtire, „Jener, der die Macht besitzt, ist Re." Ramses I. blieb jedoch nur wenig Zeit, um seine Stärke als Herrscher unter Beweis zustellen. Er regierte weniger als eineinhalb Jahre. Sein Sohn und Stellvertreter Sethos fand sich vermutlich früher in der Rolle des Königs von Ober- und Unterägypten wieder, als er erwartet hatte. Der rasche Wechsel könnte für die neue Dynastie und für Ägypten verheerende Auswirkungen gehabt haben. Hierfür gibt es jedoch keine Beweise und es scheint, als habe Haremhab eine gute Wahl getroffen, um das Reich zu stabilisieren, das unter Ramses trotz seiner kurzen Regentschaft offensichtlich eine Konsolidierung erfuhr. Es gibt keinerlei Hinweise darauf, dass innere Unruhen das Land zu jener Zeit erschütterten. Man darf jedoch nicht vergessen, dass die offiziellen Berichte des alten Ägyptens für gewöhnlich keine Ereignisse auflisteten, die ein schlechtes Licht auf die herrschende Dynastie geworfen hätten.

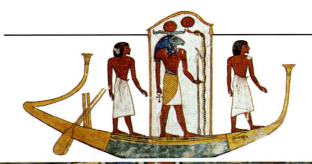

54-55
Szenen aus der Sargkammer Ramses' I. Links: Der König bringt dem Gott Chepre mit Skarabäuskopf, dem Sonnengott der Morgendämmerung, Opfer dar. Rechts: Der König wird von Horus-Sohn-der-Isis, Atum und Neith vor Osiris geführt.

55 oben
Der falkenköpfige Horus-Sohn-der-Isis, der die Doppelkrone trägt, und der schakalköpfige Anubis, Gott der Einbalsamierung, begrüßen Ramses. Wie im Grab Haremhabs bildet Blaugrau die Hintergrundfarbe.

Ägypten nach der Amarnazeit

Sethos' Thronname lautete Menmaatre, „Jener, der ewige Gerechtigkeit besitzt, ist Re". Er nahm die Geschicke des Reiches in die Hand und betrieb eine lebhafte Außenpolitik. Damit folgte er den Plänen, die er mit seinem Vater ausgearbeitet hatte.

Sethos ehrte das Andenken an seinen Vater und förderte einen Kult zu dessen Ehren, indem er Ramses in der Nähe seines eigenen Tempels in Abydos eine Kapelle weihte. Später integrierte er eine Grabkapelle für seinen Vater in seinen Totentempel in Theben-West. Die meisten der fein gearbeiteten Reliefs aus der Kapelle von Abydos sind heute im Metropolitan Museum of Art in New York ausgestellt. Darunter befindet sich jedoch nicht jener Teil einer erhaltenen Widmungsstele, deren Inschriften belegen, was Sethos seinem Vater zu schulden glaubte und wie sehr er ihn in die politische Praxis einbezog, die sie zweifellos zu Lebzeiten des Vaters diskutiert hatten. Sethos reorganisierte das Heer, führte einen militärischen Feldzug gegen die Phönizier in der Levante durch und besiegte in der Wüste aufständische Völker, bei denen es sich möglicherweise um widerrechtlich eingewanderte Stämme handelte. Viele dieser Unternehmungen fanden statt, als Ramses noch am Leben war. Rückblickend scheint es, als sei alles Gute, das aus der kurzen Herrschaft Ramses' resultierte, der Fähigkeit und Initiative des Kronprinzen Sethos zu verdanken gewesen. Als König bemühte sich Sethos darum, das Vertrauen seines Volkes zu gewinnen, ohne die Verdienste seines Vaters zu schmälern. Er betrachtete seine Regentschaft als Beginn einer neuen Ära. Auf Darstellungen in Karnak, die die Triumphe der Anfangszeit seiner Herrschaft feiern, bezeichnet er sein erstes Jahr als *wehem mesut*, „Wiedergeburt".

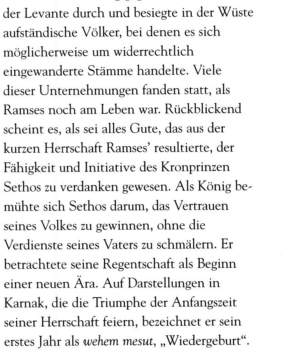

56 oben
Belzoni kopierte viele Darstellungen aus dem Grab Sethos' I. Diese Szene ziert eine Decke des Grabmals und zeigt Nechbet, die Geiergöttin Oberägyptens. Die Inschriften über der Göttin geben die Namen Sethos' wieder.

56 unten
Belzonis Gemälde zeigt Sethos, der von Horus vor Osiris, den „ersten des Westens und Großen Gott", geführt wird. Hinter Osiris steht Hathor.

57
Dieser Kopf Sethos' I. gehört zu einer Statue, die aus unterschiedlichen Materialien gefertigt wurde. Kopf und Oberkörper bestehen aus Alabaster (Kalzit). Augen und Augenbrauen waren ursprünglich aus anderen Materialien gefertigt (Kairo, JdE 36692).

58 links
Ptah-Tatenen umarmt Ramses II. Ptah-Tatenen ist eine Form des Schöpfergottes Ptah, die mit Tatenen assoziiert wurde, einem Gott der Unterwelt. Die Darstellung befindet sich auf einem Pfeiler der Kolonnade vor dem ersten Hypostylon in Abydos, das Ramses für seinen Vater Sethos I. vollenden ließ.

58 oben rechts
Eine Ritualszene in Form eines Flachrelief am Tempel von Karnak zeigt Sethos I., der die Krone von Unterägypten trägt und vor Amun-Re kniet, dem er Weihrauch opfert.

58 Mitte rechts
Sethos I. kniet vor Amun und opfert dem Gott Papyrusstauden. Der König empfängt von Amun neben anderen Geschenken ein langes Leben. Diese Szene ist Teil der Darstellungen im Hypostylon.

58-59
Der Wesir Paser wird in seinem Grab vor König Sethos I. mit dem Gold der Ehre geschmückt. Der Herrscher ist in Gestalt einer Mumie zu sehen. Hinter ihm steht die Göttin Ma'at. Die Zeichnung stammt von Sir John Gardner Wilkinson.

59 rechts
Diese Szene stammt aus dem Grab des hohen Haremsbeamten Hormin in Sakkara. Sethos I. beugt sich aus einem Erscheinungsfenster und überwacht die Verleihung des Goldes der Ehre an Hormin (Louvre, C 213).

Diese Worte wurden in Ägypten gelegentlich verwendet, um den Beginn einer neuen Ära zu kennzeichnen. Heute würde man vermutlich den Begriff „Renaissance" verwenden. Mit der Ernennung des Beginns seiner Regierungszeit zum *wehem mesut* verlieh sich Sethos selbst eine Bedeutsamkeit, die sich Haremhab vielleicht für Ramses I. gewünscht hatte.

Sethos hatte tatsächlich einige Justifikationen, um diesen Anspruch erheben zu können. Ihm war es zu verdanken, dass die vorausschauende Politik Haremhabs Früchte trug, und er bereitete seinem Sohn Ramses II. den Weg auf fast allen Ebenen. Sethos erreichte viel in seiner langen moderaten Regierungszeit, die elf bis 15 Jahre andauerte. Hätte er ein wenig länger gelebt, hätte er sich vielleicht der Herausforderung der Hethiter in Kadesch stellen müssen und sich eine Reputation sichern können, die heute höher stünde als die seines großen Nachfolgers. Dies ist jedoch eine müßige Spekulation. Sethos hatte stets genug damit zu tun, Ägypten im Innern zu festigen und sein Land in Kleinasien wieder zu etablieren. Seine militärischen Feldzüge sind an der Außenseite der Nordwand des großen Hypostylons im Tempel von Karnak anschaulich und genau festgehalten. Ein Überfall, der sich ereignete, als Sethos noch Kronprinz war, hatte den König auf die Art der militärischen Feldzüge vorbereitet, die in Kleinasien zu unternehmen waren. Er zögerte nicht, die aufsässigen Stämme in Palästina mit Nachdruck darauf aufmerksam zu machen, dass der ägyptische Löwe wieder erwacht und bereit zum Angriff war. In seinem ersten Regierungsjahr (um 1294 v. Chr.) entfesselte er einen Angriff, ausgehend vom Grenzposten Sile am nordöstlichen Rand des Deltas. Sein erstes Ziel waren die Schasu, ein Stamm beziehungsweise ein Gefüge von Stämmen, die für ihre unabhängige Gesinnung bekannt waren. Sethos' Streitkräfte waren in drei Divisionen organisiert, die nach den großen Göttern Amun, Re und Seth benannt waren. Letzterer galt als Schutzherr der Könige der 19. Dynastie, die aus jener Region im Delta stammten, die das Zentrum des Sethkultes bildete. Diese Divisionen sollten auch eine Rolle in der Schlacht von Kadesch spielen, die Ramses II. schlagen sollte. In dieser Schlacht kämpfte jedoch noch eine weitere Division, die nach Ptah benannt war, dem Stadtgott von Memphis.

Ägypten nach der Amarnazeit

Ramses II.

Von Gaza aus rückte Sethos in nördlicher Richtung nach Palästina vor, nach Kanaan. Hier eroberte er mehrere Städte. Während der gleichen Kampagne oder etwas später in seinem ersten Regierungsjahr dehnte der König den Einflussbereich Ägyptens auf den Libanon aus. In einem vermutlich später stattfindenden militärischen Feldzug rückten seine Streitkräfte nach Amurru im Norden des Libanon vor. Gleichzeitig wandten sie sich nach Osten, um Kadesch einzunehmen. Zu jener Zeit waren die Hethiter in keine Konfrontation involviert. Sethos ließ jedoch eine andere Kampagne, die allerdings nicht datiert und nur zum Teil erhalten ist, an der Außenwand des Hypostylons verewigen. Der König behauptet, das Land der „gemeinen Kheta" (eine gebräuchliche Bezeichnung für die Hethiter) angegriffen und ihm eine schwere Niederlage beigebracht zu haben. Es ist unmöglich, alle Details der militärischen Feldzüge und Eroberungen zu bestätigen, die die ägyptischen Könige in triumphalen Szenen an den Wänden der Tempel festhalten ließen. Die Tradition, die Tragweite und den Erfolg militärischer Feldzüge zu glorifizieren, hatte sich zur Zeit der 19. Dynastie etabliert. Darstellungen und Inschriften in ägyptischen Tempeln umfassen Verlautbarungen, die die Intention darlegen, ebenso wie Stellungnahmen, die die Errungenschaften verdeutlichen. Sie beinhalten ein religiös-magisches Element, das stets dazu diente, die Macht des Herrschers zu rühmen. Es handelte sich dabei nicht um simple Prahlerei, sondern um die Proklamation der Großartigkeit des Königs. Man darf daraus jedoch nicht den Schluss ziehen, dass sämtliche Tempelszenen frei erfunden sind. Man sollte die Aussagen

Rosellinis Zeichnung zeigt die Szene, die rechts als Foto zu sehen ist. Anhand der Zeichnung wird deutlich, wie schwer die Tempelmauer seit den 20er-Jahren des 19. Jahrhunderts in Mitleidenschaft gezogen wurde. Viele Beschädigungen kommen dadurch zustande, dass die Bewohnerinnen von Luxor den Sandstein abkratzen, da sie dem Staub magische Kräfte zuschreiben.

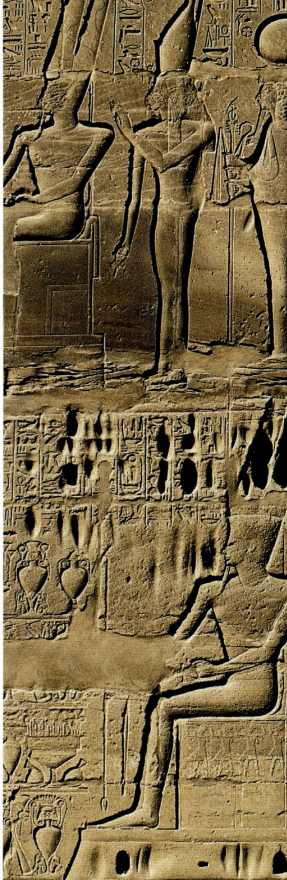

60-61
Diese Szene an der Außenmauer des Hypostylons von Karnak zeigt Sethos I., der die gefangenen ausländischen Herrscher des Nordens und des Südens zu Ehren von Amun-Re opfert, der das Geschenk mit erhobenem Krummsäbel in Empfang nimmt.

61 oben
Auf diesem Relief des Tempels von Karnak massakriert Sethos I. mit Billigung des Gottes Amun-Re (der deutlich kleiner dargestellt ist) bedeutende ausländische Persönlichkeiten mit seinem Streitkolben. Die Gefangenen sind Asiaten.

Ägypten nach der Amarnazeit

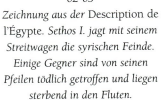

62-63
Zeichnung aus der Description de l'Égypte. Sethos I. jagt mit seinem Streitwagen die syrischen Feinde. Einige Gegner sind von seinen Pfeilen tödlich getroffen und liegen sterbend in den Fluten.

allerdings stets mit Vorsicht genießen und wenn möglich anhand anderer Beweise überprüfen. Im Falle der Kampagnen, die Sethos unternahm, belegen mehrere Inschriften, die die Armeen des Königs in den besetzten Regionen hinterließen, die Präsenz der Ägypter. Zwei Inschriften, die man bei Beth Schean im Norden Kanaans entdeckt hat, verzeichnen Militäraktionen der Ägypter in dieser Region. Eine der Inschriften datiert aus dem ersten Regierungsjahr Sethos', das Datum der anderen lässt sich nicht mehr rekonstruieren. Die Überreste einer Stele des Königs hat man in Tell esch-Schihab gefunden hat, einige Kilometer östlich des Sees Genezareth. Ihre Inschriften belegen ebenfalls die Präsenz der Ägypter, wenngleich der Haupttext nicht erhalten ist. Außerdem wird in hethitischen Aufzeichnungen darauf hingewiesen, dass Mursilis II. und Sethos I. eine Art Vertrag schlossen. Es wird zwar kein Datum genannt, aber man darf davon ausgehen, dass dieses Ereignis in den frühen Jahren der Herrschaft Sethos' stattfand. Damit entspannte sich die Situation in Asien bis zum Ende der Regierungszeit Sethos'. Mit einer begrenzten ägyptischen Präsenz in Kleinasien war der Einfluss Ägyptens in dieser Region teilweise wiederhergestellt.

Die anderen Gebiete, die Ägypten Probleme bereiten konnten, vor allem als das Land verwundbar schien, waren Libyen im Westen und Nubien im Süden. Ein Teil der Szenen an der Außenwand des Hypostylons handelt tatsächlich von einer Kampagne in Libyen, die

62 unten
Sethos I. steigt von seinem Streitwagen und nimmt die Unterwerfung der Herren des Libanon an. Einige Feind fällen Bäume für die königliche Barke und für Fahnenmasten. Aus der Description de l'Égypte.

63 unten
Mit gezücktem Krummsäbel überrollt Sethos I. mit seinem Streitwagen die syrischen Feinde. Die Szene stammt von der nördlichen Außenmauer des Hypostylons in Karnak. Aus der Description de l'Égypte.

64-65
Sethos I. kehrt von einer Kampagne gegen die Libyer zurück. Er treibt Gefangene vor sich her, die Amun in Karnak als Geschenk dargebracht werden sollen. Sein Gespann trägt den Namen: „Erstes großes Gespann Seiner Majestät ‚Amun ist mutig'". Die Darstellung stammt aus Karnak.

allerdings weder datiert noch spezifiziert ist. Es gibt jedoch keinen Zweifel, dass eine solche Kampagne stattgefunden hat. Offensichtlich herrschte lange Zeit Ruhe an der nordwestlichen Grenze Ägyptens. Dies bedeutete allerdings nicht, dass in dem Gebiet keine Schwierigkeiten zu erwarten waren, die den Einsatz des Militärs erforderten. Ramses II. würde zu gegebener Zeit gezwungen sein, Festungen in diesem Gebiet zu errichten. Außerdem sollte es zur Zeit der 19. Dynastie zu aggressiven Übergriffen der Libyer kommen. Es gibt vage Hinweise darauf, dass Sethos einem Angriff der Libyer zuvorgekommen ist oder dass er den Libyern vor Augen geführt hat, dass es sich nicht auszahle, sich gegen Ägypten zu wenden, dessen Macht wieder erstarkt sei.

In Nubien blieb es während der Herrschaft Sethos' fast immer ruhig. Ein lokales Unternehmen verhinderte eine mögliche Revolte in Kusch. Diese vermutlich eher gemäßigte Kampagne erscheint nicht an den Wänden des Hypostylons in Karnak. Sie ist jedoch Thema zweier Inschriften, die man auf der Insel Sai und bei Amara entdeckt hat, Verwaltungszentren zwischen dem 2. und 3. Katarakt des Nil. Grundsätzlich war Nubien gefestigt und Sethos beschloss, in Nauri nahe dem 3. Katarakt eine umfassende Inschrift verewigen zu lassen. Sie handelt von den gesetzlichen Arrangements bezüglich seines großen Tempels in Abydos, das etwa 1000 km nördlich in Mittelägypten liegt. Weshalb Sethos die Inschrift in Nauri verewigen ließ, ist nicht nachvollziehbar. Die Einwohner dürften nicht fähig gewesen sein, sie zu lesen. Wenn sie sich den Inhalt von durchreisenden ägyptischen Schreibern erklären ließen, dürften sie sich darüber gewundert haben, wie detailliert die Instruktionen bezüglich des Standorts des Tempels und der am Bau beteiligten Personen waren. Vielleicht plante Sethos auch, Nubien über seine rein imperiale Funktion hinaus weiter zu entwickeln. Er könnte mit dem Bau des großen Tempels bei Gebel Barkal (Napata) flussabwärts des 4. Katarakts begonnen haben.

Ägypten nach der Amarnazeit

65 oben
Sethos I. kehrt von einer Kampagne gegen die Hethiter (nicht datiert) nach Karnak zurück. Er treibt zwei Reihen Gefangene vor sich her, die Amun als Geschenk dargebracht werden sollen. Die Darstellung stammt aus Karnak.

65 rechts
Detail einer Szene aus dem Tempel von Karnak. Sethos I. greift eine hethitische Truppe an. Zu Füßen der königlichen Pferde liegen getötete und verstörte Feinde, die von den nach-folgenden ägyptischen Streitwagen überrollt werden.

Ägypten nach der Amarnazeit

Ramses II.

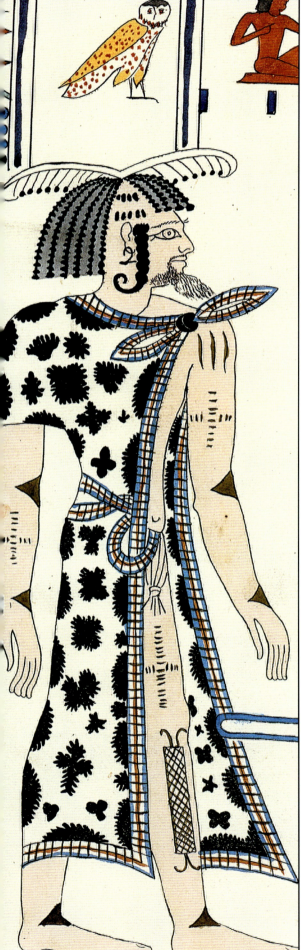

Er könnte seine Hand auch an anderen Stätten im Spiel gehabt haben, an denen Ramses II. großartige Denkmäler hinterließ. In vielen Fällen hat der Sohn offensichtlich die Werke, die der Vater geplant oder bereits begonnen hatte, übernommen, erweitert und schließlich übertroffen.

Unter den Monumenten des alten Ägyptens befinden sich nur wenige, die solch eine enorme Ausdruckskraft haben wie das Hypostylon des großen Amuntempels in Karnak. Man findet hier einen wahren Wald massiver Säulen. Zwölf dieser Säulen mit Papyruskapitellen formen die zentrale Kolonnade, die zu beiden Seiten jeweils 61 kleinere Säulen mit geschlossenen Kapitellen flankieren. Hier wie an vielen anderen Orten in Ägypten wird der Besucher an Ramses II. erinnert, unter dessen Herrschaft viele Dekorationen in der Halle ausgeführt wurden. Die Geschichte des Hypostylons reicht jedoch bis zu Haremhab zurück, der den 2. Pylonen des

66 oben
Die Köpfe asiatischer Prinzen kurz bevor der König mit seinem Streitkolben zuschlägt. Die Darstellung stammt aus Karnak.

66-67
Belzonis Kopie der Repräsentanten der vier menschlichen Rassen, dargestellt zur fünften Stunde des Pfortenbuches im Grab Sethos' I. Links erkennt man Nubier, rechts einen Libyer.

67 rechts
Wilkinsons Kopie einer Darstellung aus Karnak zeigt den Angriff Sethos' I. auf die Hethiter. Es ist nicht bekannt, wann diese Schlacht stattfand. Der König lenkt seinen Streitwagen in die hethitischen Streitkräfte und nimmt sie gleichzeitig mit Pfeil und Bogen unter Beschuss. Die Kopie wurde mit großer Sorgfalt angefertigt.

Tempels in Angriff nahm und dadurch einen großen Hof westlich des 3. Pylonen schuf, der unter Amenophis III. entstanden war. Einige Arbeiten am Eingang zu diesem großen Hof könnten aus der Zeit Ramses' I. datieren. Viele spätere Konstruktionen im Innern an den Säulen und dem Dekor an den Innen- und Außenwänden wurden unter Sethos I. ausgeführt. Es lässt sich nicht mehr rekonstruieren, was der ursprüngliche Bauplan vorsah. Einen offenen Hof mit einer Kolonnade wie in Luxor oder tatsächlich die majestätische Halle, die man heute kennt? Es war kein Problem, das Werk seines Vorgängers und die Intention, die dahinter steckte, zu kaschieren.

Ägypten nach der Amarnazeit

68 oben
Diese Szene stammt von der Nordwand des zweiten Hypostylons im Tempel von Abydos. Sethos I. hält ein Räuchergefäß an einem langen Stab und bringt Osiris, der in unterschiedlicher Gestalt dargestellt ist, Opfer dar.

68 unten links
Sethos I. opfert der göttlichen Triade Osiris, Isis und Horus-Sohn-der-Isis (Harsiesis) die Göttin Ma'at (Göttin des Rechts, der Wahrheit und der Ordnung) in Form einer kleinen knienden Figur. Die Darstellung stammt aus Abydos.

68 unten rechts
In der Kapelle des Ptah-Sokaris in Abydos zeigt eine Szene die Wiederbelebung des toten Königs, der als Totengott Sokaris-Osiris beschrieben und identifiziert wird. Isis und Horus wohnen der Zeremonie bei.

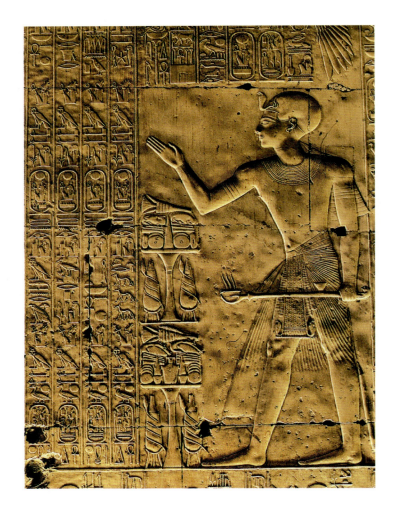

69
Der junge Sethos I. bringt Isis ein Weihrauchopfer dar. Die Göttin bietet dem König die Symbole für Dauer und Leben an. Die kurze Inschrift besagt „Eintritt in den heiligen Bezirk". Die Szene stammt aus dem Tempel von Abydos.

Größere Gewissheit hat man bei dem Gebäude, das als Sethos' glänzendstes Bauwerk gilt: der ungewöhnliche, aber riesige Osiristempel in Abydos. Es wurden zwar viele Arbeiten an dem Monument unter Ramses II. ausgeführt, doch eine wortgetreue Aufzeichnung belegt, dass Sethos den Bau initiierte. Abydos galt als eine der heiligsten Stätten Ägyptens. Es war das Zentrum des Osiriskultes, des Kultes des Totengottes. Abydos war niemals ein bedeutendes Verwaltungszentrum, doch stets eine exklusive Wallfahrtsstätte. Einst ließen sich die Könige hier Kenotaphe oder ähnliche Bauwerke errichten. Es gab jedoch keinen großen Kulttempel, möglicherweise wegen der abgeschiedenen Lage und der geringen politischen Bedeutung der Stadt. Sethos' Familie kam aus dem Delta, der Heimat des Seth, des Bruders und Mörders von Osiris. Sethos' Name bedeutet „Der eine des Seth" oder „Jener, der zu Seth gehört". Der König mag gewusst haben, dass die noch immer unsichere Legitimität der neuen Dynastie eine Stärkung durch einen bedeutenden Akt der Hingabe an Osiris erfahren musste, mit dem er zu gegebener Zeit im Tode identifiziert werden würde. Das Heiligtum sollte in seiner Originalität und seinem Dekor außergewöhnlich werden, ob der Bau nun religiös oder politisch inspiriert war. Leider kann im Rahmen dieses Buches nicht im Detail auf den Tempel eingegangen werden. Es

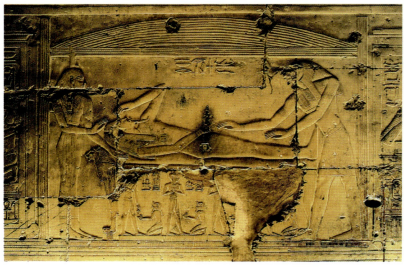

soll jedoch darauf hingewiesen werden, dass die exquisiten Kalksteinreliefs im zweiten Hypostylon und in den Kapellen den höchsten Göttern Ägyptens geweiht waren. Die Hauptkapelle des Osiris und die Kapelle, die dem König geweiht war, repräsentieren die perfektesten Reliefs des alten Ägyptens. Sie sind von außergewöhnlicher Reinheit an den Stellen, an denen die Farben verblichen sind, und von überwältigender Pracht an den Stellen, an denen die Farben die Zeiten überdauert haben. Stil und Ausführung gehen zurück auf die besten Arbeiten, die unter Amenophis III. ausgeführt wurden, sind jedoch weniger formal, was vermutlich auf den anhaltenden Einfluss der revolutionären Kunst der Amarnazeit zurückzuführen ist.

Die gleiche künstlerische Qualität findet man im Totentempel Sethos I. in Theben. Sandstein, das Material, das hier verwendet wurde, war jedoch weniger empfänglich für die sensitive Linienführung und für die präzise Meißelung, die der Kalkstein in Abydos erlaubte. Das Grab des Herrschers im Tal der Könige zeigt künstlerisch die erlesensten Versionen des Standards, der im Neuen Reich in königlichen Gräbern üblich war. Dies gilt für bemalte Reliefs ebenso wie für Konturzeichnungen. Das Grab wurde immer wieder von Plünderern und Naturkatastrophen heimgesucht, bis Belzoni es im Jahr 1817 wieder entdeckte. Der hohe Standard, den die königlichen Handwerker unter Sethos setzten, konnte unter nachfolgenden Herrschern nicht gehalten werden. Im Falle Ramses' II. lag dies vermutlich daran, dass es nicht genügend Kapazitäten gab, die auf einem solch hohen Niveau wie die erfahrenen Handwerker Sethos' arbeiteten, um die vielen verschiedenen Bauwerke, die zu seiner Zeit entstanden, errichten und dekorieren zu können. Die Arbeiten, die in Memphis, der großen nördlichen Hauptstadt, unter Sethos ausgeführt wurden, sind kaum mehr zu erkennen und von den Gebäuden, die in der neuen Residenz im Delta errichtet wurden, ist nur wenig erhalten.

Schon früh in seiner Regierungszeit ließ Sethos seinen kleinen Sohn Ramses am Kriegsgeschehen teilhaben, aber auch an friedlichen Veranstaltungen in der Heimat. In eine Szene am Tempel von Karnak, die den Überfall der Libyer darstellt, wurde die Figur des jungen Ramses integriert. Einmal hat man sie nur hinzugefügt, ein weiteres Mal ersetzt sie die Originalfigur eines Beamten. Vermutlich wurden diese Modifikationen unter Sethos vorgenommen. Wären sie später ausgeführt worden, hätte man sie sicher stärker betont.

Einige Jahre vor seinem Tod beschloss Sethos, die Erbfolge zu regeln, indem er Ramses zu seinem Mitregenten ernannte. Die Umstände, die den König zu diesem Schritt veranlassten, sind in einer umfangreichen Inschrift im Tempel von Abydos festgehalten. Sie datiert aus dem ersten Regierungsjahr Ramses' II. Es handelt sich dabei um eine Aufzeichnung, die mit Hyperbeln durchsetzt und relativ unspezifisch ist. Ramses erklärt, dass sein Vater ihm Ägypten übergab, bevor er geboren wurde, „während ich im Ei war". Zu gegebener Zeit, „während ich ein Kind in seinen Armen war", sagte Sethos in Gegenwart seines Volkes: „Krönt ihn, solange ich seine Schönheit sehen kann, während ich noch am Leben bin." Diese Worte gehören ins Reich der Mythen, denn Ramses dürfte kein Kind mehr gewesen sein, als er zum Mitregenten ernannt wurde. Vermutlich war er ein Teenager, vielleicht ging er sogar auf die zwanzig zu. Er hatte noch nicht die königlichen Titel inne, seine Ernennung zum Mitregenten steht jedoch außer Zweifel. In Sethos' Tempel in Abydos zeigt die Königsliste Ramses als jungen Mann, der die typische Seitenlocke trägt. Er wird als „Erbprinz und Sohn des alten Königs" beschrieben. Seine Mitregentschaft war nicht allumfassend, was im alten Ägypten nicht ungewöhnlich war. Ramses war jedoch bereit, die Königswürde zu übernehmen, wie Sethos es vorgesehen hatte. Als Sethos I. um 1279 v. Chr. starb, vollzog sich der Übergang nahtlos. Das erste Jahr der Herrschaft von Usermaatre Ramses-Meriamun war angebrochen.

70 oben
Die Ahnenliste in Abydos. Rechts: Sethos I. und sein Sohn, Prinz Ramses, bringen verschiedenen Göttern Opfergaben dar. Links: Der König und der Prinz präsentieren die Namen der ägyptischen Könige, die an den Opferungen teilhaben sollen.

70 Mitte
Der junge Prinz Ramses steht vor seinem Vater Sethos I. Er liest die Namen seiner königlichen Vorfahren, die an den Opfern teilhaben sollen, aus einer Papyrusrolle vor.

70 unten
Detail der Königsliste aus dem Tempel Ramses' II. in Abydos, der sich in der Nähe des Heiligtums seines Vaters befindet. Die mittlere Spalte umfasst die Kartuschen der Könige der 18. Dynastie mit Ausnahme der Königin Hatschepsut und der Herrscher von Amarna (British Museum, EA 117).

71
Darstellung aus der Kapelle des Tempels in Abydos. Der schakalköpfige Upuaut, die lokale Nekropolengottheit, umarmt Sethos I. Über der Szene thront Nechbet, die Geiergöttin, die dem König Leben und Herrschaft darbietet.

Ägypten nach der Amarnazeit

Ramses II. und die Aussenwelt

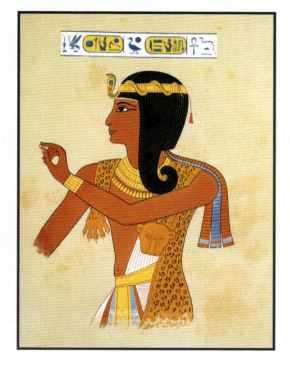

72
Ramses II. packt einen asiatischen, einen nubischen und einen libyschen Feind an den Haaren. Die kleine Szene stammt von einem Block aus Memphis, der für Merenptah wieder verwendet wurde. Sie ruft die großartigen Darstellungen ins Gedächtnis, die man an den Pylonen der Tempel findet (Kairo JdE 46189).

73
Dieses Gemälde von Prisse d'Avennes zeigt den jungen Ramses als Iunmutef-Priester, mit der seitlichen Haarlocke und einem Leopardenfell. Ramses bringt ein Opfer dar: Er hält Weihrauchkörner zwischen seinen Fingern.

Selbstvertrauen, Autorität und Erfahrung charakterisierten die Regierungszeit Ramses' II., der 1279 v. Chr. den Thron bestieg. Der umfassende Text, der im Tempel Sethos' in Abydos verewigt ist, datiert aus dem ersten Regierungsjahr Ramses' und bezieht sich vor allem auf die außergewöhnlichen Werke, die der Sohn im Andenken und zu Ehren des Vaters vollenden ließ. Es wird nicht erwähnt, was sich in Kleinasien, Libyen und Nubien ereignete. Stil und Inhalt des Textes sind familiär. Bei der Lektüre mögen dem Leser Zweifel kommen, ob der junge Ramses wusste, was zu tun war und wie es zu tun war. Wie viel Zeit würde ihm bleiben, um seine Pläne zu verwirklichen? Sein Großvater war Mitte sechzig König geworden und regierte nicht einmal zwei Jahre. Sein Vater war vermutlich Mitte dreißig, als er den Thron bestieg, und er regierte etwa 15 Jahre. Ein hohes Alter war im alten Ägypten nicht zu erwarten, selbst für einen König nicht. Deshalb konnte auch Ramses, der die Nachfolge Anfang zwanzig antrat, nicht erwarten, mehr als 30 Jahre zu regieren. Begann er mit einem Sprint oder mit einem Mittelstreckenlauf? Konnte er ahnen, dass es ein Marathon werden würde? Bombastische Inschriften prophezeiten dem König stets ein langes Leben. In Abydos dankt der Verstorbene Sethos seinem Sohn für die Bewahrung seines Andenkens und konstatiert, das Re, der große Sonnengott, ihm viele Jahre gewähren wird: „Überwinde die Ewigkeit für deine Lebenszeit als König von Ober- und Unterägypten." Sethos hatte Osiris vorgeschlagen, die Lebensspanne Ramses' zu verdoppeln, während Re ihm Ewigkeit und Unvergänglichkeit garantierte sowie Millionen von Jubiläen. Selten hat sich eine solche Prophezeiung so weitgehend bewahrheiten. In den 67 Jahren seiner Regierungszeit zelebrierte Ramses mehr Jubiläen, als jeder andere ägyptische König.

Im Jahr 1279 v. Chr. wusste Ramses jedoch noch nicht, dass er viel Zeit haben würde, um seine Vorhaben umzusetzen. Er mag vielleicht kein Programm gehabt haben, sondern nur den Wunsch, seine Spuren in der Heimat und im Ausland zu hinterlassen, indem er Bauwerke errichten ließ, sein Volk kultivierte, die Verwaltung etablierte und die Macht Ägyptens in jenen Ländern wiederherstellte, die einst dem Pharao unterstanden. Dies waren traditionelle Ziele eines neuen ägyptischen Herrschers. Ramses hatte den Vorteil, dass sein Vater ihm keine unerledigten Geschäfte hinterlassen hatte, die seine Aufmerksamkeit beansprucht hätten. Die Inschrift in Abydos listet auf, welche Projekte unvollendet waren, jedoch von Ramses fertig gestellt wurden. Außerdem sind alle kommerziellen und administrativen Vereinbarungen verzeichnet, die hinsichtlich des Baus des Tempels von Abydos und allgemein für den Aufstieg des Landes getroffen wurden. Jeder ägyptische Herrscher hinterließ jedoch unvollendete Werke, die von seinem Nachfolger fertig gestellt wurden, und kein lebender König hätte in einem formellen Text verkündet, dass er lediglich weiterführte, was sein Vorgänger begonnen hatte. Sethos ließ mehrere Inschriften in Nauri, im Süden Nubiens, verewigen. Sie belegen, dass der Herrscher zu Lebzeiten Arrangements getroffen hatte, die den Bau des Tempels und die Besitztümer des Heiligtums regelten.

In den ersten Jahren seiner Regentschaft beanspruchten unzählige Bauwerke und viele andere Projekte in der Heimat Ramses' Aufmerksamkeit. Erst ab seinem vierten Regierungsjahr richtete sich sein Augenmerk auf den Osten. Er begann, über Militäraktionen nachzudenken, die in einer Region stattfinden sollten, die bis zur Herrschaft Amenophis' III. unter ägyptischem Einfluss stand. Dieser König war der letzte anerkannte Regent der 18. Dynastie. Die nachfolgenden Herrscher, beginnend mit dem „Kriminellen Echnaton", finden keine Erwähnung mehr. Bereits Sethos I. hatte mit einer Kampagne in Kanaan alte Territorialansprüche Ägyptens wieder geltend gemacht. Die Präsenz der Hethiter im Norden wurde zu einem wichtigen Faktor hinsichtlich der Machtverteilung in Westasien. Offensichtlich stabilisierte eine Art Pakt, den Sethos und Mursilis II. schlossen, die Beziehungen zwischen Ägypten und Hatti vorübergehend. Doch die instabile Lage in der Region musste früher oder später zu weiteren Konfrontationen führen. 1295 v. Chr. starb Mursilis II. Ihm folgte sein Sohn Muwatallis auf den Thron, der offensichtlich realisierte, dass unter Ramses II. die Gefahr eines Angriff seitens Ägyptens bestand. Er sollte sich nicht irren.

Im vierten Regierungsjahr (um 1276/1275 v. Chr.) startete Ramses II. seine erste Kampagne in Asien. Über dieses Unternehmen ist nur wenig bekannt. Die Überreste zweier Inschriften, die Ramses in seinem vierten Regierungsjahr in Byblos und nahe dem Nahr el-Kalb (bei Beirut) verewigen ließ, liefern einen glaubwürdigen Beweis für den militärischen Feldzug. Zu den vielen Kriegsszenen, die man in den Tempeln Thebens und im übrigen Ägypten entdeckt hat, gibt es dagegen keine spezifischen Aufzeichnungen. Offensichtlich durchquerten die ägyptischen Streitkräfte Kanaan rasch, gelangten nach Phönizien und besiegten den König von Amurru, um sich die Loyalität des Hethiterfürsten gegenüber Ägypten zu sichern. Diese Unternehmung mag als Probelauf für jene gedient haben, die im fünften Regierungsjahr Ramses' II. stattfinden sollte. Unzählige kleine Städte und Bezirke wurden zurückerobert, die mehr als 50 Jahre anderen Herrschern unterstanden. Ihre Namen sind nicht in den Aufzeichnungen über diese Kampagne verzeichnet. Sie dürften jedoch in den Listen über ausländische Schutzgebiete zu finden sein, die in die Mauern der thebanischen Tempel gemeißelt sind.

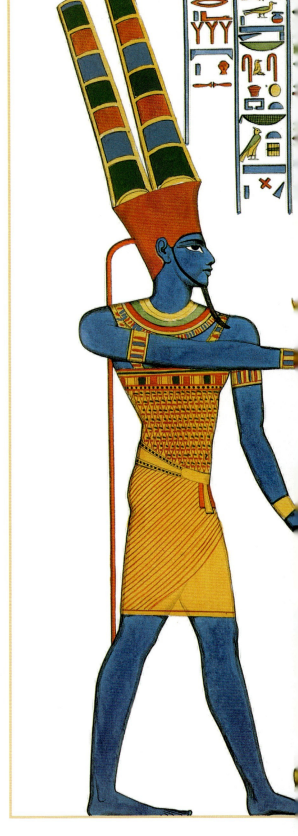

74
Bronzewaffen aus dem Neuen Reich, darunter ein Chepesh-Schwert mit Inschriften Ramses' II. In der Darstellung rechts erkennt man ein solches Schwert, das Amun-Re dem König als Pfand des Sieges darbietet.

74-75
Diese Reproduktion von Ippolito Rosellini zeigt König Ramses, der asiatische, nubische und libysche Feinde bei den Haaren packt, kurz bevor er seinen Streitkolben auf die Unglückseligen niedersausen lässt. Amun-Re bietet dem König das Chepesh-Schwert an.

76-77
Aneinander gefesselte Gefangene, die vermutlich darauf warten, vom Streitkolben des Königs oder von dessen Schwert niedergestreckt zu werden. Die Gesichter sind fein gemeißelt und geben die typischen Gesichtszüge der Nubier wieder (Kairo, JdE 69306).

77 oben
Detail einer Zeichnung von Karl Richard Lepsius, die sich auf eine Darstellung in Abu Simbel bezieht, in der unterworfene Gefangene auf den Schlag des königlichen Streitkolbens warten. Man erkennt die drei Völker, die in der Regel dargestellt wurden: Asiaten, Nubier und Libyer.

77 unten
Diese Darstellung von Rosellini zeigt einen knienden Gefangenen asiatischer Herkunft, wie man am Bart erkennt und an den dürftigen Riemen, die seinen Körper bedecken. Am Handgelenk des Königs sitzt ein Bogenschutz, der den Herrscher vor der zurückschnellenden Bogensehne schützte.

Ramses war vermutlich zufrieden mit dem Ausgang des Militärschlags gegen Asien. Er war nur auf geringen Widerstand getroffen und das wichtigste Ergebnis der Operation war, dass sich der König von Amurru auf die Seite Ägyptens stellte. Im Gegensatz zu Ramses erfreute diese Tatsache den Hethiterfürsten Muwatallis keineswegs. Das Hethiterreich war von Vasallenstaaten umgeben, die sich möglicherweise Ägypten anschließen konnten. Sie wurden mit starker Hand regiert. Ägypten fiel dagegen in eine andere Kategorie. Es war weit genug entfernt, um vor einem direkten Angriff der Hethiter geschützt zu sein. Anders verhielt es sich jedoch mit den Gebieten, die bisher unter hethitischer Herrschaft standen, nun aber von Ägypten beansprucht wurden. Falls die Rivalität zwischen Ägypten und Hatti (oder Kheta, wie die Ägypter das Reich nannten) zu einem Krieg führte, würde er in Asien ausgetragen werden, an einem Ort, an dem die rivalisierenden Mächte am meisten danach trachteten, aufeinander zu treffen. Ein solcher Ort war Kadesch in Westsyrien, östlich von Amurru.

Die Schlacht, die im fünften Regierungsjahr Ramses' geschlagen werden sollte, war vorhersehbar. Beide Könige trafen weit reichende Vorbereitungen für die entscheidende Konfrontation. Im Winter, der auf die „erste Siegesexpedition" Ramses' folgte, formierte Muwatallis seine Streitkräfte, die er aus allen Teilen seines Territoriums zusammenzog. Ramses, der bestens über die Pläne Muwatallis informiert war, wusste, dass seine nächste Kampagne nicht so leicht zu einem Sieg führen würde, wie die erste. Wichtige Arrangements wurden getroffen, um ein effektives ägyptisches Heer aufzustellen und auszustatten. Vermutlich wurden auch die Verbündeten darauf vorbereitet, was sie erwarten könnte. Es sollte ein klassisches Encounter werden. Im Frühling um das Jahr 1274 v. Chr. begann die Unternehmung. Im fünften Regierungsjahr Ramses' rückte das Heer am neunten Tag des zweiten Sommermonats (gemäß dem ägyptischen Kalender nicht im Einklang mit dem realen Jahr) aus. Die Ereignisse, die darauf folgten, waren so prägend für die weitere Regentschaft Ramses', dass ihnen in diesem Buch ein eigenes Kapitel gewidmet ist. An dieser Stelle soll nur erwähnt werden, dass sich nach einer schweren und offensichtlich ergebnislosen Schlacht die ägyptischen und hethitischen Streitkräfte zurückzogen. Ramses kehrte in seine Hauptstadt im Delta zurück, um seine militärischen Ziele anderswo zu verwirklichen, aber auch um über Alternativen

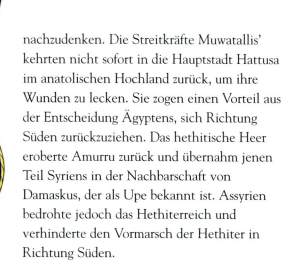

nachzudenken. Die Streitkräfte Muwatallis' kehrten nicht sofort in die Hauptstadt Hattusa im anatolischen Hochland zurück, um ihre Wunden zu lecken. Sie zogen einen Vorteil aus der Entscheidung Ägyptens, sich Richtung Süden zurückzuziehen. Das hethitische Heer eroberte Amurru zurück und übernahm jenen Teil Syriens in der Nachbarschaft von Damaskus, der als Upe bekannt ist. Assyrien bedrohte jedoch das Hethiterreich und verhinderte den Vormarsch der Hethiter in Richtung Süden.

Einige Jahre hielt Ramses es offensichtlich für angebracht, die Operationen in Kleinasien nicht wieder aufzunehmen. Viele andere Dinge beschäftigten seinen Geist und er entschied zweifellos, weitere Expeditionen in Asien auf einen Zeitpunkt zu verschieben, der Erfolg versprach. Viele Vasallenherrscher in Kanaan und angrenzenden Ländern erkannten die Macht Ägyptens an. Man darf annehmen, dass Agenten, die in diesen Gebieten lebten, den Hof in der Hauptstadt Pi-Ramses im Delta regelmäßig mit Informationen versorgten. Ein ägyptischer König, der Anspruch darauf erhob, die Macht und den Einfluss seines Landes in den Gebieten wiederherzustellen, die einst zum ägyptischen Territorium gehörten, konnte nicht lange untätig sein. Es gibt Beweise in Bild- und Schriftform, die belegen, dass Ramses II. eine Kampagne im Osten durchführte. Leider sind viele Darstellungen, die in die Tempelmauern von Luxor, Karnak und dem Ramesseum gemeißelt sind, entweder nicht datiert oder die Datierung ist nicht erhalten. Das Datum einiger Expeditionen kann aufgrund von Inferenzen bestimmt werden und anhand von Monumenten mit Datierungen.

In seinem achten Regierungsjahr (um 1272/1271 v. Chr.) unternahm Ramses eine gerissene Kampagne in Kanaan, die er in östlicher Richtung auf Moab ausdehnte, das deutliche Anzeichen für eine Loslösung von Ägypten zeigte. Ramses wurde von Amunherchopeschef, seinem ältesten Sohn, begleitet, der die Erlaubnis hatte, einen Überfall in seinem Namen durchzuführen. Offensichtlich trafen die Ägypter nur auf geringen Widerstand und konnten kurz darauf in nördlicher Richtung bis nach Damaskus vordringen. Sie eroberten Teile der Territorien zurück, die nach der Schlacht von Kadesch in die Hand der Hethiter gefallen waren. Eine Liste der Orte, die zurückgewonnen oder neu erobert wurden, ziert einen Pylonen des Ramesseums. Viele Namen sind allerdings nicht erhalten.

Ermutigt durch den relativ schnellen Erfolg im Süden der Levante, lenkte Ramses seine Streitkräfte im Norden nach Syrien. Er drang damit in Gebiete vor, die der Suzeränität der Hethiter direkter unterstanden. Nachdem er die Kontrolle über die Seehäfen im Libanon zurückgewonnen hatte, wandte sich Ramses nach Osten und rückte entlang dem Tal des Orontes in nördlicher Richtung auf Kadesch vor. Auf seinem Vormarsch unterwarf er Dapur und Tunip. In Dapur ließ er eine Statue seiner selbst errichten, von der jedoch nichts erhalten ist. Die Ägypter spielten ein gefährliches Spiel, indem sie so offen in Regionen vordrangen, die eigentlich unter hethitischer Kontrolle standen. Ramses wusste jedoch vermutlich, dass er sich ein solch provokatives Verhalten erlauben konnte. Er war zweifellos darüber unterrichtet, dass das Hethiterreich nicht nur mit der Bedrohung aus dem Osten zu kämpfen hatte, sondern auch im Innern von dynastischen Machtkämpfen erschüttert wurde. Etwa zur Zeit der Kampagne die im achten oder neunten Regierungsjahr Ramses' stattfand, starb der Hethiterfürst Muwatallis. Formell folgte ihm Urhi-Teschub, sein Sohn, auf den Thron, den er gemeinsam mit einer Konkubine hatte. Urhi-Teschubs Anspruch auf den Thron wurde jedoch von seinem Onkel Hattusilis angefochten. Die schwierige Regierungszeit Urhi-Teschubs dauerte nicht lange. Er wurde letztendlich um 1264/1263 v. Chr von Hattusilis verdrängt, also im 16. Regierungsjahr Ramses'.

78 links
Dieses Gemälde von Rosellini zeigt seine Vorstellung einer syrischen Festung, die von Ramses II. angegriffen wird. Die Verteidiger werden von den Pfeilen des Königs niedergemetzelt, während man das Vieh forttreibt, damit es nicht in die Hände der Ägypter fällt.

78 rechts
Im frühen 19. Jahrhundert entstand dieses Gemälde von Franz Chretien Gau, das eine Darstellung an der Nordwand der großen Halle in Abu Simbel wiedergibt. Ramses II. und seine Söhne greifen mit ihren Streitwagen eine syrische Festung an.

79
Rosellinis Gemälde der drei Prinzen auf ihren Streitwagen, die ihren Vater beim Angriff auf eine syrische Festung unterstützen: Amunherchopeschef, Ramses und Preherwonemef, die drei ältesten Söhne Ramses' II., die jedoch kaum alt genug sind, um entscheidend in die Schlacht eingreifen zu können.

80
Detail des Reliefs aus dem Ramesseum, das den Angriff auf Dapur, einem hethitischen Bollwerk, im Tal des Orontes zeigt. Diese Art der Kampfszenen, die nicht in horizontalen Registern dargestellt sind, entwickelte sich zur Zeit der 19. Dynastie.

81
Der Sturm auf Dapur, eine Zeichnung von Rosellini. Ramses greift seine Feinde mit seinem Streitwagen an. Die königlichen Truppen werfen sich zu Fuß und ebenfalls mit Streitwagen in das Schlachtgetümmel oder erklettern mit Leitern die steilen Mauern der Zitadelle.

Ramses II.

In der Zwischenzeit war vermutlich nicht viel zwischen Ägypten und Hatti passiert. Die letzte verzeichnete Kampagne in Asien hatte sich im zehnten Regierungsjahr Ramses' ereignet. An diese Unternehmung erinnert eine schwer beschädigte Stele am Nahr el-Kalb im Libanon. Sie könnte eine weitere Inschrift bezüglich einer kleinen Kampagne in Syrien getragen haben, die vielleicht die Rückeroberung von Dapur und Tunip beschrieb. Diese beiden Städte könnten wieder in die Hand der Hethiter gefallen sein. Einige Reliefs im Tempel von Luxor und im Ramesseum scheinen den Angriff darzustellen, der zur Rückeroberung der beiden Städte führte. Im Begleittext prahlt Ramses, dass er an der Schlacht ohne Rüstung teilgenommen habe und dass es ihn lediglich gestört habe, sie nach zwei Stunden auf dem Schlachtfeld einsammeln zu müssen.

Bis zum 18. Regierungsjahr Ramses' wurden bisher keine weiteren Texte über Aktivitäten in Asien entdeckt. Es ist jedoch durchaus möglich, dass weitere Expeditionen in Asien unternommen wurden, die von Ramses oder einem seiner Söhne geleitet wurden. Es erscheint unwahrscheinlich, dass Ramses es versäumt hat, die politische Stimmung in der Region zu taxieren, vor allem, weil viele Menschen von Assyrien in den Osten abzogen und Hatti mit inneren Unruhen zu kämpfen hatte. Andererseits könnte der Friede als echte Alternative zum Krieg betrachtet worden sein. Militärische Unternehmungen waren teuer, vor allem in Kleinasien und in der Levante, wenn es nicht gelang, Tribute von den Vasallen einzutreiben. Die Revenuen, die man in der Region erzielte, waren zweifellos weit geringer als etwa einhundert Jahre zuvor, zur Blütezeit des ägyptischen Reiches. Doch die Notwendigkeit, ein Zeichen zu setzen, lastete schwer auf den ägyptischen Herrschern des Neuen Reiches. Unbedeutende Konflikte wie lokale Treuebrüche und das Eindringen peripherer Staaten in ägyptisches Hoheitsgebiet, die in der Schuld Hattis standen oder sich immer stärker den Assyrern zuwandten, konnten sich zu ernst zu nehmenden Krisenherden ausweiten. Als Hattusilis die Macht an sich riss, hatte dies auch Auswirkungen auf die Beziehungen zwischen Ägypten und Hatti. Urhi-Teschub, der abgesetzte Herrscher, ging zunächst nach Syrien ins Exil, suchte dann jedoch Zuflucht in Ägypten. Diese unerwartete Entwicklung legte gemäß hethitischen Quellen den Grundstein für einen Konflikt, der um 1262–1261 v. Chr zum Ausbruch kam. Hattusilis forderte die Auslieferung Urhi-Teschubs, doch Ramses weigerte sich. Die Hethiter waren unnachgiebig. Die Situation drohte, zu eskalieren, und die Gefahr einer Konfrontation wie in Kadesch wuchs. Die Zeit war jedoch nicht günstig für Hattusilis, um gegen Süden zu marschieren. Ramses glaubte offensichtlich, dass er Schritte unternehmen müsse, um zu zeigen, dass er bereit für den Kampf war. Im 18. Jahr seiner Regentschaft ließ er eine ausführliche formelle Inschrift in Beth Schan, im Norden Kanaans, verewigen. Der Text könnte als rein rhetorisch bezeichnet werden. Er preist den König und rühmt dessen Errungenschaften, ohne jedoch auf spezifische Aktionen einzugehen. Aus historischer Sicht ist die Inschrift wertlos, wenn man davon absieht, dass sie im 18. Regierungsjahr Ramses' in Asien niedergeschrieben wurde. Es wird nicht erwähnt, ob der Pharao seine Armeen begleitete, die in diesem Jahr in Kanaan einrückten. Der Text ist eine einzige Lobschrift und reiner Bombast. Er könnte als Warnung gedient haben, was passieren könnte, wenn ein ernst zu nehmender Krieg ausbrechen würde. Vermutlich war das Säbelrasseln erfolgreich.

Was Ägypten betraf, hatte sich die Lage in Asien letztendlich entspannt. Weitere groß angelegte Militäraktionen würden nur einen geringen Vorteil bringen. Hattusilis' Aufmerksamkeit war ohnehin gebunden und er musste nicht auch noch einen Konflikt mit Ägypten heraufbeschwören. Assyrien war zu einer nicht zu unterschätzenden Bedrohung geworden. Weshalb sollte man also die angespannte Beziehung zu Ägypten aufrecht erhalten, wenn die Möglichkeit bestand, einen mutualen Unterstützungpakt auszuarbeiten? Es begann eine lange Zeit der Verhandlungen zwischen Hatti und Ägypten, die um 1259/1258 v. Chr. endete, im 21. Regierungsjahr Ramses'.

Die Ägypter schlossen im Allgemeinen keine formellen Verträge. Die Außenpolitik, die die ägyptischen Könige betrieben, betraf nur selten Gegner, die Ägypten gleichgestellt waren. Hinsichtlich der Hethiter und der anderen Hauptdarsteller auf der diplomatischen Bühne in Westasien war die Lage jedoch ganz anders. Formelle Verträge wurden regelmäßig ratifiziert, um friedliche Beziehungen zu festigen. Solche Abkommen wurden sowohl mit bedeutenden ausländischen Reichen als auch mit wichtigen Vasallenstaaten getroffen. Man darf annehmen, dass die Hethiter den Anstoß für einen Pakt mit Ägypten gaben und dass die Verhandlungen, die zu einem akzeptablen Arrangement führten, überwiegend in Hatti stattfanden. Offensichtlich gab es zwei Verträge früheren Datums zwischen den beiden Staaten, die Idee einer diplomatischen Übereinkunft war für die Ägypter also nicht vollkommen neu. Die Beendigung der alten Feindschaft kam Ägypten sicher entgegen.

Es ist als außergewöhnlicher Glücksfall zu betrachten, dass der Inhalt des Vertrag sowohl in der ägyptischen als auch in der hethitischen Version erhalten ist. Zwei monumentale Inschriften, eine in Karnak, die andere im Ramesseum, geben die ägyptische Fassung wieder. Die hethitische Version hat man auf einer Tontafel in Hattusa entdeckt, der Hauptstadt des Hethiterreiches. Sie ist nicht in Hethitisch verfasst, sondern in babylonischer Keilschrift, die zu jener Zeit in der Regel für internationale diplomatische Schriftstücke verwendet wurde.

Vermutlich repräsentiert das Schriftstück den vereinbarten Text, der in Hattusa verfasst und nach Pi-Ramses geschickt wurde. Dort hat man in ins Ägyptische übertragen. Die hieroglyphische Fassung in hieratischer Schrift verkörpert ein fortgeschrittenes Stadium der Textübertragung auf Papyrus. Wenn man den hieroglyphischen Text liest, wird deutlich, dass das Original von Hattusilis stammte, der den Text auf einer Silberplatte oder -tafel verewigen ließ. Der Vertrag erreichte Pi-Ramses am 21. Tag des ersten Wintermonats im 21. Regierungsjahr Ramses' II. (gegen Ende des Jahres 1259 v. Chr.). Der Hieroglyphentext entspricht exakt dem Text, der in Keilschrift verfasst ist. Lediglich die Reihenfolge einiger Absätze wurde vertauscht. Dies beruht möglicherweise auf einem Missverständnis der ägyptischen Sekretäre, die mit der Übersetzung betraut waren. Vermutlich wurde die ägyptische Version nach Hatti geschickt, um den Vertrag perfekt zu machen.

Die Übereinkunft repräsentiert ein wichtiges diplomatisches Ereignis. Keine Stelle im Vertragstext weist darauf hin, dass einer der Partner Winkelzüge unternahm, um einen einseitigen Vorteil aus der Vereinbarung zu ziehen. Bedeutende Envoyés aus Hattusa überreichten die Silbertafel mit dem Vertrag, den Hattusilis verfasst hatte, der große Herrscher von Hatti, Sohn Mursilis' II., Enkel Suppiluliumas, dem großen Herrscher Ägyptens, Usermaatre (Ramses II.), Sohn des Menmaatre (Sethos I.), Enkel von Menpehtire (Ramses I.). Das Schriftstück sollte den Frieden bewahren und die Brüderschaft zwischen den beiden Ländern auf ewig besiegeln. Eine kurze historische Präambel leitet den Haupttext ein. Die daran anschließenden Vertragsklauseln legen fest, dass der Friede zwischen den beiden Staaten ewig währen solle. Keine der Vertragsparteien werde unbefugt in das Territorium der anderen eindringen. Wenn Ägypten angegriffen würde, würde Hatti es unterstützen oder die nötige Hilfe schicken und das Gleiche sollte geschehen, wenn Hatti Opfer eines Angriffs würde. Wenn politisch Verfolgte aus Ägypten nach Hatti fliehen würden, würden sie an Ägypten ausgeliefert. Das Gleiche galt für Flüchtlinge aus Hatti. Keinesfalls sollten die ausgelieferten Personen bestraft werden. Anschließend werden die Götter Hattis und Ägyptens angerufen, den Vertrag zu bezeugen. Die ägyptische Version der Vereinbarung endet mit einer detaillierten Beschreibung der beiden runden Siegel, die auf der Rückseite der Silbertafel angebracht wurden. Ein weiterer Hinweis darauf, dass der hethitische Text die Orginalversion darstellt.

Es ist nicht ungewöhnlich, dass in ägyptischen Quellen keine Reaktionen auf den Vertrag verzeichnet sind. Hethitische Quellen machen jedoch deutlich, dass auf beiden Seiten Erleichterung und Freude herrschte. Hattusilis schickte einen Glückwunschbrief an Ramses und die beiden Hauptgemahlinnen, Puduhepa

82 oben links
Der Text auf dieser Tafel ist in Keilschrift verfasst. Es handelt sich um einen Brief in Akkadisch, den Ramses' II. an die hethitische Fürstin Puduhepa schickte. Der König teilt darin mit, dass Envoyés entsandt werden, um kostbares Öl über das Haupt der künftigen Königin Maathorneferure zu gießen (Istanbul, Bo. 1231).

Ramses II. und die Aussenwelt

und Nofretiri, tauschten Glückwünsche und Geschenke aus. Anerkennungsschreiben trafen in Hattusa ein, verfasst von Tuja, der Witwe Sethos' I. und Königinmutter, von Sethherchopeschef, dem ägyptischen Kronprinzen, und vom distinguierten Wesir Paser. Den zahlreichen Dokumenten der Hethiter ist es zu verdanken, dass man nachvollziehen kann, von welcher Tragweite im diplomatischen wie im persönlichen Bereich der Austausch zwischen den Ländern des Nahen Ostens war. Tontafeln, zu jener Zeit das gebräuchliche Medium für internationale Korrespondenz, sind äußerst haltbar. Gebrannte Tonerde, Terrakotta, ist noch haltbarer. Im Gegensatz dazu können Papyri nur unter sehr trockenen Bedingungen konserviert werden. Sie wurden oftmals durch Feuchtigkeit vernichtet oder fielen Insekten oder Bränden zum Opfer. Im Delta, wo es im Gegensatz zu Theben feucht ist, ging man deshalb dazu über, wichtige Dokumente in Stein zu meißeln und in den Tempeln aufzubewahren.

Es sollte einige Jahre dauern, bis die Hethiter und die Ägypter einen vernünftigen Modus Vivendi erreichten. Das gegenseitige Misstrauen konnte nicht mit der Unterzeichnung eines Vertrags ausgelöscht werden. Wiederum sind es hethitische Aufzeichnungen, die darauf hinweisen, dass Hattusilis Grund hatte, zu glauben, Ramses würde ihn nicht als gleichberechtigten Partner behandeln. Offensichtlich kam es weiterhin zu Spannungen hinsichtlich der Tatsache, dass sich Urhi-Teschub noch immer in Ägypten aufhielt. Er hatte jedoch vor der Unterzeichnung des Vertrags Zuflucht in Ägypten gesucht und die Vereinbarungen bezüglich der Flüchtlinge galten nicht rückwirkend. Ramses unternahm offensichtlich nichts gegen den ehemaligen Hethiterfürsten und es gibt keine Hinweise darauf, das Urhi-Teschub ein Komplott gegen seinen Onkel geschmiedet hätte. Tatsächlich genoss er es vermutlich, am ägyptischen Hofe in Ruhe leben zu können, und in Hattusa galt er nicht mehr als Bedrohung. Als man über eine Heirat zwischen Ramses und einer Tochter Hattusilis' und Puduhepas verhandelte, schlug die hethitische Fürstin sogar vor, dass Ramses Urhi-Teschub konsultieren solle, um sich ein Bild von der prekären Lage hinsichtlich der hethitischen Staatskasse zu machen.

Die Hochzeit fand im 34. Regierungsjahr Ramses' (um 1246/1245 v. Chr.) statt. Ausführliche Inschriften, die man in Ägypten und Nubien entdeckt hat, geben das Ereignis wieder. Die Inschriften am Großen Tempel von Abu Simbel sind am besten erhalten. Daneben hat man in den Archiven der Hethiter Aufzeichnungen gefunden, die von Verhandlungen berichten, die der Hochzeit vorausgingen. Die formellen ägyptischen Inschriften erwecken den Eindruck, als sei das Ereignis letztendlich Ramses' siegreichen Unternehmungen in Asien und gegen die Hethiter zu verdanken. Er verkündet prahlerisch, dass er ganz Hatti allein erobert habe und dass die Hethiter seither verpflichtet seien, einen jährlichen Tribut an Ägypten zu entrichten, der die Staatskasse in Hattusa bedenklich schmälerte. Die Inschrift erklärt weiter, dass die Hethiter jedes Jahr versuchten, Ramses zu beschwichtigen, dass sie darauf jedoch keine positive Antwort erhalten hätten. Schließlich habe der Hethiterfürst sein Heer und seine hohen Beamten konsultiert, die ihm vorschlugen, seine älteste Tochter Ramses zur Gemahlin zu geben und ihm alle Reichtümer zu überlassen, die sich noch in der Schatzkammer befanden. Der ägyptische Text beschreibt weiterhin, wie die Tochter auf den Weg geschickt wurde, beladen mit ihrer Aussteuer, die aus wertvollen Metallen, Sklaven und Vieh bestand. Es wird auch erwähnt, dass Ramses entzückt war, von der bevorstehenden Ankunft seiner Braut zu hören. Der Bericht ist so verfasst, als ob Ramses nicht gewusst hätte, was vor sich ging und als ob dies alles für ihn eine große Überraschung sei. Man entsandte eine Eskorte, die die Prozession der Braut auf dem letzten Abschnitt der Reise begleiten sollte. Im dritten Wintermonat des 34. Regierungsjahres Ramses' traf die Braut mit ihrem Gefolge in Pi-Ramses ein. Ramses erfreute sich an seiner neuen Gemahlin. Sie erhielt den ägyptischen Namen Maathorneferure, „Sie ist jene, die Horus sieht, die Schönheit des Re". Horus steht hier vermutlich stellvertretend für Ramses selbst.

82 oben rechts
Der Text auf dieser Tafel ist ebenfalls in Keilschrift verfasst. Ramses II. bezieht sich in diesem Brief auf die Hochzeit zwischen ihm und der Tochter von Fürstin Puduhepa. Der König nennt die Fürstin „Schwester" und versichert ihr, dass seine neue Gemahlin in Ägypten so behandelt werden wird, wie es einer Königin gebührt (Ankara-Museum, 24265).

83 oben
Bei dem Text auf dieser Tafel handelt es sich um ein Gebet in hethitischer Keilschrift. Fürstin Puduhepa bittet die Sonnengöttin Arinna, die Gesundheit des alternden Königs zu bewahren: „Gewähre Mattusilis, deinem Diener, Leben." (Istanbul Museum, Bo. 2125 + 2370 + 8159).

84 oben
Tafel in hethitischer Keilschrift. Bei dem Text handelt es sich um ein juristisches Protokoll, in dem Fürstin Puduhepa bestimmte Personen beschuldigt, Güter verschwendet zu haben, die man ihnen anvertraut hatte. Das Protokoll demonstriert die Autorität der Fürstin (Istanbul, Bo. 2131).

84 Mitte
Siegelabdruck mit geflügelter Sonnenscheibe und den Namen und Titeln des Fürsten Hattusilis und der Fürstin Puduhepa in hethitischen Hieroglyphen. Der Text um die -zentrale Darstellung ist in hethitischer Keilschrift verfasst (Çorum-Museum, 1.229.90).

Gelegentlich findet man den Namen in gekürzter Form: Maatneferure.

Die Wirklichkeit sah vermutlich ganz anders aus. Hethitische Aufzeichnungen in Form von Briefen und anderen Dokumenten, die weit weniger formell gehalten sind als die ägyptischen Inschriften, weisen darauf hin, dass Hattusilis den ersten Schritt unternommen hat. Er bot seine älteste Tochter Ramses als Gemahlin an und versprach eine Mitgift, die unübertroffen war. Daraufhin wurde gefeilscht, bis sich Fürstin Puduhepa einmischte, die darauf hinwies, dass die Ressourcen auf hethitischer Seite eher gering waren. Eine Tatsache, die sich Ramses von Urhi-Teschub bestätigen lassen konnte. Puduhepa tadelte Ramses, weil er verkündete, er sei ebenfalls verarmt, und sie befürchtete, dass ihre Tochter nach der Heirat isoliert werden würde und von den Envoyés aus Hatti nicht besucht werden dürfe. Ramses und das hethitische Fürstenpaar tauschten sich vermutlich mehrere Monate aus. Letztendlich waren alle Schwierigkeiten beseitigt und Puduhepa wies darauf hin, dass es an der Zeit sei, dass die Envoyés aus Ägypten anreisen, um kostbares Öl über das Haupt ihrer Tochter zu gießen. Dies war ein wichtiger Bestandteil des Verlobungszeremoniells. Nach dieser rituellen Übergabe oder Weihe konnte die Tochter nach Ägypten reisen. Alles geschah, wie Puduhepa es wünschte, und die Fürstin, die eine entscheidende Rolle bei den Verhandlungen gespielt hatte, verkündete: „An diesem Tag wurden die beiden mächtigen Länder ein Land und ihr, die beiden mächtigen Könige, habt wahre Brüderlichkeit begründet."

Offensichtlich war die Heirat ein Erfolg, nicht nur in politischer Hinsicht, sondern auch bezüglich des Respekts, den Ramses Maathorneferure zollte. Während der übrigen Regierungszeit Ramses' gab es vermutlich keine weiteren ernsthaften Differenzen zwischen Ägypten und Hatti. Den Hethitern boten sich verführerische Möglichkeiten. Die hethitischen Archive belegen, dass Ägypten zu einem bevorzugten Reiseziel einflussreicher Hethiter wurde. Ägypten zog aber auch Touristen an. Das Leben und das Klima in Pi-Ramses war so verschieden von jenem im Hethiterreich. Zu den bedeutenden Besuchern Ägyptens gehörte

der hethitische Kronprinz Hischmi-Scharruma, der Hattusilis um 1237 v. Chr. auf den Thron folgen und den Namen Tudhalijas annehmen sollte. Ramses versuchte auch, Hattusilis zu überreden, nach Ägypten zu reisen. Der Hethiterfürst machte jedoch keine Anstalten, der Einladung zu folgen. Vielleicht fürchtete er ein Komplott. Als Entschuldigung führte er an, dass er sich frage, was er in Ägypten tun solle. Der eigentliche Grund mag schwerwiegender gewesen sein. Rituelle Aktivitäten nahmen die Hethiterfürsten stets in Anspruch und vielleicht sah Hattusilis eine Gefahr für Hattusa, wenn er der Hauptstadt zu lange fern blieb. Leider berichten die hethitischen Aufzeichnungen nicht darüber, wie das Ergebnis des Austausches von Höflichkeiten aussah. Es liegt im Bereich des Möglichen, dass der Besuch letztendlich abgesagt wurde, weil Hattusilis Probleme mit seinen Füßen bekam. Es ist verlockend, darüber zu spekulieren, ob sich die beiden großen Könige am Ende trafen, wenn nicht in Ägypten, dann vielleicht in Kanaan oder in Syrien. Heilten vielleicht ägyptische Doktoren Hattusilis' Fußleiden?

Diese Möglichkeit könnte man wiederum aus hethitischen Quellen ableiten. Außerdem weiß man, dass die ägyptische Medizin zu jener Zeit im Nahen Osten hoch geschätzt war. Die Geschichte der Prinzessin von Bachtan erzählt von einer solchen medizinischen Hilfeleistung. Die Episode ereignete sich angeblich unter Ramses II., wurde jedoch erst tausend Jahre später niedergeschrieben. Auf diese Geschichte wird im letzten Kapitel dieses Buches näher eingegangen.

Maathorneferure wird auf einer Kolossalstatue erwähnt, die man in Tanis entdeckt hat, sowie auf mehreren kleineren Objekten. Dies deutet darauf hin, dass sie am Hofe Ramses' II. respektiert wurde. Zweifellos war Ramses zufrieden mit diesem Zeugnis der hethitischen Verbundenheit. Man weiß allerdings nichts über das spätere Leben der hethitischen Gemahlin. Es ist durchaus möglich, dass sie früh verstarb. Bekannt ist dagegen, dass Ramses eine weitere hethitische Prinzessin zur Gemahlin nahm, kurz vor dem Tod Hattusilis', etwa um 1237 v. Chr in seinem 44. Regierungsjahr. Dem Ereignis wird auf zwei Stelen gedacht. Eine dieser Stelen hat man bei Koptos entdeckt, dem Kultzentrum des Gottes Min, das etwa 65 km nördlich von Theben liegt. Die andere Stele, die schwer beschädigt ist, hat man bei Abydos gefunden. Um dieses Ereignis wurde nicht so viel Aufhebens gemacht, obgleich die Prinzessin mit einer ansehnlichen Mitgift ausgestattet war, als sie sich auf den Weg nach Ägypten begab. Es wurde auch keine große Eskorte geschickt, um sie auf dem letzten Abschnitt ihrer Reise zu begleiten. Es handelte sich schließlich nicht um eine solch bedeutende diplomatische Angelegenheit wie bei der ersten Heirat. Der Friede zwischen Hatti und Ägypten war gefestigt und die Hochzeit war kaum mehr als ein alltägliches Ereignis. Man kennt noch nicht einmal den Namen der Prinzessin. In wenigen Jahren würde Hattusilis tot sein, doch für die Beziehungen zwischen den beiden mächtigen Ländern würde es keinen Unterschied machen, wenn ein neuer Herrscher den Thron bestiege. So sollte es bis zum Ende der Regierungszeit Ramses' II. bleiben.

84-85
Dieses Relief aus Fraktin belegt den bemerkenswerten Status der Fürstin Puduhepa in Bezug auf ihren Gemahl Hattusilis. Die Fürstin bringt der großen hethitischen Göttin Arinna ein Trankopfer dar, während der Fürst ein ähnliches Ritual für den Wettergott zelebriert.

Ein Papyrus im Archäologischen Museum von Berlin beinhaltet eine literarische Komposition in der Art eines Musterbriefs. Es handelt sich dabei nicht um einen tatsächlichen Brief, mehr um eine Übung, die vielleicht Schreiber machen mussten, die sich in der Ausbildung befanden. Solche Briefe enthalten in der Regel Listen mit Orten, Waren und Material. Damit wollte man offensichtlich die Fähigkeiten der jungen Schreiber im Umgang mit einem spezifischen Vokabular und mit ungewöhnlichen Benennungen prüfen. Der Brief, der in Berlin aufbewahrt wird, wurde zur Zeit der 19. Dynastie von einem gewandten Schreiber verfasst. Er scheint in Nubien von einem höheren ägyptischen Beamten namens Paser versendet worden zu sein. Paser fordert den unbekannten Empfänger auf, den Tribut vorzubereiten, der an Ägypten zu entrichten war. Es folgt eine Liste der Waren, die geschickt werden sollten. Einige dieser Waren kamen direkt aus Nubien, andere wurden aus dem südlichen Afrika über alte Handelswege nach Nubien exportiert. Darunter befanden sich Hausrinder und wilde Tiere wie Gazellen, Oryxantilopen, Strauße, Affen und Paviane, ebenso wie tierische Produkte zum Beispiel Elfenbein, Pantherfelle und Straußenfedern sowie pflanzliche Produkte wie Ebenholz und fächerförmige Palmwedel. Auch Gold und Schmucksteine wie Hämatit, Jaspis, Amethyst und Bergkristall gehörten zu den Abgaben. Außerdem war ein Tribut in Form von Menschen zu entrichten, der Völker aus Irem, hoch gewachsene Terek und Nehesju (gängige Bezeichnung für die Nubier) umfasste. Paser weist den Adressaten darauf hin, dass die Abgaben jährlich zu erhöhen seien. Diese Liste belegt die Bedeutung Nubiens als Quelle für ungewöhnliche und wertvolle Artikel, vor allem für Gold, das für Ägypten vorwiegend in nubischen Minen abgebaut wurde.

Im Tempel von Beit el-Wali (Nubien), der südlich des neuen Hochdamms wieder aufgebaut wurde, findet man außerordentlich prächtig gestaltete und fein gearbeitete Flachreliefs, die Kriegsszenen zeigen. Ein Abschnitt ist einer Kampagne gegen die Nubier gewidmet, an der Amunherwonemef und Chaemweset, zwei Söhne Ramses' II., teilnahmen. Wenn diese Unternehmung in den frühen Jahren der Regentschaft Ramses' stattfand oder, wie es angedeutet wird, als er noch Mitregent war, müssten diese Söhne noch Kleinkinder gewesen sein. Nach der Niederlage Nubiens ist die Präsentation des Tributs dargestellt, die vom nubischen Vizekönig Amenemopes, Sohn des Paser, beaufsichtigt wird. Die prächtige Prozession stellt eine vollständige Illustration der Listen dar, die in dem Musterbrief aufgeführt sind, der in Berlin aufbewahrt wird. Darüber hinaus werden eine Giraffe, Straußeneier, Fächer aus Straußenfedern sowie Pfeil und Bogen überreicht. Die Tribute, die man von Nubien forderte, waren zweifellos traditionell, wenn nicht sogar normiert. Vermutlich handelte es sich bei der dargestellten Kampagne um eine eher unbedeutende Schlacht in Unternubien, die kaum einer Erwähnung wert war, jedoch als Darstellung einer heroischen Schlacht und einer symbolträchtigen Tributzahlung willkommen war. Eine triviale Unternehmung in Unternubien hätte niemals einen solch hohen Tribut aus dem südlichen Afrika gerechtfertigt, wie er im Tempel von Beit el-Wali verewigt ist.

86-87

Ramses II. bietet Amun-Re von Theben und der Göttin Mut nubische Gefangene dar. Zwischen den Göttern sitzt der vergöttlichte Ramses selbst. Er trägt Widderhörner am Kopf und über seinem Haupt thront eine Sonnenscheibe. Abu Simbel; Ippolito Rosellini.

Ramses II. und die Aussenwelt

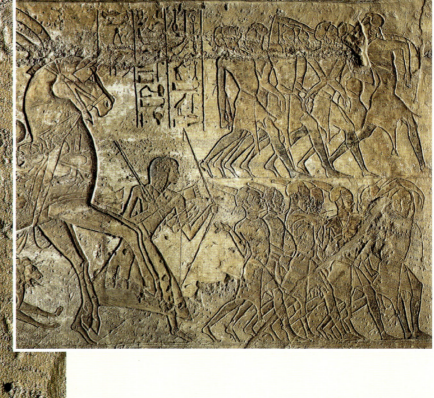

88-89
Triumphszene aus Abu Simbel: Nach einem nicht näher bestimmten Feldzug gegen Nubien kehrt Ramses II. mit nubischen Gefangenen zurück. Die Inschrift beschreibt den König als „der Gute Gott …, der den Süden angreift und den Norden zerquetscht".

Ramses II. und die Aussenwelt

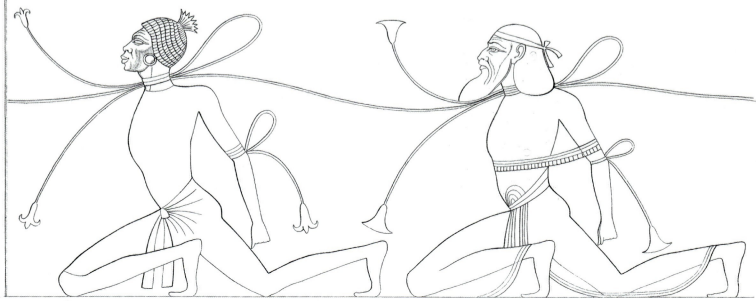

90-91
Aneinander gebundene, kniende nubische Gefangene mit gefesselten Händen. Die Darstellung stammt vom Sockel der Kolossalstatue Ramses' II. südlich des Eingangs zum Großen Tempel von Abu Simbel..

90 Mitte
Rosellinis Kopie einer Szene aus dem nubischen Tempel in Beit el-Wali. Ramses II. schlägt einen nubischen Fürsten. Der König ist „der Gute Gott, der die neun Bogen unterwirft und die Fürsten des wertlosen Kusch' zerquetscht".

90 unten
Rosellinis Skizze eines nubischen und eines asiatischen Gefangenen, die mit gefesselten Händen aneinander gebunden sind und vor dem König knien. Beide Gefangene sind als bedeutende Persönlichkeiten dargestellt.

91 rechts
Kartusche mit dem Geburtsnamen Ramses' II., Ramses-Meriamun („Ramses, geliebt von Amun"). Die Hieroglyphe, die hier Re repräsentiert ist keine einfache Sonne, sondern eine göttliche Figur mit Falkenkopf, über der die Sonnenscheibe thront.

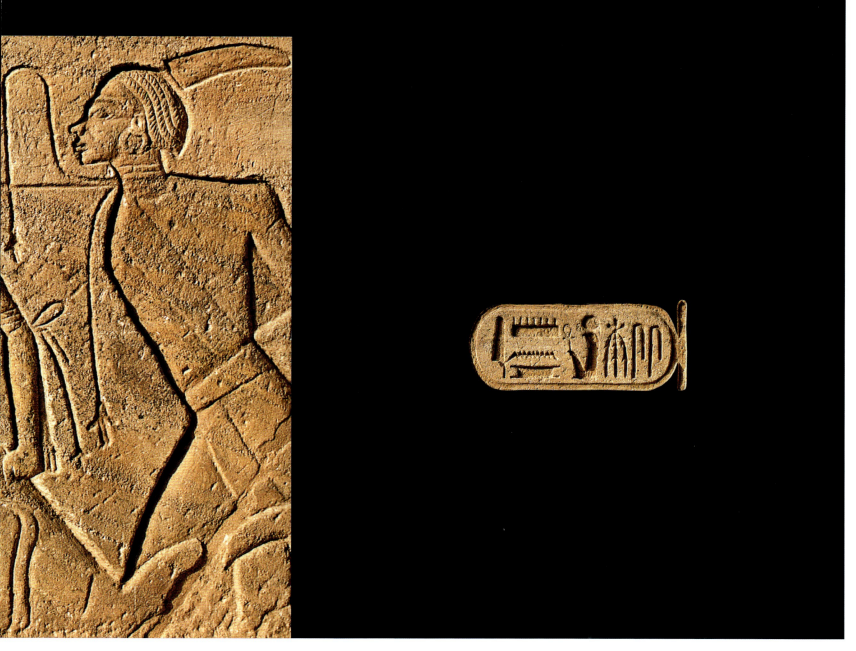

Unter Ramses II. herrschte in Nubien meist Frieden, den die Ägypter zwar gefestigt hatten, der jedoch nicht dauerhaft war. Nubien unterschied sich grundlegend von den asiatischen Territorien, die Ägypten immer wieder Schwierigkeiten bereiteten. In gewisser Weise war Nubien eine Erweiterung Ägyptens im Süden. Verbunden waren beide Länder über den Nil. Nubien war als Rohstofflieferant geschätzt und als Durchgangsstation für die Waren aus dem südlichen Afrika. Es wurde jedoch zu keiner Zeit als eigentlicher Teil Ägyptens betrachtet. Im Süden begann Ägypten in Elephantine (Assuan). Was dahinter lag, war ein Territorium, das beherrscht werden konnte, jedoch nicht integriert. Es war eine Art Außenprovinz, die vom nubischen Vizekönig verwaltet wurde, der formell als Sohn des Königs von Kusch galt. Das weite Hinterland des Niltals in Nubien beheimatete Stämmen, die stets bereit waren, eine Schwäche Ägyptens zu ihrem Vorteil zu nutzen. Hier lebten einflussreiche lokale Fürsten und in früheren Zeiten gab es hier ein mächtiges Fürstentum mit Sitz in Kerma südlich des 3. Katarakts. Im Mittleren Reich, als Nubien erstmals weitgehend von den Ägyptern besetzt wurde, hatte man im Bereich des 2. Katarakts mehrere strategisch bedeutsame Festungen errichtet. Diese Bollwerke verlor Nubien in der Zweiten Zwischenzeit an Ägypten. Sie wurden jedoch zur Zeit der 18. Dynastie zurückerobert. Unter Ramses II. hatten sie ihre strategische Bedeutung weitgehend verloren und wurden durch Niederlassungen und Städte ersetzt, die mehr dem Handel und der Verwaltung dienten als der Sicherheit. Bereits Amenophis III. hatte an Orten wie Soleb, Sesebi und Sedeinga Tempel errichtet und Städte etabliert. Sein Nachfolger Echnaton zeigte zumindest zu Beginn seiner Herrschaft großes Interesse an diesen abgelegenen Gebieten. Überreste von Bauten, die unter Echnaton errichtet wurden, hat man kürzlich auch bei Kerma entdeckt, dem einstigen Machtzentrum Nubiens. Unter Ramses II. entwickelten sich die Städte Nubiens und in Amara zwischen dem 2. und 3. Katarakt wurde ein neues Verwaltungszentrum eingerichtet, dem man den Namen Pi-Ramses-Meriamun gab, „das Haus (oder die Stadt) Ramses', der von Amun geliebt wird". Pi-Ramses-Meriamun wurde fürstliche Residenz des Vizekönigs von Kusch. Diesem Zweck dienten vorher die Festungen von Buhen am 2. Katarakt und von Miam (Aniba), weiter nördlich, gegenüber der felsigen Klippe von Kasr Ibrim. Nubien galt nicht mehr als Krisengebiet. Dies belegen auch offizielle Inschriften, die Verlautbarungen hoher Beamter enthalten, die in Nubien beschäftigt waren.

Vor allem Setau, der Vizekönig von Kusch, der gegen Ende der Regierungszeit Ramses' II. amtierte, konzentrierte sich auf nicht kriegerische Handlungen. An dieser Stelle soll lediglich eine Kampagne gegen Irem erwähnt werden, jenem Teil Nubiens, der bis heute nicht zweifelsfrei lokalisiert ist. Setau ließ diese Unternehmung auf einer großen Stele festhalten, die im Tempel von Wadi es-Sebua aufgestellt wurde. Irem könnte südlich des 3. Katarakts gelegen sein, in dem Gebiet, das einst vom Königreich Kerma beherrscht wurde. Die Region konnte sich vermutlich eine gewisse Unabhängigkeit bewahren, da sie weit entfernt von der ägyptischen Macht in Nubien lag. Sethos I. war beispielsweise gezwungen, sich mit einem Aufstand in Irem zu beschäftigen. An dieser unbedeutenden Unternehmung nahm Ramses teil. Um 1242 v. Chr., im 38. Regierungsjahr Ramses' erforderten Unruhen in Irem ein erneutes Eingreifen. Bei dieser Strafexpedition wurden 7000 Gefangene gemacht und die Kampagne wurde auf den Stadtmauern von Amarna verewigt. Bei dieser Gelegenheit machten mehrere Söhne Ramses' erste Erfahrungen beim Militär. Nur zwei Namen, der Prinzen haben die Zeiten überdauert: Merenptah und Setemuia. Ersterer war der designierte Thronfolger, Letzterer war der achte Sohn, der seinen Vater nicht überleben sollte.

Ramses II. und die Aussenwelt

*92 oben
Detail eines Reliefs aus Abu Simbel, das ausländische Gefangene zeigt. Das Thema Gefangene wiederholt sich zwar immer wieder, trotzdem sind die einzelnen Personen nicht als Konglomerat, sondern individuell dargestellt.*

Ramses II. ließ mehrere Tempel in Nubien errichten. Er führte den Tempelbau zwar nicht ein – bereits unter der 12. Dynastie wurden tempelähnliche Gebäude errichtet und unter der 18. Dynastie wurde der Tempelbau perfektioniert –, entwickelte ihn jedoch weiter, aus Gründen, die weit über die einfache Verehrung der großen ägyptischen Götter hinausgingen. Einer der Tempel, die in der späten Regierungszeit Ramses' errichtet wurden, unterstand der Oberaufsicht des Vizekönigs Setau in Wadi es-Sebua. Das Heiligtum wurde teilweise von Sklaven erbaut. Eine kurze Inschrift, die Setau in diesem Tempel verewigen ließ, datiert aus dem 44. Regierungsjahr Ramses' (um 1236 v. Chr.). Sie berichtet von einer Strafexpedition unter einem Offizier namens Ramose, die im Land der Tjemehu unternommen wurde, um Arbeitskräfte für den Tempelbau zu beschaffen. Es wurde viel darüber diskutiert, wo das Land der Tjemehu zu lokalisieren sei. Sicher ist, dass es westlich des Niltals lag und seine Bewohner von Zeit zu Zeit danach trachteten, das fruchtbare Land Ägyptens zu infiltrieren. Es gibt keine präzise geographische Bestimmung, sondern nur eine vage Beschreibung für „jene, da draußen im Westen". Unter der späten 19. Dynastie wurde das Land offensichtlich von Stämmen bewohnt, die Ägypten weiter nördlich, am Westufer des Deltas, bedrohten. Es gibt auch noch andere Benennungen für Infiltranten aus dem Westen wie Tjehenu und Meschwesch, die offensichtlich die nördlichen Gebiete und die Küstenregionen Libyens bewohnten. Der Landesname Libyen oder Libu, wie es im alten Ägypten hieß, erscheint erstmals in einem Papyrus der 19. Dynastie, der im British Museum in London aufbewahrt wird. Dieser Papyrus enthält so genannte Schreiberübungen, im Stil jenes Musterbriefs, der im Archäologischen Museum von Berlin aufbewahrt wird. Eine Passage enthält ein Enkomion Ramses' II., das auf einige allgemeine Triumphe über ausländische Staaten folgt. Der Schreiber vermerkt: „Libu ist niedergemetzelt, es ist erobert."

Offensichtlich gab es im Westen keine gut organisierte Macht wie beispielsweise im Osten mit dem Reich der Hethiter oder Assyrer. Es gab jedoch wie in Nubien Stämme, die sich zum Teil nahe den Oasen in der Westlichen Wüste niederließen und zum Teil in den fruchtbareren Küstenebenen. Ihre Bewegungen lassen sich anhand gelegentlicher Strafexpeditionen nachvollziehen. Diese Expeditionen dienten dazu, Arbeitskräfte für den Tempelbau oder Soldaten für das ägyptische Heer zu beschaffen. Das fruchtbare ägyptische Land übte eine starke Anziehungskraft auf die Völker des Westens aus und zur Zeit der 19. Dynastie mussten zielgerichtete Kampagnen durchgeführt werden, um ihre Angriffe auf das Delta abzuwehren. Es ist anzunehmen, dass sich solche Angriffe gelegentlich bereits unter Ramses II. ereigneten. Der Pharao ließ deshalb Wüstenfestungen errichten, um sein Land vor der Bedrohung aus dem Westen zu schützen.

Überreste möglicher Festungen, die jedoch noch nicht genauer untersucht wurden, deuten darauf hin, dass die Bollwerke in Abständen von zwei Tagesmärschen errichtet wurden. Das größte und vielleicht letzte der Kette befand sich in Zawijet Umm el-Racham, über 320 km westlich von Alexandria, in der Nachbarschaft von Marsa Matruh. Kürzlich durchgeführte Grabungen haben den Beweis erbracht, dass es sich dabei nicht nur um eine einfache Festung handelte. Die Umfassungsmauer besteht aus über 4 m dicken Lehmziegelmauern und umschließt eine Fläche von 1,5 ha. Integriert ist ein großes Tor, das von zwei Kalksteintürmen flankiert wird. Die Grabungsstätte birgt die Überreste eines kleinen Tempels sowie mehrerer Magazine, in denen man Tongefäße aus Kanaan und den östlichen Mittelmeerländern entdeckt hat. Das Bollwerk diente offensichtlich als Handelszentrum oder als Landkennung für Handelsschiffe, die ägyptisches Territorium in einem Gebiet erreichten, in dem sie von libyschen Stämmen angegriffen und ausgeraubt werden konnten. Zu jener Zeit gab es im Westen des Deltas vermutlich keine Häfen. Alexandria sollte erst etwa tausend Jahre später gegründet werden. Zu der Zeit, als die beschrifteten Türrahmen der Magazine angebracht wurden, war Nebre Kommandant der Festung. Es ist nicht bekannt, ob Nebre jemals an Strafexpeditionen gegen die Tjemehu, Tjehenu, Meschwesch oder Libyer beteiligt war oder ob er die Festung gegen direkte Angriffe verteidigen musste. In einem solch entlegenen Außenposten, viele Tage entfernt von den ersten Orten, die zu Ägypten gehörten, mag sich die Garnison isoliert gefühlt haben. Vermutlich vertrieb sie sich die Zeit mit Handel, unbeobachtet von den Regierungsbeamten, die in anderen Einfuhrhäfen des Deltas streng über Importe und Zölle wachten.

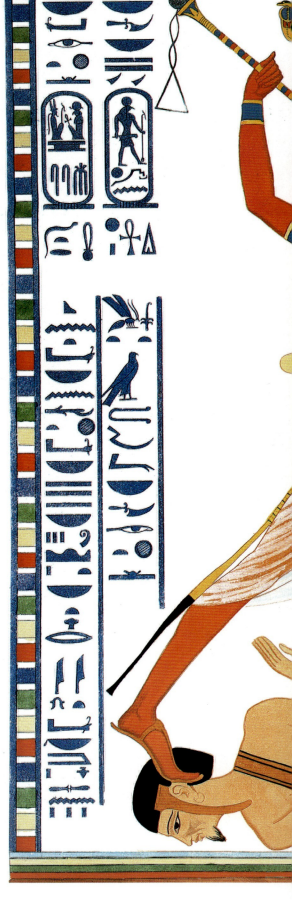

*92-93
Dieses Gemälde Rosellinis dokumentiert eine der beeindruckendsten und prächtigsten Szenen aus der großen Halle des Tempels von Abu Simbel. Ramses II. durchbohrt einen libyschen Feind und zerquetscht einen anderen mit dem Fuß.*

Ramses II. und die Aussenwelt

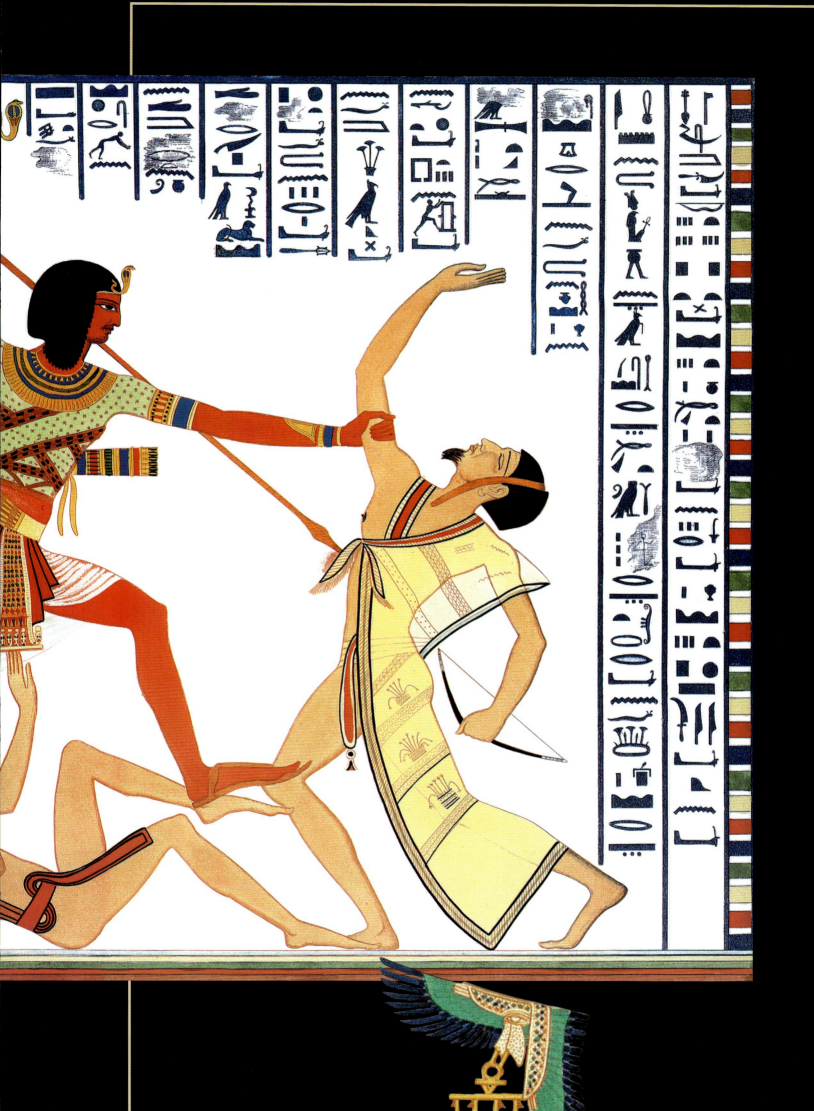

Ramses II.

94 und 95
Details einer Szene, in der Ramses II. Libyer tötet. Links: Der König tritt auf den Kopf des gefallenen Feindes. Rechts: Ramses packt den erhobenen Arm des Libyers, bevor er den Feind durchbohrt.

96-97
Dieses Foto zeigt die Szene, die Rosellini kopierte (Seite 92–93). Das Original wirkt auch ohne die farbenprächtigen Details, die Rosellini hinzufügte, lebendig.

In der Einleitung wird auf die Oppression in Ägypten und den Exodus der Kinder Israels eingegangen. An dieser Stelle sollen diese Aspekte weiter ausgeführt werden. Die Israeliten waren Ausländer in Ägypten und ihre Flucht hatte verheerende Konsequenzen für das Land. So steht es in der Bibel geschrieben. Es gibt keine Beweise aus Ägypten, die die Anwesenheit der Israeliten zu irgendeiner Zeit bestätigen würden. Ebenso gibt es keine Beweise für die Richtigkeit des biblischen Exodus. Das Fehlen von Beweisen hat die Wissenschaftler jedoch nicht davon abgehalten, nach einer realen Basis für den biblischen Bericht zu suchen und die verschiedenen Ereignisse und Phasen der „Sklaverei" chronologisch einzuordnen. Die Meinungen gehen weit auseinander. Einige Wissenschaftler vertreten die Meinung, dass die Erwähnungen Ramses' in der Bibel historisch nicht belegbar sind. Als die biblischen Bücher verfasst wurden, könnte der Name Ramses von den Israeliten symbolisch für die Macht und die Tyrannei Ägyptens verwendet worden sein. Der Name wäre damit anachronistisch eingefügt worden – eine falsche Spur. Der Exodus müsste dann auf den Anfang der 18. Dynastie datiert werden, in jene Zeit, in der Ägypten sich von den Hyksos befreit hatte, die das Land in der Zweiten Zwischenzeit beherrschten. Andere Wissenschaftler konzentrieren sich vor allem auf das geschriebene Wort. Sie gehen davon aus, dass Pi-Ramses kurz nach Beginn der Regierungszeit Ramses' gegründet wurde. Dann könnte der Exodus auf die Mitte seiner Regentschaft datiert werden. Ein allgemein anerkannter Ansatz besteht darin, dass die Oppression der Israeliten unter Ramses anhielt, dass der Exodus sich jedoch unter Merenptah ereignete, dem Nachfolger Ramses'. Mit dem derzeitigen Wissensstand lässt sich die Frage nicht endgültig klären.

Der Gedanke, dass Ausländer gezwungen wurden, am Bau der königlichen Gebäude mitzuarbeiten, hat sich mittlerweile etabliert. Eine derartige Ausbeutung von Arbeitskräften belegt zum Beispiel der Tempel in Wadi es-Sebua, für dessen Bau Ramose Libyer versklavte. Es handelte sich dabei vermutlich nicht um eine Ausnahme und die Israeliten wurden vielleicht tatsächlich gezwungen, in Pi-Ramses und Pithom zu arbeiten. Man kann sich durchaus vorstellen, dass die Oppression unter Ramses II. begann. Das Datum des Exodus wird sich jedoch nicht eindeutig bestimmen lassen, wenn man keine neuen stichhaltigen Beweise findet.

Die letzten 20 oder mehr Jahre der Herrschaft Ramses' II. verstrichen ohne nennenswerte Auseinandersetzungen mit ausländischen Mächten. Mehr als 20 Jahre – länger als die Regierungszeit der meisten ägyptischen Könige dauerte – hielt der Friede zwischen Ägypten und jenen Staaten, die dem Land der Pharaonen traditionell Schwierigkeiten bereiteten. Es herrschte Frieden, aber im Osten und Westen zeichneten sich Unruhen ab. Kein Bericht aus jener Zeit drückt aus, dass die Ägypter diese konfliktfreie Zeit bedauerten oder dass Ramses es bedauerte, keine Gelegenheit zu finden, einmal mehr sein militärisches Können unter Beweis zu stellen. Als der König um 1213 v. Chr. starb, war sein 67. Regierungsjahr angebrochen. Er war ein alter Mann, ein Überlebender aus heroischen Zeiten. Ramses wünschte zweifellos als Held in die Geschichte einzugehen, auch wenn die Realität zuweilen nicht ganz so heroisch war.

DIE SCHLACHT VON KADESCH

Es ist ein schwieriges Unterfangen, eine Schlacht zu beschreiben, die sich vor etwa 3 275 Jahren ereignet hat und deren Verlauf in Texten und Darstellungen relativ einseitig überliefert ist. Skepsis und Fantasie sind gleichermaßen vonnöten. James Henry Breasted schrieb 1906 über die Schlacht, sie sei „von besonderem Interesse, da sie die erste Schlacht in der Geschichte ist, die es uns erlaubt Taktik und Formation beider Heere nachzuvollziehen". Bereits einige Jahre zuvor hatte er eine ausführliche Studie über die Schlacht verfasst. Er war überzeugt, dass er die Geschichte schlüssig dargestellt hatte, die in den ägyptischen Tempeln erzählt und dargestellt wird. Andere Autoren griffen das Thema ebenfalls auf und schrieben aus hethitischer oder ägyptischer Sicht. Taktiker des Militärs haben die Schlacht im Vergleich mit mittelalterlichen und modernen Strategien untersucht. Die Sprache der Gedenktexte zog die Aufmerksamkeit der Wissenschaft auf sich und motivierte zu einer eingehenden Analyse. Keine antike Schlacht, die vor den detailliert verzeichneten Gefechten der griechischen und römischen Geschichte stattfand, wurde derart akribisch untersucht.

Ramses II. würde diese Aufmerksamkeit zu schätzen wissen. Die Schlacht zwischen Ägypten und Hatti, die in seinem fünften Regierungsjahr (um 1275/1274) geschlagen wurde, war das bedeutendste Ereignis seiner langen Regentschaft. Zu diesem Urteil scheint Ramses kurz nach der Schlacht gekommen zu sein. Wie konnte er wissen, dass sich in seinen verbleibenden 62 Regierungjahren nichts mehr ereignen würde, das von ebensolcher Bedeutung war? Offensichtlich gab es tatsächlich keine weiteren großen Erfolge oder Niederlagen, denn es finden sich hierfür keinerlei Beweise. Man darf davon ausgehen, dass ein späteres Ereignis von der gleichen Bedeutung wie die Schlacht von Kadesch ebenso an den Wänden der großen Bauwerke Ramses' oder auf formellen Stelen verewigt worden wäre, die an strategisch bedeutsamen Punkten in Ägypten und Nubien aufgestellt wurden. Sir Alan Gardiner, der einen engagierten Bericht verfasste und gegen Ende seines Lebens die Texte über die Schlacht von Kadesch übersetzte, sagte andernorts über Ramses' persönliche Waffentat von Kadesch, „dass er niemals müde wurde, an den Tempelmauern,

die er errichtet hatte, seinen Untertanen etwas zu verkünden". Tatsächlich wurden alle Texte und Darstellungen an diesen Tempelmauern kurz nach der Schlacht angebracht, als die meisten der großartigen Bauwerke bereits errichtet waren oder kurz vor dem Abschluss standen. Die massiven Mauern und monumentalen Pylonen warteten nur darauf, mit Darstellungen verziert zu werden, die etwas anderes verkörperten als die gewohnten Abbildungen des Königs, der unterworfene Ausländer peinigt.

Die Schlacht von Kadesch wurde in den bedeutendsten thebanischen Tempeln verewigt, die unter Ramses errichtet oder erweitert worden waren. In Luxor hatte der König einen großen Hof und einen beeindruckenden Eingangspylonen errichten lassen. In die Fassade des Pylonen und in die Außenmauern der Höfe ließ er die Texte und Darstellungen über Kadesch meißeln. In Karnak wurden damit die Außenwände des Hypostylons verziert und im Ramesseum, dem zukünftigen Totentempel Ramses' in Theben-West, erhielten die gewaltigen Pfeiler der Pylonen ihre Versionen. Kadesch wurde außerdem an den Außenmauern des Tempels verewigt, den Ramses in Abydos erbauen hatte lassen, und ebenso an der

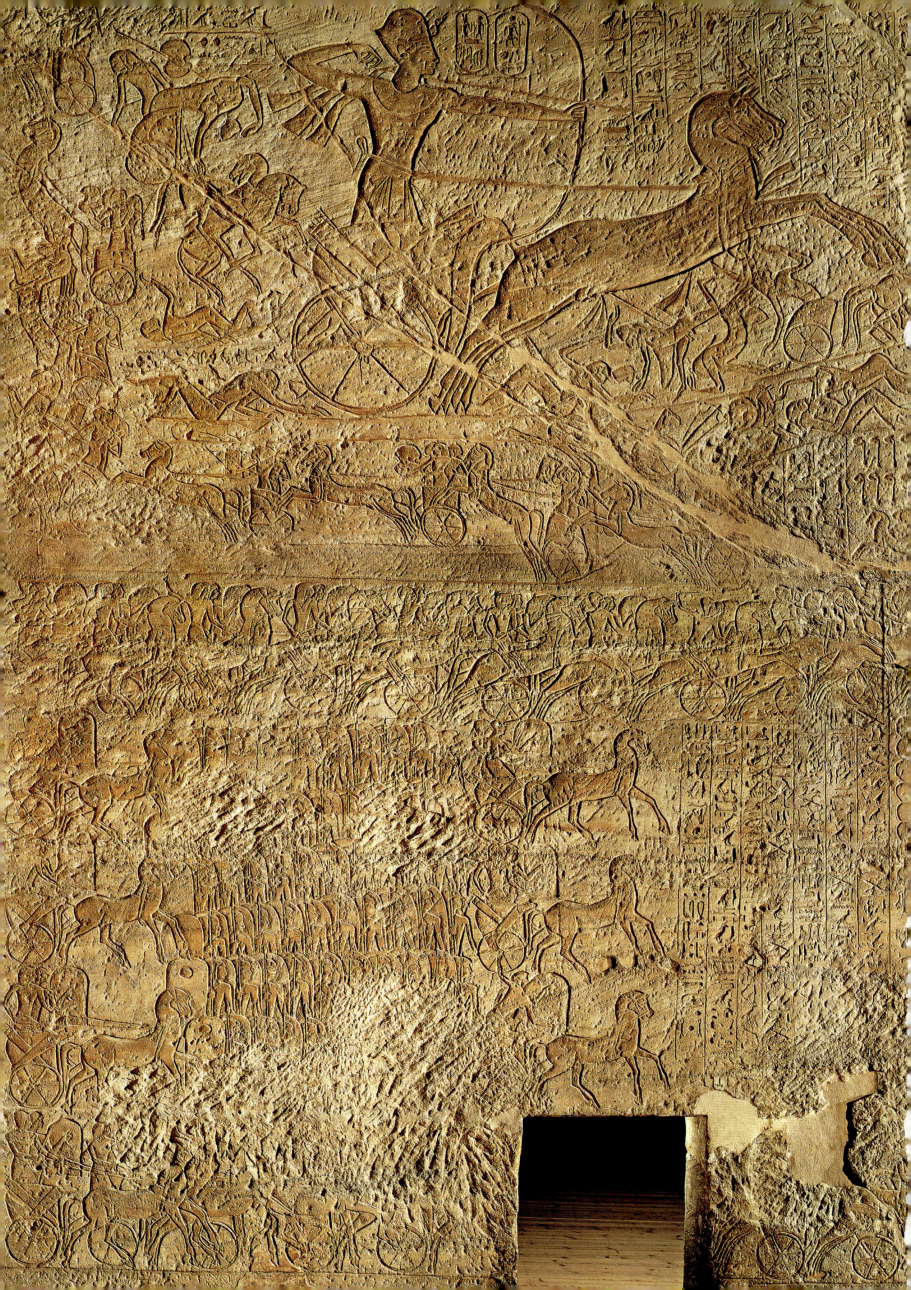

98
Rosellinis Reflexion einer Darstellung aus Abu Simbel. Ramses II. kehrt im Triumph von einem Feldzug zurück. Ein Reitknecht führt die prächtig geschmückten Pferde des Königs am Zügel. In Begleitung des Herrschers befindet sich sein Löwe, den Rosellini als Leopard dargestellt hat.

103
Dieses Gemälde Rosellinis zeigt Ramses II. während eines Feldzuges. Der König steht in seinem Streitwagen, bekleidet mit kunstvoll gearbeiteten Gewändern, die eher für eine Parade als für eine Schlacht geeignet scheinen. Die feurigen Pferde des Herrschers sind ebenso prächtig geschmückt.

Nordwand der ersten Halle des Großen Tempels von Abu Simbel. Die Darstellungen in Abu Simbel sind am bekanntesten, da sie am intensivsten erforscht wurden. Es könnte auch sein, dass die Schlacht am Ptahtempel in Memphis oder an anderen Gebäuden in Pi-Ramses verewigt wurde. Hierfür gibt es jedoch keine Belege.

Es existieren Kopien einiger Papyri, die Breasted als „Poem" bezeichnete. Gardiner präzisierte diesen Begriff, indem er von der „Literarischen Niederschrift" spricht. Diese Kopien, die entweder direkt oder indirekt von Monumenten übernommen wurden, datieren vermutlich aus der späten Regierungszeit Ramses' II. oder aus der späteren 19. Dynastie.

Keine Kampagne wurde von den Ägyptern jemals in so vielen Varianten festgehalten. Die Vorbereitung und die Gestaltung der Texte sowie deren Meißelung in die großen Tempel konnten vermutlich nur ausgeführt werden, nachdem man eine entsprechende Planung vorgenommen hatte. Die meisten Texte sind nach einem einheitlichen Muster zusammengestellt. Zwei Hauptkompositionen präsentieren den Verlauf der Kampagne. Es handelt sich dabei nicht um übereinstimmende Versionen, sondern um voneinander unabhängige Stellungnahmen.

Diese beiden Kompositionen bezeichnete Breasted als „Poem" und als „Offizieller Bericht". Ersteres wurde oft als „Poem des Pentawer" bezeichnet, nach dem Schreiber Pentawer, der eine Papyruskopie anfertigte, die heute im British Museum in London ausgestellt ist. Er war jedoch nur ein Kopist und nicht verantwortlich für den Inhalt des Textes, den er übertrug. Die dritte Fassung, in der die Schlacht verewigt wurde, ist die bildliche Darstellung der Kampagne in Form von Reliefs. Dazu gehören faszinierende Vignetten signifikanter Episoden und topographischer Details – eine Manifestation der ägyptischen Sicht. Hieroglyphentexte begleiten die Vignetten. Breasted nannte dieses bildhafte Element die „Reliefs". Man muss jedoch bedenken, dass diese traditionelle Dreiteilung nicht genau die Absicht jener widerspiegelt, die das Schema für die öffentliche Zelebration der Schlacht von Kadesch entwarfen. Das „Poem" oder, wie Gardiner es nannte, die „Literarische Niederschrift" ist eine unabhängige Darstellung der Schlacht, verfasst in blumigen Worten, nach Art der vielen Lobeshymnen, die zu Ehren der ostensiblen Errungenschaften des Königs verfasst wurden.

In Ramses' langen Regierungszeit wurden viele derartige Inschriften für den Pharao verfasst. Alle erhaltenen Versionen der „Literarische Niederschrift" basieren auf einem Grundtext, der vollständig von den Reliefs losgelöst ist und als eigenständiger Text existiert. Man findet diesen Text beispielsweise nicht im Tempel von Abu Simbel, vermutlich weil es hierfür an Platz mangelte. Die Komposition, die als „Offizieller Bericht" bezeichnet wird, bezieht sich weitgehend auf die Reliefs. Gardiner zog sogar in Erwägung, dass der Text und die Szenen eine in sich geschlossene Einheit bilden. Deshalb bezeichnete er das Ensemble als „Bildhafte Niederschrift". Bei der nun folgenden Beschreibung der Kampagne werden Details aus der „Literarischen Niederschrift" und der „Bildhaften Niederschrift" berücksichtigt. Natürlich stellen diese Quellen das Vorgehen der Ägypter in bestem Licht dar. Die hethitischen Aufzeichnungen über die Schlacht sind leider nicht erhalten oder wurden bisher nicht entdeckt. Sie würden zweifellos ein anderes Bild von den Ereignissen und dem Ausgang der Schlacht zeichnen. Die Hethiter betrachteten Kadesch sicher nicht als Niederlage.

Die Schlacht von Kadesch

99-102
Die Schlacht von Kadesch, gemeißelt in die Nordwand der großen Halle im Tempel von Abu Simbel. Die Schlacht, die Ramses II. irrtümlicherweise den Ruf eines großen Eroberers einbrachte, ist in vielen Szenen und mit ausführlichen Inschriften an den Mauern und Pylonen der großen Tempel in Theben, Abydos und Abu Simbel dargestellt. Die Texte im Tempel von Abu Simbel sind nicht vollständig. Es fehlen das „Poem" oder die „Literarische Niederschrift" und der „Offizielle Bericht". Hier findet man jedoch die besten illustrativen Reliefs, die viele wichtige Ereignisse festhalten. Daneben sind auch unbedeutendere Episoden verewigt, die die prahlerischen Berichte und Szenen bezüglich der großen Errungenschaften des Königs relativieren. In Abu Simbel gibt es keine steinernen Pylonen, deshalb war auch kein Platz für die vollständige Niederschrift. Jene, die für den Dekor zuständig waren, kamen offensichtlich zu dem Schluss, dass es an einem solch entlegenen Ort in Nubien besser sei, Bilder statt Worte sprechen zu lassen.

104–105
Diese Zeichnung von Rosellini zeigt die Darstellungen an der Nordwand der großen Halle im Tempel von Abu Simbel.

105 oben
Eine Standarte weht über der Festung von Kadesch, auf deren Brustwehr sich hethitische Streitkräfte drängen. Die kurze Inschrift lautet: „die Stadt Kadesch". Auf der Zeichnung von Rosellini ist zu erkennen, dass Kadesch von Wasser umgeben war.

Die Schlacht von Kadesch

Die Schlacht von Kadesch

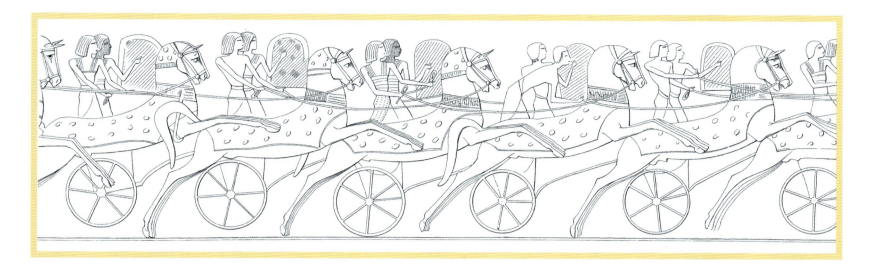

106
Ein Teil der Verstärkungstruppen der Nearin, die sich an der Küste von Amurru formierten und an einem entscheidenden Punkt in die Schlacht eingriffen. Die Streitmacht bestand aus Infanterie und Wagenlenkern. Das Foto zeigt eine Phalanx der Infanterie (Abu Simbel).

107
Die beiden Hauptszenen vom ägyptischen Feldlager und der Schlacht von Kadesch trennt in Abu Simbel ein Register mit hethitischen und ägyptischen Wagenlenkern, die in alle Richtungen reiten. Diese Reflexion der Darstellung stammt von Rosellini.

Man muss sich zunächst in Erinnerung rufen, dass das Interesse an Westasien bereits unter Sethos I. wieder erwacht war. Es fand eine erfolgreiche Unternehmung statt, die den Einfluss Ägyptens in einigen Gebieten Kanaans und des Libanons wiederherstellte. Ramses II. unternahm seine erste Kampagne in Asien in seinem vierten Regierungsjahr (um 1276/1275 v. Chr.). Ihr war nur ein mäßiger Erfolg beschieden, der jedoch den Hethiterfürsten Muwatallis daran erinnerte, dass die südlichen Staaten bedroht waren, die von seinem Reich abhängig waren und dessen Suzeränität anerkannt hatten. Am Beispiel von Amurru, das sich von Hatti losgesagt und annähernd die gesamte libanesische Küste besetzt hatte, wurde Muwatallis deutlich gemacht, dass sich die Situation jederzeit zu seinen Ungunsten entwickeln konnte. Dieser Treuebruch mag der Auslöser für den brutalen Kurs gewesen sein, den Muwatallis von nun an einschlug. Machtpolitik im Nahen Osten gestaltete sich seit alters schwierig und die Hethiter konnten es sich nicht leisten, die zusätzliche Bedrohung zu ignorieren, die das weit entfernten Ägypten verkörperte. Es gab sicher eine gewisse Verständigung zwischen Hatti und Ägypten. Die diplomatischen Beziehungen zwischen den beiden Mächten hatten eine solide Basis. Man darf davon ausgehen, dass beide Seiten realisierten, dass sich die Angelegenheit nur regeln ließ, wenn man die Waffen sprechen ließ – eine Konfrontation der Heere war unvermeidbar.

Beide Seiten bereiteten sich gründlich auf die Schlacht vor. Es gab keine Absprachen zwischen den Mächten bezüglich des Austragungsortes der Schlacht, doch beide wussten, dass das Gefecht auf neutralem Territorium stattfinden würde, also weder in Ägypten noch in Hatti. Der Libanon und die Staaten im Osten waren die geeigneten Gebiete für einen klassischen Schlagabtausch. Vieles hing vom Timing ab und davon, wie die Informationen ausgewertet wurden, die beide Seiten sammelten. Ein weiterer wichtiger Gesichtspunkt war, dass die Zeit für Feldzüge gewöhnlich im Spätfrühling gekommen war, wenn man erwarten durfte, dass das Wetter einige Monate stabil sein würde.

Nach der Unternehmung, die Ramses in den Herbst- und Wintermonaten seines vierten Regierungsjahres durchgeführt hatte, waren beide Seiten auf die nächste Saison vorbereitet. Ramses standen neben der eigenen Infanterie und den Wagenlenkern weitere Truppen zur Verfügung, die so genannten Scherden, Kriegsgefangene die der König zu Söldnern gemacht hatte. Die Scherden gehörten zu den Seevölkern, die von Zeit zu Zeit, mit oder ohne Unterstützung der Libyer, im Delta einfielen. Im Allgemeinen geht man davon aus, dass es sich bei den Scherden um ein Volk handelte, das ursprünglich aus dem Kaukasus stammte und sich später auf der Insel Sardinien niederließ. Die Scherden waren professionelle Krieger. Ihre charakteristische Ausrüstung bestand in langen Schwertern und Helmen mit Hörnern und Dornen. Zur Zeit Ramses' II. wurden vermutlich viele Scherden in den Festungen im Delta gefangen gehalten. Dort bereitete man sie darauf vor, als Söldner im Heer des Pharaos zu kämpfen. Sie bildeten ein eigenständiges Truppenkontingent innerhalb des Heeres, das Ramses am sechsten Tag im zweiten Sommermonat seines fünften Regierungsjahres aus der Grenzfestung von Tjel (Sile) führte.

Was hatte der Gegner in der Zwischenzeit unternommen? Etwas Gewaltiges! Muwatallis hatte seine Zeit nicht verschwendet und seine Vasallen und Verbündeten zu einer Streitmacht formiert, die Truppenkontingente aus „allen ausländischen Staaten bis zum Meer" umfasste. So heißt es in dem ägyptischen Bericht, der anschließend die Staaten auflistet, die ihre Truppen zur Verfügung stellten. An der Seite Hattis kämpfte Naharin, der bedeutendste Verbündete der Hethiter. Mit diesem Land das sich südöstlich von Hatti erstreckte, kam es zwar oft zu Konfrontationen, zu diesem Zeitpunkt war es jedoch ein Verbündeter. Aus dem Westen erhielt Muwatallis Unterstützung von Arzawa, Luka, Pidasa, Masa und Dardany. Bei Letzterem handelt es sich zweifellos um das Dardania von Homer, das hier erstmals in einer Aufzeichnung erwähnt ist. Aus dem Norden wurde Hatti von Keschkesch am Schwarzen Meer mit einem Truppenkontingent unterstützt und aus dem östlichen Kleinasien kamen Streitkräfte aus Kizzuwadna.

Die Schlacht von Kadesch

*108-109
Unter den ägyptischen Streitkräften befanden sich auch Scherden, Vorfahren der Sarden. Helme mit Hörnern und runde Schilde charakterisieren diese Krieger. Rosellinis Gemälde zeigt Scherden in Begleitung ägyptischer Infanteristen.*

Fürstentümer, die näher bei Kadesch lagen, stellten weitere Truppen bereit und in Kadesch, Karkemisch und Ugarit an der levantinischen Küste formierten sich ebenfalls Verbände. Weitere Orte, die bisher nicht genau lokalisiert werden konnten, bereiteten sich ebenfalls auf die Schlacht vor. Ein überwältigender Zusammenschluss! Muwatallis hatte sich an all seine Favoriten gewandt und die meisten kamen ihrer Pflicht nach und folgten dem Aufruf des Hethiterfürsten. Gemäß den Zahlen, die der „Bildhaften Niederschrift" beigefügt sind, gab es auf hethitischer Seite drei Gruppen von Streitkräften, die sich aus 18 000 beziehungsweise 19 000 Mann sowie aus 2 500 Wagenlenkern formierten. Nichts deutet darauf hin, dass diese Zahlen der Gesamtheit der Streitkräfte entsprechen, die den Ägyptern gegenübertraten. Man muss jedoch bedenken, dass zu jener Zeit nur eine begrenzte Zahl von Soldaten zur Verfügung stand. Außerdem gibt es keinen einleuchtenden Grund, den ägyptischen Angaben Glauben zu schenken.

Ramses organisierte seine Streitkräfte in vier Divisionen, die nach den Hauptgöttern Ägyptens benannt waren: Amun, Re (oder Pre, wie der Gott in den Texten genannt wird), Ptah und Seth (oder Sutech), der Schutzgott der 19. Dynastie. Neben den Scherden, die mit dem Hauptheer marschierten, erwartete Ramses zu gegebener Zeit Unterstützung von einer

Streitmacht der Nearin, die an der Küste von Amurru formiert werden sollte. Sie sollten an einem entscheidenden Punkt der Schlacht zum Einsatz kommen. Wenn man über die Arrangements nachdenkt, die im Zuge einer solch entscheidenden Kampagne im Altertum getroffen wurden, muss man die Kommunikationsschwierigkeiten bedenken, die sich aufgrund der Entfernungen und des unwegsamen Terrains ergaben. Die Truppen mussten eindeutige Befehle erhalten, damit sie präzise vorgehen konnten, wenn es zum Gefecht kam. Bei vielen Kampagnen in mittelalterlicher und moderner Zeit hat man es versäumt, gemäß den detailliert ausgearbeiteten Plänen vorzugehen, so dass letztlich das Improvisationstalent eines Kommandanten über den Ausgang einer Schlacht entschied. Wie schwierig muss es im 13. Jahrhundert v. Chr. für Ramses und Muwatallis gewesen sein, sicherzustellen, dass sich alle Truppenkontingente gemäß der Planung zur rechten Zeit und am rechten Ort erhoben! Über den Ausgang der Schlacht von Kadesch würden Schlagkraft, Improvisationstalent, Timing und Kommunikationsfähigkeit entscheiden. Die außergewöhnlich vielen strategischen und taktischen Details, die in den verschiedenen Texten und Darstellungen erhalten sind, ermöglichen es Militärhistorikern, nicht nur die Schlacht, sondern auch ihre Präliminarien erfolgreich zu rekonstruieren.

Die Schlacht von Kadesch

110 oben
Medizinische Versorgung im ägyptischen Feldlager bei Kadesch. Nach dem langen Marsch aus Ägypten bedurften die geschundenen Beine und Füße der Infanteristen besonderer Pflege. Diese intime Szene zeigt einen Soldaten, der von einem Kameraden behandelt wird.

Nun aber zur Kampagne selbst. Aufgrund der Informationen, die Ramses von seinen Kundschaftern erhielt, wusste er vermutlich, dass sich die vereinten Streitkräfte Muwatallis' an einem bestimmten Ort in Syrien versammeln wollten, vielleicht in Aleppo. Entscheidend war wieder einmal das Timing. Von früheren Unternehmungen wusste man, wie lange eine Streitmacht für die Strecke vom östlichen Delta bis nach Kadesch benötigte. Dieses Mal waren die Verbände jedoch größer als bisher. Somit war es auch komplizierter, Hilfstruppen und Nachschub zu organisieren. Güter des täglichen Bedarfs konnte das Heer natürlich von den Völkern requirieren, deren Gebiete es durchquerte. Alles andere würden jedoch aus Ägypten herbeigeschafft werden müssen wie zum Beispiel die Paraphernalien oder die Söhne und leitenden Angestellten des Pharaos, zu denen offensichtlich auch der Wesir von Unterägypten gehörte. Die Entfernung zwischen dem östlichen Delta und Kadesch beträgt ca. 740 km. Aleppo konnte dagegen von den Hauptstreitkräften Hattis sowie von den Verbänden aus Naharin und Kizzuwadna relativ problemlos erreicht werden. Die Truppen, die vom Schwarzen Meer sowie aus dem zentralen und westlichen Kleinasien kamen, mussten eine weit größere Strecke zurücklegen und ihre Ankunft in Nordsyrien exakt planen.

An dieser Stelle soll kurz darauf eingegangen werden, welche Geringschätzung die ägyptischen Verfasser der monumentalen Texte den hethitischen Streitkräften entgegenbrachten, insbesondere dem Hethiterfürsten Muwatallis. Der Herrscher wird niemals namentlich erwähnt. Gewöhnlich wird er als „der Gefallene von Hatti" bezeichnet oder noch abschätziger „der wertlose Gefallene von Hatti". In öffentlichen Erklärungen war im Altertum kein Platz für Höflichkeit und Edelmut.

Das ägyptische Heer brach im Frühling auf und benötigte einen Monat, um nach Djahy zu gelangen. Als Djahy wurde üblicherweise der nördliche Teil Palästinas/Kanaans bezeichnet. Die Reise verlief ohne Störungen. Das Heer marschierte über die „schmalen Pässe" als ob es „auf den Straßen von Ägypten" reisen würde. Überall wurde es von der Bevölkerung willkommen geheißen. Auf seinem Vormarsch Richtung Norden kam das Heer nach Schabtuna, einem Ort, der etwa 12 km südlich von Kadesch lag. Ramses entschied, ohne Verzögerung weiterzumarschieren. Er rückte Kadesch immer näher und erfuhr, dass sich der „wertlose Gefallene von Kadesch" (eine Variante für Muwatallis) mit seinen Verbündeten in Bewegung gesetzt hatte. Außerdem wurde der Pharao darüber unterrichtet, dass sich offensichtlich Unzufriedenheit unter den hethitischen Verbänden

ausbreitete. Zwei Schosu Beduinen berichteten Ramses, dass ihre Stammesbrüder, die den Hethitern dienten, sich darauf vorbereiteten, zu den Ägyptern überzulaufen. Außerdem informierten sie den Pharao, dass die feindlichen Streitkräfte sich in der Region von Aleppo sammelten. Diese Neuigkeiten waren besser, als Ramses erwartet hatte. Sie sollten sich jedoch als falsch erweisen. Der Pharao überprüfte die Informationen nicht und beschloss, den Orontes zu überqueren und ein Feldlager nordwestlich von Kadesch zu errichten. Er befand sich in Begleitung seines Gefolges und der Division Amun.

Dieser Marsch sollte sich als übereilt herausstellen. Der Großteil des ägyptischen Heeres lag weit hinter der Vorhut zurück, die von der Division Pre angeführt wurde, auf die die Divisionen Ptah und Seth folgten, die mehrere Kilometer zurücklagen und sich in den Wäldern südlich von Schabtuna befanden. Sollte es zu einer Schlacht kommen, würde es aufgrund der geographischen Gegebenheiten nicht leicht sein, die nachfolgenden Divisionen zur Unterstützung anzufordern. Man ging zu diesem Zeitpunkt jedoch nicht davon aus, dass die Hauptschlacht in Kürze stattfinden würde. Ramses war zweifellos zuversichtlich, als er sein Feldlager in Sichtweite von Kadesch errichten ließ, denn die Stadt war vor Überraschungsangriffen gesichert. Der Orontes bildete mit einem Nebenfluss einen natürlichen Graben, der Kadesch mit Ausnahme des Südens vollständig umgab. Im Süden hatte man zwischen dem Haupt- und dem Nebenfluss einen Kanal ausgehoben.

Während das Feldlager errichtet wurde, setzte sich Ramses im Freien unter einem Kiosk auf seinen Reisethron und beobachtete Kadesch, das Umland und die Aktivitäten seiner Truppen.

Die Schlacht von Kadesch

111 oben
Das Zelt Ramses' II. im ägyptischen Feldlager. Die Kartusche mit dem Geburtsnamen des Königs kennzeichnet das Zelt. Zwei Falken, gekrönt von Sonnenscheiben, umfangen die Kartusche mit ihren Schwingen. Sie verkörpern den Gott Re-Harachte. Diener machen dem König ihre Aufwartung.

110 unten
Eine der Vignetten über die Schlacht von Kadesch, die man in Abu Simbel findet, zeigt einen Zusammenstoß zwischen ägyptischen und hethitischen Streitwagen im ägyptischen Feldlager – ein Vorgefecht, das in Abu Simbel weniger deutlich dargestellt ist.

111 unten
Dieses Relief aus Abu Simbel zeigt Handwerker, die Streitwagen reparieren, die auf den holprigen Straßen Syriens beschädigt wurden. Links erkennt man einen Handwerker, der mit einem Breitbeil arbeitet.

Die Schlacht von Kadesch

Ramses II.

112-113 und 113 unten
Die Inschrift lautet: „Die Kundschafter des Pharaos treten mit zwei Spähern des Gefallenen von Hatti vor den Pharao. Sie schlagen sie, um zu erfahren, wo sich der wertlose Gefallene von Hatti aufhält."
(Abu Simbel und Rosellinis Darstellung).

113 oben
Rosellinis Darstellung des Streitwagens Ramses' II., der für den König vorbereitet wird. Ein Reitknecht, der auf seinen Herrn wartet, hält das Pferd am Zügel. Typisch für solche Szenen ist das prächtig geschmückte Pferd.

Die Schlacht von Kadesch

Dann traf eine Nachricht ein, die wie eine Bombe einschlug. Die plündernden Kundschafter Ramses' hatten nach einem schweren Gefecht zwei hethitische Späher gefangen genommen, die sie vor den König führten. Eine Vignette zeigt die unglücklichen Männer, die mit Stöcken geschlagen werden. Die Späher berichteten Ramses nach dieser Tortur bereitwillig, dass sie vom hethitischen König entsandt worden waren, um die ägyptischen Stellungen auszukundschaften. Als Ramses sagte, er habe gehört, dass sich sein Gegner in der Umgebung von Aleppo aufhalte, berichteten ihm die Späher, dass Muwatallis seine gesamte Streitmacht östlich von Kadesch versteckt halte. Sie sagten: „Siehe, sie sind bewaffnet und haben sich, zum Einsatz bereit, hinter Alt-Kadesch formiert."

Wütend, aber auch in Erwartung großen Ärgers, berief Ramses einen Kriegsrat ein. Er informierte seine Berater und Kommandeure über das, was er von den hethitischen Spähern erfahren hatte. Wie hatte so etwas geschehen können, wo er doch davon ausgegangen war, dass sich die Hethiter weit entfernt bei Aleppo aufhielten? Ramses' Kommandeure schoben die Schuld für diese Blamage auf die Herrscher der Vasallenstaaten, durch deren Territorien die Ägypter marschiert waren. Und sie machten auch die Berater des Pharaos dafür verantwortlich. Tägliche Rapporte hätten den König vollständig über die Bewegungen des Feindes informieren müssen. Nun aber war genau das Gegenteil der Fall: Muwatallis war genauestens über die Bewegungen des ägyptischen Heeres unterrichtet, während sein eigenes Heer sich formiert und hinter Alt-Kadesch Aufstellung genommen hatte. Der Vorteil lag auf Muwatallis' Seite und er zögerte nicht, ihn zu nutzen. Der Hethiterfürst entsandte Wagenlenker und Infanteristen über den Orontes, um die Division Pre zu teilen und anschließend das halb fertige Feldlager der Ägypter direkt anzugreifen.

Die Schlacht von Kadesch

Die Schlacht von Kadesch

114 oben
Dieses Gemälde Rosellinis kopiert ein Relief der Schlacht von Kadesch und zeigt den Zeremonialwagen des Pharaos. Der Wagen ist mit einem kunstvoll gearbei-teten Sonnenschirm ausgestattet, über dem die Geiergöttin Nechbet thront. Die königliche Leibgarde begleitet den Wagen.

Panik drohte, sich unter den ägyptischen Linien auszubreiten. Es wurden hastige Vorbereitungen getroffen, um die Söhne Ramses' zu evakuieren, die an der Kampagne teilnahmen. Der König selbst warf sich in seine Rüstung, bereit für den Kampf. Seinen Streitwagen zogen die beiden zuverlässigen Pferde, genannt Sieger-in-Theben und Mut-ist-zufrieden, und im Feldlager befand sich sein zahmer Löwe, genannt Mörder-seiner-Feinde. Es besteht kein Zweifel, dass Ramses, ein junger Mann in den Zwanzigern, an diesem kritischen Punkt wahren Heldenmut und königliche Führungsqualitäten zeigte. Die offiziellen Berichte behaupten natürlich, dass er allein dem feindlichen Angriff entgegentrat, um dem Gegner eine Niederlage beizubringen. Ägyptischen Schätzungen zufolge, umfassten die hethitischen Streitkräfte 2 500 Wagenlenker. Die Situation war derart verworren, dass die Truppen der Division Amun nicht zufrieden stellend in der Schlacht eingesetzt werden konnten. In seiner Verzweiflung musste Ramses das Gefühl haben, nicht nur von der Division Amun im Stich gelassen zu werden, sondern vom großen Gott Amun selbst. Der Pharao musste Amun an die außerordentliche Devotion erinnern, die er dem Gott entgegengebracht hatte, und an die reiche Kriegsbeute, mit der ihn überhäuft hatte. Weshalb hatte der Gott ihn verlassen? Ramses' Klagegebet wurde selbstverständlich erhört. Amun ließ ihm beispiellose Unterstützung zuteil werden. Er war „effizienter als Millionen von Fußsoldaten und zehntausend Wagenlenker". Ramses' Zuversicht war vollkommen wiederhergestellt. Er bezwang die hethitischen Streitwagen und errang den totalen Sieg.

114-115
Prisse d'Avennes' Gemälde zeigt Ramses II., der seinen Streitwagen in die hethitischen Feinde lenkt, die auseinander stieben und zerquetscht werden. Der Löwe auf dem Köcher hat den Kopf eines Menschen in seinem Maul. Das Original befindet sich im Ramesseum.

Die Schlacht von Kadesch

116 unten
Ein Reiter auf ungesatteltem Pferd galoppiert den Soldaten entgegen: „Die Ankunft des Kundschafters, der die Armee antreibt." In anderen Darstellungen der Schlacht von Kadesch heißt es, dass der Reiter die Division Ptah antreibt, weil der Pharao allein auf dem Schlachtfeld steht.

117
Rosellinis Gemälde der ägyptischen und hethitischen Streitwagen. Die ägyptischen Soldaten sind in Reih und Glied formiert und schießen ihre Pfeile gleichzeitig ab, während die Hethiter unorganisiert wirken und in Auflösung begriffen sind.

Die Realität sah jedoch ganz anders aus. Eine Darstellung der „Bildhaften Niederschrift" zeigt die Ankunft eines gigantischen Verstärkungstrupps in perfekter Formation. Der Begleittext lautet: „Die Ankunft der Nearin für den Pharao aus dem Land Amurru." Dabei handelte es sich um jene Truppen, die Ramses offensichtlich in Amurru formiert hatte. Sie sollten in östliche Richtung marschieren und sich den Ägyptern in der Umgebung von Kadesch anschließen. Der Name Nearin gibt noch immer Rätsel auf. Er bezieht sich vermutlich nicht auf einen bestimmten Ort oder Stamm, sondern bedeutet „junge Männer" oder in der Sprache des Militärs „neu ausgehobene Truppen". Wie auch immer die Bedeutung sein mag, die Nearin trafen im Kriegsgebiet ein und fanden gemäß dem Begleittext das ägyptische Feldlager vom Feind umzingelt und dessen Angriffen ausgesetzt. „Seine Majestät war allein, ohne das Heer" im Feldlager, eingeschlossen von feindlichen Streitwagen. Der Text vermerkt, dass die Division Amun das Lager noch nicht fertig gestellt hatte und dass die anderen Divisionen im Anmarsch waren. Einige Verbände waren sogar noch in den Wäldern von Rabwj oder Labwj. Dann „warfen sich die Nearin auf die Heerscharen des wertlosen Gefallenen von Hatti, als diese sich anschickten, in das Feldlager des Pharaos einzudringen, und das Gefolge Seiner Majestät tötete sie, ohne jemanden entkommen zu lassen, denn ihre Herzen waren von der unbezwingbaren Stärke des Pharaos beflügelt, ihres guten Herrn; denn er stand hinter ihnen wie ein Berg aus Kupfer und eine Mauer aus Eisen für immer und ewig".

Die Schlacht hatte einen neuen Verlauf genommen. Die Streitmacht aus Amurru war zur rechten Zeit eingetroffen. Wie ungerecht doch Verbündete behandelt werden: Die Nearin werden weder in der „Literarischen Niederschrift" noch im Begleittext der „Bildhaften Niederschrift" erwähnt. Ihr Eingreifen war jedoch von solch entscheidender Bedeutung für den Sieg, dass man sie zumindest in den Darstellungen nicht übergehen konnte, die den Verlauf der Schlacht so eindrucksvoll nachzeichnen. Sie lassen den Konflikt lebendig werden und enthalten auch ein Körnchen Wahrheit. Die offizielle Schilderung stellt für die Ereignisse, die sich im ägyptischen Feldlager abspielten, eine höchst unbefriedigende Quelle dar. Sie wurde verfasst, um all den Ruhm dem König zuteil werden zu lassen: „Ich war wie Month [der thebanische Kriegsgott], ich schoss mit meiner Rechten Pfeile ab und machte mit meiner Linken Gefangene. In ihren Augen war ich wie Seth seinerzeit. Ich sah die 2 500 Streitwagen, in deren Mitte ich mich befand, vor meinem Pferd umstürzen. Niemand erhob die Hand zum Kampf, ihre Herzen in ihren Körpern schlugen wild, weil sie sich vor mir fürchteten; sie waren alle wie gelähmt und unfähig, zu schießen." Man findet weitere derartige Eitelkeiten, die die Macht Ramses' demonstrieren sollten. So zum Beispiel, dass am Ende des Tages „mein Heer kam, um mich zu preisen. Sie blickten auf das, was ich vollbracht hatte, meine Rangältesten kamen, um meinen starken Arm zu rühmen, und mein Wagenlenker … sagte: ‚Welch exzellenter Krieger, der das Herz stärkt; Ihr habt Eure Infanterie und Eure Streitwagen gerettet. Ihr seid der Sohn des Amun, der mit seinen beiden Armen Erfolg erzielt … Ihr seid groß im Sieg in Gegenwart Eures Heeres, vor dem ganzen Land.' " Anschließend erklären die Soldaten ohne Ironie, dass Ramses nicht überheblich spräche, dass er Ägypten schütze, die ausländischen Staaten im Zaum halte und Hatti für immer das Rückgrat gebrochen habe. Was hätte Ramses wohl gesagt, wenn er überheblich gesprochen hätte?

Man sollte die extravaganten Behauptungen Ramses' nicht unreflektiert akzeptieren und muss die Ereignisse des ersten Tages der Schlacht etwas realistischer betrachten, wobei der Mut des Pharaos nicht unbedingt in Frage gestellt werden muss. Der Angriff der Hethiter traf die Ägypter völlig überraschend. Die Division Pre wurde versprengt und in der Division Amun, die sich im Feldlager aufhielt, machte sich Verwirrung breit. Im darauf folgenden Tumult führte Ramses das Scharmützel an, das man im ägyptischen Feldlager vermutlich für das letzte Gefecht hielt. Der König war jedoch zu keinem Zeitpunkt auf sich gestellt. Er hatte seine eigene Leibwache und außerdem ausreichend Truppen, um die hethitischen Streitwagen daran zu hindern, das gesamte Feldlager zu überrennen. Dann trafen die Nearin aus Amurru ein. Natürlich hatte man Hoffnung in die Ankunft der Streitkräfte gesetzt, man hat jedoch vermutlich nicht erwartet, dass sie zum günstigsten Zeitpunkt eintreffen würden. Offensichtlich hat das Nachrichtensystem der Hethiter, das bisher dem ägyptischen überlegen war, hinsichtlich des Gegenangriffs versagt. Der Vormarsch einer riesigen Streitmacht aus dem Westen, die durch das Tal des Eleutheros in Richtung Kadesch marschierte, wäre nicht verborgen geblieben, wenn Späher in diesem Gebiet im Einsatz gewesen wären. Tatsächlich war der Entsatz während der gesamten Kampagne der einzige strategische Schachzug auf ägyptischer Seite, der erfolgreich verlief. Man muss die Nearin bewundern, wenn nicht sogar Ramses selbst, für die weise Voraussicht, in der er die Intervention der Streitkräfte aus Amurru geplant hatte.

Die Schlacht von Kadesch

Die Schlacht von Kadesch

Ramses II.

Die „Literarische Niederschrift" und die Vignetten in den Reliefs, scheinen zu belegen, dass die glückliche Ankunft der Nearin den Ägyptern einen Vorteil verschaffte. Ramses spricht davon, sechs Angriffe auf die hethitischen Reihen entfesselt zu haben. Der Feind war dadurch gezwungen, sich an den Orontes zurückzuziehen und den Fluss zu überqueren, um sich mit der Hauptstreitmacht der Hethiter zu vereinen, die darauf wartete, in den Kampf eingreifen zu können. Viele Soldaten ertranken im Fluss. Bedeutende Hethiter fanden an der Seite ihrer Verbündeten den Tod. Lebendige Darstellungen illustrieren die Katastrophe. Für den Moment war die Gefahr für die ägyptischen Streitkräfte gebannt und sie konnten sich reorganisieren und neu formieren. Wie sah die Situation aus? Die Division Amun war in Panik geraten und vermutlich von den hethitischen Streitwagen schwer in Mitleidenschaft gezogen worden. Die Division Pre war unterwegs überrascht und versprengt worden. Die Division Ptah, die der Wesir entsandt hatte, erreichte das Kriegsgebiet vermutlich gerade noch rechtzeitig, um dem Ende der Schlacht beizuwohnen. Sie war intakt. Die Division Seth hatte bisher keine Rolle in der Schlacht gespielt. Sie stieß jedoch gegen Abend

Die Schlacht von Kadesch

zu den übrigen Verbänden des ägyptischen Heeres, die nordwestlich von Kadesch ihr Feldlager errichtet hatten.

Ramses war mit dem Zustand seiner Truppen unzufrieden. Er hatte gute Gründe dafür: „Was ist mit euch los, meine Rangältesten, meine Fußsoldaten und meine Wagenlenker, wer weiß nicht, wie man kämpft?" Ramses stand inmitten des Tumults mit seinem Schildknappen und seinen Bediensteten. Er fiel über den Feind her, während seine Truppen ihn im Stich ließen. Sie sollten sich ihrer schämen. Vielleicht würden sie sich am folgenden Tag mehr anstrengen. Sie mussten sich mehr anstrengen, denn das Gros des hethitischen Heeres war noch nicht geschlagen. Andererseits machen Details in den Vignetten deutlich, dass am ersten Tag der Schlacht mehrere bedeutende Führer auf hethitischer Seite getötet worden waren, darunter Angehörige der Familie Muwatallis'. Außerdem hatten die Hethiter viele Streitwagen verloren, die schnelle und überraschende Angriffe durchgeführt hatten.

Bei Anbruch des nächsten Tages formierte Ramses seine Divisionen für einen unverzüglichen Einsatz. Er selbst war geradezu darauf versessen, seine noblen Taten vom Vortag zu wiederholen, während seine Truppen – zumindest nach außen hin – darauf vorbereitet wurden, ihn tatkräftiger zu unterstützen. Die „Literarische Niederschrift" berichtet nur vage vom zweiten Kampftag, an dem die Ägypter ihre erste Offensive einleiteten. Sie überquerten den Orontes über eine Furt und sprengten in die konzentrierte hethitische Streitmacht. Nun lag der Vorteil bezüglich der Streitwagen auf ägyptischer Seite und dieser Vorteil wurde offensichtlich voll genutzt. Die Hethiter waren nicht nur überrascht, sondern schockiert. Die Niederschrift hält fest, dass einer der Feinde ausgerufen habe: „Sei bereit, komm ihm nicht zu nahe; die große Göttin Sechmet, die wilde Löwengottheit von Memphis, ist mit ihm. Sie reitet mit ihm auf seinem Pferd und hält ihre Hand über ihn. Wer immer sich ihm nähert, wird von einem Feueratem heimgesucht, der seinen Körper verbrennt."

Es gibt keine weitere Beschreibung der Schlacht. Man darf jedoch annehmen, dass der Ausgang des ersten großen Angriffs seitens der Ägypter zwar signifikant war, aber keine Entscheidung brachte. Man musste weitaus größere Anstrengungen unternehmen, um einen endgültigen Sieg zu erringen. Und Ramses mag nicht vom Siegeswillen seiner Offiziere überzeugt gewesen sein. Die Hethiter hatten offensichtlich realisiert, dass jeder weitere Sieg einen hohen Blutzoll fordern würde. Es war durchaus möglich, dass die verbündeten Truppenkontingente nicht bereit waren, ein solches Opfer zu bringen. Man befand sich in einer Pattsituation und der Hethiterfürst – der wertlose Gefallene von Hatti – unterbreitete Ramses Friedensangebote. Die „Literarische Niederschrift" berichtet, dass Muwatallis vor Ramses zu Kreuze kroch, bevor er ihm ein Schreiben schickte, in dem er die Superiorität Ramses' anerkannte ebenso wie dessen Anspruch auf alle Territorien, einschließlich Hatti. Zu viele waren getötet worden: „Sei nicht streng in deinem Vorgehen, siegreicher König, Friede ist besser als Krieg! Gib uns Zeit, Atem zu holen!" Zweifellos wäre es an dieser Stelle angebracht, den Verlauf der Verhandlungen aus Sicht der Hethiter zu kennen. Deren Sichtweise würde vielleicht realistischer sein, wenngleich sie vermutlich starke Tendenzen zugunsten der Hethiter aufweisen würde. Man darf davon ausgehen, dass Muwatallis klugerweise beschloss, den ersten Schritt hinsichtlich einer Übereinkunft zu tun, als offensichtlich wurde, dass keine Seite in absehbarer Zeit einen endgültigen Sieg erringen konnte.

118-119
Rosellinis Zeichnung der Szene im Ramesseum, die den entscheidenden Angriff Ramses' II. zeigt. Der Pharao schlägt die Hethiter mit seinem Streitwagen in die Flucht. Viele Hethiter, die hier erwähnt werden, starben in den Fluten des Orontes.

119 unten
Gemäß den Darstellungen in Abu Simbel versprengten die Ägypter beim ersten Zusammenstoß mit den hethitischen Streitwagen die Feinde. Zurück blieb ein Schlachtfeld, übersät mit zerschmetterten Streitwagen und toten Soldaten.

Die Schlacht von Kadesch

120 oben
Diese Vignette aus Abu Simbel zeigt den „wertlosen Anführer von Hatti", der in seinem Streitwagen aus Kadesch flieht und auf die Stadt zurückblickt. „Er kam nie heraus, um zu kämpfen, weil er sich vor Seiner Majestät fürchtet", erklärt die Inschrift.

Also schickte der Hethiterfürst ein Schreiben an Ramses, dessen Inhalt dem ägyptischen König schmeicheln musste. Er könnte sogar gesagt haben: „Ihr seid Seth, Ba'al in Person." Dieses taktische Schmeicheln war im Altertum Usus zwischen rivalisierenden Herrschern. Muwatallis hätte sicher jeglichen Anspruch auf Souveränität seitens Ägyptens über Hatti abgelehnt und er hätte eine solche Suzeränität für die Zukunft keinesfalls in Betracht gezogen. Die Kernaussage war sicher jene, die der ägyptische Text wiedergibt: „Friede ist besser als Krieg!" Eine Punkt im Schreiben des Hethiterfürsten scheint eine bittere Wahrheit auszudrücken. Die ägyptische Niederschrift konstatiert, dass Muwatallis gesagt habe, Ramses habe den ersten Tag der Schlacht damit verbracht, „Hunderttausende zu töten. Ihr seid heute gekommen und habt keine Erben hinterlassen.". Diese Aussage bezog sich sicher auf den Tod zweier Brüder Muwatallis', deren Schicksal separat in den Reliefs festgehalten ist. Hier gab es einen guten Grund, die Wahrheit zu sagen. Die Zukunft des hethitischen Königtums

dass er dem Frieden zustimme, und nach einem angemessenen Zeitraum zog das ägyptische Heer friedlich in Richtung Süden ab. Nach einem Triumphzug durch die Vasallenstaaten Kanaans erreichten der Pharao und seine Streitmacht Pi-Ramses, die königliche Residenz im Delta. Damit war die Schlacht von Kadesch beendet.

Anhand der Reliefs über die Schlacht von Kadesch lassen sich signifikante Fakten und Details ableiten, die die Hauptkomposition vervollständigen, die sich auf das Verhalten, die Gedanken und die Heldentaten des Pharaos konzentriert. Am bemerkenswertesten ist jene Szene, die die Ankunft der Entsatzkräfte der Nearin aus Amurru darstellt. Einige andere Abbildungen müssen gemeinsam mit den Hieroglyphen betrachtet werden, die sie begleiten. Hierzu gehört zum Beispiel die Darstellung der Niederschlagung der hethitischen Späher. Der Begleittext erklärt: „Die Kundschafter des Pharaos treten mit zwei Spähern des Gefallenen von Hatti vor den Pharao. Sie schlagen sie, um herauszufinden, wo sich der wertlose Gefallene von Hatti aufhält."

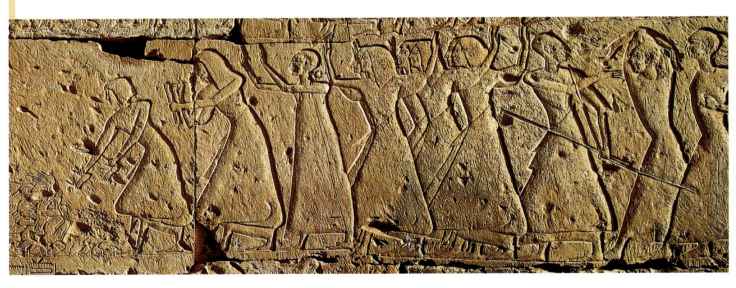

120 unten
Dieses Relief, das aus dem Tempel Ramses' II. in Abydos stammt, zeigt Gefangene nach der Schlacht. Es handelt sich um Gefangene, die der Pharao nach siegreichen Unter-nehmun-gen in Hatti und Naharin gemacht hat „mit den Anführern aller ausländischen Länder … als lebende Gefangene".

120-121
Nach der Schlacht werden die hethitischen Gefangenen zur Musterung vor Ramses II. geführt. Den Gefangenen wurden die Hände abgehackt. Rechts sind die Haufen der ab-getrennten Gliedmaßen zu erkennen. Schreiber vermerken die Anzahl.

könnte tatsächlich ernsthaft bedroht gewesen sein.

Gemäß der Überlieferung ließ Ramses daraufhin die Kampfhandlungen einstellen. Er rief seine militärischen Führer und Berater zusammen und las ihnen das Schreiben Muwatallis' vor. Mit offensichtlicher Erleichterung und großem Enthusiasmus stimmten sie alle zu: „Friede ist überaus gut, oh Souverän, unser Herr! Es ist keine Schande, wenn Ihr Euch einigt, wenn Ihr es tut, wer kann sich Euch dann entgegenstellen am Tag Eures Zorns?" Es zeugte von Edelmut, Frieden zu schließen, wenn man überlegen war. Ramses entschied also, die Schlacht für beendet zu erklären. Vielleicht schrieb er an Muwatallis,

Eine andere Szene zeigt den Wesir, der sich anschickt, die marschierenden Divisionen voranzutreiben: „Vorwärts marsch! Der Pharao, euer Herr, steht allein auf dem Schlachtfeld." Die gleiche Botschaft übermittelt ein Abgesandter des Pharaos der Division Ptah und ein weiterer Emissär des Königs sagt Ähnliches. In einer anderen Szene prescht Ramses in seinem Streitwagen vor und schießt Pfeile auf seine Feinde ab. Variationen dieser Szene mit unterschiedlichen Texten preisen den Einsatz des Königs. Diese Darstellungen sind in verschiedenen Tempeln verewigt.

Dem Hethiterfürsten gesteht man dagegen nur eine untergeordnete Rolle zu. Er wird auf der Flucht aus Kadesch in seinem Streitwagen präsentiert. In einigen Tempeln erklärt ein langer Text: „Der große wertlose Gefallene von Hatti steht inmitten seiner Infanterie und Streitwagen mit abgewandtem Gesicht, zitternd und mit bebendem Herzen. Er zeigte sich nie, um zu kämpfen, denn er fürchtete Seine Majestät, nachdem er gesehen hatte, dass Seine Majestät jene aus Hatti und die Anführer aller ausländischen Staaten überrannt hatte, die ihn begleiteten, denn Seine Majestät besiegte sie augenblicklich, Seine Majestät ist wie ein göttlicher Falke …" Viele Personen, die auf hethitischer Seite an der Schlacht teilnahmen, sind in Aufruhr dargestellt. Unter jenen, die getötet wurden oder im Orontes ertranken, tauchen die Namen bedeutender Hethiter auf. Eine anschauliche Vignette zeigt den Fürsten von Aleppo auf dem Kopf stehend. Das Epigraph erklärt: „Der wertlose Fürst von Aleppo wird von seinen Soldaten [aus dem Wasser] befreit, nachdem Seine Majestät ihn in das Wasser geworfen hat."

Einige unbedeutendere Episoden sind ebenfalls illustriert zum Beispiel ägyptische oder hethitische Soldaten, die beim Marschieren oder im Kampf zu sehen sind. Solche Szenen belegen den Verlauf der Schlacht: beinahe hilflose Aktivitäten kleiner Soldatengruppen, getrennt von ihren Einheiten und unsicher, wie sie vorgehen sollen. Den Höhepunkt des Blutbades zeigen Vignetten, auf denen man Berge von abgeschnittenen Händen von Hethitern erkennt. Darunter befindet sich eine Darstellung, die einen Schreiber zeigt, der Zahlen niederschreibt, während Gefangene von einem Sohn Ramses' vorgeführt werden. Mehrere junge Prinzen begleiteten ihren Vater bei der Kampagne. Einige sind persönlich dargestellt. Sie übergeben Ramses Gefangene.

Die Bedeutung der verschiedenen Reliefs liegt nicht nur darin, dass sie wertvolle Informationen über eine bestimmte Schlacht liefern, sondern auch im Erfindungsreichtum der Darstellungen. Die Tempelwände sind überzogen mit unzähligen Szenen der Schlacht. Einige, die sich auf den König beziehen, bedecken riesige Flächen, andere sind persönlicher und kleiner. Die kunstvollen Kompositionen sind äußerst dramatisch gestaltet. Die Ausführung ist jedoch nicht von höchster Qualität. Dies liegt vielleicht daran, dass die Reliefs innerhalb weniger Jahre nach der Schlacht gemeißelt wurden. Farbe kaschiert viele Defizite in der Ausführung und vermittelt einen außergewöhnlichen Gesamteindruck. In Abu Simbel haben die Farben am Großen Tempel die Zeiten überdauert. Sie verstärken die Wirkung der Abbildungen, die hier nicht so zahlreich sind wie in den thebanischen Tempeln. Die schönsten Reliefs findet man in Abydos. Hier hat man in Kalkstein gemeißelt, der sich besser bearbeiten lässt als Sandstein. Leider sind in Abydos die oberen Schichten der Reliefs an den Außenmauern des Tempels von Ramses abgeblättert und viele der hübschen kleinen Vignetten sind nicht erhalten. Die verschiedenen Darstellungen, die an Zahl und Variation unübertroffen sind in der ägyptischen Tempelkunst, geben jedoch eine herrliche erzählende Sequenz jenes Ereignisses wieder, das für Ramses II. das bedeutsamste in seiner Regierungszeit sein sollte. Die gesamte Schlacht ist festgehalten und in Bildern verewigt, obwohl dem Pharao noch über 50 Jahre blieben.

Wer hat nun eigentlich die Schlacht gewonnen? Ramses und sein Heer kehrten im Triumph nach Ägypten zurück, die Hethiter blieben in Kadesch. Sie setzten sich ungehindert in Bewegung, um Amurru zurückzuerobern und Upe zu annektieren, ein Gebiet in Syrien. Die Hethiter hätten vielleicht noch weitere Erfolge verbuchen können, hätten ihnen ihre Verbündeten keine Schwierigkeiten bereitet, insbesondere Assyrien, das Muwatallis zwang, sich nach Anatolien zurückzuziehen. Der Hethiterfürst war zweifellos überzeugt, dass die Schlacht von Kadesch für ihn einen besseren Ausgang genommen hatte als für den ägyptischen Herrscher. Es stimmte zwar, dass sein Heer gemeutert hatte und einige seiner Verbündeten anschließend wortbrüchig wurden, aber er hatte Kadesch behauptet und die Kontrolle über Gebiete zurückgewonnen, die ihm die Ägypter abgerungen hatten. Er war gewiss überzeugt, dass er die Schlacht gewonnen hatte, auch wenn keine Zeugnisse erhalten sind, die seine Befriedigung belegen könnten und wenn offensichtlich keine Schritte unternommen wurden, um seinen Triumph in Wort und Bild zu preisen. Andererseits war sicher Ramses seinerseits der Überzeugung, die Schlacht gewonnen zu haben. Er ließ keine Gelegenheit aus, um seinen Triumph der Öffentlichkeit kundzutun. Eine groß angelegte Schlacht hatte stattgefunden und Ramses war mit einem fast vollständig intakten Heer in die Heimat zurückgekehrt. Mit etwas Fantasie konnte er behaupten, er habe gewonnen…

Moderne Historiker sind der Meinung, dass die Siegeskrone Muwatallis gebühre. Langfristig hatten die Hethiter sicher einen Vorteil aus der Schlacht gezogen, es dürfte jedoch schwierig sein, zu beweisen, dass sie die Ägypter tatsächlich besiegt hatten. Bei Abwägung aller Faktoren könnte man auch zu dem Schluss kommen, dass die Ägypter zwar als Sieger aus der Schlacht hervorgingen, jedoch die Verlierer waren, wenn man die Kampagne insgesamt betrachtet. Ein Ergebnis der Schlacht von Kadesch war in jedem Fall, dass beide Seiten realisiert hatten, dass es nie wieder zu einer solch bedeutsamen Konfrontation kommen durfte. Beide Seiten haben vermutlich weiterhin unbedeutende Expeditionen und Offensiven unternommen, ansonsten herrschte ein unsicherer Friede, bis die Lage mit dem Friedensvertrag geklärt wurde, den Ägypten und Hatti im 21. Regierungsjahr Ramses' unterzeichneten.

122
Die dominante Figur des Königs vor der Schlacht. Der Pharao sitzt in seinem halb fertigen Feldlager und informiert seine Beamten und Rangältesten über die anscheinend vorteilhafte Lage, in der sich die Ägypter befinden.

123
Diese Darstellung von Rosellini zeigt Ramses II., ausgestattet mit der blauen Krone und Königsinsignien. Der Herrscher sitzt auf einem Hocker mit Kissen und informiert seine Adeligen und hohen Beamten über den bevorstehenden Konflikt in Kadesch.

Die Schlacht von Kadesch

Der grosse Baumeister

124
Im Vorhof des Tempels von Luxor begegnet der Besucher dem Kopf einer Kolossalstatue Ramses' II. Handelt es sich tatsächlich um diesen Pharao oder wurde die Statue von Amenophis II. übernommen? Das spielt kaum eine Rolle: Hier ist das Königtum personifiziert.

125
Der Oberkörper einer Kolossalstatue aus Granit, die Ramses II. darstellt, der die Königsinsignien (Zepter und Geißel) in Händen hält und die Doppelkrone trägt. Die Statue stammt aus dem Chnumtempel auf der Insel Elephantine (British Museum, EA 67).

Das Erbe, das Ramses II. hinterlassen hat, beeindruckt den modernen Besucher Ägyptens außergewöhnlich stark. Seine Kartusche ist jene, die ohne weiteres erkannt wird. Sein Name ist jener, der am häufigsten zitiert wird, wenn man eine antike Stätte besucht oder ein Bauwerk betritt. Mit Ausnahme der Pyramiden scheint er überall gegenwärtig zu sein und die meisten bedeutenden Monumente des alten Ägyptens erbaut zu haben oder zumindest an deren Verwirklichung beteiligt gewesen zu sein. Und selbst in den Pyramiden begegnet man Ramses, dessen Sohn Chaemweset vorgeblich im Namen seines Vaters an den Bauwerken Veränderungen vornehmen ließ. Was bedeutet die Aussage, ein König sei ein großer Baumeister eigentlich? Sicher nicht, dass alle großen Tempel und anderen Bauten, die seinen Namen tragen, unbedingt mit seiner Zustimmung oder unter seiner Oberaufsicht errichtet wurden. Ein König sollte dann als großer Baumeister beurteilt werden, wenn es viele Bauwerke gibt, die unter seiner Regentschaft entstanden sind und seinen Namen oder bedeutungsvolle Inschriften tragen zum Beispiel über die Erbauung und den Zweck des Gebäudes. Doch selbst dann kann es sein, dass die Inschriften den Leser irreführen. Womöglich wurden ursprüngliche Texte modifiziert, Namen ersetzt und Schritte unternommen, die den Eindruck vermitteln, dass ein Bauwerk unter einem König entstand, der in Wahrheit nicht dafür verantwortlich war. Nicht immer dienten diese Veränderungen dazu, die Erinnerung an einen Vorgänger auszulöschen, der seine Glaubwürdigkeit verloren hatte. Manchmal scheint es, als wären die Änderungen willkürlich vorgenommen worden, als wäre einem Bauwerk ein Gebäude oder ein Gebäudeflügel nur hinzugefügt worden, damit jemand anders als ursprünglicher Erbauer das Monument für sich beanspruchen konnte.

Wenn man also den Begriff „Baumeister" verwendet, bezieht man sich nicht direkt auf den König, zumindest nicht in jedem Fall. Sicher erfolgte die Planung und Verwirklichung viele Bauwerke auf Veranlassung des Königs beziehungsweise aufgrund seiner Zustimmung zu den Vorschlägen, die ihm seine Beamten unterbreiteten. Allgemein gesprochen: Es gibt nur selten einen eindeutigen Beweis dafür, dass der König in ein Projekt einbezogen war, abgesehen von jenen Projekten, die den Herrscher persönlich betrafen wie zum Beispiel sein Grab und sein Totentempel. Ramses II. scheint hier jedoch eine Ausnahme zu sein. Offensichtlich zeigte er nicht nur an den intimen Bauwerken eines Königs reges Interesse, sondern auch an vielen anderen Monumenten, die in seinem Namen errichtet wurden. Die Inschriften vieler hoher Beamter, die die bedeutendsten Projekte betreuten, belegen, dass die Verantwortlichen vom Pharao immer wieder ermutigt wurden. Einige dieser Beamten waren zweifellos verantwortlich für jene Art der Glorifizierung, die viele Tempel – vor allem in Nubien – kennzeichnet und sich im Lauf der Zeit zur Deifikation entwickelte. Man kann sich gut vorstellen, wie eifrig die Beamten waren, dem König ihre Pläne vorzulegen, wenn er Städte wie Theben besuchte: „Dürfte ich das Interesse Eurer Majestät auf diese beabsichtigte Erweiterung des Tempels von Luxor lenken?" „Was haltet Ihr von der Verwirklichung der eindrucksvollen Pläne für das Hypostylon in Karnak, das bereits so großmütig von Eurem verehrten Vater Sethos fortgesetzt wurde?"

KAPITEL 4

Der Tempel von Sethos I. in Abydos

Nachdem Ramses seinem Vater auf den Thron gefolgt war, widmete er jenen Monumenten seine Aufmerksamkeit, die unter Sethos I. begonnen worden waren und für deren Fertigstellung er sich besonders verantwortlich fühlte. Es ist unmöglich, die verschiedenen Vorhaben in eine Rangfolge zu bringen, es ist jedoch möglich, einige herauszugreifen, die von großer Priorität waren. An erster Stelle steht der Osiristempel in Abydos, ein Heiligtum mit einzigartigem Grundriss und exquisitem Dekor. An der Westseite der Mauer unterhalb der Portikus, die in das erste Hypostylon führt, erstreckt sich eine umfassende Widmung über 120 Zeilen. Es steht geschrieben, dass Ramses II. gegen Ende des dritten Herbstmonats in seinem ersten Regierungsjahr (um 1279 v. Chr.) Abydos einen Besuch abstattete. Er begann seine Reise nördlich von Theben, wo er am bedeutenden Opetfest teilgenommen hatte. Vermutlich unternahm der König diese Reise, nachdem er die Bestattung seines Vaters beaufsichtigt hatte. Die kindlichen Pietätsgefühle waren zu diesem Zeitpunkt ungewöhnlich stark und der Besuch des Königs in Abydos auf seiner Rückreise von Memphis und seiner Residenz im Delta deutete darauf hin, dass er beabsichtigte, eines der hoch geschätzten Projekte seines Vaters zu vollenden. Gemäß dem Text war die Situation in Abydos erbärmlich. Ältere königliche Bauwerke befanden sich in schlechtem Zustand. Was „den Tempel des Menmaatre", also Sethos' I., betraf, so wurden „die Front- und die Rückseite errichtet, als er in den Himmel auffuhr. Es gab niemanden, der seine Monumente fertig stellte, niemanden, der ihre Säulen auf den Terrassen aufstellte.". Die Statue, die für den Tempel angefertigt worden war, lag unvollendet am Boden und entsprach nicht dem Entwurf. Der Tempel befand sich in katastrophalem Zustand. Ramses forderte seine Beamten auf, mit den Arbeiten fortzufahren. Er sagte, dies sei „eine gute Gelegenheit, um Vorkehrungen zu treffen für jene, die dies übergeben haben; Erbarmen ist hilfreich, Mitgefühl ist gut, ein Sohn sollte sich dem Andenken seines Vaters widmen. Mein Herz hat mich getrieben, gute Arbeit für Merenptah [Teil des vollständigen Namens von Sethos] zu leisten.". Und so weiter und so fort …

Die verantwortlichen Beamten machten sich daran, zu vollenden, womit man unter Sethos begonnen hatte. Das Ergebnis war eine Mixtur aus den Arbeiten der begnadeten Handwerker des einstigen Regenten und aus der ungestümen Grandeur des derzeitigen Herrschers – eindrucksvoll und auf eigentümliche Weise rührend. Der Tempel umfasste zwei offene Höfe mit Pylonen und massiven Mauern, über die der Besucher aus dem fruchtbaren Tal hinauf geführt wurde zum öden Steilabbruch, auf dem das Heiligtum erbaut worden war.

Noch heute befällt den Besucher ein eigentümliches Gefühl der Vorfreude, wenn er die beiden Höfe passiert hat und nach oben geführt wird, ungeachtet dessen, dass die Pylonen weitgehend zerstört und die Mauern nicht mehr so hoch sind wie einst. Das Hauptgebäude des Tempels wirkt gedrungen. Es scheint auf dem ersten öden Kamm zu kauern und wird erst sichtbar, wenn der Besucher in den zweiten Hof gelangt. Über eine Portikus mit quadratischen Pfeilern gelangt man über einen einzigen zentralen Torweg (sieben waren ursprünglich geplant) in die erste Säulenhalle.

126 oben
Blick auf die Portikus des Tempels in Abydos. Die quadratischen Pfeiler zeigen Ramses II., der von verschiedenen Göttern begrüßt wird. Hier umarmt ihn die Göttin Isis. Der König trägt die Atef-Krone, die Göttin die Mondscheibe zwischen Hörnern.

126-127
Blick nach Westen über die beiden Höfe des Tempels in Abydos in Richtung der Portikus, die den Beginn der erhaltenen Bauwerke markiert. Heute befindet sich der Eingang in der Mitte.

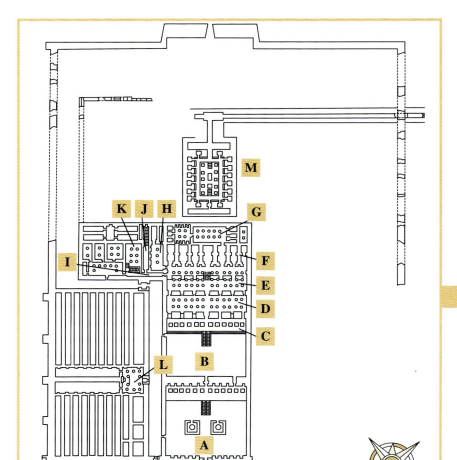

Der grosse Baumeister

 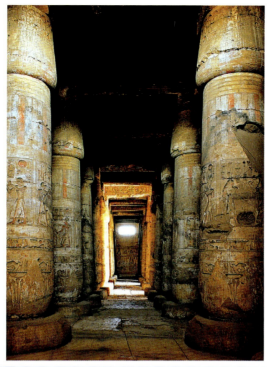

127 oben links
Im ersten Hypostylon des Tempels in Abydos: Blickt man durch die großen Säulen auf die westliche Mauer, erkennt man eine Darstellung Ramses' II., gefolgt von der Göttin Mut. Der König betet Ptah an, der in einem Heiligtum sitzt.

127 oben rechts
Der beeindruckende Eingang des Tempels in Abydos mit Blick nach Westen vom ersten Hypostylon in das zweite. Der Dekor des ersten Hypostylons stammt aus der Regierungszeit Ramses' II., jener im zweiten Hypostylon datiert aus der Zeit Sethos' I.

127 unten
Blick durch den Eingang im 2. Pylonen in Abydos auf den zweiten Hof. Dahinter erkennt man die Portikus des Haupttempels. Die Höfe wurden unter Sethos I. geplant und unter Ramses II. vollendet.

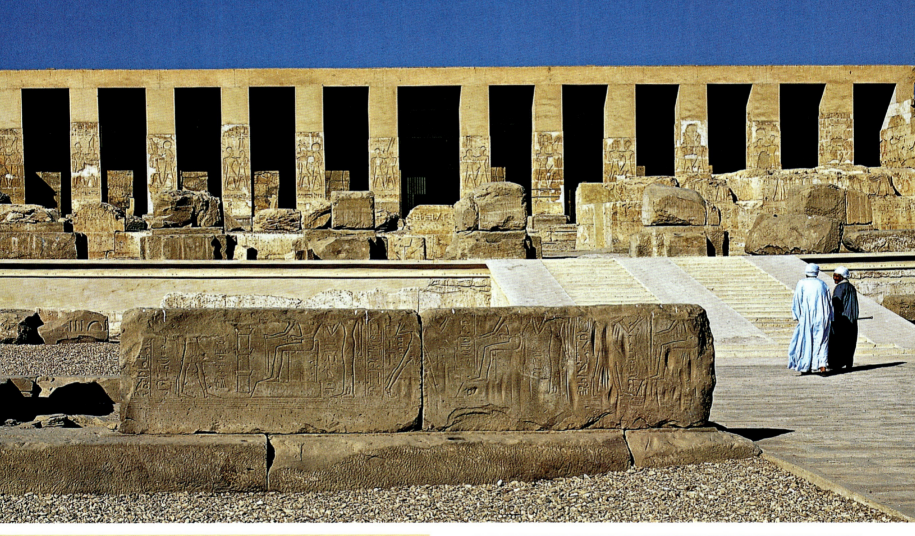

LEGENDE

- A ERSTER HOF
- B ZWEITER HOF
- C PORTIKUS
- D ERSTES HYPOSTYLON
- E ZWEITES HYPOSTYLON
- F KAPELLEN DER GÖTTER
- G OSIRISHALLE
- H KAPELLE VON NEFERTUM UND PTAH-SOKARIS
- I KÖNIGSGALERIE
- J KORRIDOR MIT KULTSZENEN
- K BARKENSAAL
- L PALAST
- M OSIREION

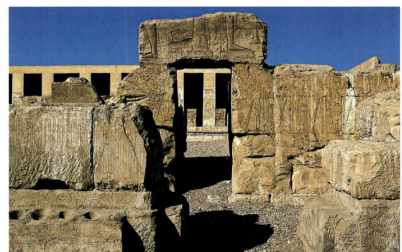

Der grosse Baumeister

128-129
Blick nach Norden in den Korridor mit den Listen der Ahnen (Königsgalerie). Links ist der junge Ramses zu erkennen, der seinem Vater Sethos die Liste der königlichen Vorfahren vorliest. Die rechte Seite zieren Darstellungen der Götter und Opferszenen.

128 unten
Sieben Kapellen grenzen an das zweite Hypostylon. Am westlichen Ende der Kapelle des Amun-Re befindet sich eine Scheintür. Die Reliefs zu beiden Seiten zeigen Weinopfer an den Gott.

129 oben links
Relief aus der kleinen Kapelle der Isis in der Osirishalle. Sethos I. empfängt von Isis die Jubiläumslieder. Hinter der Göttin steht Horus-Sohn-des-Osiris. An den Seitenwänden bringt der König Isis Speiseopfer auf Tabletts dar.

129 oben rechts
An der Südwand der Kapelle des Amun-Re in Abydos bringt der König dem Gott, der in lebendiger, mumifizierter und ithyphallischer Gestalt dargestellt ist, verschiedene Opfer dar: Kleidung, Halskragen und Pektorales.

Diese Halle stößt auf die Hauptachse und das Ganze korrespondiert mit den Eingängen zu sieben Heiligtümern an einer Seite der Halle. Diese waren den Gottheiten Horus, Isis, Osiris, Amun-Re, Re-Harachte und Ptah geweiht sowie König Sethos. Das Osirisheiligtum führt in eine Zimmerflucht, die den Mysterien des Osiris geweiht war. Der zweite Hof, die Heiligtümer und weitere Bereiche des Tempels sind nach Süden ausgerichtet und größtenteils prächtig verziert mit bemalten Flachreliefs, die aus der Zeit Sethos' I. datieren. Die angrenzenden Räume erreicht man über den Korridor, in den die berühmte Königs- oder Ahnenliste gemeißelt ist. Ramses hatte seine Beamten offensichtlich nicht instruiert, die Bauarbeiten und Verzierungen gemäß dem Standard auszuführen, der zur Zeit seines Vaters üblich war. Die Beamten und Handwerker sahen keinen Grund, mehr Zeit als nötig auf eine Arbeit zu verwenden, die eigentlich für den verstorbenen Sethos geplant war.

Glücklicherweise fielen die Hauptgebäude des Tempels nicht der Destruktion zum Opfer, der heilige Stätten in dicht besiedelten Gebieten oftmals ausgesetzt waren. Bis ins 19. Jahrhundert bemächtigten sich Siedler unerlaubt dieser Stätten. Der Tempel Sethos' versandete und war dadurch mit Ausnahme der Pylonen und großen Höfe dem Zugriff der Menschen entzogen, die die Gebäude demontierten, um aus dem so gewonnenen Baumaterial neue Unterkünfte zu errichten.

129 unten rechts
An der Nordwand des zweiten Hypostylons bringt der König dem Gott Osiris, der in einem Heiligtum sitzt, Opfer dar. Hinter dem Gott steht Isis, vor ihm sind Ma'at und Ronpet zu sehen. Rechts erkennt man Osiris und Horus.

129 unten links
Die Kapelle der Nefertum und des Ptah-Sokaris. Sethos I. bringt den Göttern Opfer dar wie hier dem falkenköpfigen Gott Sokaris.

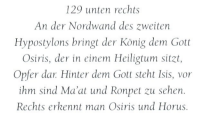

Der grosse Baumeister

Der Tempel von Ramses II. in Abydos

Weit weniger gut erhalten ist ein wesentlich kleinerer Tempel, der für Ramses II. erbaut wurde. Er befindet sich nördlich des Komplexes von Sethos und steht unmittelbar hinter dem kleinen Heiligtum, das Sethos in Erinnerung an seinen Vater Ramses I. errichten hatte lassen. Es ist möglich, dass mit dem Bau des Tempels Ramses' II. bereits vor dessen Thronbesteigung begonnen wurde oder dass er zumindest in Planung war. Die meisten, wenn nicht sogar alle Verzierungen wurden jedoch erst nach seiner Krönung angebracht. Einige Außenmauern sind mit Inschriften der Schlacht von Kadesch übersät. Hier sind die Reliefs ebenso fein in den Kalkstein von höchster Qualität gemeißelt wie im Tempelinnern, vor allem in den Heiligtümern des Osiris und anderer Hauptgötter Ägyptens. Die brillanten Farben sind weitgehend erhalten. Gemessen an Ramses' Standard, ist dieser Tempel eher ein moderates Bauwerk. Es scheint, als habe der König seine Beamten beauftragt, sicherzustellen, dass sein Heiligtum nicht die Würde und Grandeur des Tempels seines Vaters übertraf. Vielleicht sollte es auch nur ein Zeichen der Verehrung sein, die Ramses Osiris und den anderen Göttern Ägyptens entgegenbrachte. Sein bedeutendstes Statement hatte Ramses bereits mit der Vollendung des Tempels Sethos' abgegeben, in dem die Präsenz von Usermaatre-Setpenre, Ramses-Meriamun unvermeidlich war.

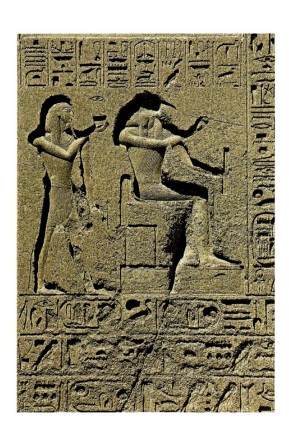

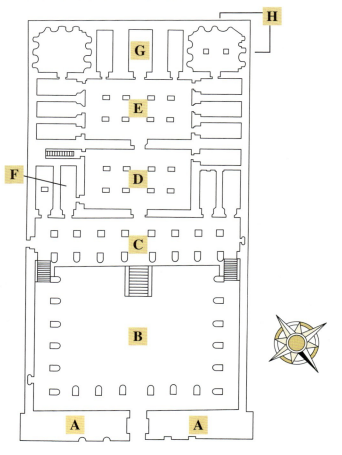

130 oben
Szene am unteren Pfosten der Tür, die in die erste Halle führt. Rechts ist der ibisköpfige Thot zu erkennen, der die Texte niederschreibt. Hinter Thot steht eine untergeordnete Gottheit, genannt „Sehende", die eine Schale mit Wasser und die Schreiberutensilien Thots in Händen hält.

LEGENDE

- A 2. PYLON
- B ZWEITER HOF
- C PFEILERHALLE
- D ZWEITER SAAL
- E DRITTER SAAL
- F SAAL MIT DER KÖNIGSLISTE
- G ALLERHEILIGSTES
- H SZENEN DER KADESCHSCHLACHT

Der grosse Baumeister

130 unten
Im Hof des Tempels Ramses' II. in Abydos liegt der beschädigte Kopf einer Kolossalstatue aus Granit, bei der es sich vermutlich um Ramses II. handelt. Möglicherweise stammt der Kopf von einer Sitzstatue, die mit einer weiteren ursprünglich vor dem Eingang des Tempels thronte.

130-131
Der Eingang zur ersten Halle des Tempels Ramses' II. in Abydos. Die Inschriften auf den Pfeilern weisen unter anderem darauf hin, dass der Eingang „als Monument für seinen Vater Osiris … aus schwarzem Gestein" erbaut wurde.

131 unten
Blick auf die Überreste des Tempels Ramses' II. in Abydos. In die Außenmauern, die aus weißem Kalkstein bestehen, sind versenkte Reliefs gemeißelt, die den großen Triumph des Königs in der Schlacht von Kadesch darstellen.

Der grosse Baumeister

132
Eine der androgynen, knienden Halbgottheiten, die die Städte und Bezirke Ägyptens verkörpern. Sie bringen die Erzeugnisse des Landes als Vorräte in die Tempel. Hier erkennt man Mutsnofru.

132-133
Ramses II. trägt das Afnet-Kopftuch. Die Geste, die er vor Osiris macht, lässt sich nicht deuten. Der Gott ist sitzend dargestellt und hält die Königs-insignien in Händen. Die Farben der Reliefs in diesem Tempel sind außergewöhnlich gut erhalten.

Der Tempel von KARNAK

134-135
Panoramablick auf den heiligen Bezirk des Tempels von Karnak. Der Haupttempel, der die meisten Bauwerke aus der Zeit Ramses' II. umfasst, erstreckt sich entlang der Mittelachse mit dem heiligen See zur Rechten.

Der grosse Baumeister

134 unten
Der 1. Pylon des Tempels von Karnak entstand lange vor der Regentschaft Ramses' II. Man nähert sich dem Eingang jedoch über eine Allee mit widderköpfigen Sphinxen des Gottes Amun-Re, die für Ramses beschriftet wurden.

Bevor Ramses nach Abydos reiste, verweilte er in Theben, um seinen Vater zu bestatten und das Opetfest zu feiern. Er fand dabei Gelegenheit, jene Bauvorhaben zu inspizieren, die unter Sethos initiiert worden waren. Außerdem fand er Zeit, darüber nachzudenken, wie die großen Tempel erweitert werden konnten, wobei er natürlich auch überlegte, wie seine Verdienste in diesen Heiligtümern verewigt werden konnten.

Am Opetfest wurden die Abbilder der thebanischen Triade, Amun, Mut und Chons, von Karnak aus flussaufwärts nach Luxor gebracht. Dort zelebrierte man die heiligen Mysterien, die unter anderem die symbolische Hochzeit zwischen Amun und Mut umfassten. Bei dieser Gelegenheit konnte Ramses persönlich die beiden großen thebanischen Tempel inspizieren, deren Geschichte sich stark voneinander unterscheidet. Karnak war das Kultzentrum des Gottes Amun und stand in enger Verbindung mit Re, dem Sonnengott von Heliopolis. Als Amun-Re wurde der Gott auch mit Min, dem Fruchtbarkeitsgott von Koptos, in Verbindung gebracht. Die Bedeutung von Karnak stieg, als das thebanische Königreich unter der 18. Dynastie zu neuem Leben erwachte. Nur wenige Könige versäumten es, ihre Spuren an den Gebäuden des Tempels zu hinterlassen. Der Tempelbezirk wurde um neue Bauten erweitert und der heiligste Schrein des großen Gottes wurde modifizierte. Viele Bauwerke, die aus der Anfangszeit und der Mitte der 18. Dynastie datierten, wurden im Altertum demontiert. Das Heiligtum in seiner heutigen Form verdankt sein Aussehen weitgehend Amenophis III. Auf seiner Planung basierte vermutlich die Erweiterung des Komplexes, die unmittelbar nach dem „Amarnazwischenspiel" in Angriff genommen wurde. Amenophis III. traf die Vorbereitungen für jenen Bau, die heute als 3. Pylon bekannt ist. Er sollte als majestätischer Eingang des Tempels dienen. Heute bildet der 3. Pylon die Rückwand des großen Hypostylons.

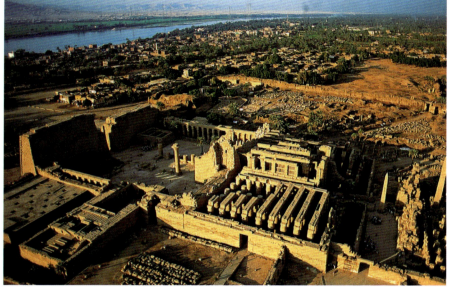

135
Der zentrale Bereich des Tempels von Karnak mit dem massiven Hypostylon. Diesen Teil des Tempels kennzeichnen vor allem die Arbeiten, die unter der Herrschaft Ramses' II. ausgeführt wurden, darunter die Verzierungen an den Mauern und die Inschriften an den Säulen.

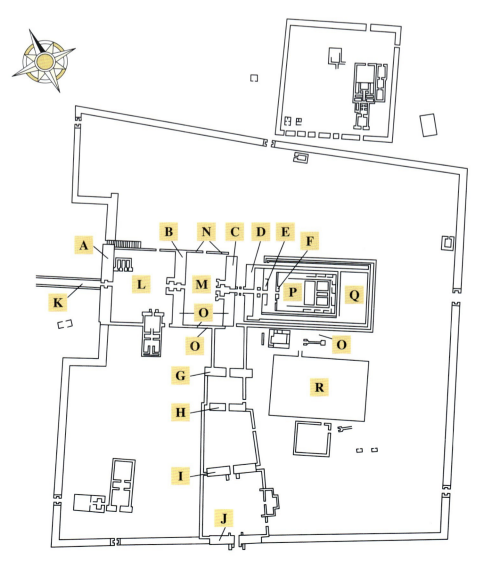

LEGENDE

A	1. PYLON	K	ALLEE DER WIDDERKÖPFIGEN SPHINXE
B	2. PYLON	L	VORHOF
C	3. PYLON	M	HYPOSTYLON
D	4. PYLON	N	RELIEFS DER KRIEGE SETHOS' I.
E	5. PYLON	O	RELIEFS RAMSES' II.
F	6. PYLON	P	ALLERHEILIGSTES
G	7. PYLON	Q	FESTSAAL THUTMOSIS' III.
H	8. PYLON	R	HEILIGER SEE
I	9. PYLON		
J	10. PYLON		

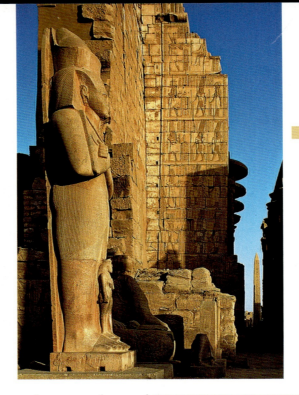

Für seine Errichtung wurde unter anderem das Baumaterial verwendet, das man mit der Demontage der älteren Gebäude gewann. Man füllte damit die Lücken in den äußeren Mauerschichten des Pylonen. Offensichtlich zollte man weder dem Alter der demontierten Bauwerke Respekt, noch dem Ansehen des Pharaos, unter dem sie erbaut worden waren. Man verschonte noch nicht einmal die Arbeiten des unmittelbaren Vorgängers. Mit dem Abbruch der alten Gebäude schuf man Raum für neue Anlagen zum Beispiel für die Erweiterung des großen Hofs vor dem 3. Pylonen, der unter Haremhab und Sethos in ein Hypostylon umgewandelt wurde.

Als Ramses II. in seinem ersten Regierungsjahr anlässlich des Opetfestes Karnak besuchte, könnte er bereits das vollendete Hypostylon bewundert haben, das innen und außen mit Reliefs verziert war, die die militärischen Erfolge seines Vaters zeigten. Den westlichen Eingang bildete der 2. Pylon, erbaut unter Haremhab und Ramses I., ausgestattet mit Blöcken älterer Bauwerke, darunter die Tempel, die außerhalb von Karnak in den ersten Jahren der Herrschaft Echnatons errichtet worden waren. Hier stand nur wenig Raum für große Monumente zur Verfügung, doch Ramses II. hinterließ seine Spuren an markanten Stellen des Hypostylons, insbesondere an den südlichen Innen- und Außenwänden und an den Säulen, an denen seine Kartuschen allgegenwärtig sind. Wie so oft haben sich spätere Pharaonen auch hier die Kartuschen angeeignet. Dies wird ebenso an den Sphingen deutlich, die eine monumentale Allee formen, die von der Anlegestelle am Kanal zum Nil führt.

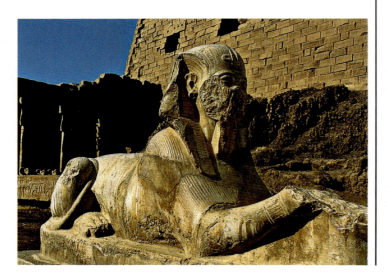

136 oben
Kolossalstatue Ramses' II. aus Granit vor dem Eingang zum Hypostylon. Vor den Beinen des Königs erkennt man eine Figur der Prinzessin Bintanta. Die Statue wurde später für Ramses VI. und anschließend für Pinodjem I. beschriftet.

136 Mitte
Die sorgfältig gearbeiteten Zehen eines Granitkolosses Ramses' II., über denen jene seiner Tochter ruhen. Es handelt sich dabei um die älteste Tochter von Königin Isisnofret, die später Große Königliche Gemahlin wurde.

136 unten
Eine Sphinx, vermutlich Ramses' II., im Vorhof des Tempels von Karnak. Anstelle der Vordertatzen hielten einst menschliche Hände ein Trinkgefäß, ein Opfer für den Gott. Das königliche Gesicht ist schwer beschädigt und kann nicht mehr identifiziert werden.

Der grosse Baumeister

Ramses II.

136-137
Widderköpfige Sphinxe mit Statuen Ramses' II. Die Sphinxe gehörten ursprünglich zu der Allee, die vom Hypostylon in westlicher Richtung führte. Nach der Erbauung des 1. Pylonen wurden sie entfernt und im Vorhof „geparkt".

Der grosse Baumeister

An Festtagen nahm die Prozession auf dem Nil nach Luxor und an das Westufer des Flusses an diesem Kai ihren Anfang. Vermutlich wurde der Kai unter Ramses erbaut oder erneuert, vielleicht für das Opetfest in seinem ersten Regierungsjahr. Die Sphingen sind keine Mischwesen aus ruhenden Löwen mit Menschenköpfen, sondern widderköpfige Löwen, so genannte Criosphingen. Unterhalb der Widderköpfe thront eine mumiengestaltige Figur des Königs, die ursprünglich mit einer Inschrift für Ramses II. versehen war, später jedoch von Pinodjem (um 1060 v. Chr) übernommen wurde, dem Hohen Priester des Amun-Re zu Zeit der 21. Dynastie. Pinodjem war der eigentliche Herrscher über den Bezirk Theben. Er nahm sogar königliche Titel an und verwendete Kartuschen. Die Sphingenallee endet heute am 1. Pylonen, der um 1350 v. Chr erbaut wurde. Einst erstreckte sie sich jedoch bis zum 2. Pylonen. Die überzähligen Sphingen hat man an den Seiten des großen ersten Hofs achtlos aufgereiht wie parkende Autos – wieder einmal ein trauriges Schicksal für die Monumente Ramses' II.

Ramses ließ im Tempelbezirk von Karnak zwar keine großartigen Änderungen vornehmen, dennoch ist die Vielzahl kleinerer Modifikationen bemerkenswert. Außerdem ließ er ein großes Relief vollenden. Die Darstellungen zeigen die kriegerischen Handlungen seiner ersten Regierungszeit. Das Hypostylon zieren außerdem Ritualhandlungen. Einst waren in die Mauern Szenen und Texte der Schlacht von Kadesch gemeißelt. Sie wurden später jedoch durch Darstellungen ersetzt, die Kriegführung und Triumphe zeigen. Die „Literarische Niederschrift" blieb davon weitgehend verschont. Offensichtlich mussten Ramses' Beamte Raum schaffen für neue in Auftrag gegebene Szenen und waren gezwungen, Flächen umzugestalten, die Darstellungen zeigten, die ohnehin in Luxor und im Ramesseum zu finden waren. Dagegen erscheint es unwahrscheinlich, dass die älteren Darstellungen entfernt wurden, um die Envoyés der Hethiter nicht in Verlegenheit zu bringen, die zur Zeit der Friedensverhandlungen im 21. Regierungsjahr Ramses' in Karnak verweilten. Keine Kontroversen rief die Serie gerahmter Abbildungen hervor, die als versenkte Reliefs ausgeführt sind. Sie befinden sich an der Umfassungsmauer, die die östlichen Bereiche des Haupttempels umgibt. Hier ist Ramses als gehorsamer und frommer Diener der Götter dargestellt, der nationalen und lokalen Gottheiten Opfer darbringt. Die Szenen sind inhaltlich ungewöhnlich zurückhaltend und von bescheidenem Umfang.

138
Blick auf das Hypostylon in Karnak bei Einbruch der Dunkelheit. Die Trag-bal-ken, auf denen die riesigen Dachplatten ruhten, sind gut zu erkennen. Vor dem großen Eingang thront die Kolossalstatue Ramses' II. mit Bintanta.

139 oben
Blick durch die massiven Säulen mit Papyrusknospenkapitellen auf die Nordwand des Hypostylons. Diese Säulen, die bei der Thronbesteigung Ramses' II. noch nicht dekoriert waren, tragen riesige Kartuschen mit heraldischen Motiven.

139 unten
Bei diesem Blick durch das Hypostylon sieht man die Namen und Titel Ramses' II. auf den Architraven. Die Kartuschen des Königs sind auf der Säule im Vordergrund gut zu erkennen, ebenso wie die Gottheiten Amun-Re und Amunet, die der König anbetet.

Der grosse Baumeister

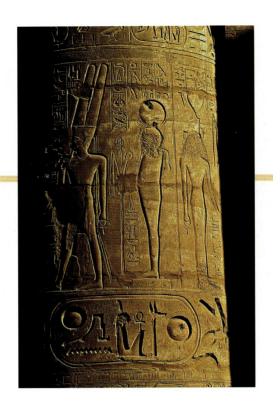

140 oben
Eine Säule im Hypostylon trägt den Geburtsnamen Ramses' II. Darüber bringen Götter dem König Geschenke dar: links Amun-Re, in der Mitte Chons, in Gestalt einer Mumie, gekrönt mit der Mondscheibe, und rechts Isis.

140 unten links
Ramses II. bringt Amun-Re ein Speiseopfer dar. Der Gott ist in der Gestalt Kamutefs, „Stier seiner Mutter", dargestellt, der normalerweise mit dem Fruchtbarkeitsgott Min assoziiert wurde. Hinter dem Gott wächst aphrodisischer Salat.

140 unten rechts
Diese Darstellung ziert eine Säule. Ramses II., der sehr einfühlsam porträtiert ist, opfert dem Gott Weihrauch. Der König trägt die blaue Krone und hält ein Räucherfass, in das er Weihrauchkörner streut.

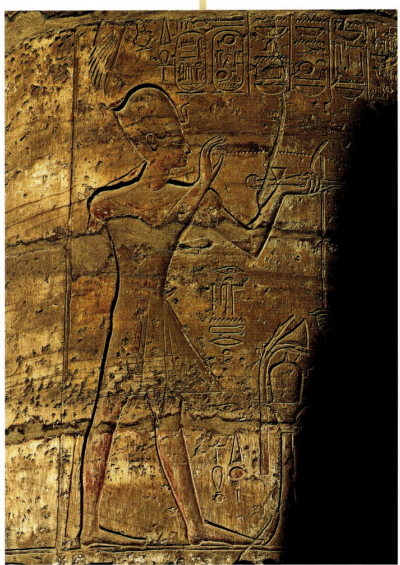

141
Auf zwei benachbarten Säulen opfert Ramses II. zwei verschiedenen Formen des Gottes Amun-Re: links Kamutef, dem Fruchtbarkeitsgott, rechts dem König der Götter (die gebräuchlichste Designation für Amun-Re).

Der grosse Baumeister

Der Tempel von Luxor

142
Die Throne der kolossalen Sitzstatuen zieren in der Regel Darstellungen der Nilgötter, die Ober- und Unterägypten repräsentieren und die Beiden Länder mit der Lilie des Südens und dem Papyrus des Nordens zusammenbinden.

143
Kopf einer Kolossalstatue Ramses' II. (die er vermutlich von Amenophis II. übernommen hat) und Sitzstatue des Königs (im Hintergrund) im Hof des Tempels von Luxor.

Auf dem Weg von Karnak nach Luxor anlässlich des Opetfestes fand Ramses, wie erwähnt, Gelegenheit, über Erweiterungen nachzudenken, die an den bedeutendsten Heiligtümer Thebens vorgenommen werden konnten. Der Tempel in Luxor, der der thebanischen Triade geweiht war, war im Wesentlichen eine Gründung Amenophis' III. Der relativ schmale, aber äußerst anmutige Tempel war in nördlicher Richtung durch eine große Kolonnade erweitert worden, die Arbeiten von Amenophis III., Tutanchamun und Haremhab umfasste. Vielleicht hatte man auch geplant, den Tempel mit einem monumentalen Eingang und einer prächtigen Zugangsrampe auszustatten. Hier lagen die Möglichkeiten für Ramses' Baumeister und sie stellten sich der Herausforderung. Man plante einen großen Hof mit seitlichen Kolonnaden, der durch einen massiven Pylonen betreten werden sollte, dessen Türme majestätische Reliefs zieren sollten. Die Achse des Tempels musste gedreht werden, damit der neue Eingang sich an die Allee von Karnak nach Luxor anschloss. Es ist eine eigentümliche Erfahrung, den Tempel in seiner heutigen Form zu betreten, über den großen Hof mit der Moschee zu gehen, die im Osten erbaut wurde, und sich dann nach links zu wenden, um entlang der alten Tempelachse durch die große Kolonnade auf die Hauptgebäude und das Allerheiligste aus Amenophis' Zeiten zu schreiten. Man sollte dies jedoch tun, wenn der Tempel nicht mit Touristen überfüllt ist.

In einer Inschrift am großen Eingangspylonen erhebt Ramses Anspruch auf die Inspiration für dieses Bauwerk und erklärt, dass er ein persönliches Interesse an dessen Fertigstellung gehabt habe. Die Arbeiten wurden offensichtlich zielstrebig vorangetrieben, denn die Inschrift besagt, dass das Heiligtum im dritten Regierungsjahr Ramses' fertig gestellt war.

Der grosse Baumeister

Ramses II.

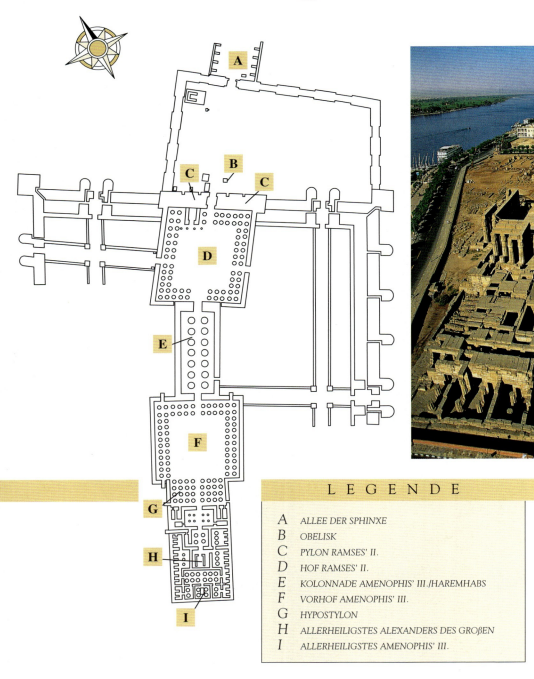

LEGENDE

A ALLEE DER SPHINXE
B OBELISK
C PYLON RAMSES' II.
D HOF RAMSES' II.
E KOLONNADE AMENOPHIS' III./HAREMHABS
F VORHOF AMENOPHIS' III.
G HYPOSTYLON
H ALLERHEILIGSTES ALEXANDERS DES GROßEN
I ALLERHEILIGSTES AMENOPHIS' III.

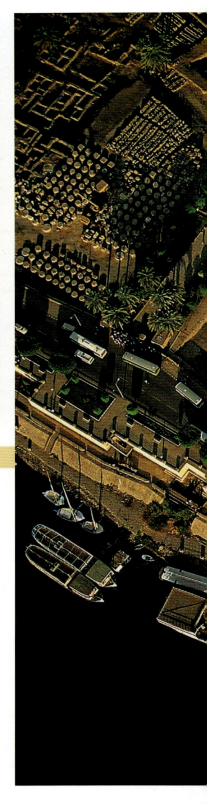

Damit war das erste bedeutende Monument vollendet, das die Handschrift Ramses des Großen trägt. Die Fassade des Pylonen muss einen überwältigenden Anblick geboten haben: Imposante Fahnenmasten mit wehenden Flaggen erhoben sich aus den Nischen in den Türmen des Pylonen. Kolossale Sitzstatuen und zwei riesige stehende Figuren des Königs flankierten den Eingang. Vor den Sitzstatuen hatte man zwei 25 m hohe Obelisken errichtet, von denen nur noch einer an Ort und Stelle steht. Den anderen schenkte Mohammed Ali Pascha Frankreich. Er wurde 1836 auf der Place de la Concorde in Paris aufgestellt. Ein Relief an der südlichen Mauer des Hofs Ramses' II. zeigt, wie die Fassade gestaltet werden sollte: mit Pylonen, Fahnenmasten, Kolossalstatuen und Obelisken. In dieser Form kann man sie noch heute bewundern, allerdings ohne die Fahnenmasten und mit nur einem Obelisken. Außerdem befinden sich einige Statuen in katastrophalem Zustand. Trotzdem ist der Anblick noch immer überwältigend. Die Flächen zwischen den vielen Säulen im ersten Hof bedecken kolossale Granitfiguren, die gemäß den Inschriften angeblich von Ramses II. stammen. Einige hat der Pharao jedoch zweifellos von früheren Königen übernommen. Eine dieser Granitstatuen, die Ramses darstellt, beeindruckt allein aufgrund ihre Größe.

*144 oben
Luftbild des Tempels von Luxor. Der Hauptkomplex erstreckt sich, von der großen Kolonnade ausgehend, in südlicher Richtung und umfasst die Bauwerke, die unter Amenophis III. geplant und weitgehend errichtet wurden. Der Hof und der Pylon Ramses' II. liegen hinter der Kolonnade.*

Der grosse Baumeister

144-145
Luftbild des Tempels von Luxor in östlicher Richtung. Die Verschiebung der Achse des Tempels links der Kolonnade ist gut zu erkennen. Damit wurden die Bauwerke der Ramessiden mit der Allee, die nach Karnak führt, in eine Linie gebracht.

145 unten
Man nähert sich dem großen Pylonen, der unter Ramses II. für den Tempel von Luxor erbaut wurde, von Karnak aus über die Allee der Sphinxe. Der Obelisk, der sich ursprünglich zur Rechten des Eingangs erhob, steht heute in Paris.

Der grosse Baumeister

146 oben
Die Fassade des Tempels von Luxor wurde in die Südwand des Hofes gemeißelt. Man erkennt zwei sitzende und vier stehende Kolossalstatuen, zwei Obelisken und Fahnenmasten.

146 unten
Der Pylon, der den monumentalen Eingang zum Tempel von Luxor bildet und unter Ramses II. erbaut wurde, erstrahlt im Flutlicht dieses Luftbildes. Vor dem Eingang erkennt man den Obelisken.

147
Links neben dem Haupteingang zum Tempel von Luxor thronen eine kolossale Sitzstatue Ramses' II. und ein Obelisk, der auf einem Sockel mit Pavianen steht, die ihre Pfoten erhoben haben und die Sonne bei Tagesanbruch anbeten.

Der grosse Baumeister

*148 oben links
Im Hof Ramses' II. im Tempel von Luxor stehen drei königliche Kolossalstatuen, die in der Kolonnade den Raum zwischen den Säulen mit Papyrusknospenkapitellen einnehmen. Auf den Säulen ist Ramses II. abgebildet, der Amun-Re, dargestellt als Kamutef, Blumen opfert.*

*148 unten links
Eine Kolossalstatue zwischen den Säulen der Kolonnade des Tempels von Luxor. Die Statue, die für Ramses II. beschriftet ist, wurde mit großer Wahrscheinlichkeit für einen früheren Herrscher angefertigt, vermutlich für Amenophis II.*

*148-149
Die nordöstliche Ecke des Hofes des Tempels von Luxor. Gigantische Sitzstatuen flankieren den Zugang, der zur Kolonnade Haremhabs führt. Stehende Kolossalstatuen nehmen den Raum zwischen den Säulen ein – ein überwältigender Anblick.*

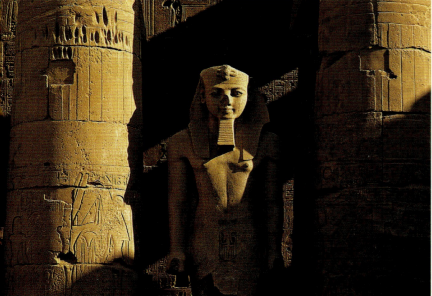

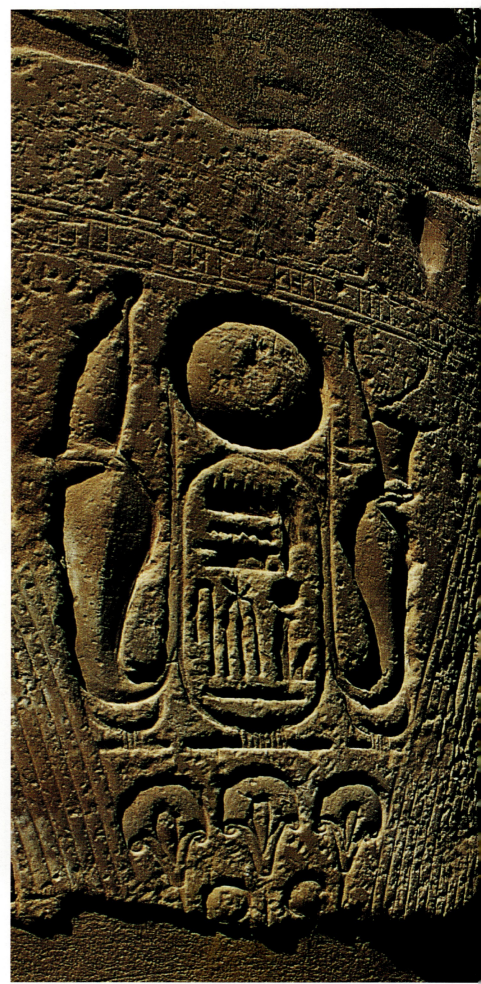

Der grosse Baumeister

Der grosse Baumeister

Wie konnte man Arbeiten auf einem solch hohen Niveau fertigen? Wie wurden die Unmengen an Sandstein, die man für den großen Hof, die Pylonen und die vielen Gebäude benötigte, abgebaut, bearbeitet und an ihren Bestimmungsort transportiert?

Ab der 18. Dynastie wurde Sandstein als bevorzugtes Baumaterial für die Tempel verwendet. Es handelte sich dabei um ein gemasertes, weiches Gestein, das problemlos abgebaut und bearbeitet werden konnte und geeignet war, größere Flächen zu füllen als Kalkstein. Außerdem ließ sich Sandstein gut mit Inschriften und Reliefs verzieren. Die Hauptsteinbrüche lagen beiderseits des Nil an einem Ort, der Gebel es-Silsila, „Berg der Fessel", genannt wird. Der Nil war im Mittelalter an dieser Stelle angeblich in Ketten gelegt, daher der Name. Er symbolisierte, dass die Schifffahrt hier eingeschränkt war und Wegezölle erhoben wurden. An dieser Stelle ist der Nil relativ schmal und die Felsen zu beiden Seiten reichen bis an den Fluss. So konnten die abgebauten Gesteinsblöcke relativ problemlos an den Fluss gebracht und darauf nach Norden zu den heiligen Stätten transportiert werden. Der Ort war den Flussgöttern geweiht, vor allem Hapi, dem Gott der Inundation. Viele Beamte, die hierher reisten, ließen private Denkmäler errichten, um ihre Devotion gegenüber diesen Götter zu bezeugen. Vier umfassende königliche Inschriften, mit beinahe gleichem Inhalt lobpreisen Hapi und bringen ihm Opfer dar. Sethos I. zeigte als Erster seine Devotion. Ihm folgte Ramses II., dessen Inschrift aus seinem ersten Regierungsjahr datiert. Die Verehrung der Gottheit dieser Region belegt, dass Ramses beziehungsweise seine Beamten zumindest einige der großen Projekte bereits planten, für die man das Gestein aus Gebel es-Silsila benötigte und natürlich auch das Wohlwollen Hapis. Weitaus weniger grandios sind die Inschriften, die in den kleinen Felsentempel gemeißelt wurden, der unter Haremhab entstand und nur wenige Verzierungen aufweist. Einige Beamte Ramses', die die Steinbrüche besuchten, um den Fortgang der Arbeiten zu inspizieren, hinterließen ihre Denkmäler in diesem Heiligtum.

Eine genaue Untersuchung der Felswände der Steinbrüche hat gezeigt, dass das Gestein so exakt abgebaut wurde, dass nur wenig Abfall entstand. Die Linien, die die Abbrüche hinterlassen haben, belegen das wirtschaftliche Vorgehen. Ganz anders gestaltete sich der Abbau der Granitblöcke in Assuan, etwa 65 km südlich von Gebel es-Silsila. In dieser unwirtlichen und zerklüfteten Region findet man große Granitblöcke, die von geübten Händen in Statuen und architektonische Elemente verwandelt werden konnten. Obelisken und monolithische Säulen mussten jedoch aus makellosem Gestein gefertigt werden. Erfahrene Kunsthandwerker, die geeignete Steinlager finden und mit einfachen Werkzeugen umgehen können mussten, waren im Einsatz, um das Material zu beschaffen, das für die Verschönerung der großen Tempel benötigt wurde. Fand man nicht genug geeignetes Material, verwendete man Lehmziegel für die Nebengebäude und Umfassungsmauern der Tempelanlagen. Sobald man einen Granitblock von geeigneter Länge entdeckt und abgebaut hatte, war es für die versierten ägyptischen Kunsthandwerker ein Leichtes, daraus einen Obelisken zu fertigen. Dennoch muss man der Präzision, mit der die Arbeiten ausgeführt wurden, Respekt zollen. Beeindruckend sind vor allem die exakte Verjüngung und die glatte Oberfläche der Obelisken.

Aus einem Gesteinsblock eine kolossale stehende oder sitzende Statue zu meißeln, war eine größere Herausforderung. Hierfür benötigte man nicht nur begnadete Steinmetzen, sondern das Auge eines Künstlers. Viele Kolossalstatuen, die im Lauf der Jahrtausende geschaffen wurden, beeindrucken mehr aufgrund ihrer Größe als aufgrund ihrer Kunstfertigkeit. Das harte Gestein wurde gemäß gängigen Praktiken und nach einem standardisierten Schema bearbeitet, so dass eine bemerkenswerte Konsistenz hinsichtlich der Repräsentation der menschlichen Gestalt sichergestellt war. Man mag die Präzision der Meißelung, die Ausgestaltung der Gliedmaßen und die Vortrefflichkeit des Finishs bewundern, die zweifellos korrekt ausgeführt sind, aber unendlich stereotyp und nicht wie wahre Kunstwerke wirken. Es musste doch auch möglich sein, die Regeln und Konventionen zu durchbrechen! Die künstlerische Freiheit verschaffte sich tatsächlich Raum. Man erkennt sie in der Gestaltung des Kopfes und insbesondere an den Gesichtszügen der dargestellten Person. Ein gutes Porträt ist allerdings nicht eo ipso ein gutes Kunstwerk. Beim Betrachten der vielen Kolossalstatuen Ramses' II. sollte man den Kopf besonders in Augenschein nehmen. Man wird nicht nur die standardisierte Umsetzung eines Schemas erkennen, sondern wahre Kunstfertigkeit. Ein Beispiel dafür ist der große Kopf, der im British Museum in London ausgestellt ist: der „Jüngere Memnon". Der Kopf zeigt große Sensibilität und es muss ein beeindruckender Anblick gewesen sein, als er noch auf der Statue im zweiten Hof des Ramesseums thronte. Bei dieser Statue handelte es sich möglicherweise um eine kolossale Sitzfigur. Weitaus beeindruckender, wenn auch nicht von solch hohem künstlerischem Wert, war die noch größere Sitzstatue, deren Überreste an der Westseite des ersten Hofs verstreut liegen. Man schätzt, dass der Koloss einst 17 m hoch war und über 100 t wog. Er stellte zweifellos ein großes Problem für das Transportteam der königlichen Werkstatt dar, das damit betraut war, den Koloss von Assuan nach Theben zu überführen.

151
Die Kolossalstatue westlich des Zugangs zur Kolonnade Haremhabs. Neben dem rechten Bein des Königs steht eine kleine Figur der Königin Nofretiri. Auf dem Sockel präsentieren Priester in Leopardenfellen die königliche Titulatur.

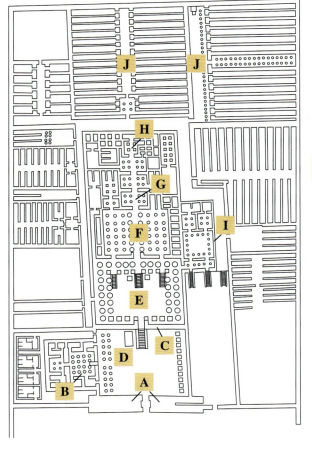

LEGENDE

A   1. PYLON
B   PALAST RAMSES' II.
C   2. PYLON
D   UMGESTÜRZTER KOLOSS
E   ZWEITER HOF
F   HYPOSTYLON
G   SAAL MIT ASTRONOMISCHEN
      DARSTELLUNGEN AN DER DECKE
H   ALLERHEILIGSTES UND BARKENSAAL
I   TUITEMPEL
J   LAGERHÄUSER AUS LEHMZIEGELN

Der grosse Baumeister

Das Ramesseum:
Das sogenannte Grab von MEMNON

152-153
Dieser Panoramablick auf das Ramesseum zeigt die Ausmaße des Tempelbezirks, der heute am Rand der kultivierten Ebene liegt. Das Haupttheiligtum ist von Nebengebäuden umgeben. Bemerkenswert sind die Lagerhäuser mit Gewölbe (links).

152 unten
Diese Zeichnung von Lepsius stellt eine Rekonstruktion der Fassade des Haupt-heiligtums des Ramesseums dar. Statuen Ramses' II. in Gestalt des Gottes Osiris zieren die quadratischen Pfeiler der Kolonnade.

153 oben
Luftbild des Haupttheiligtums des Ramesseums. Viele Bauwerke tragen noch die massiven Dachplatten. Im Hintergrund erkennt man in der Mitte die Überreste der Kolossalstatue, die in sich zusammengestürzt ist.

153 unten
Lepsius' Querschnitt der Hauptgebäude des Ramesseums von Ost nach West. Vor dem 2. Pylonen thront eine sitzende Kolossalstatue.

Das Ramesseum, der Totentempel Ramses' II., wurde bereits in der frühen Regierungszeit des Königs geplant. Kein Text verweist präzise auf den Beginn oder den Abschluss der Arbeiten. Das Hauptgebäude war jedoch rechtzeitig fertig gestellt, denn die eingemeißelten Texte und Reliefs erinnern an die Schlacht von Kadesch, die sich bereits im fünften Regierungsjahr Ramses' ereignete. Der Tempel bedeckt ein weites Areal und ist größer als jeder andere königliche Totentempel in Theben-West, mit Ausnahme des Heiligtums von Amenophis III., von dem jedoch nur die massiven Sitzstatuen, die Memnonskolosse, erhalten sind. Von allen hier errichteten Tempeln war jener Amenophis' III. vermutlich nicht nur der größte, sondern hinsichtlich der Statuen und des Reliefdekors auch der schönste. Zur Zeit Ramses' war dieses Heiligtum noch intakt und es ist anzunehmen, dass Ramses mit seinem eigenen Tempel jenen von Amenophis übertreffen wollte. Zumindest wollte er eine Statue errichten, die die Quarzitkolosse Amenophis' an Höhe übertraf. Eine etwa 275 x 168 m lange Umfassungsmauer umgibt das Ramesseum, das etwa ein Viertel der zur Verfügung stehenden Fläche einnimmt. Besucher kamen per Boot über den Fluss, stiegen am Kai aus und erreichten einen riesigen Pylonen, über den sie in den zweiten Hof gelangten. Vor dem zweiten Pylonen thronte eine kolossale Sitzstatue. Beide Pylonen sind mit Inschriften und Reliefs der Schlacht von Kadesch verziert. Sie sollten all jene an die militärische Glorie erinnern, die hierher kamen, um die Riten im Gedenken an den verstorbenen König zu zelebrieren. Vor dem Tod des Pharaos erinnerten sie jene, die das Ramesseum besuchten, um an den zahlreichen Aktivitäten teilzunehmen, die in den vielen Gebäuden des Komplexes stattfanden. Von den Kolonnaden, die die Höfe einst umgaben, ist nicht viel erhalten. Das Zentrum des Haupttempels hat die Zeiten jedoch weitgehend überdauert. Man erkennt noch Teile des riesigen Hypostylons, auf das

zwei kleinere Säulenhallen folgen, das Allerheiligste und die Nebenräume, in denen die Tempelutensilien aufbewahrt wurden. Vor dem Tempel wurde ein kleiner, nach Süden gerichteter Palast erbaut, eine Art Zweitwohnsitz des Königs. Hier residierte der Pharao, wenn er Theben einen Besuch abstattete. Es war durchaus angebracht, den Palast innerhalb des Tempelbezirks zu errichten, denn dieser Bezirk war insbesondere das private und persönliche Refugium des Königs und der Ort, an dem nach seinem Tod die Kultzeremonien abgehalten wurden. Den verbleibenden Platz um den Haupttempel nehmen Lagerräume, Werkstätten und Unterkünfte für die Priester und Tempeldiener ein. Beeindruckend ist vor allem die Architektonik mehrerer großer Lehmziegelbauten mit Tonnengewölben, Lagerräume, die 3 000 Jahre überdauert haben.

Das Ramesseum ist das bedeutendste thebanische Bauwerk Ramses' II. Trotz seines baufälligen Zustands vermittelt es noch heute eine eigene Atmosphäre. Hier mag sich der Besucher dem König näher fühlen als in anderen grandioseren Bauwerken wie zum Beispiel im Hypostylon in Karnak. Oder rufen die Ruinen dem Betrachter vielleicht ins Gedächtnis, wie vergänglich Größe ist?

154 oben
Darstellungen an der Rückwand des zweiten Hofes. Ramses wird von Month und Atum vor Amun-Re, Mut und Chons geführt. Der König kniet vor den Göttern nieder und empfängt die Jubiläen. Thot, der göttliche Schreiber, vermerkt dies.

154 unten
Kopf einer der westlichen Kolossalstatuen Ramses' II, die im zweiten Hof seitlich des Eingangs zum Haupttempel standen. Der König trägt das Nemes-Kopftuch und die Doppelkrone.

154-155
Die Portikus im Westen des zweiten Hofes des Ramesseums mit Blick in das Hypostylon. Die quadratischen Pfeiler der Portikus zieren Statuen Ramses' II. in Gestalt des Gottes Osiris.

155 unten links
Königliche Sitzstatuen zeigen den König in der Regel in Ruhe. Die Hände liegen bequem auf dem Faltenrock des Herrschers. Dieses Fragment stammt von einer solchen Statue aus dem Ramesseum.

Ramses II.

155 unten rechts
Nur zwei Reihen Säulensockel sind von einer Kolonnade erhalten, die sich einst zwischen Lagerhäusern aus Lehmziegeln hinter dem Haupttempel erstreckte. Die Säulen waren polygonal, was für die Zeit, in der sie errichtet wurden, ungewöhnlich war.

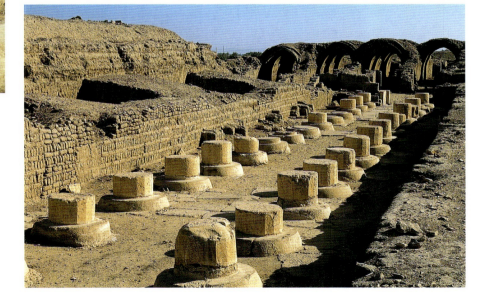

Der grosse Baumeister

Ramses II.

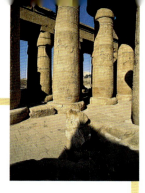

156
Ramses II. empfängt von Amun-Re die Königsinsignen (Zepter und die Geißel), das »Chepesh-Schwert«, Symbol für Stärke, und den gekerbten Palmstamm, der viele Jubiläen verkörpert. Die Darstellung stammt aus dem Hypostylon des Ramesseums.

157 oben rechts
Blick durch das Hypostylon des Ramesseums. Man erkennt zwei Arten von Kapitellen: Papyrusknospenkapitelle und Papyruskapitelle mit geöffneten Blüten.

157 unten
Lepsius' Reflexion verschiedener Darstellungen aus dem Hypostylon. Das eingefügte Foto eines Papyruskapitells belegt den Farbenreichtum.

158-159
Ramses II. sprengt mit seinem Streitwagen in die Streitkräfte aus Amurru, die die Stadt Dapur im Tal des Orontes verteidigen. Die ägyptischen Soldaten versuchen, die Befestigungsmauern der Stadt mit Leitern zu erklimmen (rechts). Der Herrscher unternahm diesen Feldzug in seinem achten oder neunten Regierungsjahr in Syrien.

Der grosse Baumeister

Die grosse Stadt von MEMPHIS

Die Überreste der thebanischen Tempel, die Ramses' Handschrift tragen, vermitteln vielleicht eine falsche Vorstellung von der Bedeutung der Stadt zur Zeit dieses Herrschers. Unter der 19. Dynastie befand sich das politische Zentrum Ägyptens im Norden des Landes. Die mächtigen Städte, die unweit des modernen Kairo lagen, hießen Memphis und Heliopolis. An Einfluss gewann außerdem Pi-Ramses, die Residenz des Pharaos im Delta. Welche Bedeutung den anderen Städten im Nordosten des Landes zukam, ist bis heute nicht bekannt. Memphis war ab der Zeit der Vereinigung Ägyptens unter der 1. Dynastie politisch äußerst bedeutsam. Es war außerdem das Kultzentrum des Ptah und möglicherweise der Hauptwohnsitz von Angehörigen der königlichen Familie. Ptah gehörte von Anbeginn zu den am meisten respektierten ägyptischen Göttern, ein Schöpfergott mit anspruchsvoller Religion, der unter Ramses höchstes Ansehen genoss. Leider sind von Memphis nur die stark beschädigten Fundamente erhalten, die zwischen den Palmen von Mit Rahina

160 oben
Eine Hand des Alabasterkolosses aus dem Ptahtempel in Memphis. Die Faust umfasst den Amtsstab, den bei Steinskulpturen oft eine oder beide Fäuste festhalten. Der Stab trägt den Geburtsnamen Ramses' II.

160 unten
Der Alabasterkoloss Ramses' II., der noch immer bäuchlings in Memphis auf dem Boden liegt, gehört zu den beeindruckendsten Darstellungen einer königlichen Person. Das perfekt erhaltene Gesicht des großen Herrschers strahlt Ruhe aus.

161 oben
Granitfaust einer Kolossalstatue Ramses' II. Die Franzosen entdeckten das Fragment während der Napoleonischen Expedition in Ägypten. Bei der Übergabe Alexandrias wurde es der britischen Armee ausgehändigt (British Museum, EA 9).

161 unten
Dieser Koloss gehört zu den vielen Statuen, die man in Memphis entdeckt hat. Er kann eindeutig Ramses II. zugeordnet werden. Die Meißelung ist höchst einfühlsam und ungewöhnlich gut erhalten.

Der grosse Baumeister

162 links
Kleiner Granitkoloss Ramses' II., der sich heute im Skulpturenpark von Memphis befindet. Der König umfasst zwei Standarten, eine für Ptah (links), die andere für Ptah-Thot (rechts). Die Inschrift besagt, dass beide Götter „unter seinem Moringabaum" sind.

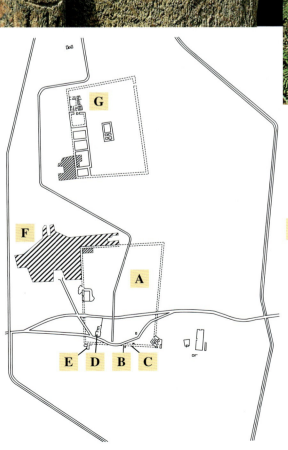

LEGENDE

A PTAHTEMPEL
B ALABASTERKOLOSS RAMSES' II.
C ALABASTERSHPINX
D BALSAMIERUNGSHAUS DER APISSTIERE
E HATHORTEMPEL RAMSES' II.
F MIT-RAHINA
G PALAST DES APRIES

Der grosse Baumeister

*162-163
Das Freilichtmuseum in Memphis ließ den Skulpturenpark anlegen, in dem Statuen und andere Monumente ausgestellt sind, die man in und um Memphis entdeckt hat. Die Statue links im Hintergrund stammt aus dem Mittleren Reich und wurde von Ramses II. übernommen.*

*162 unten
Luftbild des Skulpturenparks von Memphis mit der Alabastersphinx (links) und einem Granitkoloss der 12. Dynastie (rechts), der für Ramses II. neu beschriftet wurde.*

*163 oben
Dieses Kapitell zieren vier Darstellungen der Göttin Hathor mit Kuhohren. Das Kapitell stammt aus der kleinen Kapelle der Göttin in Memphis, in der sie als „Auge des Re" und „Herrin der südlichen Sykomore" beschrieben wird.*

*163 unten
Monumentale Alabastersphinx aus dem Ptahtempel, die sich heute im Skulpturenpark von Memphis befindet. Das beeindruckende Kunstwerk ist nicht beschriftet oder die Inschriften wurden ein Opfer der Erosion. Die Sphinx könnte zur Zeit Ramses' II. oder früher gefertigt worden sein.*

liegen, jener modernen Stadt, die über der antiken Stätte gegründet wurde. Im einstigen Tempelbezirk liegen überall die Fragmente kolossaler Statuen des Königs verstreut. Zwei memphitische Skulpturen sind berühmt: das auf dem Bauch liegende Meisterwerk aus Alabaster, das in einem Spezialgebäude der Stätte untergebracht ist, und der einsame Gigant, der heute auf dem Ramses Square in Kairo steht. Diese Statuen vermitteln eine gewisse Vorstellung von der Pracht des Tempels und der Stadt zu ihrer Blütezeit. Neuere Grabungen haben die Überreste kleinerer religiöser Bauten zutage gefördert, die unter Ramses errichtet oder verändert wurden. Vieles erinnert daran, dass die Stadt ein blühendes Handelszentrum war, in das Waren aus weit entfernten Ländern geliefert wurden. Memphis war die Stadt, die die meisten Ausländer anzog. Zur Zeit Ramses' gab es hier viele ausländische Enklaven, in denen fremde Götter angebetet und exotische Sprachen gesprochen wurden. Inschriften preisen die Prosperität und Lebendigkeit von Memphis. Außerdem konstatieren sie, dass alles verfügbar war, was man begehrte, und dass es generöse religiöse und andere Einrichtungen gab.

Der grosse Baumeister

164 unten rechts
Zwei Skulpturen Ramses' II. in Tanis. Die Dreiergruppe (links) zeigt Ramses II. zwischen Re-Harachte und Ptah-Tatenen. Die Kolossalstatue (rechts) wurde ursprünglich für einen König der 12. Dynastie gefertigt.

165
Oberkörper einer Statue, die für Ramses II. beschriftet und möglicherweise auch gefertigt wurde. Die schwache Krümmung des Armes deutet darauf hin, dass es sich bei dem Kunstwerk um eine Sitzstatue handelte, deren Hände im Schoß ruhten.

164 oben
Blick auf einen Teil des Tempelbezirks von Tanis, der nördlichen Hauptstadt Ägyptens unter der 21. Dynastie, nachdem man Pi-Ramses aufgegeben hatte. Im Vordergrund erkennt man eine umgestürzte Kolossalstatue Ramses' II.

164 unten links
Fragmente von Skulpturen und Obelisken bedecken den Tempelbezirk von Tanis. Viele dieser Arbeiten entstanden unter Ramses II. und wurden von Pi-Ramses nach Tanis überführt. Einige Kunstwerke kamen ursprünglich aus Memphis und Heliopolis.

Der grosse Baumeister

Die Städte von Heliopolis, Pi-Ramses, Tanis und Kantir

Über Heliopolis weiß man weitaus weniger. Wie Memphis war es seit alters ein religiöses Kultzentrum. Hier wurde der Sonnengott Re verehrt, der bedeutendste der Götter. Er konnte sich mit anderen Göttern vereinigen und erhob sie auf diese Weise innerhalb des Pantheons in ein Primat. So wurde beispielsweise Amun als Amun-Re zum König der Götter. Die antike Stätte Heliopolis konnte nicht vollständig untersucht werden, da sie von Kairo absorbiert wurde. Ramses ließ viele Monumente aus Heliopolis entfernen, darunter vor allem Obelisken, und in anderen Städten wieder aufbauen. Viele Obelisken, die heute in Rom stehen, haben Augustus und andere Kaiser dorthin gebracht. Einige stammten ursprünglich aus Heliopolis und waren unter Ramses II. errichtet worden. Andere, die zweifellos aus früheren Zeiten datieren, wurden gemäß den modifizierten Inschriften vom großen König erschaffen. Die beiden Obelisken, die die Ptolemäer in Alexandria aufstellen ließen und die als „Nadeln der Kleopatra" bekannt sind, standen ursprünglich in Heliopolis und wurden zur Zeit der 18. Dynastie unter Thutmosis III. errichtet. Ramses II. ließ später Inschriften an diesen Obelisken hinzufügen. Einer der Obelisken steht heute in London, der andere in New York. Die herausragende Stellung, die Heliopolis innehatte, belegt der ägyptische Name Iunu, „die eine aus dem Alten Testament". Diese Bezeichnung wurde oft auch für Theben verwendet, das als Iunu Oberägyptens galt.

Heliopolis hat niemals seine Reputation oder seinen Namen verloren. Der griechische Name, der „Sonnenstadt" bedeutet, blieb bis heute erhalten. Ein kleiner Bezirk in Kairo, den Reisende durchqueren, wenn sie vom Flughafen in die Innenstadt fahren, trägt den Namen der antiken Stadt. Die Stätte hat nie das intensive Interesse der Archäologen geweckt, geriet aber dennoch nicht in Vergessenheit. Das bedeutendste Monument Heliopolis', das die Zeiten überdauert hat, ist ein Obelisk, den Sesostris I. (um 1950 v. Chr.) errichten ließ.

Das Schicksal, das Pi-Ramses ereilte, liegt noch mehr im Dunkeln als jenes von Heliopolis. Die Stadt wurde unter der 19. Dynastie gegründet und ist im Alten Testament erwähnt. Sie war als große Residenz des Pharaos im Delta weithin bekannt, vor allem ab der Zeit Sethos' I. Wirklich prominent wurde Pi-Ramses jedoch erst unter Ramses II., der der Stadt den Namen Per-Ramses-Aa-nacht gab, „Haus des Ramses, groß an Siegen". Heute ist jedoch die gekürzte Fassung gebräuchlicher. Pi-Ramses war in vielerlei Hinsicht ein Ort des Neuanfangs, ohne die erdrückende Religiosität, die Theben kennzeichnete, und ohne das geschäftige Treiben, das in Memphis herrschte. Die Stadt diente nicht nur als Refugium für den König, auch wenn sie zunächst vielleicht aus diesem Grund gegründet worden war und in Inschriften für ihre Ruhe, ihren Frieden und ihren Wohlstand gelobt wird. Pi-Ramses war ein Ort mit weitläufigen Vorstädten, mit Palästen und Tempeln, mit Wohn-, Geschäfts- und Industrievierteln. Außerdem waren hier Truppen stationiert, die auf ihren Einsatz in Asien vorbereitet wurden. Irgendwann geriet die Stadt jedoch in Vergessenheit. Ihre Wiederentdeckung zählt zu den letzten archäologischen Erfolgen des ausgehenden 20. Jahrhunderts. Vermutlich wird die Stätte jedoch nicht so berühmt und viel besucht werden wie andere in Ägypten, die mit beeindruckenderen Monumenten aufwarten.

Es mag noch immer einige Wissenschaftler geben, die davon ausgehen, dass man Pi-Ramses mit der weit entfernten Stadt Tanis im Nordosten des Deltas identifizieren könne. In Tanis findet man die Überreste eines weitläufigen Tempelbezirks mit in sich zusammengestürzten Obelisken, Statuen und weiteren Monumenten, die unter anderem den Namen Ramses' II. tragen. Für die Wissenschaftler des 19. Jahrhunderts schien es offensichtlich der Ort zu sein, der als Residenz Ramses' im Delta diente.

Man vermutet, dass der Seitenarm des Nil, an dem Pi-Ramses gegründet worden war, verschlammte. Die Stadt wurde isoliert und verlor ihre Bedeutung als Handelszentrum. Die Pharaonen der 21. Dynastie beschlossen deshalb, die Hauptstadt des Deltas nach Tanis zu verlegen und ließen viele Monumente und Statuen aus Pi-Ramses in die neue Metropole überführen. Dies war ein wohl überlegter Schritt, denn im Delta gab es kein Gestein, das sich für Bauwerke eignete. Außerdem gestaltete sich aus innenpolitischen Gründen die Kommunikation mit jenen Bezirken in

Der grosse Baumeister

166 oben
Auf diesem Obelisken aus Tanis ist Ramses II. dargestellt, der vor Atum, Herr der Beiden Länder, kniet und ihm zwei Schalen mit Wein darbietet. Darunter ist der erste Teil des formellen Horus-namens des Königs zu erkennen. Der Obelisk war ursprünglich möglicherweise in Heliopolis aufgestellt.

166 unten
Ramses II. trägt die blaue Krone und opfert Atum, Herr von Heliopolis, ein Shenes-Brot. Diese Darstellung ziert den Sockel eines Obelisken in Tanis, der vermutlich in Heliopolis gefertigt wurde.

167
Detail der Dreiergruppe, die Ramses II. zwischen Re-Harachte und Ptah-Tatenen zeigt. Re-Harachte hält Ramses an der Hand – eine beruhigende Geste.

Oberägypten schwierig, in denen sich die Steinbrüche befanden. Das Gebiet, das heute als die Stätte Pi-Ramses anerkannt ist, umfasst zwei Orte: Tell el-Dab'a und Kantir. Tell el-Dab'a entspricht Avaris, der antiken Hauptstadt der Hyksos. Sie war Kultzentrum des Gottes Seth und zur Zeit der 19. Dynastie die Heimat der königlichen Familie. In und um Kantir, das wenige Kilometer von Tell el-Dab'a entfernt liegt, hat man bei Grabungen die Überreste von palastartigen Gebäuden und damit in Verbindung stehenden Bauten entdeckt, darunter Ställe, Lagerräume und einen Exerzierplatz. Es ist durchaus möglich, dass man an beiden Stätten signifikante Entdeckungen macht, auch wenn die Beschaffenheit der Oberfläche nicht darauf hindeutet und ein feuchtes Klima im Delta herrscht. Es mag noch Jahre dauern, bis man ein genaues Bild von Pi-Ramses zeichnen kann. Vieles über die Stadt ist jedoch schon jetzt aufgrund von Inschriften und Musterbriefen bekannt, die jenem ähneln, der im Archäologischen Museum von Berlin aufbewahrt wird. Die Stelle, an der Pi-Ramses am Westufer eines Seitenarms des Nil gegründet wurde, war als „Wasser des Re" bekannt. Weite Teile der Stadt waren von einem anderen Seitenarm oder von einem Kanal umgeben, der „Wasser des Avaris" genannt wurde. „Seine Majestät [Ramses II.] hat sich ein Schloss errichtet, genannt Groß an Siegen … es ist wie Heliopolis in Oberägypten und seine Ausdehnung entspricht der von Memphis … Jedermann hat seine eigene Stadt verlassen und ist gekommen, um in seiner Nachbarschaft zu leben." Vier Heiligtümer wurde in Pi-Ramses erbaut: im Westen der Tempel des Seth, im Osten der Tempel der Astarte (einer Göttin aus Palästina-Syrien), im Norden der Tempel der Uto, der Schutzgöttin Unterägyptens in Gestalt einer Uräusschlange.

In einem Musterbrief, den Pabes an Amenemope (beide Schreiber) schickte, wird Pi-Ramses glorifiziert. Pabes war gerade erst in die Stadt gekommen und beeindruckt: „… das Umland bietet alles, was man braucht … in den Gewässern tummln sich Fische … die Wiesen blühen … die Kornkammern sind mit Gerste und Emmer gefüllt." Ausführliche Listen über Früchte und Gemüse folgen. Weiter schreibt Pabes, dass es hier „den süßen Wein von Kaenkeme, süßer als Honig" gibt, dass Schiffe an- und ablegen und dass die „Freude hier wohnt … Der kleine Mann [der hier lebt] ist dem großen [andernorts] ebenbürtig.". Jeder Tag sei wie Urlaub und entsprechend seien die Menschen gekleidet. Und es gab noch mehr, um den Ort zu lobpreisen. Zweifellos war Pi-Ramses ein Ort, der Bewunderung verdiente, liebevoll geplant und unter der langen Herrschaft Ramses' weiterentwickelt. Der großzügige Grundriss und die prächtigen Gebäude machten die Stadt zu einem wesentlich angenehmeren Wohnsitz als die chaotischen Städte Memphis und Theben. Pi-Ramses war zweifellos etwas Besonderes und verdiente die Aufmerksamkeit, die der König ihr entgegenbrachte. Die Obelisken in Tanis stammen von hier. Einst waren vermutlich sechs oder acht Paare zusammen mit vielen Statuen vor den Tempeln aufgestellt. Es ist überliefert, dass Ramses selbst zum Teil das Gestein auswählte, aus dem die Statuen gemeißelt wurden. Eine Inschrift aus der Region von Heliopolis, die aus dem achten Regierungsjahr Ramses' datiert, berichtet, dass sich der König gelegentlich im nahe gelegenen Steinbruch Gebel Ahmar (Roter Berg) aufhielt. Hier gab es jenen gelbbraunen Quarzit, den man im Altertum für Skulpturen bevorzugte: „Er entdeckte einen großen Quarzitfels, ein solcher war seit der Zeit des Re nicht gefunden worden, der länger war als ein Granitobelisk … Es war Seine Majestät, die ihn freilegte … Er kam im vierten Jahr vollständig an die Oberfläche, im dritten Sommermonat, am 18. Tag – ein Jahr später." Die Inschrift berichtet weiter: „Seine Majestät fand daneben einen weiteren Quaderstein für Statuen … und er orderte Bruchstücke für den Tempel des Ptah." Ramses erklärt: „Ich füllte den Tempel des Re mit vielen Sphingen, mit demütigen Statuen, die Vasen darbieten und kniend Opfer darbringen."

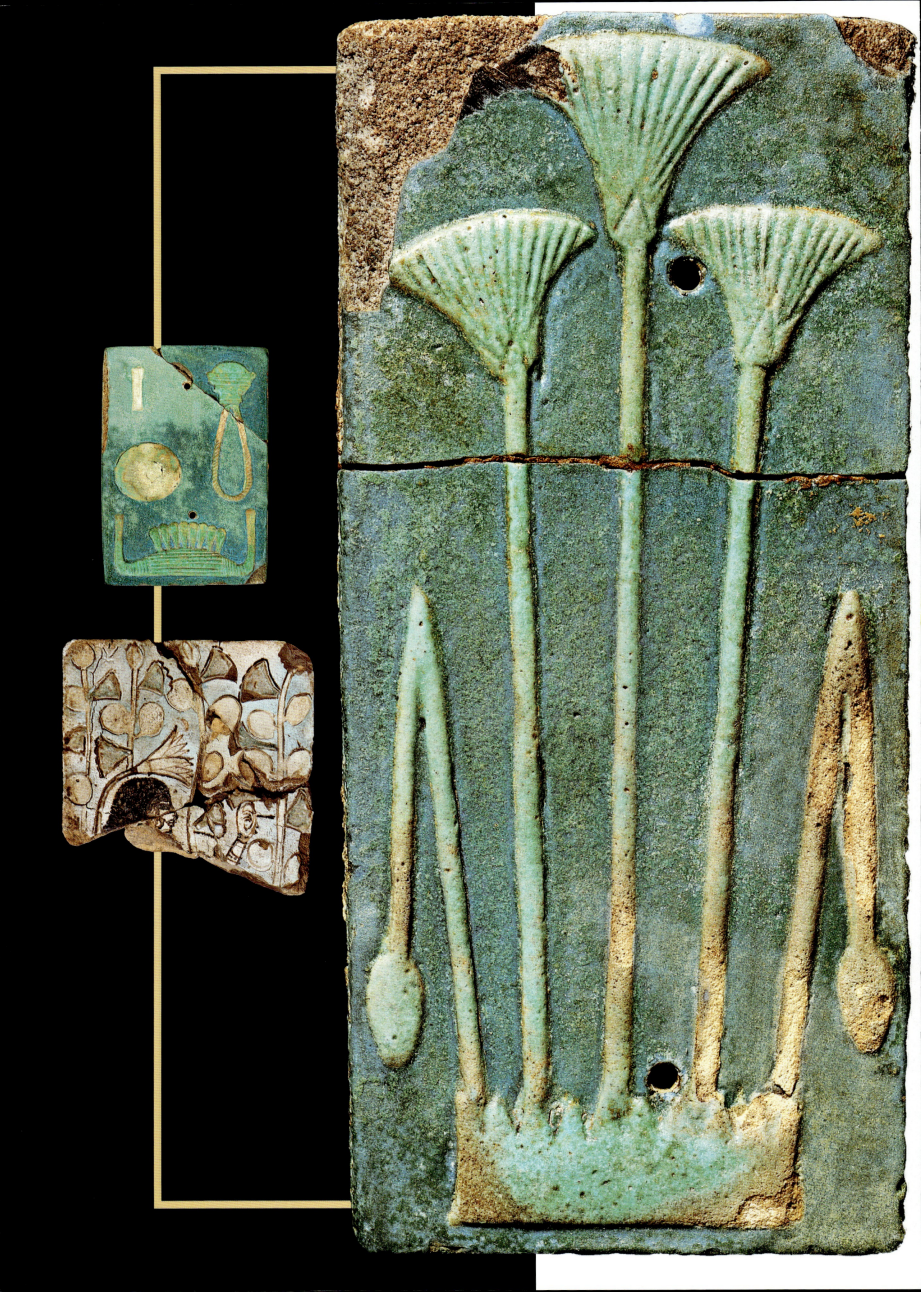

Etwas von der Pracht der Paläste und öffentlichen Gebäude in Pi-Ramses spiegeln die vielen glasierten Fliesen und architektonischen Elemente wider, die man im 20. Jahrhundert in Kantir entdeckt hat, lange bevor die eigentlichen Grabungen begannen. Man hat Teile von Fußböden und Podien gefunden, die polychrom glasiert sind und verschiedenste Motive tragen, darunter ausländische Gefangene sowie Sumpf- und Flussszenen mit Fischen und Haushühnern. Kein Wunder, dass der Hethiterfürst davon überwältigt war, wie Berichte belegen. Er schrieb an einen syrischen Fürsten: „Bereiten Sie sich darauf vor, dass wir nach Ägypten eilen mögen und sagen: ‚Der Wille Gottes ist geschehen.' Und sprechen Sie unterwürfig zu Usermaatre. Er haucht, wem er will, Leben ein und jedes fremde Land existiert gemäß seinem Wunsch. Hatti unterliegt seiner alleinigen Macht." Es gibt keinen Beweis dafür, dass der Hethiterfürst sich jemals in Pi-Ramses aufgehalten hat und es ist mehr als fraglich, ob er sich, geblendet von der Pracht der ägyptischen Stadt, tatsächlich dazu verleiten ließ, sein Reich Ramses zu überlassen.

Es ist eine Ironie des Schicksals, dass das einzigartige Denkmal der Herrschaft Ramses', die magische Stadt Pi-Ramses, weitgehend zu Staub zerfallen ist, dass ihre Monumente über das Land verstreut und oft von anderen Herrschern übernommen wurden und dass ausgerechnet diese Stätte in Vergessenheit geriet. Pi-Ramses war der Ort, den der große Baumeister protegiert und weiterentwickelt hatte, der ihm die meiste Zeit seiner Regentschaft eine Heimat bot und an dem er vermutlich starb.

168 oben links
Mauerdekor aus Fayence. Die Hieroglyphen lauten: „Gold wie Re". Das Stück stammt aus Kantir (Louvre).

168 unten links
Fayencefragment von einem prächtig dekorierten Gebäude in Kantir. Ungewöhnlich ist die Darstellung einer Person: Eine Frau mit einer Lotosblume über dem Kopf kümmert sich um die Pflanzen in einem Garten (Kairo, JdE 89483).

168 rechts
Mauerdekor aus Fayence mit Öffnungen für Haken, mit denen das Stück an einer Mauer befestigt werden konnte. Das Motiv zeigt Papyrusstauden mit geöffneten Blüten und Knospen, Symbol für Unterägypten (Louvre).

169 oben und unten
Wanddekore mit Ente (oben, Kairo, JdE 89480) und Fisch (unten, Kairo, JdE 89479). Bei dem Fisch handelt es sich um einen Nilbuntbarsch (Tilapia nilotica). Dieser Speisefisch wird heute vor allem im Nassersee gefangen.

Der grosse Baumeister

*170-171
Die zweite Pfeilerhalle des Tempels von Derr. Die quadratischen Pfeiler zieren Darstellungen Ramses' II. und Göttern. Auf dem Pfeiler links im Vordergrund umarmt Weret-hekau den König, auf dem Pfeiler rechts Menhit.*

*170 unten
Die Innenbereiche des Tempels von Derr wurden aus dem Fels gehauen. Zwei Pfeilerreihen des vorgelagerten ersten Hofes wurden eigens angefertigt, die dritte Reihe hat man aus dem Fels geschnitten. Sie zieren Statuen des Königs in Gestalt des Gottes Osiris.*

*171
Die Ostwand der zweiten Pfeilerhalle in Derr. Ramses II. bringt verschiedenen Göttern Geschenke dar. Hier bietet der König Amun-Re zwei Schalen mit Wein an. Der Gott ist als Fruchtbarkeitsgott Kamutef dargestellt.*

Der grosse Baumeister

Die NUBISCHEN Tempeln

Ramses II.

Es gibt jedoch andere Orte, die den Namen des Pharaos bewahrt haben. Im exterritorialen Nubien findet man mehrere Tempel, die nicht nur an Ramses' Divinität erinnern, sondern auch an seine irdische Grandeur. Man weiß nicht, ob die nubischen Tempel von einem königlichen Programm inspiriert waren oder ob sie das Ergebnis der Initiative nachfolgender Vizekönige von Kusch waren, die weitgehende Unabhängigkeit südlich der Grenze von Assuan genossen. Vielleicht trifft auch weder die eine noch die andere Vermutung zu. Man könnte fast den Eindruck gewinnen, dass diese Tempel vor allem die Glorie des Königs in diesem entfernten Land unterstreichen und nebenbei der Reputation hoher Beamter dienen sollten. Mehrere Tempel sind Speos oder Hemi-Speos, das heißt, sie sind ganz oder teilweise aus dem Fels gehauen. Es handelt sich um wenig beeindruckende Bauwerke, was jedoch nicht überrascht angesichts der Tatsache, dass die Heiligtümer an einem abgelegenen Ort errichtet wurden, in dessen näherer Umgebung es offensichtlich weder Städte noch größere Niederlassungen gab. Doch die Tempel dienten ohnehin nur Demonstrationszwecken, nicht der öffentlichen Anbetung. Die Tempeldienste wurden vermutlich nur gelegentlich von wenigen Priestern verrichtet. Zu diesen Heiligtümer gehörten unter anderem die Tempel von Beit el-Wali, Gerf Hussein und Derr. Die Tempel von Akscha, nördlich der sudanesischen Grenze, und von Amara, im Süden, waren dagegen vermutlich mit Städten verbunden. Letzterer muss seinerzeit ein eindrucksvolles Bauwerk gewesen sein. Die meisten Heiligtümer wurden in Ramses' früher Regierungszeit erbaut. Jene in Gerf Hussein und Wadi es-Sebua entstanden wesentlich später, nach dem 44. Regierungsjahr des Pharaos. Für deren Bau wurden gefangene Libyer herangezogen. Mehr über die nubischen Tempel wird im Kapitel „Das Persönlichkeitsbild Ramses' II." berichtet.

Der grosse Baumeister

172 oben
Der Tempel von Beit el-Wali, der teilweise aus dem Fels gehauen wurde. Man hat das Heiligtum demontiert und nach der Überflutung des Landes, die mit dem Bau des Hochdamms einherging, wieder aufgebaut.

172 unten und 172–173
Das Vestibül des Tempels von Beit el-Wali mit den beiden kannelierten Pfeilern. Rechts neben der Tür des Raumes birgt eine Nische drei Abbilder: Ramses II. thront zwischen Chnum und Anukis, zwei Gottheiten aus der Region des ersten Katarakts.

173 oben links
Der offene Vorhof des Tempels von Beit el-Wali. Die Seitenmauern zieren Szenen der Feldzüge in Nubien und Syrien. In dieser Darstellung packt Ramses II. zwei kniende syrische Gefangene an den Haaren, während er einen weiteren mit dem Fuß zerquetscht. In der rechten Hand hält der Herrscher eine Axt.

173 oben rechts
Ramses II. ist im Begriff mit seinem Chepesh-Schwert einem Nubier, der vor ihm kniet, den Gnadenstoß zu geben. Die Inschrift rechts erwähnt den ältesten Sohn des Königs, Amun-her-wonemef, der zu diesem Zeitpunkt vermutlich höchstens sieben Jahre alt war.

173 unten
Der Amadatempel in Nubien wurde unter den Königen der 18. Dynastie erbaut. Ramses II. legte weder an den Bauwerken noch am Dekor Hand an. Der Tempel könnte ihn oder seine höchsten Beamten jedoch zum Bau anderer Heiligtümer in Nubien inspiriert haben.

Der grosse Baumeister

Der Tempel von Wadi es-Sebua

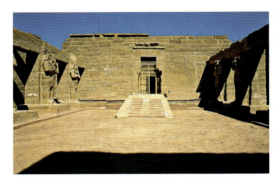

Der Tempel von Wadi es-Sebua war einst beeindruckend, obwohl es sich dabei „nur" um einen Hemi-Speos handelt. Er verfügte über eine Allee mit menschen- und falkenköpfigen Sphingen, über einen Pylonen und kolossale Skulpturen. Einem Vergleich mit dem prächtigsten Tempel Ramses' II. in Nubien, dem Großen Tempel von Abu Simbel, hält der Hemi-Speos jedoch nicht stand. Früher bezeichneten die Archäologen den Felsentempel inadäquat als Grotte. Der Tempel wurde von seinem ursprünglichen Platz am Nil zurückgesetzt und thront heute über dem Nassersee. Beim Versetzen des Tempels ließen die verantwortlichen Ingenieure und Wissenschaftler große Sorgfalt walten, um sicherzustellen, dass die ursprüngliche Ausrichtung des Heiligtums präzise eingehalten wurde. Viele Wissenschaftler gehen davon aus, dass die Ausrichtung des Tempels bei der Planung eine wesentliche Rolle spielte. Die alten Ägypter bezogen Naturphänomene, die die Sonne und andere Himmelskörper betreffen, mit außergewöhnlicher Sorgfalt in die Planung eines Bauwerks ein. Bei Sonnenaufgang trafen zum Beispiel die Strahlen der Sonne auf die Fassade des Tempels von Abu Simbel und durchfluteten die Innenräume. Man kann nicht mit Sicherheit sagen, ob der Anblick, der sich heute in der Morgendämmerung bietet, jenem entspricht, der sich bot, bevor der Tempel versetzt wurde. Die Sonne geht über den Hügeln am östlichen Horizont auf. Ihre Strahlen wandern über den See und treffen heute in einem weniger spitzen Winkel auf die Fassade als einst. Dessen ungeachtet ließ man größte Sorgfalt bei der Wahl des neuen Standorts für den Tempel walten und nichts kann darüber hinwegtäuschen, dass es sich um ein gewaltiges Unterfangen handelte, das erfolgreich umgesetzt wurde.

174 oben
Der Innenhof des Tempels von Wadi es-Sebua. Die Pfeiler der Kolonnaden im Norden und Süden zieren Osirisstatuen. Die Innenbereiche des Tempels dahinter wurden aus dem Fels gehauen.

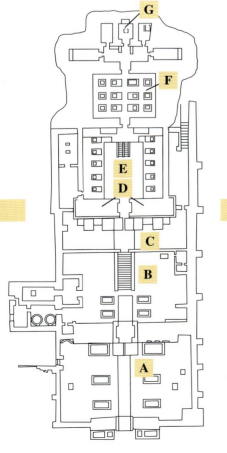

LEGENDE

- A ERSTER VORHOF MIT LÖWENSPHINXEN
- B ZWEITER VORHOF MIT FALKENSPHINXEN
- C TERRASSE MIT EINEM KOLOSS RAMSES' II.
- D STEINPYLON
- E HOF
- F AUS DEM FELS GEHAUENE PFEILERHALLE
- G ALLERHEILIGSTES

174-175
Luftbild vom Tempel in Wadi es-Sebua. Die Kamelkarawane im Vordergrund kommt aus dem Sudan und folgt der alten Handelsroute in den Süden.

175 unten
Eine der sechs Sphinxen, die die Allee formen, die in den ersten Vorhof des Tempels von Wadi es-Sebua führt. Der königliche Kopf trägt das Nemes-Kopftuch und die Doppelkrone. Die Arbeit ist zwar eher grob ausgeführt, dennoch wirkt die Sphinx majestätisch.

Der grosse Baumeister

Der grosse Tempel von Abu Simbel

Der Tempel von Abu Simbel ist der herausragendste unter den nubischen Tempeln und gehört zu den größten Werken Ramses' II. Mit dem Bau wurde in der frühen Regierungszeit des Pharaos begonnen und das Unternehmen hatte von Anfang an wahrlich königliche Ausmaße. Die Bauarbeiten wurde stets von hohen Beamten beaufsichtigt, die in Diensten des Vizekönigs standen. Man war sich zu jeder Zeit bewusst, dass der König beschließen konnte, der Stätte einen Besuch abzustatten, um den Fortschritt der Bauarbeiten zu begutachten und gegebenenfalls einzuschreiten. Wie so oft weiß man auch in diesem Fall nicht, wer für die Gestaltung des Tempels verantwortlich war. Es ist durchaus möglich, dass die ungewöhnliche Fassade mit den vier kolossalen Sitzfiguren des Königs, die aus dem Fels gehauen wurden, vom Pharao selbst genehmigt wurde. Die Planung des Kleinen Tempels von Abu Simbel fiel vermutlich in die gleiche Zeit. Er war der Göttin Hathor und der Königin Nofretiri geweiht. Der König spielte bei diesem Bauwerk nur eine untergeordnete Rolle.

Der Große Tempel von Abu Simbel bildete das Zentrum aller religiösen Einrichtungen in Nubien und war der bedeutendste Ort, an dem königliche Denkmäler aufgestellt wurden. Er diente als Provinzkathedrale Nubiens, nicht jedoch als liturgischer Mittelpunkt. Seine Vorrangstellung verdankte der Tempel seiner Größe, seiner Pracht und dem persönlichen Interesse des Königs. Es dauerte sehr lange, das Heiligtum aus dem Sandstein zu schneiden, es mit Reliefs zu dekorieren und die großen Statuen anzufertigen. Ein Projekt von solchem Umfang aus dem Fels zu hauen, bedeutete eine wahre Herausforderung. Man begann mit den Arbeiten, als Iunj nubischer Vizekönig war. Genaue Daten existieren nicht. Eine aufschlussreiche Inschrift fand man in der Nähe des Kleinen Tempels. Sie wurde von einem Beamten namens Ramses-aschahebsed, „Ramses-reich-an-Jubiläen", in Auftrag gegeben. Der Text weist darauf hin, dass der König einen seiner engsten Vertrauten beauftragt hatte, die Anfangsarbeiten zu beaufsichtigen. Dieser Beamte, dessen Name korrekter vermutlich Ramses-aschahebu, „Ramses-reich-an-Festen", lautet, war der oberste Mundschenk des Pharaos. Mundschenk war zwar ein ehrenhafter Titel, er räumte seinem Träger jedoch keine große Macht ein. Tatsächlich war Aschahebsed (oder Aschahebu) wohl ein Hofbeamter, der die Sinaihalbinsel unter Sethos I. besucht hatte. Er fügte seinem Namen Ramses hinzu, um den Eindruck zu erwecken, er sei innerhalb der Hierarchie der privaten Diener des Königs aufgestiegen und nicht mehr nur Mundschenk oder Diener, sondern Majordomus. In der Inschrift am Tempel von Abu Simbel stellt er fest, Seine Majestät „brachte viele Arbeiter, Gefangene des starken Arms, aus allen fremden Ländern" und er selbst sei „ermächtigt, das Land Kusch neu zu gründen, im großen Namen Seiner Majestät". Der ranghohe Palastbeamte hatte offensichtlich mehrere Aufträge in Nubien zu erledigen, vor allem aber sollte er den Fortgang der Arbeiten in Abu Simbel beaufsichtigen.

176
Der Kopf der nördlichen Kolossalstatue in Abu Simbel verdeutlicht die Grandeur Ramses' II. Man erkennt deutlich die Schnittlinien, die daher rühren, dass der Tempel demontiert und über dem Nassersee wieder aufgebaut wurde.

177 oben
Die Kartuschen Ramses' II. vom Sockel einer Kolossalstatue. Der Geburtsname weist nach links, der Thronname nach rechts. Ersterer ist zum Teil als Rebus gestaltet mit der Göttin Ma'at, die den User-Stab hält.

178-179
Luftbild der beiden Tempel in Abu Simbel. Die Heiligtümer wurden demontiert und in den 60-er Jahren über dem Nassersee wieder aufgebaut.

178 unten
Blick auf die Fassade des Großen Tempels von Abu Simbel, in Richtung Süden über den Nassersee bis hin zu den felsigen Hügeln im Südosten. Der König wirkt – im Gegensatz zur sonst üblichen Darstellung des Herrschers – in sich gekehrt.

Der grosse Baumeister

179 rechts
Drei Statuen erheben sich auf der Terrasse vor den Kolossalstatuen Ramses' II. Osiris wird von zwei Horusfalken flankiert, der vergöttlichten Manifestation des Königs im Leben wie im Tod.

LEGENDE

A VORHOF
B FASSADE MIT KOLOSSALSTATUEN
C GROßE HALLE
D DARSTELLUNGEN DER KADESCHSCHLACHT
E PFEILERHALLE
F VESTIBÜL
G ALLERHEILIGSTES MIT DEN STATUEN DER TEMPELGOTTHEITEN
H LAGERRÄUME

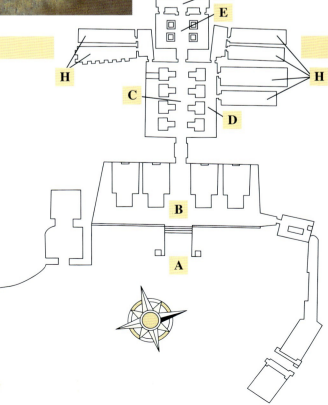

Der grosse Baumeister

Es wurde immer wieder darauf hingewiesen, dass die Fassade des Tempels mit den 20 m hohen Kolossalstatuen den Eingangspylonen eines ägyptischen Standardtempels zu jener Zeit repräsentiert. Unter diesem Gesichtspunkt kann man den Tempel mit jenem von Luxor vergleichen. Dort stehen vor dem Pylonen, der unter Ramses II. errichtet wurde, sechs Kolossalstatuen und zwei große Obelisken. Im Innern weist der Tempel von Abu Simbel viele Charakteristika eines ägyptischen Heiligtums auf, das dem Standard entsprach. Er umfasst zwei Hallen mit Pfeilern, ein Vestibül und ein Allerheiligstes. All diese Räume sind entlang der Hauptachse ausgerichtet und verfügen über Nebenräume, in denen die Tempelutensilien aufbewahrt wurden, Opferungen stattfanden und möglicherweise Rituale zelebriert wurden. Der Tempel führt 49 m in den Fels hinein. Die Kammern, Säulen und Statuen der ersten Halle zeugen von außergewöhnlicher Kunstfertigkeit. Hier waren

180 links
Diese drei Inschriften wurden in den Fels südlich des Großen Tempels von Abu Simbel gemeißelt. Die Texte links werden von Darstellungen des Königs begleitet, der vor Amun Gefangene massakriert.

180-181
Die Fassade des Großen Tempels von Abu Simbel im Licht der Morgensonne. Der Oberkörper des zweiten Kolosses wurde bei einem Erdbeben kurz nach der Fertigstellung des Tempels schwer beschädigt.

Ramses II.

Meister ihres Fach am Werk. Einige Arbeiten sind zwar gemäß dem Standard nur grob ausgeführt, in seiner Gesamtheit ist der Tempel jedoch überwältigend. Die Arbeiten am Tempelinnern kamen wohl im zehnten Regierungsjahr Ramses' zum Abschluss. Vermutlich waren zu diesem Zeitpunkt auch bereits die Reliefs in die Wände gemeißelt. Darstellungen der Schlacht von Kadesch zieren die Nordwand der ersten Pfeilerhalle, die Süd- und die Ostwand tragen ebenfalls Kriegsszenen, die jedoch größtenteils nicht näher bestimmt sind. Überall findet man rituelle Darstellungen, die Ramses im Kreise der höchsten Götter zeigen, die in diesem Tempel verehrt wurden. Im Allerheiligsten sind Statuen dieser Gottheiten und des Königs aus dem Fels geschnitten: Ramses thront zwischen Re-Harachte, Amun-Re und Ptah. An zwei Tagen des Jahres, um den 20. Februar und den 20. Oktober fallen bei Sonnenaufgang die Sonnenstrahlen in den Tempel und illuminieren diese Statuen.

182
Der Oberkörper einer Kolossalstatue, die die Pfeiler an der Südseite der großen Halle zieren. In der Regel stellen solche Statuen den König als Osiris dar, in diesem Fall handelt es sich jedoch um den lebenden Herrscher.

Man darf davon ausgehen, dass die Baumeister des Tempels dieses Phänomen bewusst in ihre Planung einbezogen haben, auch wenn man nicht weiß, ob sie tatsächlich fähig waren, die präzisen Berechnungen anzustellen, die ein solches Vorhaben erforderte.

Nachdem die Innenarbeiten abgeschlossen waren, konnte der Tempel seinem eigentlichen Zweck zugeführt werden, doch er wurde erst um das 24. Regierungsjahr Ramses' eingeweiht, als der König selbst mit seiner Gemahlin Nofretiri und einem großen Hofstaat nach Nubien reiste. In der Zwischenzeit waren die Arbeiten an der Fassade mit den Kolossalstatuen abgeschlossen oder standen kurz vor dem Abschluss. Das Monument war ein Triumph für Ramses als König und als Gott. Der Kleine Tempel, den Nofretiri bisher vermutlich noch nicht gesehen hatte, war der letzte Tribut ihres treuen Gatten an sie, denn sie sollte kurz darauf sterben. Romantiker gehen davon aus, dass das königliche Paar im Februar 1255 v. Chr. das Heiligtum besuchte, um der Illumination der Statuen im Allerheiligsten des Großen Tempels beiwohnen zu können. Diese Zeitangabe wird jedoch von keiner datierten Inschrift untermauert.

Touristen, die den Großen Tempel von Abu Simbel besuchen, fragen sich oft, weshalb die beschädigte Statue zur Linken des Eingangs beim Wiederaufbau des Heiligtums nicht restauriert wurde. Man hätte dies natürlich tun können, entschied jedoch, den Tempel originalgetreu wieder aufzubauen. Etwa im 31. Regierungsjahr Ramses' erschütterte ein Erdbeben die Region, bei dem der Koloss schwer beschädigt wurde (vermutlich führte eine Verwerfung oder ein Riss im Fels zu dieser Katastrophe). Die Säulen im Tempelinnern wurden ebenfalls ernsthaft beschädigt, konnten jedoch wieder instand gesetzt werden. Die nubischen Beamten, die die Arbeiten im Altertum beaufsichtigten, machten dagegen offensichtlich keine Anstalten, den Koloss restaurieren zu lassen. Wurde Ramses überhaupt darüber informiert, was geschehen war? Wer weiß! Eine gewisse Befriedigung stellt sich zweifellos ein, wenn man bedenkt, dass eine Naturkatastrophe eine solch verheerende Auswirkung auf den Tempel hatte. War dies die göttliche Strafe für die Anmaßung des Königs, sich zum Gott zu erheben?

183
Die große Halle, die erstmals von Giovanni Battista Belzoni im Jahr 1817 betreten wurde. Vor den vier Pfeilern auf jeder Seite erheben sich Statuen des Königs, der zur Linken die weiße Krone und zur Rechten die Doppelkrone trägt.

184 oben
Darstellung auf einem Pfeiler in der großen Halle. Ramses II. bringt dem widderköpfigen Chnum Kleidung und ein Trankopfer dar. Dafür gewährt der Gott dem König hunderttausende von Jahren.

184-185
Deckengemälde in der großen Halle. Die kurze Titulatur des Königs wechselt sich mit Darstellungen der Geiergöttin Nechbet ab, die die Atef-Krone trägt und in ihren Fängen Fächer aus Straußenfedern hält.

185
Blick durch die Pfeiler der großen Halle auf eine königliche Statue, die die weiße Krone trägt. Die Pfeiler zieren Dar-stel-lun-gen des Königs, der verschiedenen Gottheiten Opfer darbringt.

Der grosse Baumeister

186 oben
Die Köpfe des vergöttlichten Ramses II. und der löwenköpfigen Iusas im großen Hof. Hier wurde eine Änderung vorgenommen: Die Darstellung Ramses' überdeckt eine frühere Figur, von der noch Teile zu erkennen sind.

186 unten
Detail einer Darstellung in der großen Halle. Ramses bietet Amun-Re, seinem vergöttlichten Selbst mit Widder-hör-nern und der Göttin Mut nubische Gefangene dar.

187
Ramses II. massakriert vor Re-Harachte syrische Gefangene. Unter der Szene sind verschiedene Prinzessinnen dargestellt: Bintanta, Bekmut, Nofretiri, Meritamun, Nebt-taui, Isisnofret, Hent-taui, Werenro und Medjemmut.

188
Detail der Szene, in der Ramses II.
einen Libyer durchbohrt, während er
einen anderen mit dem Fuß
zerquetscht. Die könig-lichen
Gesichtszüge sind zwar nicht in
bester thebanischer Manier
ausgeführt, man kann den Herrscher
jedoch eindeutig identifizieren.

189
Der Kopf Ramses' II. Detail einer
Darstellung auf einem Pfeiler in der
großen Halle, in der der König den
Göttern Geschenke darbringt. Die
Uräusschlange an der blauen Krone
wurde verändert.

Der grosse Baumeister

190 links
Darstellung auf dem zweiten Pfeiler zur Linken in der zweiten Pfeilerhalle. Die Göttin Mut, die die Doppelkrone trägt, umarmt Ramses II. schützend.

190-191
Die zweite Pfeilerhalle in Abu Simbel. Vier quadratische Pfeiler, die aus dem Fels geschnitten wurden, stützen das Gewölbe. Dargestellt sind Ritualszenen, keine Kriegsszenen wie in der großen Halle.

191 oben
Blick von der zweiten Pfeilerhalle in die große Halle. Die Darstellungen an den Pfeilern zeigen unter anderem den König, der von verschiedenen Gottheiten umarmt wird.

191 unten
Detail einer Darstellung in der zweiten Pfeilerhalle. Ramses II. bringt Amun-Re, „Herr der Throne der Beiden Länder", und dessen göttlicher Gemahlin Mut Buketts dar. Der König erfüllt damit eine bedeutende religiöse Pflicht.

192-193
Ramses II. opfert Weihrauch und das Zepter der Macht, während Königin Nofretiri Sistren vor der heiligen Barke mit dem Abbild des Gottes Amun-Re schüttelt. Priester und Diener tragen die schwere Barke.

192 unten
Kopf der Königin Nofretiri. Detail der Darstellung in der zweiten Pfeilerhalle, die gegenüber abgebildet ist. Die Königin schüttelt ihre Sistren, die rituellen Musikinstrumente. Sie trägt eine kunstvolle Frisur mit der Mondscheibe zwischen Hörnern und langen Federn.

193 oben
Vier Diener der Priesterschaft tragen scheinbar mühelos die heilige Barke des Amun-Re. Ungewöhnlich sind die nach oben gebogenen Spitzen der Bärte der Diener, die im Allgemeinen mit Divinität assoziiert wurden.

193 unten
Darstellung an der Nordwand der zweiten Pfeilerhalle. Ramses II. opfert Weihrauch, während Nofretiri die Sistren vor der Barke mit dem Abbild des vergöttlichten Ramses schüttelt. Priester ohne Bart tragen die Barke.

Der grosse Baumeister

Ramses II.

194 oben
Die Nordwand des Allerheiligsten im Großen Tempel von Abu Simbel. Rechts bringt Ramses II. Weihrauch und ein Trankopfer vor der Barke mit seinem vergöttlichten Selbst im Allerheiligsten dar. Links steht der barhäuptige König vor seinem vergöttlichten Selbst.

194 unten
Die Südwand des Allerheiligsten. Links bringt Ramses II. der Barke des Amun-Re im Allerheiligsten Weihrauch und ein Trankopfer dar. Rechts salbt der König Amun-Re, der als Kamutef dargestellt ist.

194-195
Das Allerheiligste im Großen Tempel von Abu Simbel. Die drei nationalen Gottheiten, Ptah, Amun-Re und Re-Harachte sind mit dem vergöttlichten Ramses vereint. Die Sitzstatuen scheinen darauf zu warten, von den Strahlen der Sonne illuminiert zu werden – ein Phänomen, das zweimal pro Jahr auftritt.

Der grosse Baumeister

Das Persönlichkeitsbild Ramses' II.

196
Der Kopf einer Statue Ramses' II. an einem der Pfeiler in der großen Halle in Abu Simbel.

197
Das Kind Ramses (mes) kauert vor dem syrischen Gott Hauron, dargestellt als Horus. Ramses umfasst eine Segge (su), die Pflanze Oberägyptens. Die Doppelstatue aus Tanis bildet einen Rebus des Namens Ramses': Re (die Sonne), das Kind und die Segge (Kairo, JdE 64735).

KAPITEL 5

1. *Horus:* Starker Stier, geliebt von Ma'at (Wahrheit, Recht und Ordnung)
2. *Die Beiden Damen* (Nechbet und Uto): Schutzgöttinnen Ägyptens, die die ausländischen Staaten unterwerfen
3. *Goldhorus:* Reich an Jahren, groß an Siegen
4. *König von Ober- und Unterägypten:* Usermaatre-Setpenre
5. *Sohn des Re:* Ramses-Meriamun

Ramses II. verwendete diese Titel in formellen Inschriften ab seinem zweiten Regierungsjahr, lange bevor er sich mit einer gewissen Rechtfertigung „Beschützer Ägyptens, der die ausländischen Staaten unterwirft" nennen durfte oder bewiesen hatte, dass er „reich an Jahren und groß an Siegen" war. Es war nichts Außergewöhnliches an einer königlichen Titulatur von solcher Länge und mit so vielen arroganten Ansprüchen. Mit Beginn des Alten Reiches umfasste die gesamte Titulatur der ägyptischen Könige fünf Namen oder Anrufungen. Diese fünf Namen sind oben kursiv gesetzt. Sie verkörpern die göttlichen Attribute, die einen ägyptischen König charakterisierten, nicht nur Ramses II. Formellen Zwecken dienten vor allem der vierte und der fünfte Name, wie verschiedene Monumente belegen. Der vierte Name entspricht dem Thronnamen, den der König nach seiner Krönung annahm. Unter diesem Namen war er auch allgemein bekannt. Ramses hieß Usermaatre-Setpenre oder nur Usermaatre – der Ozymandias von Percy Bysshe Shelley. Der fünfte Name ist der Geburtsname. Er setzt sich zusammen aus dem Namen vor der Thronbesteigung, Ramses, dem das Attribut Meriamun, „geliebt von Amun", hinzugefügt wurde.

Wie göttlich war ein ägyptischer König tatsächlich? Mit dieser Frage haben sich viele Wissenschaftler beschäftigt. Es gibt bisher jedoch keine befriedigende Antwort, die alle Aspekte berücksichtigt, die einen ägyptischen Souverän ausmachten, und darauf eingeht, wie der Herrscher sich selbst einschätzte, wie er bei Hofe und von hohen Beamten beurteilt wurde und wie ihn das ägyptische Volk sah. Ramses II. hatte offensichtlich einen besonderen Status inne, ähnlich den ägyptischen Göttern. Man weiß jedoch nicht, ob er der einzige war, der sich in dieser Position sah, oder ob sein Volk diesen Status ebenfalls akzeptierte. Handelte es sich lediglich um einen außergewöhnlichen Fall antiker Propaganda oder wurde Ramses im Verlauf seiner langen Regentschaft tatsächlich einem Gott gleichgestellt? Was war das besondere am Persönlichkeitsbild Ramses'? Welche Veränderung des königlichen Verhaltens oder der königlichen Praktiken führte dazu, dass der Pharao einem Gott gleich verehrt wurde? War er im ganzen Königreich so angesehen oder nur in bestimmten Gebieten Ägyptens? Keine bisher gegebene Antwort auf all diese Fragen, ist wirklich befriedigend. Dies liegt vor allem daran, dass es unmöglich ist, die wahren Gedanken der Ägypter zu ergründen und herauszufinden, was sie tatsächlich glaubten. Auf der Suche nach Antworten sind die Inschriften, die man entdeckt hat, nicht immer hilfreich, denn oft lässt sich ihre Botschaft nur schwer deuten. Wie soll man die Wahrheit von der Übertreibung unterscheiden? Man muss es zumindest versuchen.

Bereits zur Zeit der ersten Dynastien hielt man die Könige für die Verkörperung des Gottes Horus. Divinität war somit ein Teil der königlichen Persönlichkeit. Der lebende König verkörperte Horus, während der verstorbene Herrscher gemäß der ägyptischen Mythologie mit Osiris identifiziert wurde, dem Vater Horus'. Von weit größerer Bedeutung war jedoch, dass der Regent als Sohn des Re (fünfter Name) betrachtet wurde. Zu Lebzeiten des Herrschers war diese Verwandtschaft mit dem großen Sonnengott von Heliopolis die bedeutendste seiner göttlichen Verbindungen. Der ägyptische König war also mit Divinität gesegnet. Er war Horus, er war der Sohn des Re. Dies waren die formellen Elemente der Königswürde, die eine Regentschaft legitimierten, den Herrscher jedoch offensichtlich noch nicht zu einem Gott erhoben. Der König wurde auch als der „Gute Gott" bezeichnet. Die Bedeutung des Wortes „Gott" in dieser Anrufung konnte bisher nicht zweifelsfrei geklärt werden. Man findet diese Anrufung oftmals mit dem Vornamen in kurzen Zitaten zum Beispiel auf Skarabäen, wenn die gesamte Titulatur zu lang gewesen wäre. Sie wurde fast wie eine Phrase verwendet wie „Seine Majestät" und scheint keine tiefere Bedeutung gehabt zu haben.

Der herrschende König könnte als göttlich betrachtet werden, ohne jedoch tatsächlich ein Gott zu sein. Er war jemand, der über allen anderen Ägyptern stand, der Pflichten geerbt hatte, die er aufgrund seiner Verwandtschaft mit den Göttern zu erfüllen hatte, der von den Göttern alles empfing, was ihn zu einem König machte, und der während seiner Herrschaft, bei allem was er tat, von den Göttern beschützt wurde. Lang möge er regieren! So hofften alle Könige. In diesem und anderen Punkten unterschied sich Ramses zu Beginn seiner Regentschaft nicht von seinen Vorgängern. Er hatte jedoch zweifellos sehr hohe Erwartungen, von denen sich einige zu gegebener Zeit tatsächlich erfüllen sollten. Die Zeremonien anlässlich der Thronbesteigung wurden traditionell in Memphis abgehalten. Sie bestätigten formell und magisch die Kräfte, die den Herrscher einem Gott gleichmachten, und verliehen ihm seine einzigartige Autorität. In Ramses' Fall gilt es nicht als gesichert, dass die Krönungsfeier in Memphis abgehalten wurden. Vielleicht hatte man sich für Pi-Ramses entschieden, die Residenz des Königs im Delta. Sie war ohne Zweifel der bevorzugte Ort für königliche Zeremonien, die in seiner späteren Regierungszeit abgehalten wurden. Es scheint jedoch unwahrscheinlich, dass Ramses sich weigerte, die Krönungsfeier in Memphis abzuhalten, das selbst etwas von der mystischen Bekräftigung des königlichen Status des neuen Herrschers verkörperte.

Im Zuge der Zeremonien anlässlich der Thronbesteigung musste der angehende König fiktiv, vielleicht sogar tatsächlich, bestimmte Tests bestehen, die seine Macht bestätigen und seine Fähigkeiten unterstreichen sollten. Er musste außerdem den Göttern aller ägyptischen Bezirke gegenübertreten und sich ihnen vorstellen. Er wurde mit der weißen und roten Krone Ober- und Unterägyptens gekrönt und rituellen Waschungen mit dem Wasser des Lebens unterzogen. Theoretisch vollzogen die Götter Horus und Thot diesen Ritus. Reliefs zeigen diese beiden Götter, die aus Krügen Wasser in Form von Ketten gießen, die aus *anch*-Zeichen bestehen, dem Symbol des Lebens. Anschließend beziehungsweise bei späteren Zeremonien, die man immer wieder an Tempelmauern findet, wünschte man dem neuen Herrscher ein langes Leben, dargestellt mit einem Palmstamm, der mit unzähligen Kerben versehen ist, die die Millionen von Jahren verkörpern sollten, die der Herrscher erwarten durfte. Am Stamm der Palme hingen außerdem die Zeichen des Sedfestes, genannt *heb-sed* oder Jubiläum. Bei diesem Fest, das die Krönung widerspiegelte, wurde der König gestärkt für den nächsten Abschnitt seiner Regentschaft. Die umfassende Widmung im Osiristempel in Abydos, die Ramses II. für seinen Vater Sethos I. vollenden ließ, weist darauf hin, dass der verstorbene Sethos persönlich dem Sonnengott Re den Vorschlag unterbreitete, die Lebensspanne Ramses' zu verdoppeln, und dass Re dem jungen König generös Ewigkeit und Unvergänglichkeit und Millionen von Jubiläen garantierte. Und so sollte es sein. Ramses erlebte zwar keine Millionen von Jubiläen, aber er lebte sehr lange und feierte weitaus mehr Jubiläen, als je ein ägyptischer König vor ihm.

Das Persönlichkeitsbild Ramses' II.

Ramses II.

198 oben
Detail einer Darstellung aus Karnak. Ramses II. vergießt ein Trankopfer (Wasser) vor Haroeris, einer Form des Horus, „Herr von Sechem" (Letopolis im Delta). Der Gott ist als Mensch dargestellt, in der Inschrift dagegen als mumifizierter Falke.

198-199
Im Hypostylon des Tempels von Karnak. Ramses II. kniet vor dem Perseabaum und -empfängt von Amun-Re, Mut und Chons (Letztere sind nicht zu sehen) eine Vielzahl an Jubiläen.

Das Persönlichkeitsbild Ramses' II.

Der Zelebration des Sedfestes ging zweifellos die Vereinigung Ober- und Unterägyptens zu Beginn der 1. Dynastie (um 3100 v. Chr) voran. Der Tod eines Königs und seine Nachfolge waren bedeutende Angelegenheiten, die höchste Anforderungen an primitive Gesellschaften stellten. Wie konnten die besonderen Kräfte eines Königs oder eines Stammesfürsten auf den Thronfolger übertragen werden? Wie konnten diese Kräfte in einem alternden König am Leben erhalten werden, so dass das Wohlergehen der Nation oder des Stammes gesichert war? In einigen Fällen beantwortete man diese Frage, indem man einen Ritualmord am Herrscher verübte, wenn man seine Zeit für abgelaufen hielt.

Es gibt keine Beweise dafür, dass dies jemals in Ägypten praktiziert wurde. Hingegen gibt es ab der 1. Dynastie Belege dafür, dass eine Zeremonie der Erneuerung begangen wurde. Man hielt es für angemessen, zwischen der Thronbesteigung und dem ersten Sedfest 30 Jahre vergehen zu lassen. Zwei Herrscher der 18. Dynastie regierten lange genug, um nach 30 Jahren dieses Jubiläum feiern zu können: Thutmosis III. und Amenophis III. Sie regierten sogar so lange, dass sie in Abständen von drei Jahren weitere Jubiläen feiern konnten. Beide Könige dienten Ramses zweifellos als Vorbild. Thutmosis III. blieb als großer Eroberer in Erinnerung, Amenophis III. ging als großer Baumeister in die Geschichte ein, an den kolossale Statuen erinnerten. Vermutlich wurde Ramses vor allem von Amenophis III. inspiriert, insbesondere von dessen Monumenten in Luxor und Karnak. An diesen Orten ließ er Bauwerke erweitern oder fertig stellen, die unter Amenophis III. begonnen worden waren. Mit dem Ramesseum, dem Totentempel Ramses', kopierte der Pharao vielleicht bewusst die außergewöhnliche Architektur und den prächtigen Dekor des nahe gelegenen Totentempels Amenophis' III. mit den beeindruckenden Memnonskolossen. Was jedoch die Jubiläen anging, so musste Ramses sich nicht an seinen Vorgängern orientieren. Sein erstes Jubiläum zur Erneuerung seiner Herrschaft sollte noch nicht einmal den Ablauf der ersten Hälfte seiner Regierungszeit markieren, was er zu diesem Zeitpunkt jedoch noch nicht einmal erahnen konnte.

Das Sedfest war ebenso bedeutsam für die ganze Nation wie die Krönung eines neuen Königs. Für das gemeine Volk verkörperte das Jubiläum die Bekräftigung der königlichen Macht, vor allem aber bot es Gelegenheit, ausgelassen zu feiern. 30 Regierungsjahre waren eine lange Zeit, auf die der König stolz sein konnte. Eine lange Regentschaft war nicht nur gut für das Ansehen des Herrschers, sondern auch bedeutsam für das ägyptische Königtum.

Das Jubiläum musste vorbereitet und bekannt gegeben werden, damit die entsprechende Zeremonien im ganzen Land organisiert werden konnten. Hätte Ramses vorhersehen können, dass er so viele Sedfeste feiern würde, wäre er sicher so weise gewesen, seinen Wesir im Norden oder einen seiner älteren Söhne zu beauftragen, eine eigene Dienststelle für die Organisation der triennalen Jubiläen einzurichten. Vermutlich beging der Pharao das Sedfest gemäß den regulären Zeitabständen bis in sein 66. Regierungsjahr (um 1214 v. Chr.). Nach dem ersten Sedfest, das im 30. Regierungsjahr gefeiert wurde, zelebrierte man die weiteren Feste im Abstand von drei Jahren. Als sich abzeichnete, dass das Ende der Herrschaft Ramses' näher rückte, wurde das Jubiläum vielleicht in kürzeren Zeitabständen gefeiert.

Memphis, der traditionelle Ort der Krönung, war gemäß dem Usus die erste Stadt, in der das

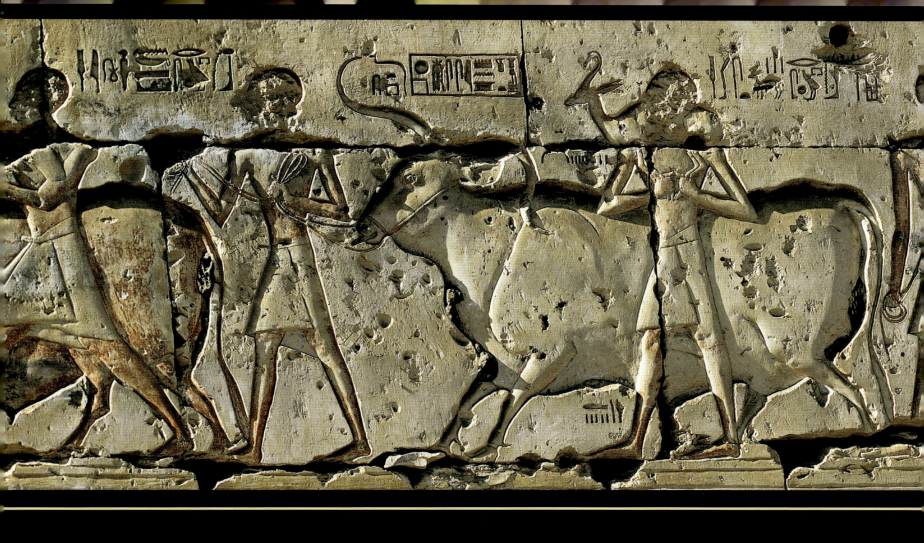

Sedfest ausgerufen wurde. Memphis stand unter dem Schutz von Ptah, dem großen Ur- und Schöpfergott. Die Doppelgottheit Ptah-Tatenen vereinte in sich die Natur des Stadtgottes von Memphis und eines anderen sehr alten Erdgottes, der ebenfalls in Memphis verehrt wurde: Tatenen. In Kombination repräsentierten die beiden Götter die etablierten Kulte, die mit Ägypten fest verwurzelt waren und deren Zentrum Memphis war, die königlichste aller Städte, wenn es um die Sitten und Bräuche des Königtums ging.

Chaemweset, Ramses' vierter Sohn, rief im 30. Regierungsjahr seines Vaters das Sedfest aus. Er hatte sich für ein Leben als Priester und Administrator entschieden und in Memphis niedergelassen. Kriegführung und Hofpolitik in Pi-Ramses zu betreiben, lag ihm nicht. Etwa um das 51. Regierungsjahr seines Vaters sollte er Kronprinz werden, nachdem seine drei älteren Brüder verstorben waren. In Memphis war Chaemweset der Hohe Priester des Ptah, die meiste Zeit seiner Karriere bekleidete er jedoch das bescheidenere Amt des Sempriesters des Ptah. Er war der Dekan der Kathedrale von Memphis, die rechte Hand des Hohen Priesters, verantwortlich für die Rituale. Dieser Rang, kombiniert mit seinem Status als Prinz, prädestinierte ihn geradezu für die Bekanntgabe des Sedfestes, nicht nur in Memphis, sondern in ganz Ägypten. Zeitgenössische Berichte über die Proklamation des Jubiläums erscheinen eher willkürlich. Vermutlich besuchte der königliche Envoyé zumindest die Provinzhauptstädte Ägyptens. Die Annahme, dass eine Niederschrift der Proklamation vor einem Tempel oder einem bedeutenden öffentlichen Gebäude aufgestellt wurde, konnte bisher nicht bestätigt werden. Die antiken Niederschriften deuten darauf hin, dass das Procedere eher formlos war und dass die Aufzeichnungen willkürlich erfolgten. Der einzige formelle Text über das erste Sedfest ziert die Außenmauer des Speos von Haremhab in Gebel es-Silsila, einem entlegenen, dünn besiedelten Ort. Hier lebten nur die Arbeiter der Steinbrüche. Aus religiöser Sicht war der Ort jedoch bedeutsam. Er stand mit Hapi, dem Gott der Überschwemmung des Nil, in Verbindung, also mit Erneuerung und Fruchtbarkeit. Die Darstellung in Gebel es-Silsila besteht aus einer Abbildung Chaemwesets und einem kurzen Text, der heute leicht beschädigt ist und im Original lautet: „30. Regierungsjahr:

200-201 und 201 unten
Die Grabstätten hoher Beamter des Alten Reiches zieren oftmals Darstellungen von Tierprozessionen, die zu den Begräbnisritualen gehörten. Solche Prozessionen findet man auch an den Tempel-wänden des Neuen Reiches. Hier beziehen sie sich jedoch nicht auf den Totenkult, sondern dienten rituellen Zwecken. Die Tiere sollten den Tempelgöttern geopfert werden und zu gegebener Zeit wurden Teile der geschlachteten Tiere an das Tempelpersonal verteilt. Zur Tierprozession im Tempel Ramses' II. in Abydos gehören unter anderem eine Oryxantilope und eine junge Gazelle. Die Tiere werden von Dienern zur Schlachtbank geführt.

Das Persönlichkeitsbild Ramses' II.

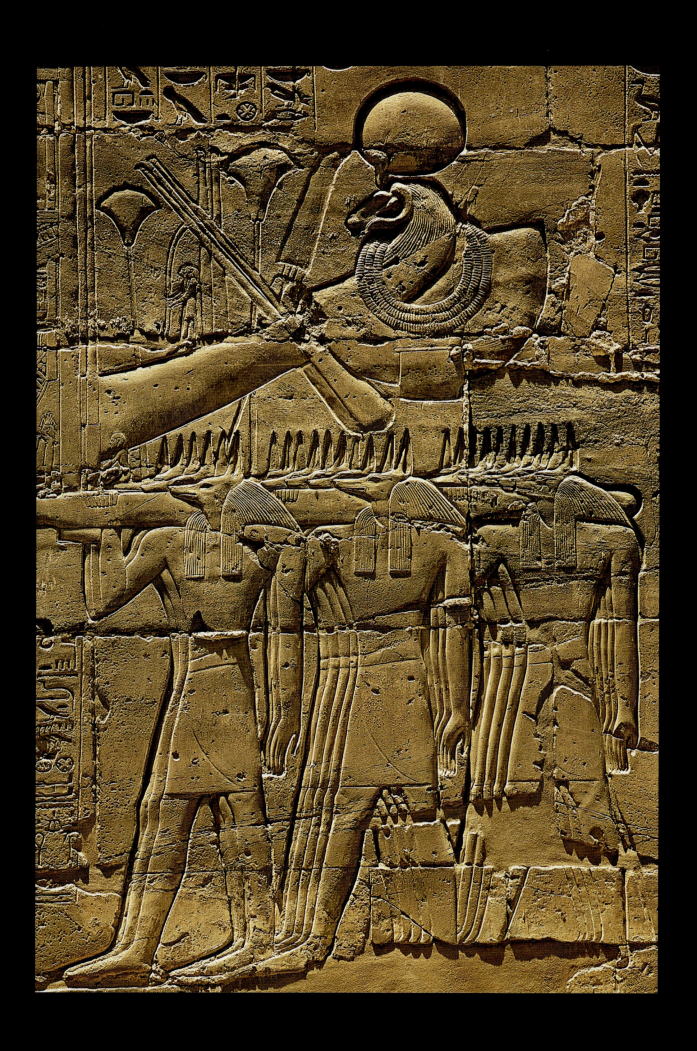

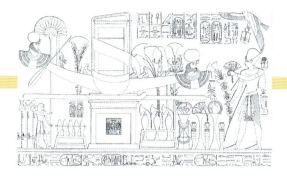

die erste Gelegenheit für das Sedfest des Herrn der Beiden Länder Usermaatre-Setpenre, der ewiges Leben erhielt. Seine Majestät hat angeordnet, dass das Sedfest vom Prinzen und Sempriester Chaemweset im ganzen Land verkündet werden soll, mit Recht."

Eine Lobeshymne zur Ehren Ramses', die ein Ostrakon ziert, belegt, dass Khai, der Wesir von Theben, intensiv mit den Vorbereitungen für das erste Sedfest beschäftigt war. Ohne eindeutige Beweise ist es schwierig, zu rekonstruieren, wie die Zeremonien für das Jubiläum organisiert wurden. Man weiß, dass eine große Festhalle in Pi-Ramses erbaut wurde, um einige Zelebrationen, die zum Sedfest gehörten, zu begehen, und es besteht kein Zweifel, dass die Hauptzeremonien, in die das gemeine Volk einbezogen war, hier stattfanden. Die intimsten Rituale wurden möglicherweise in Memphis abgehalten, dem Sitz von Ptah-Tatenen. Diese Zeremonien betrafen die Erneuerung der Kräfte des Königs, seinen symbolischen Lauf und seine Begegnung mit den Göttern ganz Ägyptens. Anschließend könnte ein traditioneller Ritus begangen worden sein. Es ist aber auch möglich, dass alle Zeremonien in Pi-Ramses abgehalten wurden, jener Stadt, die dem Wohlergehen, der Bequemlichkeit und dem Prunk des Königs diente.

Die Einbeziehung Khais, der in Theben stationiert war, deutet darauf hin, dass er für die Zeremonien in Oberägypten verantwortlich war. Sie waren groß angelegt, damit so viele Menschen wie möglich davon erfuhren, dass ihr Monarch bereits seit 30 Jahren regierte. Es scheint, als hätten einige Menschen, die nur über bescheidene Mittel verfügten, die Mühe auf sich genommen, in den Norden zu reisen, nach Memphis oder Pi-Ramses oder in beide Städte, um an den Zeremonien teilhaben zu können. Ein Ostrakon aus Theben trägt das Fragment eines Briefes, vielleicht eines Musterbriefes mit Übungen für die Schreiber, das sich auf ein Geschäft bezieht, bei dem es um ein Paar Sandalen und einen Soldaten geht. Der Inhalt ist relativ unverständlich. Der Schreiber spricht davon, dass sich ein Soldat in der Nacht auf den Weg nach Norden machte, und er kommentiert: „Aus welchem Grund sollte er nach Norden zum Sedfest reisen?" Es war eigentlich nicht überraschend, wenn das gemeine Volk aus Neugierde, vor allem aber wegen des Amüsements nach Norden strömte. Große Feste zogen immer die Massen an und vieles deutet darauf hin, dass die Begleitzeremonien eine weitaus größere Attraktion darstellten, als die formellen Riten.

Die im Abstand von drei Jahren stattfindenden Sedfeste, die auf das erste folgten und die geschwächten Kräfte des Königs wieder beleben sollten, erinnerten die Ägypter daran, dass die Virilität ihres Herrschers unvermindert war. Außerdem bewahrten sie das königliche Ansehen im Gedächtnis der Menschen. Vom zweiten Sedfest, das im 33. Regierungsjahr Ramses' begangen wurde, berichtet eine Inschrift in Form der Proklamation Chaemwesets, die in den Speos von Haremhab in Gebel es-Silsila gemeißelt ist. Dieses Ereignis hält außerdem eine Felsinschrift fest, die man auf der Insel Seheil, südlich von Elephantine, entdeckt hat. Die ersten drei Sedfeste sind in Biga registriert, das der Insel Philae gegenüberliegt. In der Mythologie steht dieser Ort, den man für die Quelle der jährlichen Nilüberschwemmung hielt, mit dem Gott Hapi in Verbindung. In Gebel es-Silsila hat man Niederschriften des vierten, fünften und sechsten Sedfestes entdeckt. Offensichtlich war das fünfte Fest das letzte, das Chaemweset ausgerufen hat. Anschließend wurde die formelle Proklamation dem Wesir Khai übertragen, dann dessen Nachfolger Neferronpe und später anderen höheren Beamten. Die Überreste des Pylonen von Thutmosis III. in Armant tragen Inschriften, die sich auf das achte bis elfte Sedfest sowie auf zwei weitere beziehen. Die antike Stadt Armant lag wenige Kilometer südlich von Theben und war ein Kultzentrum des Gottes Month. Es mag befremdlich erscheinen, dass man all diese Aufzeichnungen südlich von Theben entdeckt hat. Vielleicht sollte man dieser Tatsache jedoch keine allzu große Bedeutung beimessen, denn es liegt vermutlich nur daran, dass im Norden nur wenige Ruinen aus der Zeit Ramses' zu finden sind.

Das letzte Sedfest, das 13. oder 14., wurde im 65. oder 66. Regierungsjahr Ramses' ausgerufen und vermutlich gefeiert. Die Inschriften aus Armant sind beschädigt und zweifelhaft. Die Magie der Erneuerung war inzwischen verpufft, man musste jedoch das Procedere einhalten. Die vielen Jubiläen hatten das Persönlichkeitsbild des König offensichtlich weit über seine erwartete Zeit hinaus positiv beeinflusst. Seine Gesundheit mochte er verloren haben, doch sein Ansehen war im Herzen seines Volkes fest verwurzelt.

Als Ramses in seinem 30. Regierungsjahr sein erstes Sedfest feierte, hatte er mithilfe seiner Beamten und Agenten bereits entsprechende Schritte eingeleitet, um seine Reputation ins rechte Licht zu rücken. Es stellt sich die Frage, wie das königliche Ansehen etabliert und bewahrt wurde. Gab es eine Kampagne, um das Image des Pharaos aufzubauen, organisiert von der königlichen Residenz aus oder vor Ort in den Provinzhauptstädten von lokalen Beamten? Hilfreich für die Beantwortung dieser Frage wären Beweise in Form antiker Aufzeichnungen, von denen es jedoch nur wenige gibt. Die Untersuchung königlicher Inschriften hat ergeben, dass die bevorzugte Methode, die Grandeur des Königs zu proklamieren, offensichtlich die unablässige Betonung seines Ruhms und seiner Herrlichkeit war. Es ist allerdings fraglich, inwieweit das ständige Wiederholen dieser

202
Detail einer Darstellung im Tempel von Karnak. Ramses II. opfert der heiligen Barke des Amun-Re Weihrauch. Die schakal-köpfigen Priester, die die Barke tragen, verkörpern die „Seelen von Nechen" (der alten Hauptstadt des Südens).

203 oben
Lepsius' Zeichnung gibt eine Darstellung im Allerheiligsten des Tempels von Wadi es-Sebua wieder. Ramses II. opfert Buketts vor der heiligen Barke mit dem Allerheiligsten, in dem sein vergöttlichtes Selbst thront.

Litanei dazu führte, dass das gemeine Volk begriff, worum es ging. Das Gros der ägyptischen Bevölkerung war zu jener Zeit ungebildet und es ist unwahrscheinlich, dass der einfache Mann die Innen- und Außenpolitik verstand, mit Ausnahme jener Bereiche, die das tägliche Leben betrafen wie zum Beispiel die Einberufung in das Heer und den öffentlichen Dienst oder die Steuern. Man wusste jedoch, wann der König zu Besuch kam und die Massen versammelten sich bei königlichen Zeremonien, um die Almosen zu empfangen, die möglicherweise verteilt wurden. Der Besuch des Pharaos wurde ebenso proklamiert wie sein Jubiläum, damit sich das Volk versammeln und die Größe des Königs preisen konnte. In der langen Regierungszeit Ramses' II. bot sich stets Gelegenheit, das Image des Königs aufzupolieren.

In den frühen Regierungsjahren Ramses' wurden die Proklamationen an den Pylonen der vielen neu erbauten Tempel zum Beispiel in Luxor und am Ramesseum visualisiert. Die Darstellungen entsprachen der offiziellen Version von den Ereignissen und brachten zum Ausdruck, welche Großtaten Ramses im Dienste der bedeutenden nationalen Götter und Ägyptens vollbracht hatte. Jeder, der vorüberging, konnte die riesigen Reliefs an den Außenwänden der Pylonen und einiger Tempel bewundern, in all ihrer Pracht mit den frischen, leuchtenden Farben. Die triumphanten Reliefs, die die Innenwände der Pylonen und der großen Höfe zierten, konnte dagegen nur ein beschränkter Personenkreis bewundern, der Zugang zu den öffentlichen Bereichen der Tempel hatte. Diese Bereiche führten in die privateren und heiligeren Hallen und Räume, in denen religiöse und rituelle Darstellungen den Dekor bildeten. In all den Illustrationen kriegerischer Handlungen ist Ramses als mächtiger Krieger porträtiert, der mithilfe individueller Götter Ägypten vor feindlichen Übergriffen schützt und im Feindesland kämpft. Einige Darstellungen zeigen spezifische Ereignisse, andere sind allgemein gehalten. Dieses martialische und schützende Image des Königs ist außerdem an vielen frei stehenden Stelen verewigt, die man in ganz Ägypten und insbesondere in Pi-Ramses aufgestellt hatte. Einige dieser Monumente sind fast 4 m hoch. Ihre Spitze zieren kleine Triumph- und Opferszenen. Darunter befinden sich lange Inschriften, die oftmals das gesamte Denkmal bedecken. In einigen Fällen sind die Texte so angebracht, das die sich wiederholenden Kartuschen des Königs ein Zickzackmuster bilden, das entlang der horizontalen Linien der Texte nach unten verläuft. Diese Stelen werden oft als rhetorische Stelen bezeichnet, denn sie proklamieren die Größe des Königs auf unspezifische Weise, beziehen sich nur vage auf mögliche Ereignisse und dienten in erster Linie dazu, die königliche Reputation zu fördern. Diese Inschriften belegen, in welchem Ausmaß Ramses glaubte, sein Volk über seine Verdienste informieren zu müssen. Man erkennt, dass diese Verdienste wirklichkeitsfremd und unbedeutsam waren. Wenige Sätze reichen aus, um die Richtung nachzuzeichnen, in die all diese Texte gehen: „Siegreicher König, mutig in der Schlacht, jener Mächtige, der gegen Hunderttausende kämpft … wie Seth zur Zeit seiner Raserei … Niemand kann ihm im Kampf entgegentreten; alle fremden Länder fliehen vor ihm; sein Gesicht ist wie Feuer, das ihnen folgt … ein junger Mann, mutig wie Month, Retter des Landes, ein Gemahl Ägyptens … der die Einwohner des wertlosen Kusch mit den Siegen seines starken Arms getötet hat … der die Fürsten Asiens vernichtet hat in ihren eigenen Ländern und der das Erbe des Landes Schasu verwüstet hat … Er hat das Land im Westen erobert und sein Volk in Soldaten verwandelt, auf dass sie ihm dienen … dessen Macht das Meer überquert hat, so dass sich die Inseln-der-Mitte [Kreta und andere griechische Inseln?] vor ihm fürchten …" Und so weiter und so fort …

Die Auszüge stammen von einer der am besten erhaltenen Stelen, die man in Tanis entdeckt hat. Sie war im Altertum von Pi-Ramses nach Tanis gebracht worden, ebenso wie neun weitere, von denen größtenteils nur Fragmente erhalten sind. Es erscheint unbegreiflich, dass so viele Monumente, deren Inschriften sich mit dem Ruhm und den Verdiensten eines längst verstorbenen Königs beschäftigen, in eine neue Stadt überführt wurden, in der sie nur von geringer Relevanz waren. Als die Stelen errichtet wurden, vermutlich an öffentlichen Plätzen in Pi-Ramses, dienten sie der Publicity eines großen Königs. Sie blieben bis zum Ende der 20. Dynastie an Ort und Stelle. Dies lag im Wesentlichen daran, dass die Reputation Ramses' II. noch immer lebendig war. Neun Könige der 20. Dynastie trugen den Namen Ramses.

204-205
Der große König spannt seinen Bogen, um die Feinde mit seinen Pfeilen auseinander zu treiben. Bemerkenswert ist die Zartheit der Finger, die den Bogen spannen, der neu gemeißelt wurde. Das Relief stammt aus Abu Simbel.

205 unten
Ramses II. stellt seine Majestät zur Schau, während er seinen Streitwagen in die Schlacht lenkt. Jedes Detail der Szene verherr-licht den König, darunter auch der gezähmte Löwe des Herrschers, der seinen Herrn in die Schlacht begleitet. Das Relief stammt aus Abu Simbel.

Das Persönlichkeitsbild Ramses' II.

In Tanis war die Magie des verstorbenen Pharaos wohl kaum so wirkungsvoll. Dennoch bildeten die Zierde der Tempel in Tanis überwiegend bedeutende Monumente aus Pi-Ramses. Diese Monumente wurden beinahe ohne Ausnahme für Usermaatre-Setpenre, Ramses-Meriamun angefertigt, dessen Namen sie auch tragen. Ihrer Überführung an einen Ort, der noch abgelegener war als Pi-Ramses, ist es zu verdanken, dass viele der Denkmäler erhalten blieben. Anhand der Funde aus Tanis erhält man eine Vorstellung davon, wie Pi-Ramses geschmückt war und wie das Ansehen des großen Ramses, dem Volk immer wieder vor Augen geführt wurde.

Noch eindrucksvoller als die rhetorischen Stelen waren die Obelisken, die vor den Heiligtümern in Pi-Ramses aufgestellt waren und später den großen Tempel in Tanis zieren sollten. Mehr als 20 Obelisken hat man in Tanis identifiziert. Sie waren alle in sich zusammengestürzt und hatten sich vielleicht tatsächlich niemals an diesem Ort erhoben. Alle Obelisken tragen Inschriften, die die Namen, Titel und Attribute Ramses' II. wiedergeben. Genaue Untersuchungen haben ergeben, dass nicht all diese Monumente unter Ramses entstanden waren, sondern von ihm übernommen wurden, indem man die früheren königlichen Texte ersetzte oder neue Texte hinzufügte. Man hat versucht, diese Obelisken paarweise einem entsprechenden Tempel in Pi-Ramses zuzuordnen. Das Ergebnis ist bisher jedoch unbefriedigend, da es sich als schwierig herausgestellt hat, die Ruinen der antiken Stätte zu identifizieren und die Obelisken ihrem Originalplatz zuzuordnen. Eindeutig haben die Tempelbaumeister Ramses' es jedoch verstanden, die Grandeur der Heiligtümer in Pi-Ramses zu erhöhen, indem sie viele Obelisken in den Tempelbezirken aufstellten.

Man darf nicht vergessen, das die Übernahme von Obelisken unter anderem dem Umstand zu verdanken war, dass es schwierig war, einen makellosen Granitblock von geeigneter Länge in den Steinbrüchen von Assuan zu finden. Vermutlich wurden deshalb einige vollendete Obelisken früherer Könige stromabwärts aus Orten wie Memphis und Heliopolis verschifft. Ein solches „Recycling" alter Monumente muss man unter dem Gesichtspunkt der Notwendigkeit betrachten und nicht unter jenem der Animosität gegenüber einem bestimmten Vorgänger. An einigen Orten standen Obelisken, die sich Ramses II. angeeignet hatte, ohne die Originalinschriften entfernen zu lassen. So geschah es zum Beispiel mit den beiden Obelisken, die als „Nadeln der Kleopatra" bekannt sind. Sie wurden zur Zeit der 18. Dynastie für Thutmosis III. (um 1479–1425 v. Chr.) und den Tempel des Re in Heliopolis geschaffen. Die Originalinschriften umfassen die Namen und Attribute Thutmosis' und wurden nicht verändert. Der Text befindet sich auf jeder Seite in einer zentralen Spalte und verläuft von oben nach unten. Als die Obelisken noch in Heliopolis standen, wurden weitere vertikale Textzeilen links und rechts der Hauptspalte hinzugefügt. Diese neuen Texte enthalten die Titel Ramses' II. und die passenden Attribute wie „ein Re, den die Götter schufen, um die Beiden Länder zu equipieren", „der Grenzen zieht, wo immer er es wünscht", „Herr des Sedfestes – wie sein Vater Ptah-Tatenen", „der über die Völker des Südens triumphiert und das Land der Völker des Nordens verwüstet", „der Retjenu beraubt und die Wüstenvölker." Zur Zeit der Ptolemäer wurden die beiden Obelisken nach Alexandria überführt. Viele Jahrhunderte standen sie jedoch in Heliopolis, um die Grandeur Ramses' II. und seines angesehenen Vorgängers Thutmosis' III. zu bezeugen.

206
Die Fassade des Tempels von Luxor ist der reinste Ausdruck der Macht Ramses' II., die dem gemeinen Volk von Theben vor Augen geführt wurde. Zwei sitzende und vier stehende Kolossalstatuen des Königs sowie zwei imposante Obelisken künden von der Majestät des Herrschers.

207
Gut erhaltener Obelisk aus Pi-Ramses, der sich heute in Tanis befindet. Die Hauptinschrift verkündet: „Alle Länder verneigen sich aus Furcht vor ihm." Die Darstellung im unteren Bereich zeigt den König, der Atum das Shenes-Brot darbringt.

Das Persönlichkeitsbild Ramses' II.

*208 und 209
Das perfekt erhaltene Gesicht des Kolossalkopfes Ramses' II. im Tempel von Luxor: personifizierte Königswürde. Der selbstgefällige Gesichtsausdruck kaschiert die Willenskraft, die die Augen ausdrücken, die auf den Betrachter herabblicken.*

Das gemeine Volk konnte seine Aufmerksamkeit in Pi-Ramses und anderen großen Städten bemerkenswerten Monumenten wie Obelisken widmen. Ähnlich war es mit den Kolossalstatuen, die vor den Tempelpylonen und in den offenen Höfen hinter den Pylonen platziert wurden. Sie waren noch ausdrucksvollere Demonstrationen der Macht des Herrschers und repräsentierten das tatsächliche Ansehen des Pharaos. Die Königsstatuen sollten die großen Bauwerke verschönern, die unter einem Herrscher entstanden. Die Erschaffung dieser Statuen beanspruchte zweifellos die Kapazitäten vieler königlicher Werkstätten, die damit betraut waren, möglichst viele Denkmäler zu fertigen. Tatsächlich dienten diese Statuen in Gestalt des Königs als bestes Zugpferd, wenn es darum ging, den Herrscher dem Volk näher zu bringen, das sonst noch nicht einmal einen Blick auf die königliche Person werfen konnte. Kleine Statuen wie jene im Museum in Turin, die man bis ins Detail untersucht hat, lassen den Schluss zu, dass Ramses mit angenehmen Gesichtszügen ausgestattet war. Er hatte eine Adlernase und ein spitz zulaufendes Gesicht mit ausgeprägtem Kinn, das sich markant hervorhob, wenn es nicht von einem falschen Bart verdeckt wurde. Natürlich handelt es sich bei diesen Porträts um idealisierte Darstellungen, die jedoch vielleicht nicht allzu weit von der Wirklichkeit entfernt waren. Jene, die mehr sehen können als die abgespannten, feinen Gesichtszüge der königlichen Mumie, erkennen eine ausgeprägte Ähnlichkeit zwischen diesen Zügen (die den König in den Neunzigern zeigen) und zum Beispiel dem Gesicht der Turiner Statue (die den König in den Zwanzigern zeigt).

Ramses' Gesicht konnte man sich merken und seine Untertanen konnten es sich leicht einprägen. Jemand, der von Theben nach Pi-Ramses reiste – wie zum Beispiel der Soldat, der in das Geschäft mit den Sandalen verwickelt war –, durch die Stadt spazierte und eine große Skulptur sah, mag vielleicht ausgerufen haben: „Usermaatre selbst! Ich kenne ihn." Aber hatte er Recht? Im alten Ägypten repräsentierte eine Statue jene Person, deren Namen sie als Inschrift trug. Man weiß jedoch, dass es durchaus üblich war, dass ein König die Statuen seines Vorgängers beschriften oder für sich selbst neu beschriften ließ. Der Soldat, der Pi-Ramses besuchte, mochte also auf eine Kolossalstatue blicken, die später nach Tanis überführt wurde, und sagen: „Wer ist es dann?" Und er mochte einen hilfsbereiten Schreiber bitten, ihm die Namen auf der Skulptur vorzulesen. Der Schreiber hätte geantwortet: „Usermaatre-Setpenre, Ramses-Meriamun, unser erlauchter König." Taktvoll hätte der Besucher diese Antwort akzeptiert, aber er dachte vielleicht: „Das kannst du deiner Großmutter erzählen!" oder „Erzähl doch keine Märchen!" Und seine Skepsis wäre berechtigt gewesen. Viele der Kolossalstatuen in Tanis, die aus Pi-Ramses kamen, waren ursprünglich in Memphis aufgestellt. Man konnte eindeutig beweisen, dass sie für einen König der frühen 11. Dynastie angefertigt worden waren, vielleicht für Sesostris I. oder Senusret I. (um 1965–1920 v. Chr.) oder für einen seiner Nachfolger. Die peinliche Fehlinterpretation einer Kolossalstatue, die man für ein Porträt Ramses' II. hielt, führte dazu, dass die Statue in den späten 80er-Jahren in den Vereinigten Staaten bei einer Ausstellung über Ramses den Großen mit zu den bedeutendsten Exponaten gehörte. Die Statue war 1962 in Memphis entdeckt worden. Man fand sie auf dem Bauch liegend, zerbrochen in mehrere große Stücke, zwischen Binsen in den Erdhügeln der antiken Stadt. Sie trug eindeutig die Kartuschen Ramses' II. Aufgrund ihrer Lage konnte man die Gesichtszüge jedoch nicht genau erkennen. Außerdem waren die Nase und Teile der umliegenden Bereiche schwer beschädigt. Als die Statue restauriert war und nach Amerika verschifft wurde, erstrahlte sie erstmals in ihrer ganzen Pracht und es wurde offensichtlich, dass es sich nicht um eine Repräsentation Ramses' II. handeln konnte. Später brachte man die Statue in enge Verbindung mit einer Gruppe von Kolossalstatuen, die aus der frühen 12. Dynastie datieren. Sie waren größtenteils zunächst nach Pi-Ramses überführt worden und später nach Tanis und Bubastis, wo man sie für Ramses II. neu beschriftete.

Viele Kolossalstatuen im großen Hof des Tempels von Luxor, die für Ramses II. mit Inschriften versehen wurden, waren ursprünglich für Amenophis III. angefertigt worden. Man geht heute davon aus, dass die meisten dieser Statuen, wenn nicht sogar alle, noch nicht vollendet waren, als der große König der 18. Dynastie verstarb. Sie wurden später fertig gestellt und man verlieh ihnen eine neue Identität: die Ramses' II. Daran war nichts Ungehöriges, denn es scheint, als habe Ramses seinen Vorgänger hoch geschätzt, der ebenfalls ein großer Baumeister war, der Gründer des Tempels von Luxor und der Eigentümer des prächtigsten Totentempels in Theben-West, der dem Ramesseum möglicherweise als Modell diente. Vielleicht hat sich Ramses diese Statuen angeeignet, um dem verstorbenen König Reverenz zu erweisen, vielleicht aber auch nur aus Gründen der Ökonomie und der Bequemlichkeit.

Kolossalstatuen spielten eine wichtige Rolle bei der Imagepflege Ramses' II. Dabei war es von untergeordneter Bedeutung, ob einzelne Statuen tatsächlich für den König angefertigt wurden und seine standardisierten Gesichtszüge trugen oder ob sie von anderen übernommen und mit neuen Inschriften und veränderten Gesichtszügen versehen wurden. Zweifellos wurden jedoch viele bedeutende Stücke für den König während seiner Regentschaft angefertigt wie die Kolossalstatuen des Ramesseums, darunter der „Jüngere Memnon". Außerdem entstanden zur Zeit Ramses' jene Statue, die heute den Ramses Square in Kairo ziert, der prächtige Koloss aus Alabaster, der noch immer in Memphis steht, und die majestätischen Figuren in Abu Simbel, die aus dem Fels gehauen wurden. Einige Skulpturen erfüllten eine weitere Funktion, die in Verbindung mit einem neuen Persönlichkeitsbild Ramses' stand: der Präsentation des Königs als göttliches Wesen oder sogar als Gott, nicht nur als Verkörperung des Horus. Die Unterscheidung ist subtil und manche Ägypter hatten Skrupel, den König als Gott anzubeten. Man löste das Problem, indem man die Divinität des Pharaos auf bestimmte Statuen übertrug, die so positioniert wurden, dass sich ihnen jedermann nähern konnte. Somit dienten sie Bittstellern und Betenden als Medium. Die

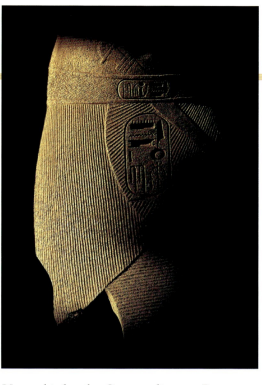

210
Der Kopf einer Kolossalstatue Ramses' II. am Eingang, der zur Kolonnade des Tempels von Luxor führt. Es handelt sich um eine Statue, die einen Namen spezifiziert: „Ramses-Meriamun – Re-der-Herrscher".

211
Die Identität einer königlichen Statue oder eines Reliefs des Königs wurde mit dem darauf verzeichneten Namen nachgewiesen. Dieser Koloss im Tempel von Luxor stellt Ramses II. dar. Sein Name ist horizontal auf dem Gürtel und vertikal auf dem Faltenrock verewigt.

212-213
Die Kolossalstatuen in Abu Simbel bringen die Majestät Ramses' II. zum Ausdruck. Über dem Tempeleingang erkennt man Re-Harachte, dem Ramses auf jeder Seite die Göttin Ma'at (Wahrheit) in Form einer kleinen Figur darbietet.

Statuen erhielten schwülstige Titel, die Ramses identifizierten oder ihn mit einzelnen nationalen Göttern in Verbindung brachten oder ihn zum Gott erhoben. In Pi-Ramses waren Statuen aufgestellt, die Titel trugen wie „Usermaatre-Setpenre-Month in den Beiden Ländern", „Ramses-Meriamun, Herrscher aller Herrscher" und „Ramses-Meriamun der Gott". Im Ramesseum hieß die kolossale Sitzstatue „Ramses-Meriamun-Re der Herrscher". Den gleichen Titel erhielt die grandiose Statue im großen Hof des Tempels von Luxor, die rechts vom Eingang zur großen Kolonnade aufgestellt war. Auch die Kolosse von Abu Simbel tragen Titel. Die Namen verleihen Ramses jedoch nicht so offensichtlich Divinität, vielleicht, weil die Statuen zu einer Zeit geschaffen und beschriftet wurden, als das Konzept bezüglich des göttlichen Wesens des Königs noch nicht ausgereift war. Der Tempel an sich ist jedoch bereits die Verkörperung der Divinität Ramses'. Das Tempelinnere steht in gewisser Weise in Widerspruch zum Tempeläußeren. Die liegt vermutlich daran, dass die Statuen an der Fassade mit größter Wahrscheinlichkeit erst angefertigt wurden, nachdem der Dekor für den Tempel bereits geplant und weitgehend umgesetzt war. Sicher ist nur, dass die überwältigende Fassade mit den Kolossen einmal mehr eine öffentliche Zurschaustellung der Grandeur Ramses' war. Diese Giganten haben nicht nur die Besucher zur Zeit Ramses' beeindruckt, sondern auch die Reisenden des 19. und 20. Jahrhunderts.

Das Benennen von großen Statuen war bereits vor der Regentschaft Ramses' II. üblich. Einer der Memnonskolosse, die vor dem Totentempel Amenophis' III. platziert wurden, trägt den Namen „Nimaatre, Herrscher aller Herrscher". Nimaatre war der Vorname dieses Königs. Der Unterschied zu den Statuen, die unter Ramses benannt wurden, liegt darin, dass sie als Kultobjekte dienten und als geeignete Empfänger für persönliche Gesuche betrachtet wurden. Diese Devotion gegenüber den Statuen und vermutlich versteckt auch gegenüber dem König selbst belegen mehrere Inschriften, von denen man zunächst annahm, dass sie aus Hurbeit stammten, einer Stadt im Delta, ein kleines Stück westlich von Pi-Ramses. Heute geht man jedoch davon aus, dass sie bei illegalen Grabungen in Kantir entdeckt wurden, das zur antiken Stätte Pi-Ramses gehört. Die meisten dieser Inschriften sind nur kurz und zeigen eine Statue Ramses' II., die von einer oder zwei Personen angebetet wird. Der gebräuchlichste Name für die Statuen lautete „Usermaatre-Setpenre-Month in den Beiden Ländern".

Die Mehrheit der Personen, die Stelen stifteten, waren unbedeutende Menschen. Eine Stele, die heute in München aufbewahrt wird, wurde jedoch von dem Wesir Rahotpe, auch Prahotpe genannt, gestiftet. Im oberen Register ist der König zu erkennen, der einer Statue seiner selbst Wein und Weihrauch darbringt. Die Statue verkörpert „Ramses-Meriamun, Herrscher aller Herrscher, der große Gott, Herr des Himmels auf ewig". Hinter der Statue erkennt man vier in den Stein gemeißelte Ohren, die die Gesuche anhören sollten. Im unteren Register ist Rahotpe in kniender Gebetshaltung dargestellt. Im dazugehörigen Text preist er „Euer Ka, Herr der Diademe, Ramses-Meriamun, Herrscher aller Herrscher, großer Gott, der den Gesuchen der gesamten Menschheit Gehör schenkt". Rahotpe war offensichtlich der erste Wesir im Norden, der in der späteren Regierungszeit Ramses' in Pi-Ramses in der Verwaltung tätig war. Die Darstellungen und Inschriften auf der von ihm gestifteten Stele belegen, dass solche Objekte nicht nur dem einfachen Volk als Kultobjekte dienten. Rahotpe, er höchste weltliche Beamte in Pi-Ramses, richtete ein Gesuch an die Statue seines Herrschers. Damit erkannte er die Macht Ramses' an, die weit über jene eines irdischen Herrschers hinausging.

In den 67 Regierungsjahren Ramses' II. gelang es dem Pharao selbst, seinen Beratern und seinen engsten Vertrauten, das königliche Persönlichkeitsbild in einer Art und Weise zu pflegen, die weit über die individuelle Propaganda seiner Vorgänger hinausging. Sein Ansehen bewahrte jedoch auch ihn nicht davor, dass sich seine Nachfolger seiner Werke bemächtigten, ebenso wie er es mit seinen Vorgängern oft getan hatte. Zu den bedeutendsten Beispielen einer solchen Übernahme gehört zweifelsohne die riesige königliche Statue aus Quarzit, die heute im ersten Hof des Tempels von Karnak vor dem Eingang zum Hypostylon aufgestellt ist. Dieser Koloss zeigt Ramses mit seiner Tochter Bintanat, die vor seinen Beinen steht. An der Basis findet man neben den Kartuschen Ramses' IV. (um 1163–1156 v. Chr.), eines Herrschers der 20. Dynastie, auch jene von Pinodjem I., dem Hohen Priester des Amun, der zur Zeit der frühen 21. Dynastie (um 1030 v. Chr.) lebte und sich die Freiheit nahm, königliche Kartuschen zu verwenden. Vermutlich hätte Ramses II. die Übernahme seiner Statue durch Ramses IV. nicht verwundert. Pinodjems Handlung hätte er jedoch sicher als Anmaßung eines Emporkömmlings betrachtet. Sowohl Ramses IV. als auch Pinodjem wollten vermutlich nur an der Grandeur Ramses' teilhaben, indem sie ihre Namen mit jenem des ägyptischen Königs par excellence verbanden. Schließlich zählte allein das Image …

DIE KÖNIGLICHEN DAMEN

214
Dieses Miniaturporträt der Königin Tije zeigt eine strenge Frau, die ihre ganze Aufmerksamkeit den Staatsräten widmet. Man hat das Kunstwerk im Hathortempel auf der Sinaihalbinsel entdeckt (Kairo, JdE 38257).

215
Bemalter Kalksteinkopf einer Kolossalstatue der Königin Hatschepsut in Gestalt des Gottes Osiris. Die Königin ist als Mann dargestellt, weist jedoch eindeutig weibliche Züge auf. Zu Lebzeiten war sie eine mächtige Herrscherin, nach ihrem Tod wurde sie indes verleugnet. Es ist sogar möglich, dass sie gestürzt wurde (Kairo, JdE 56259 und 56262).

KAPITEL 6

Starke Königinnen gab es im alten Ägypten stets. Vor allem im Alten und Mittleren Reich spielten sie eine bedeutende Rolle. Viele Darstellungen zeigen Königinnen, die ihren Gemahl bei verschiedensten Anlässen begleiten. Trotzdem weiß man nicht, ob sie tatsächlich die Politik ihrer Zeit beeinflussten. Ab der 18. Dynastie gibt es mehr Hinweise darauf, dass die Monarchinnen Einfluss auf die Staatsangelegenheiten nahmen. Inschriften belegen die politische Aktivität der Königinnen Tetischeri und Ahhotep, der Großmutter und Mutter Kamoses, des letzten Königs der 17. Dynastie, der den Kampf gegen die Hyksos aufgenommen hatte. Amosis, der Gründer der 18. Dynastie, führte die Kampagnen Kamoses fort und er schätzte zweifellos den Rat seiner Mutter Ahhotep. Amosis-Nofretiri, die Hauptgemahlin Amosis', war ebenfalls eine bemerkenswerte Frau, deren Ruhm weit über ihren Tod hinausging. Später teilte sie sich mit ihrem Sohn Amenophis I. einen Kult, der in enger Verbindung mit der thebanischen Nekropole stand und insbesondere mit den Bewohnern von Deir el-Medina, dem Dorf der königlichen Handwerker.

Tetischeri, Ahhotep und Amosis-Nofretiri demonstrierten zu ihrer Zeit, wie starke, einflussreiche Frauen ihre Ehemänner unterstützen und die Politik in eine bestimmte Richtung lenken konnten. Spätere Königinnen derselben Dynastie bewunderten ihre Vorgängerinnen. Keine dieser ersten Damen bei Hofe sollte jedoch zu solcher Macht gelangen wie Hatschepsut. Sie selbst entstammte der königlichen Linie, war die Tochter Thutmosis' I. und Hauptgemahlin Thutmosis' II. Nach dem Tod ihres Gemahls regierte sie das Land im Namen ihres Neffen Thutmosis' III. Zu gegebener Zeit sollte sie die Königswürde erhalten. Sie scheute sich nicht, die Legitimität ihrer Herrschaft zu proklamieren, und übte ihre Macht uneingeschränkt aus, bis es Thutmosis III. gelang, die königliche Macht zurückzuerobern, was möglicherweise jedoch erst nach Hatschepsuts Tod der Fall war.

Königin Tije, die bevorzugte Gemahlin Amenophis III., war zwar nicht von königlichem Geblüt, genoss jedoch hohes Ansehen und hatte entsprechenden Einfluss. Briefe, die sie von Tuschratta erhielt, dem König von Mitanni, belegen, dass sie die Politik der Regierung ihres Gatten verstand. Dies war Tuschratta aufgefallen, der hoffte, ihr Einfluss werde dafür sorgen, dass die guten Beziehungen zwischen Ägypten und Mitanni auch nach dem Tod Amenophis' III. Bestand hatten. Später genoss Tije am Hofe Echnatons in Amarna offensichtlich ebenfalls hohes Ansehen, obwohl sie für die Häresie ihres Sohnes nicht Partei ergriff.

216
Quarzitkopf der Königin Nofretete aus Memphis. Anhand des Stils der Meißelung lässt sich das Kunstwerk in die späte Amarnazeit datieren. Augen und Brauen waren einst Intarsien, vermutlich aus einem kontrastierenden harten Gestein oder aus farbigem Glas (Kairo, JdE 45547).

217
Kopf der Königin Anchesenamun, Gemahlin Tutanchamuns. Die Darstellung ziert die Rückenlehne am goldenen Thron des Pharaos. Der Hintergrund besteht aus Blattgold, die Intarsien sind aus Glas, Fayence und Schmucksteinen gefertigt (Kairo, JdE 62028).

In der Residenz des Königs zog jedoch eine andere Frau in Religion und Politik die Fäden: Nofretete. Die Gemahlin Echnatons genoss eine Sonderstellung zu jener Zeit, als Aton die einzig verehrte Gottheit in Ägypten war. Vielleicht war sie sogar die treibende Kraft, die hinter den Neuerungen stand, die scheinbar von Echnaton eingeführt wurden. Sie war beinahe genauso prominent wie Echnaton, wie Darstellungen und Inschriften aus jener Zeit belegen, und hatte ebenso wie ihr Gemahl unter den Verleumdungen zu leiden, die auf den Niedergang des Amarnaregimes folgten. Einige Historiker gehen sogar davon aus, dass sie Echnaton überlebt hat und nach ihm als Neferneferuaton den Thron bestieg.

Gegen Ende der 18. Dynastie war es offensichtlich relativ normal, dass die Hauptgemahlinnen an der Politik teilhatten. Wenn es die Situation erforderte, zeigten sie diplomatisches Geschick und ergriffen die Initiative, um ihre eigenen Interessen oder jene ihrer Familie zu wahren. Ein außergewöhnlicher Fall, der in diese Zeit datiert, betrifft eine ägyptische Königin, bei der es sich vermutlich um Anchesenamun handelt, die Tochter Echnatons und Gemahlin Tutanchamuns. Nach dem Tod ihres Gatten schrieb sie an den Hethiterfürsten Suppiluliuma und bat ihn, ihr einen seiner Söhne als Gemahl zu schicken. Anchesenamun wollte damit eine Heirat mit Eye umgehen. Suppiluliuma kam dem Gesuch der Witwe nach. Sein Sohn wurde jedoch auf dem Weg nach Ägypten ermordet. Anchesenamun muss in höchster Verzweiflung gehandelt haben, jedoch auch im Vertrauen darauf, dass ihr Plan gelingen könnte.

Die königlichen Damen

TUI, die Mutter Ramses' II.

218
Figur der Königin Tui, der Mutter Ramses' II. Die Statue begleitet einen der Kolosse des Herrschers in Abu Simbel. Die Königin trägt den langen Namen Mut-Tui und wird als „Königinmutter und Gottesgemahlin" beschrieben.

219
Alabasterdeckel einer der Kanopen, die die mumifizierten Eingeweide der Königin Tui bargen. Man hat das stark stilisierte Porträt im thebanischen Grab der Königin entdeckt (Luxor-Museum, J. 191).

Die königlichen Damen der 18. Dynastie hatten einen gewissen Einfluss in Staatsangelegenheiten. Die Handlungsfreiheit, die einige Monarchinnen genossen, darf jedoch nicht überbewertet werden. Eine Ausnahme war lediglich Hatschepsut und vermutlich auch Nofretete. Ansonsten konnten die unabhängigen Königinnen zeigen, dass sie an den Plänen ihrer Gatten teilhatten, ohne dass sie ein konstitutionelles Problem darstellten oder ihre Ehemänner in Verlegenheit brachten. Einige Könige der 19. Dynastie hatten bemerkenswerte Gemahlinnen, die insgeheim großen Einfluss ausübten wie zum Beispiel Tui, die Gemahlin Sethos' I. und Mutter Ramses' II. Nach dem Tod Sethos' war sie offensichtlich die stabilisierende und unterstützende Persönlichkeit der königlichen Familie. Ramses konnte sich in der ersten Hälfte seiner Regierungszeit stets auf ihren Rat verlassen. Es wäre gewagt, anhand dürftiger Beweise signifikante Schlussfolgerungen zu ziehen, und es könnte sich als falsch erweisen, davon auszugehen, dass Tui die wahre Macht war, die hinter dem Thron stand, vor allem auch, weil es durchaus andere königliche Damen gab, die einen gewissen Einfluss genossen. Am bedeutendsten war Nofretiri, die für Ramses die Königin aller Königinnen verkörperte. Schwiegermutter und Schwiegertochter hatten offensichtlich ein gutes Verhältnis. Vermutlich unterstützten sie sich sogar gegenseitig, denn beide waren nicht von königlicher Abstammung und fühlten sich deshalb vielleicht gegenüber anderen Hofdamen zurückgesetzt, die von königlichem Geblüt waren. Es mag jedoch für das öffentliche Leben von geringer Bedeutung gewesen sein, was sich hinter den Türen des Frauentrakts bei Hofe abspielte. Tui war eine erfahrene Königin, die sich möglicherweise nicht nur mit Nofretiri verbündete, sondern auch anderen königlichen Gemahlinnen zur Seite stand, die bereit waren,

ihren Rat anzunehmen. Sie war keine überhebliche Matrone, auch wenn sie von Zeit zu Zeit sicher davon profitierte, dass sie die Mutter Ramses' war, des großen Eroberers von Kadesch. Wie hoch Tui in der königlichen Familie geschätzt war, erkennt man daran, dass sie in Skulpturen ihres Sohnes integriert wurde, ein Beweis für die enge Verbundenheit zwischen Mutter und Sohn. Es war nicht üblich, dass der Königinmutter eine solche Ehre zuteil wurde. In Abu Simbel findet man den bemerkenswertesten Beleg für diese bevorzugte Behandlung. Figuren Tuis reihen sich dort an der Fassade des Großen Tempels in die Statuen der anderen Familienangehörigen Ramses' ein.

Außerdem gehörte Tui zum engsten Familienkreis des Königs und Ramses bediente sich ihrer zweifellos, um seine eigene göttliche Geschichte zu etablieren. Der Mythos der göttlichen Abstammung des herrschenden Königs entwickelte sich zur Zeit der 18. Dynastie. Er diente dazu, die Legitimität bestimmter Herrscher zu untermauern, wenn der Anspruch auf den Thron zweifelhaft war. Im Totentempel der Hatschepsut in Deir el-Bahari findet man Darstellungen, die bezeugen sollten, dass die Pharaonin eine Tochter Amuns war, des großen Gottes von Theben. Ähnliche Darstellungen wurden für Amenophis III. in den Tempel von Luxor gemeißelt. Hatschepsut verkündete ihre göttliche Abstammung aus gutem Grund, denn sie hatte sich widerrechtlich des Throns bemächtigt. Der Thronanspruch Amenophis' III. bedurfte eigentlich keiner Rechtfertigung, der König hielt es jedoch für klug, jeglichen Zweifel an seiner Legitimität auszuschließen. Erst zu einem wesentlich späteren Zeitpunkt sollte die Legitimierung des Thronanspruchs eines Königs zu einer gängigen Praxis werden. In der Spätzeit erbaute man kleine Tempel, so genannte Mammisi oder Geburtshäuser, die mit Darstellungen der göttlichen Geburt versehen wurden. Ramses II. oder seine Berater hielten es offensichtlich für angebracht, den Thronanspruch zu untermauern. In seinem Fall gibt es jedoch keinen solch eindeutigen Beweis wie im Falle Hatschepsuts oder Amenophis' III. Für den Bau des Totentempels Ramses' III. in Medinet Habu wurden Steinblöcke von einem demontierten Gebäude Ramses' II. wieder verwendet. Einige Darstellungen auf diesen Blöcken beziehen sich mit großer Wahrscheinlichkeit auf Geburtsszenen. Sie zeigen Königin Tui mit Amun und anderen Gottheiten, die im Allgemeinen mit der königlichen Geburt in Verbindung gebracht wurden. Die Steinblöcke stammten ebenso wie viele andere, die in Medinet Habu wieder verwendet wurden, aus dem Ramesseum. Sie wurden nicht vom Hauptgebäude des Totentempels Ramses' II. entfernt, sondern von einem wesentlich kleineren Nebentempel nördlich des Hypostylons des Haupttheiligtums. Man kennt nicht alle Personen, denen der Nebentempel gewidmet war. Zu diesem Kreis gehörten jedoch Tui, vermutlich ihr Gemahl Sethos I. und möglicherweise Nofretiri. Ramses ließ seiner Mutter in diesem Tempel eine außergewöhnliche Ehre zuteil werden, indem er sie in einem Heiligtum aufnahm, das zweifellos von seiner Nähe zum großen Totentempel des Königs profitierte.

Tui lebte in Pi-Ramses in der Residenz ihres Sohnes. Der Königinmutter war es erlaubt, an diplomatischen Treffen teilzunehmen. Nachdem im 21. Regierungsjahr Ramses' der Friedensvertrag mit den Hethitern unterzeichnet worden war, gehörte Tui zu jenen, die ihre Glückwünsche zum Ausdruck brachten, indem sie einen Brief nach Hattusa, der Hauptstadt des Hethiterreiches, schickten. Man darf davon ausgehen, dass Tui den Brief nicht persönlich in ihrem Boudoir auf parfümiertem Papyrus verfasst hat. Sie hat vermutlich lediglich einen Entwurf vorbereitet. Der Brief, den man tatsächlich verschickte, wurde in der offiziellen ägyptischen Kanzlei in babylonischer Keilschrift auf eine Tontafel geschrieben. Er muss also mit dem Wissen und der Zustimmung hoher Beamter versandt worden sein. Einige hohe Beamten betrachteten das Schriftstück wohl auch als Teil des diplomatischen Austausches, der zu jener bedeutenden Zeit stattfand. Es spielt auch keine Rolle, ob die Königinmutter den Brief selbst geschrieben hat oder ihn verfassen ließ. Von Bedeutung ist vielmehr, dass das Verschicken dieses Briefes belegt, dass man ihrer Person Respekt zollte.

Ein oder zwei Jahre darauf verstarb Tui. Auch nach ihrem Tod erwies man ihr Reverenz, indem man sie in einem eigens für sie bestimmten Grab im Tal der Königinnen beisetzte. Im Altertum war dieser Ort als „der Ort der Schönheit" bekannt. Das Tal liegt am südlichen Ende der thebanischen Nekropole und wurde erstmals zur Zeit der 18. Dynastie genutzt. Vor allem wurden hier jedoch zur Zeit der 19. Dynastie die letzten Ruhestätten der Monarchinnen und der königlichen Kinder errichtet. Das prächtigste Grab, das die Zeiten überdauerte, ist jenes von Nofretiri. Das Grabmal der Königin Tui könnte einst jedoch mindestens ebenso beeindruckend gewesen sein. Als man es entdeckt hat, befand es sich in einem sehr schlechten Zustand und war weitgehend geplündert. Man hat jedoch genügend Spuren der Dekoration und Überreste der Grabbeigaben entdeckt, die darauf hinweisen, dass das Grabmal herrlich verziert und reich ausgestattet war. Zur Zeit Ramses' II. wurde die Königinmutter manchmal auch Mut-Tui, „Mutter-Tui", genannt, wodurch offensichtlich die Wertschätzung unterstrichen werden sollte, die ihr der König entgegenbrachte. In ihrem Grab wird sie nur mit dem Namen Tui erwähnt, jenem Namen also, den sie als Gemahlin Sethos' I. innehatte.

Eine weitere Angehörige aus dem engen Familienkreis des Pharaos, die in den letzten Jahren einen gewissen Bekanntheitsgrad erreicht hat, ist Tia oder Tjia, die Schwester Ramses'. Sie wurde mit einem hohen Verwaltungsbeamten verheiratet, der ebenfalls Tia oder Tjia hieß. Man hat das Grab des Ehepaares in den frühen 80er-Jahren in Sakkara freigelegt. Es befindet sich auf dem Hochplateau, das südlich der Stufenpyramide liegt und die Ebene von Memphis überblickt. Es wurde neben jenem Grab errichtet, dass Haremhab anlegen ließ, als er noch General unter Tutanchamun war. Die letzte Ruhestätte der beiden Tias ist zwar nicht so prächtig wie jene von Haremhab, aber fast ebenso groß. Sie verfügt über offene Höfe und eine kleine Pyramide. Anhand der Reliefs und der Inschriften in dem Grabmal lassen sich keine Rückschlüsse darauf ziehen, ob der Prinzessin und ihrem Gemahl zu Lebzeiten besondere Ehren zuteil wurden. Vermutlich waren sie damit zufrieden, ihr Leben in und um Memphis zu verbringen und ihren offiziellen Pflichten in dieser Region nachzukommen. Die Größe ihres Grabmals und die Nähe zur letzten Ruhestätte Haremhabs weisen jedoch darauf hin, dass sie aufgrund der direkten Verwandtschaft mit dem herrschenden König gewisse Privilegien und ein gewisses Ansehen genossen.

Man kann davon ausgehen, dass das Grab in Sakkara in erster Linie für den Beamten Tia, den Gemahl, vorbereitet wurde. Seine Gattin wurde einbezogen, wie es üblich war. Aufgrund ihrer königlichen Abkunft konnte sie es zweifellos arrangieren, dass die Lage und die Größe des

Die Große Königliche Gemahlin NOFRETIRI

Grabmals ihrem Status entsprachen. Sie qualifizierte sich jedoch nicht für die Beisetzung im Tal der Königinnen. Eine solche Bestattung blieb den königlichen Damen vorbehalten, die Ramses am nächsten standen: seiner Mutter und seinen bevorzugten Gemahlinnen.

Die bedeutendste dieser Frauen war Nofretiri. Daran gibt es keinen Zweifel. Wie so viele andere Persönlichkeiten des Altertums, erscheint einem Nofretiri vertraut und doch völlig fremd. Wenn man gefragt wird, worin ihre Bedeutung im Leben Ramses' II. lag, ist es nicht einfach, eine wirklich adäquate Antwort zu geben. Die wenigen Fakten, die über diese bedeutende Königin bekannt sind, lassen lediglich Rückschlüsse und Mutmaßungen zu. Zwei Bauwerke liefern die entscheidenden Beweise für ihre Berühmtheit: der Kleine Tempel in Abu Simbel und ihr Grabmal im Tal der Königinnen. Beide Bauten wurden in den letzten Jahren intensivst untersucht und bestens konserviert. Tempel und Grabstätte offenbaren, dass Nofretiri bedeutsam war, auch wenn frühe Historiker des alten Ägyptens wie James Henry Breasted der Königin nur wenig Aufmerksamkeit schenkten. Amelia Blandford Edwards, die viktorianische Romanschriftstellerin und Reisende, war aufgrund des Tempels – das Grab war zu ihrer Zeit noch nicht entdeckt – überzeugt, dass Ramses und Nofretiri eine Ehe führten, die weit über eine rein formelle königliche Verbindung hinausging.

Nofretiris Rang war eindeutig. Sie stand im Harem des Königs an erster Stelle und war neben Tui, die als Königinmutter eine besondere Stellung einnahm, die erste Frau bei Hofe. Nofretiri war die Große Königliche Gemahlin, doch man weiß nichts über ihre Herkunft und damit auch nicht, worauf sich ihre (ererbte) Autorität gründete. Wenn eine königliche Gemahlin nicht von königlichem Geblüt war, war es nicht üblich, ihre Namen niederzuschreiben. Man hat die Vermutung angestellt, dass Nofretiri aus der Familie von Eye stammen könnte, der ebenfalls nicht von edler Geburt war. Dies erscheint jedoch eher unwahrscheinlich. Wesentlich wahrscheinlicher ist dagegen, dass Nofretiri aus einer hohen Beamtenfamilie stammte und von Sethos I. ausgewählt wurde, weil sie aus gutem Hause kam und dem Thronfolger viele Kinder gebären konnte. In der umfassenden Widmung am Tempel von Abydos, die aus dem ersten Regierungsjahr Ramses' datiert, listet der Herrscher nicht nur auf, welche Gunst er seinem Vater erwiesen hat, sondern er spricht auch von der Gründung seines eigenen Haushalts mit ausgewählten Damen des königlichen Harems, zu dem Frauen aus ganz Ägypten gehörten und eine Auswahl an Konkubinen. Zu jener Zeit war Prinz Ramses vermutlich im Teenageralter und es überrascht nicht, dass sein Vater entschied, wer mit dem Prinzen das Bett teilen würde. Wenn er selbst König war, würde er genug Zeit haben, seine eigene Auswahl zu treffen. Als Ramses den Thron bestieg, war Nofretiri bereits zur Großen Königlichen Gemahlin auserkoren und hatte den ersten Thronerben geboren: Amunherchopeschef. Damit war ihre bevorzugte Stellung unter den Gemahlinnen des Königs etabliert. Bereits aus der frühen Regierungszeit Ramses' gibt es Darstellungen, die Nofretiri zeigen, die dem König bei seinen offiziellen Pflichten zur Hand geht. Sie sollte diese Position bis an ihr Lebensende innehaben.

Man wird vermutlich nie erfahren, ob Nofretiri und Ramses wahre Liebe verband. Der Tempel in Abu Simbel und das Grab im Tal der Königinnen weisen zumindest darauf hin, dass Ramses seiner Gemahlin, die ihre Pflichten in der Ehe stets erfüllt hatte, tiefe und aufrichtige Wertschätzung entgegengebracht hatte. Sie nahm Anteil an den Staatsangelegenheiten, ohne Probleme zu verursachen, sie mag die königliche Gesellschaft bei der Kampagne von Kadesch begleitet haben, sie ist an der Seite ihres Gatten in Tempelreliefs an vielen Orten in ganz Ägypten abgebildet und sie steht in vielen großen Skulpturen neben ihm, wenngleich sie auch wesentlich kleiner dargestellt ist als ihr Gemahl. Man darf davon ausgehen, dass Nofretiri den konventionellen Standards stets entsprach. Man konnte sich auf sie verlassen. Vielleicht gab sie sich ihren Pflichten so sehr hin, dass Ramses ihr nicht nur Respekt, sondern auch Liebe entgegenbrachte. Liebe im modernen Sinn als Indikator für eine wirklich glückliche Ehe kannte man am Hofe des Pharaos vermutlich nicht. Der König hatte in seinem „gut sortierten" Harem viele Möglichkeiten, sexuelle Freuden zu kosten, ob er sich nun in Pi-Ramses aufhielt oder in Mi-Wer, wo er einen weiteren Harem unterhielt. Dieser Ort entspricht vermutlich dem modernen Gurob am Rand des Faijums, der Oasendepression in Mittelägypten. Ramses nutzte die Möglichkeiten, die sich ihm boten, wie die Prozessionen seiner Kinder zeigen, die viele Tempelwände zieren. Natürlich war Ramses Nofretiri im heutigen Sinne nicht treu, aber im Altertum dachte man noch nicht einmal darüber nach, dass es wünschenswert sei, das königliche Ehebett mit nur einem Partner zu teilen. Man sollte die Vorstellung aufgeben, Ramses sei der ewige Liebhaber Nofretiris gewesen.

221 links
Statue der Königin Nofretiri aus dem Tempel von Luxor. Die Königin verschwindet nahezu neben den gigantischen Beinen des Kolosses ihres Gemahls. Sie trägt eine dreigeteilte Perücke, nicht ihren charakteristischen Kopfschmuck mit einem Geier.

221 rechts
Dieses Porträt Nofretiris befindet sich im Vestibül des Tempels von Abu Simbel, der ihr und der Göttin Hathor geweiht war. Die Darstellung belegt die Anmut der Königin.

Der Hathor-Tempel von Abu Simbel

Respekt und Dankbarkeit stehen dagegen auf einem anderen Blatt. Ein Beleg für diese Empfindungen sind die Darstellungen im Kleinen Tempel von Abu Simbel, die dem Andenken Nofretiris gewidmet sind. Man wird vermutlich nie erfahren, ob der Kleine Tempel von Anfang an in Abu Simbel eingeplant war. So wie sich die Stätte heute präsentiert, konnte man sie weitgehend auch im Altertum bewundern. Das bedeutet, dass der Kleine Tempel aufgrund der überwältigenden Grandeur des Großen Tempels schon immer übersehen werden konnte. Nofretiris Heiligtum wurde nördlich des Haupttempels aus dem Fels gehauen. Im Vergleich zu vielen anderen nubischen Tempeln Ramses' II. ist es relativ groß. Die Fassade zieren sechs 10 m hohe Kolossalstatuen. Vier zeigen den König, zwei die Königin. Trotzdem übertrifft das Heiligtum nicht das bedeutendste Monument in Abu Simbel. Als Ramses darüber nachdachte, was er an einem solch entlegenen Ort erschaffen könne, entschied er sich, vielleicht den Vorschlägen seiner Berater entsprechend, dem Beispiel Amenophis III. zu folgen, seines hoch geschätzten Vorgängers, der seiner Gemahlin Tije in Sedeinga (Nubien) zwischen dem 2. und 3. Katarakt einen Tempel gewidmet hatte. Beide Heiligtümer wurden für die lebenden Königinnen geplant und erbaut. Man gedachte damit der Bedeutung der beiden ersten Damen noch zu Lebzeiten. Die Monumente sind nicht vergleichbar mit einem Grabmal, das zwar auch zu Lebzeiten seines Eigentümers erbaut werden konnte, seine Funktion jedoch erst nach dessen Tod erfüllte.

Die Inschriften, die die Figuren des königlichen Paares an der Fassade des Kleinen Tempels umrahmen, belegen unter anderem, welche Absicht Ramses verfolgte: „Ein Heiligtum mit beeindruckenden Monumenten für die Große Königliche Gemahlin Nofretiri, geliebt von Mut, für die der Sonnengott Re scheint, lebendig und geliebt." Und: „Er ließ in Nubien ein Heiligtum in den Berg hauen, von ewiger Kunstfertigkeit, das Usermaatre-Setpenre, der König von Ober- und Unterägypten, für Nofretiri, seine Große Königliche Gemahlin, geliebt von Mut, in Nubien anfertigen ließ, wie Re für immer und ewig." Der Tempel war in erster Linie einer Form der Göttin Hathor geweiht, die in Verbindung mit Ibschek stand, einem Ort in der Nachbarschaft von Abu Simbel.

222
Relief aus der Pfeilerhalle im Tempel von Abu Simbel. Nofretiri opfert der Göttin Hathor ein Sistrum und Blumen. Die Göttin, Herrin von Ibschek, sitzt erhaben auf einem Podium, so dass die Köpfe der beiden Damen auf einer Höhe sind.

222–223
An der Fassade des Tempels der Königin in Abu Simbel thronen sechs stehende Kolossalstatuen: Zwei stellen die Königin mit ihrem gefiederten Kopfschmuck dar, die anderen vier zeigen Ramses II. Kleine Statuen der Prinzen und Prinzessinnen begleiten das Paar.

223
Die drei Statuen an der Nordseite der Fassade des Tempels der Königin in Abu Simbel. Ungewöhnlich ist, dass die Königin beinahe ebenso groß dargestellt ist wie ihr Gemahl.

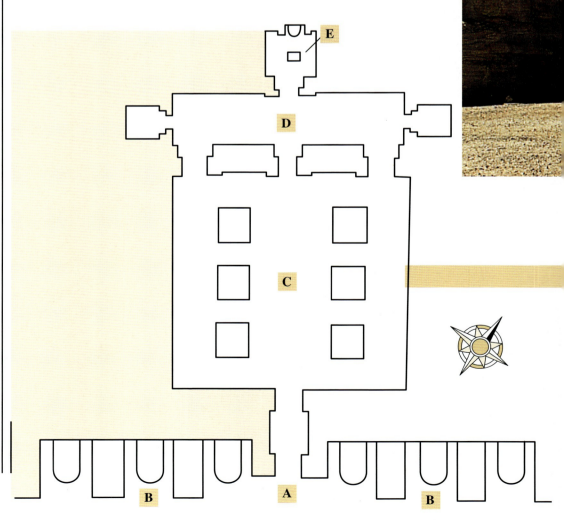

Die königlichen Damen

LEGENDE

A VORHOF
B FASSADE MIT KOLOSSALSTATUEN
C PFEILERHALLE
D VESTIBÜL
E ALLERHEILIGSTES

Die königlichen Damen

224–225
Die Pfeilerhalle. An einer Seite der Pfeiler ist jeweils ein Sistrum mit dem Kopf der Hathor abgebildet. Die anderen Seiten zieren Darstellungen der Königin und der Götter. Hier sind Thot und die Königin zu sehen.

224 unten
Im Eingang zur Pfeilerhalle. Ramses II., gefolgt von Nofretiri, massakriert vor dem falkenköpfigen Horus aus Meha einen syrischen Gefangenen. Dies ist eine von zwei Kriegsszenen im Tempel der Königin.

225
Darstellung Nofretiris auf einem Pfeiler in der Pfeilerhalle. Die Königin hält eine Blume und ein Sistrum in den Händen, eine Opfergabe für die Götter.

Ursprünglich war Hathor eine Himmelsgöttin, doch sie vereinte viele Funktionen und Aspekte in sich. Oft wird sie als Kuh dargestellt, so auch zum Teil in Abu Simbel. Sie war außerdem, wenn auch aus schwer verständlichen Gründen, eine Göttin mit Affinitäten zu ausländischen Orten wie Nubien und der Sinaihalbinsel. Hathor, die Herrin von Ibschek, ist in Abu Simbel überwiegend als göttliche Herrin mit der Sonnenscheibe und Hörnern dargestellt. Nofretiri, der der Tempel ebenfalls gewidmet war, ist nicht als Göttin abgebildet, sondern als Königin, die an Zeremonien teilnimmt, die sie mit Hathor und vielen anderen nationalen, aber auch nubischen Gottheiten verbinden. Sie ist so dargestellt wie ein König für gewöhnlich in einem Kulttempel gezeigt wird: bei der Ausführung göttlicher Zeremonien. Im Kleinen Tempel von Abu Simbel vollzieht sie diese Zeremonien gemeinsam mit Ramses. Ausgenommen sind lediglich traditionelle Königsszenen wie jene, in denen der Herrscher seine nubischen und asiatischen Feinde zerschmettert. Bei diesen Szenen nimmt Nofretiri nicht aktiv am Geschehen teil, sondern steht Ramses zu Diensten.

Bemerkenswert bei diesen Darstellungen ist die Art und Weise, in der die menschlichen und göttlichen Figuren abgebildet sind. Die Streckung der normalen Proportionen der menschlichen Körper verleiht den Figuren eine verblüffende Eleganz. Mit dieser Abweichung vom standardisierten Kanon erscheinen die weiblichen Figuren, Nofretiri, Hathor und andere Göttinnen, ungewöhnlich verführerisch. Außerdem sind sie besonders vorteilhaft in lange wallende Gewänder gekleidet. Im Gegensatz dazu beeindrucken die männlichen Figuren nicht mehr als andernorts, da sie dem Standard entsprechend dargestellt sind. Kurze Inschriften, die die Darstellungen Nofretiris mit einem Gott oder einer Göttin begleiten, identifizieren in der Regel die abgebildeten Figuren. Der Effekt, der dadurch erzielt wird, dass die Figuren von weitläufigen Freiräumen umgeben sind, ist außergewöhnlich überraschend. Die Streckung der Figur der Königin wird noch unterstrichen durch den Kopfschmuck, den sie über ihrer dreigeteilten Perücke trägt. Ein Teil ruht auf dem Rücken, die beiden anderen Teile liegen jeweils über ihren Brüsten. Der Kopfschmuck besteht aus einem Diadem, das von einer Sonnenscheibe gekrönt wird, die zwischen zwei graziösen Hörnern thront, die ein Paar lange Straußenfedern umschließen.

Die königlichen Damen

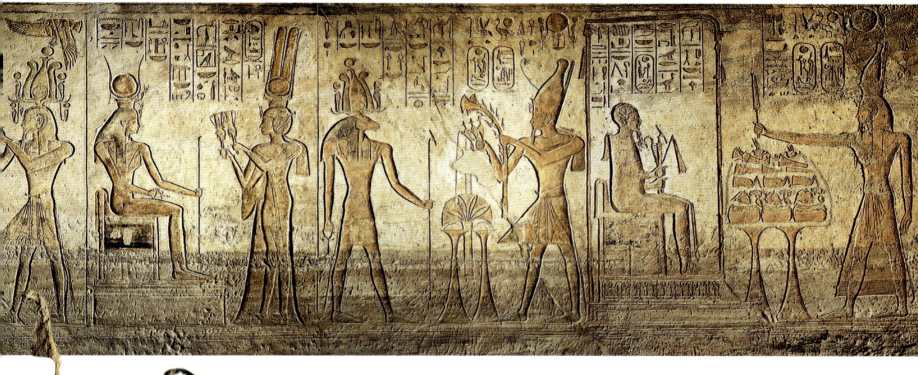

226
Opferszenen, die in der Pfeilerhalle dargestellt sind, zeigen häufiger Ramses II. als Nofretiri. Der König opfert Amun-Re eine Figur der Göttin Ma'at, die ein Anch-Symbol in Händen hält.

226–227 oben
Reliefs an der Nordwand der Pfeilerhalle. Links: Ramses II. opfert Re-Harachte Wein. Mitte links: Nofretiri schenkt der Göttin Hathor von Dendera Sistren. Mitte rechts: Ramses II. bringt dem widderköpfigen Araspes Blumen und Trankopfer dar. Rechts: Ptah empfängt von Ramses II. Opfer.

Ramses II.

Die Ausführung der Tempelreliefs ist zwar nicht von höchster Qualität, entspricht jedoch einem akzeptablen nubischen Standard. Am häufigsten wird Ramses dargestellt und verehrt, insbesondere im Allerheiligsten. Dort beschenkt er Hathor, die in Form einer Kuh aus dem Fels heraustritt. Es wird jedoch immer wieder deutlich, dass der Tempel auch Nofretiri gewidmet war. Ihren hohen Rang belegen vor allem zwei Szenen. Die eine ist konventionell gehalten und zeigt Ramses II., der von Seth von Ombos und Horus, hier in Gestalt des Herrn von Maha (ein bisher nicht identifizierter Ort in Nubien), die Königswürde erhält. In der einen Hand halten die beiden Götter die eingekerbten Palmstämme, das Symbol für die Unendlichkeit der Regentschaft. Mit der anderen berühren sie die Doppelkrone, die der König auf dem Haupt über der so genannten nubischen Perücke trägt. Die zweite Szene zeigt Nofretiri, die von Hathor, der Herrin von Ibschek, und von Isis, der Muttergöttin, flankiert wird. Beide Göttinnen haben eine Hand erhoben, um den Kopfschmuck der Königin zu berühren, als ob sie ihr eine Macht verleihen wollten, die nicht offiziell bestätigt wurde. Die eingekerbten Palmstämme fehlen. Nofretiri umfasst jedoch ungewöhnlicherweise ein *anch*-Zeichen, das Symbol des Lebens, das normalerweise nur die Götter in Händen halten wie hier Hathor und Isis. Außerdem trägt die Königin die nubische Perücke. Eine solche Darstellung unterstreicht den hohen Status der Königin, zumindest im Kontext mit Nubien. Es ist unwahrscheinlich, dass Nofretiri vor dem 24. Regierungsjahr Ramses' (um 1256/1255 v. Chr.) jemals in Abu Simbel war. In jenem Jahr begleitete sie ihren Gemahl mit einer großen Entourage, um der Einweihung der beiden Tempel beizuwohnen. Man darf davon ausgehen, dass sie bereits von dem Tempel wusste, der ihr zum Teil gewidmet war. Sie machte sich vermutlich jedoch keine Vorstellung davon, wie großartig der Tempel war und war sicher nicht nur überrascht, sondern höchst zufrieden, als sie das Heiligtum erblickte. Dieser Besuch könnte das letzte große offizielle Ereignis gewesen sein, an dem die Königin teilnahm, denn ein oder zwei Jahre darauf verstarb sie und begab sich auf die Reise, auf der sie sich mit jenen Göttern vereinigen sollte, denen sie in den Darstellungen ihres eigenen Tempels die Ehre erweist.

Die königlichen Damen

228–229
Relief an der Ostwand des Vestibüls. Ramses II. und Nofretiri opfern Thoeris Blumen und ein Sistrum. Die Göttin, „die Große, die alle Götter gebar", wird im Allgemeinen als Nilpferd dargestellt.

229 oben
Relief im Vestibül, das der Szene gleicht, die die Krönung des Königs zeigt. Hathor von Ibschek (links) und Isis weihen Königin Nofretiri. Durch die Verlängerung der Proportionen wird die Anmut der Figuren hervorgehoben.

229 unten
Blick in das Vestibül im Tempel von Abu Simbel. Rechts erkennt man den Eingang zum Allerheiligsten. Die Opferszene mit Thoeris ziert die Wand links, rechts erkennt man Ramses II. der Re-Harachte Wein darbringt.

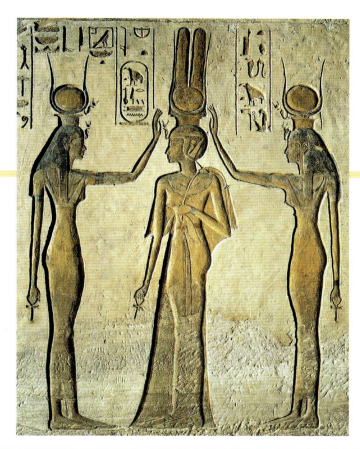

Die königlichen Damen

Das Grab von Nofretiri

Das Grab, das für Nofretiri im Tal der Königinnen angelegt wurde, gehört heute zu den bekanntesten Grabstätten in der thebanischen Nekropole, nicht nur aufgrund der außergewöhnlichen Qualität der Reliefs, sondern auch aufgrund der Schwierigkeiten, die man überwinden muss, wenn man es besuchen möchte. Im Jahr 1904 entdeckte Ernesto Schiaparelli die letzte Ruhestätte der Königin, deren Grabbeigaben bereits in der Antike geraubt worden waren. Die Wandmalereien befanden sich in schlechtem Zustand. Die herrlich bemalten Reliefs hatte man in eine Gipsschicht gemeißelt, die man auf die Wände auftrug, weil der Kalkstein der Gegend von geringer Qualität war. Später leitete das ausblühende Salz des Kalksteins den Verfall der Reliefs ein. Auslöser für diesen Vorgang war vielleicht die Feuchtigkeit, die sich im Grab festsetzte, als es für Besucher noch uneingeschränkt zugänglich war. Man schloss das Grabmal daraufhin für viele Jahre. Zu gegebener Zeit sollten jedoch die Reliefs restauriert und konserviert werden. Heute sorgen Klimaanlagen und die strikte Begrenzung der Besucherzahl dafür, dass weitere Schäden verzögert, wenn nicht sogar verhindert werden. Es ist nicht einfach für den modernen Besucher, Zugang zum Grab zu erhalten und in den Genuss der herrlichen Reliefs zu kommen, die sich heute in einem weitaus besseren Zustand befinden als viele andere Grabdekorationen in Theben, die aus der Zeit nach Sethos I. datieren.

Die Darstellungen im Grabmal der Königin zeigen Nofretiri, die sich allein den Gefahren und Schrecken stellen muss, denen sie auf ihrer Reise ins Jenseits begegnet. Sie ist jedoch nicht ohne Schutz. In Begleitung entsprechender Götter und freundlicher Dämonen sowie adäquater Inschriften überwindet sie alle Gefahren ohne die Hilfe ihres Gemahls. Ramses erscheint kein einziges Mal im Grab, ebenso wie keine Frauen die Wände seiner letzten Ruhestätte zieren.

Zu jener Zeit unterschieden sich die Gräber für Privatpersonen sehr stark von den Königsgräbern. Die Wandmalereien in privaten Grabmälern zeigen Mann und Frau, häufig mit ihren Kindern, die an verschiedenen Aktivitäten teilnehmen.

230 links
Dieses Relief ziert einen Pfeiler in der Sargkammer. Isis hält Nofretiri an der Hand und gewährt ihr Leben, dargestellt durch das anch-Symbol. Die Finger der Figuren sind ungewöhnlich lang, die Gesamtproportionen entsprechen dagegen der Konvention.

230 rechts
Darstellung aus dem Grab Nofretiris. Der widderköpfige Re in Gestalt einer Mumie trägt die Sonnenscheibe über seinem Haupt. Er befindet sich in Begleitung von Isis (rechts) und Nephthys. „Re ist jener, der in Osiris ruht" und „Osiris ist jener, der in Re ruht", lauten die Inschriften neben der Mumie.

231
Detail einer Darstellung im Vestibül. Die Königin trägt den charakteristischen Kopfschmuck mit Geier, der von einer Sonnenscheibe zwischen zwei langen Straußenfedern gekrönt wird. Außerdem trägt sie einen Ohrring, der ungewöhn-licherweise eine Kobra darstellt.

Die königlichen Damen

232–233
Nofretiri, „Große Königliche Gemahlin und Herrin der Beiden Länder", bringt Osiris, „Herrscher über das Heilige Land", Speiseopfer dar. Vor Osiris erkennt man auf einem Podium die vier Söhne des Horus.

233 links
Blick in Richtung Vor- und Nebenkammer. Gottheiten begrüßen Nofretiri. Am Eingang zur Nebenkammer erkennt man Chepre, den Sonnengott der Morgendämmerung, dargestellt mit Skarabäuskopf (links), sowie Re-Harachte mit Hathor (rechts).

Nofretiri durchschreitet dagegen mit großer Würde allein die zwölft Tore der Unterwelt. Sie trifft und begrüßt viele Götter, sie spielt senet, ein Brettspiel, das zu jenen Riten gehörte, die vollzogen werden mussten, um in die Ewigkeit eingehen zu können. Nofretiri ist stets in königliche Gewänder gekleidet und trägt meist einen Kopfschmuck mit einem Geier, gekrönt von einem Diadem, der Sonnenscheibe und hohen Straußenfedern. So ist sie häufig auch in Abu Simbel und in anderen Stätten abgebildet. In der Grabstätte fehlen jedoch die eleganten Hörner, die die lebende Königin kennzeichneten. Die Darstellung der Figuren entspricht dem allgemeinen Kanon der 19. Dynastie, es fehlt also die Veränderung der Proportionen, die man in Abu Simbel findet. Die Gemälde bestechen sowohl in der Ausführung als auch in der Farbwahl. Diese Nofretiri hat nichts mit der Nofretiri von Nubien gemein. Sie ist jedoch ebenso beeindruckend und in all ihren Aspekten ebenso königlich wie in Abu Simbel.

Im Tode wurden Nofretiri höchste Ehren zuteil. Sie hatte, so weit man es heute noch beurteilen kann, ihre königlichen Pflichten mehr als erfüllt. Sie hatte Erben das Leben geschenkt und mag tatsächlich Ramses' Favoritin gewesen sein. Die Art und Weise wie sie im Tempel von Luxor beschrieben wird, geht über belangloses Gerede hinaus. In diesem Heiligtum führt die Königin eine Prozession von Kindern an und sie schüttelt das Sistrum vor dem Gott Amun: „Reich an Liebe, das Diadem tragend, schön anzusehen, wunderbar mit den beiden hohen Straußenfedern, Vorsteherin des Harems des Horus, Herr des Palastes; was auch immer aus ihr hervorkommt, ist angenehm; sie braucht nur zu sprechen und ihr Wunsch geht in Erfüllung … allein ihre Stimme zu hören, bedeutet leben, die Große Königliche Gemahlin, geliebte Gattin des starken Stiers, Herrin der Beiden Länder, Nofretiri, geliebt von Mut."

LEGENDE

A ZUGANGSRAMPE
B VESTIBÜL
C NEBENKAMMER
D TREPPE ZUR SARGKAMMER
E SARGKAMMER
F ANBAUTEN
G VESTIBÜL ZUM KÖNIGREICH DES OSIRIS

233 rechts
Nofretiri vor dem ibisköpfigen Thot. Die Inschrift gibt Kapitel 94 des Totenbuches wieder. Damit wurden dem Verstorbenen eine Schale mit Wasser und die Schreiberpalette gewährt. Man erkennt beide Objekte auf einem Podium vor der Königin.

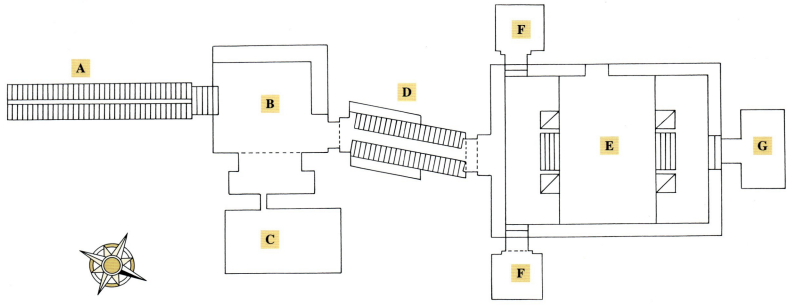

Die königlichen Damen

Die königlichen Damen

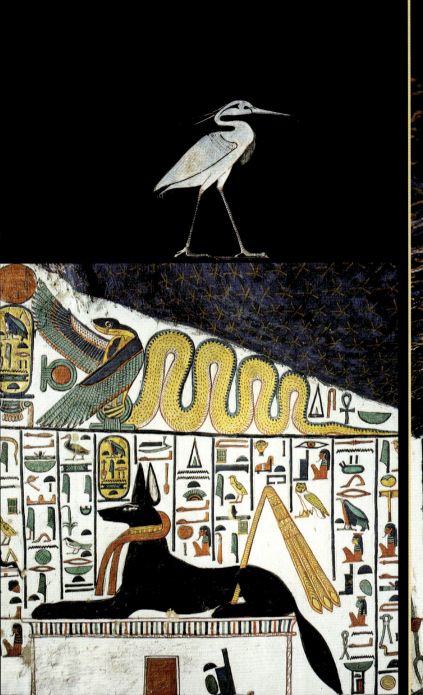

234 oben
Darstellung an der Wand zur Linken der Treppe, die in die Sargkammer führt. Im oberen Bereich erkennt man eine geflügelte Schlange, die die Kartusche Nofretiris beschützt. Im unteren Bereich spricht Anubis, der schakalköpfige Gott der Einbalsamierung: „Ich bin zu dir gekommen, geliebte Tochter …"

234 unten
Eine Vignette, die Kapitel 17 des Totenbuches begleitet, das sich mit dem Senet-Spiel im Jenseits beschäftigt. Nofretiri sitzt in einem Kiosk und spielt gegen ihr Schicksal.

234–235
Darstellung an der Wand zur Rechten der Treppe, die in die Sargkammer führt. Nofretiri opfert Hathor von Theben, Selkis, der Skorpiongöttin, Herrin des Heiligen Landes, und Ma'at, Tochter des Re, zwei Schalen mit Wein.

235
Vignetten begleiten Kapitel 17 des Totenbuches. Nofretiri wird von Isis und Nephthys bewacht, den trauernden Göttinnen, die als Falken dargestellt sind. Links erkennt man den Reiher (Phönix) des Re, rechts eine Nilgottheit.

Die königlichen Damen

Die königlichen Damen

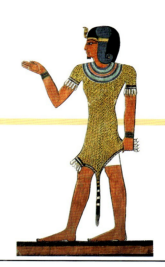

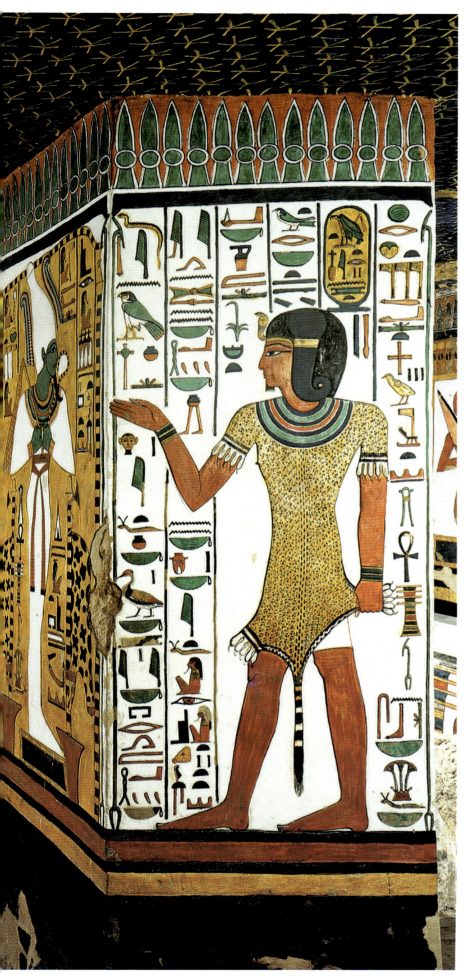

236–237
Die Sargkammer Nofretiris. Die beiden Pfeiler im Vordergrund zeigen Horus in unterschiedlicher Gestalt: Links als Iunmutef, „Pfeiler seiner Mutter", rechts als Nedjiotef, „Rächer seines Vaters". Beide Figuren sind als lebende Priester mit Leopardenfell, Seitenlocke und ungewöhnlicherweise mit einer Uräusschlange dargestellt.

237
Die Sargkammer Nofretiris. Wände und Pfeiler sind von ausblühendem Salz schwer in Mitleidenschaft gezogen. Einige bemalte Reliefs konnten glücklicher-weise erfolgreich restauriert werden.

Die königlichen Damen

Weitere Königsgattinnen

Trotz allem mag es ständig Spannungen gegeben haben. Der Wettstreit im königlichen Harem, vor allem in Pi-Ramses, trieb ungeahnte Blüten. Von Anfang an wartete Königin Isisnofret insgeheim auf ihre Chance. Ihre Herkunft ist ebenso unbekannt wie jene von Nofretiri. Vielleicht war sie ebenfalls die Tochter eines angesehenen Mitglieds am Hofe Sethos' I., auserwählt, um dem „Anfangsbestand" des Harems hinzugefügt zu werden, den Sethos für den jungen Prinzen Ramses gründete. Sie erlangte keine Priorität, da sie nicht den ersten männlichen Nachkommen gebar, der Kronprinz werden sollte, sobald Ramses den Thron bestieg. Später bügelte sie diesen „Fehler" jedoch aus, indem sie einem Sohn das Leben schenkte, der bezeichnenderweise nach seinem Vater Ramses benannt wurde. Bald darauf erblickte Chaemweset, Sohn Nummer vier das Licht der Welt. Viele Jahre später sollte jedoch ein ganz anderer Sohn Ramses' den Thron besteigen: Merenptah, Sohn Nummer 13.

Isisnofret findet man an keinen königlichen Monumenten und Gebäuden der ersten beiden Dekaden der Regentschaft Ramses'. Man darf daher vermuten, dass sie bewusst in die zweite Reihe gestellt wurde und man ihr die Ehren versagte, die ihr in der königlichen Residenz eigentlich zustanden. Für gewöhnlich lebte sie vermutlich nicht in Pi-Ramses, sondern im Harem von Mi-Wer, in der Nähe des Faijums. Die Regelmäßigkeit, mit der sie Ramses Kinder gebar, deutet jedoch nicht darauf hin, dass sie vernachlässigt oder gar abgeschoben wurde.

Nach dem Tod von Nofretiri stieg Isisnofret zur Großen Königlichen Gemahlin auf. Einige Monumente aus jener Zeit zeigen sie, gekleidet wie ihre Vorgängerin und mit einem Kopfschmuck mit hohen Federn. Die gelegentlichen Darstellungen der Königin befinden sich nicht auf den Hauptmonumenten der Regierungszeit Ramses', jenen großen Tempeln, die in den frühen Jahren entstanden, als Nofretiri die Hauptgemahlin Ramses' war. Das interessanteste Zeugnis ist eine Stele, die in den Speos von Haremhab in Gebel es-Silsila gemeißelt wurde. Chaemweset, der Sohn Isisnofrets, ließ das Denkmal errichten, als er das zweite Jubiläum seines Vaters in dessen 33. oder 34. Regierungsjahr verkünden ließ. Auf der Stele erkennt man den König, Chaemweset und zwei Königinnen: Isisnofret, die als Große Königliche Gemahlin beschrieben wird, und Bintanta, ihre erste Tochter mit Ramses, die beschrieben wird als „Erbprinzessin, hoch in der Gunst, Königstochter und Große Königliche Gemahlin". Isisnofret war offensichtlich schon abgesetzt und Ramses hatte begonnen, die königliche Linie fortzuführen, indem er seine eigenen Töchter ehelichte. Bintanta war die Erste. Die Stele zeigt in untergeordneter Position zwei weitere Söhne, Ramses, der zu diesem Zeitpunkt Kronprinz war, und Merenptah, der letztendlich seinem Vater auf den Thron folgen sollte.

In den frühen Jahren seiner Regentschaft könnte Ramses eine gewisse hierarchische Reihenfolge bei seinen Gemahlinnen eingehalten haben. Zweifellos war es wichtig, sicherzustellen, dass jeder Person ihr Status bewusst war, vor allem wenn es um die königliche Familie im weitesten Sinne ging. Nofretiri stand als Mutter des Thronerben an erster Stelle. Ihr folgte Isisnofret, die eine höhere Position einnehmen sollte, als Amunherchopeschef, der erste Kronprinz, sowie die meisten anderen Söhne Nofretiris verstarben. Etwa um das 21. Regierungsjahr Ramses' war die Erbfolge an Ramses übergegangen, den ersten Sohn Isisnofrets. Kurz darauf verstarb Nofretiri und Isisnofret nahm ihren Platz ein. Sie lebte offensichtlich etwa bis zum 34. Regierungsjahr Ramses'. Zu jenem Zeitpunkt gab es zwei Große Königliche Gemahlinnen. Der Titel wurde Bintanta gewährt, der ältesten Tochter Isisnofrets, und Meritamun, der ältesten Tochter Nofretiris. Einiges deutet darauf hin, dass die beiden Großen Königlichen Gemahlinnen der zweiten Generation diesen Titel bereits kurz nach dem Tod von Nofretiri erhielten. Eindeutige Beweise gibt es jedoch nicht. Die Eingliederung der beiden Töchter in den königlichem Harem scheint willkürlich erfolgt zu sein. Weshalb sollte sich der große König an Regeln oder Bräuche gebunden fühlen, die keine Validität hatten?

Königliche Gemahlin zu werden, hatte vermutlich keinen großen Einfluss auf den Status einer Königstochter, einer jungen Frau von königlichem Geblüt, die ihren Vater bis ins heiratsfähige Alter vermutlich kaum zu Gesicht bekam. Es steht uns nicht zu, die Praktiken zu kritisieren, die vor mehr als 3 000 Jahren die königliche Familie betrafen. Am wichtigsten war es vermutlich, die Thronfolge zu sichern und die Legitimität des Thronerben mit entsprechenden Zeremonien zu untermauern. Ramses II. hatte keine Schwierigkeiten damit, die Erbfolge zu sichern. Seine Haremsdamen bei Laune zu halten, dürfte dagegen etwas schwieriger gewesen sein. Im Verlauf seiner langen Regentschaft wurden jedoch offensichtlich einige Formalitäten gelockert, die hierarchischen Prinzipien waren nicht mehr von solch großer Bedeutung und die familiäre Situation bei Hofe entspannte sich.

238 links
Oberkörper einer Statue ohne Inschriften. Möglicherweise handelt es sich um Meritamun, Tochter Ramses' II. und seiner Gemahlin Nofretiri. Der König nahm seine Tochter zur Gemahlin, nachdem die Mutter verstorben war. Man hat das Kunstwerk im Ramesseum entdeckt (Kairo, JdE 31413).

238 rechts
Die kleine Statue der Prinzessin Bintanta steht vor der Kolossalstatue Ramses' II. im Tempel von Karnak. Bintanta war die älteste Tochter der Königin Isisnofret und wurde nach dem Tod Nofretiris, noch zu Lebzeiten ihrer Mutter, königliche Gemahlin.

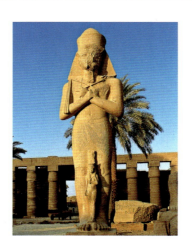

239
Der Quarzitkoloss Ramses' II. im Tempel von Karnak mit der kleinen Statue der Prinzessin Bintanta. Die Prinzessin wird „Königstochter" und „Königsgemahlin" genannt, nicht jedoch „Große Königliche Gemahlin".

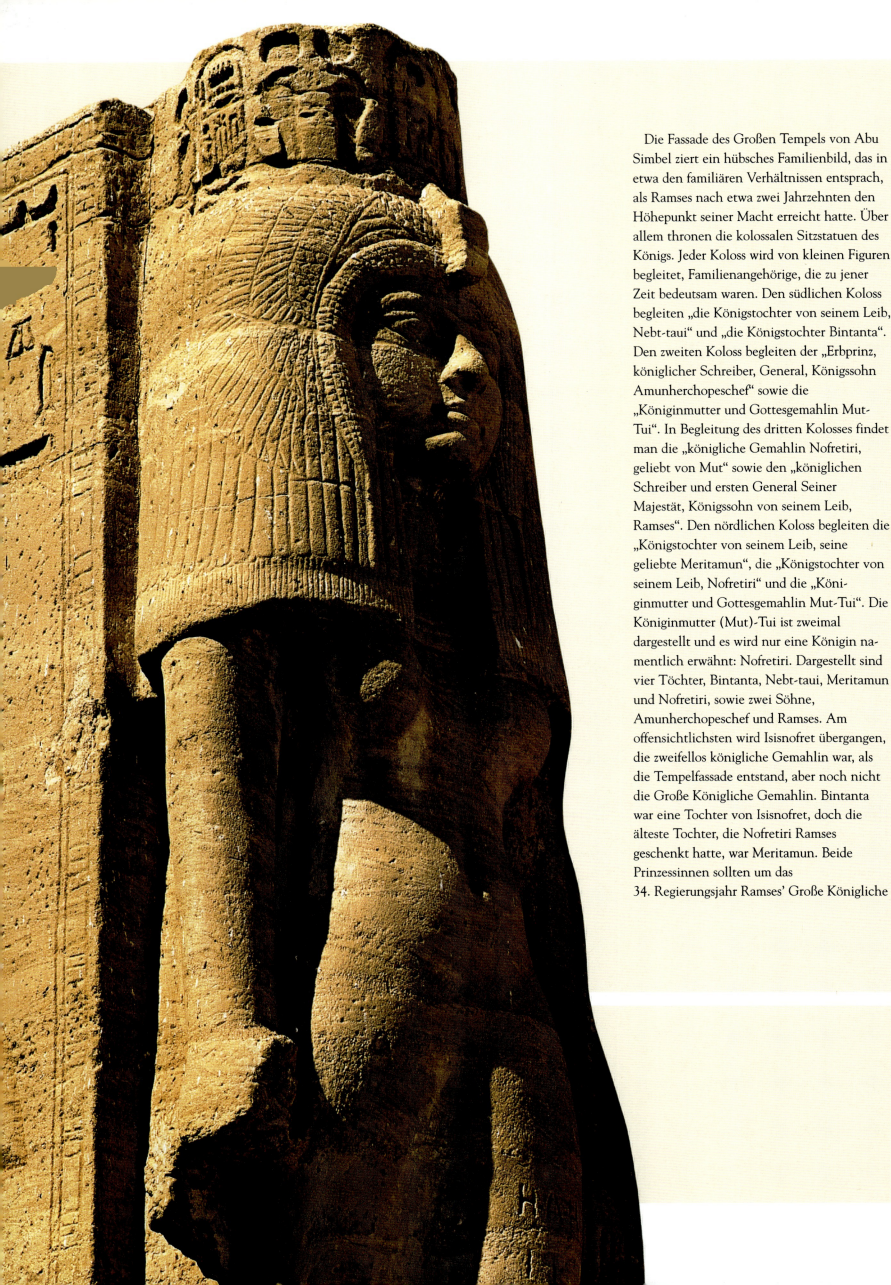

Die Fassade des Großen Tempels von Abu Simbel ziert ein hübsches Familienbild, das in etwa den familiären Verhältnissen entsprach, als Ramses nach etwa zwei Jahrzehnten den Höhepunkt seiner Macht erreicht hatte. Über allem thronen die kolossalen Sitzstatuen des Königs. Jeder Koloss wird von kleinen Figuren begleitet, Familienangehörige, die zu jener Zeit bedeutsam waren. Den südlichen Koloss begleiten „die Königstochter von seinem Leib, Nebt-taui" und „die Königstochter Bintanta". Den zweiten Koloss begleiten der „Erbprinz, königlicher Schreiber, General, Königssohn Amunherchopeschef" sowie die „Königinmutter und Gottesgemahlin Mut-Tui". In Begleitung des dritten Kolosses findet man die „königliche Gemahlin Nofretiri, geliebt von Mut" sowie den „königlichen Schreiber und ersten General Seiner Majestät, Königssohn von seinem Leib, Ramses". Den nördlichen Koloss begleiten die „Königstochter von seinem Leib, seine geliebte Meritamun", die „Königstochter von seinem Leib, Nofretiri" und die „Königinmutter und Gottesgemahlin Mut-Tui". Die Königinmutter (Mut)-Tui ist zweimal dargestellt und es wird nur eine Königin namentlich erwähnt: Nofretiri. Dargestellt sind vier Töchter, Bintanta, Nebt-taui, Meritamun und Nofretiri, sowie zwei Söhne, Amunherchopeschef und Ramses. Am offensichtlichsten wird Isisnofret übergangen, die zweifellos königliche Gemahlin war, als die Tempelfassade entstand, aber noch nicht die Große Königliche Gemahlin. Bintanta war eine Tochter von Isisnofret, doch die älteste Tochter, die Nofretiri Ramses geschenkt hatte, war Meritamun. Beide Prinzessinnen sollten um das 34. Regierungsjahr Ramses' Große Königliche

Gemahlinnen werden und beiden wurde die Ehre zuteil, fürstliche Grabstätten im Tal der Königinnen zu erhalten. Beide Gräber befinden sich heute in äußerst schlechtem Zustand, ebenso wie jenes von Nebt-taui, die zu einem späteren Zeitpunkt Große Königliche Gemahlin werden sollte. Über Prinzessin Nofretiri ist nichts weiter bekannt. Sie erscheint lediglich in einigen Listen der Prinzessinnen. Möglicherweise verstarb sie frühzeitig.

Ramses brachte den Großen Königlichen Gemahlinnen, seinen Töchtern, die im Harem in Pi-Ramses oder Mi-Wer lebten, sicher keine besonderen Gefühle oder bevorzugte Aufmerksamkeit entgegen. Im Gegensatz zu Echnaton, dem „Kriminellen von Achetaton", ist Ramses niemals in intimer Verbundenheit mit seinen Kindern dargestellt. Er wiegt sie nicht in seinem Schoß und erlaubt ihnen nicht, über ihn zu krabbeln. Man weiß natürlich nicht, was geschah, wenn er die Harems besuchte, in denen seine Kinder aufwuchsen und erzogen wurden. Seine Söhne wurden auf ihre späteren Staatspflichten vorbereitet, vielleicht sogar darauf, einmal König zu sein. Die Töchter wurden vermutlich als geeignete Objekte für eine Ehe mit dem König betrachtet, nicht unbedingt in sexueller Hinsicht, sondern aus formellen und dynastischen Gründen. Es ist allerdings nicht anzunehmen, dass eine Frau aus dem Harem, die man für geeignet hielt, an der Seite des Königs zu stehen, diesen weniger stimulierte als ein, die von irgendwoher an den Hof gebracht wurde. Wenn man die Frage des Anstands außer Acht lässt, der ohnehin keine große Bedeutung beigemessen wurde, muss man sich vorstellen, dass eine junge Frau, eine Tochter, vor den König geführt wurde, die geprägt war vom Klatsch und den Intrigen des Harems und möglicherweise zu viele eigennützige Zwecke verfolgte. Dem Vergnügen und der Befriedigung konnten Konkubinen dienen, für wichtigere Angelegenheiten, die der königlichen Dignität angemessen waren, konnte eine ausländische Braut die Antwort sein.

Es gibt einige Hinweise darauf, dass Ramses die Aussicht auf eine hethitische Braut durchaus erfreute. Aufzeichnungen aus beiden Ländern, belegen, dass die Verhandlungen bezüglich einer Heirat mit Enthusiasmus und Entschlossenheit geführt wurden. Die Texte, die die Reise der hethitischen Prinzessin nach und die Ankunft in Pi-Ramses beschreiben, sind unübertroffen, was die Lobpreisung der neuen Königin betrifft, deren ägyptischer Name bezeichnenderweise Maathorneferure lautete, „Sie ist die eine, die Horus sieht, die Schönheit des Re". Der König war die Verkörperung des lebendigen Horus …

Der neuen Gemahlin wurden alle Ehren zuteil, sie trug den Titel Große Königliche Gemahlin, verlor jedoch niemals ihre Identität als hethitische Prinzessin. In Tanis hat man eine Figur der Königin entdeckt, die eine Kolossalstatue Ramses begleitet und folgende Inschrift trägt: „Große Königliche Gemahlin, Herrin der Beiden Länder, Maathorneferure, Tochter des großen Fürsten von Hatti".

Über das Leben Maathornerefures in Ägypten ist kaum etwas bekannt. Man geht jedoch davon aus, dass sie einige Jahre in der königlichen Residenz Pi-Ramses verbrachte und sich später in den Harem von Mi-Wer zurückzog. Man hat in Gurob, dem vermutlichen Standort von Mi-Wer, ein Papyrusfragment entdeckt, das Wäschestücke erwähnt, die Maathorneferure gehörten. Von hethitischen Aufzeichnungen weiß man, dass die Hethiterin Ramses nur ein Kind gebar, eine Tochter namens Neferure, benannt nach ihrer Mutter. In späteren Aufzeichnungen wird Maathorneferure nicht mehr erwähnt. Falls sie ein Grab erhielt, das einer Großen Königlichen Gemahlin angemessen war, so hat man es bisher im Tal der Königinnen nicht wieder entdeckt.

Etwa in seinem 44. Regierungsjahr heiratete Ramses eine zweite Hethiterprinzessin. Man hat die Hypothese aufgestellt, dass Ramses so zufrieden war mit Maathorneferure, dass er mehr als bereit war, eine weitere Hethiterin zu ehelichen. Die Umstände, die zu dieser Heirat geführt haben, sind nicht genau bekannt. Nicht einmal der Name der zweiten ausländischen Prinzessin ist überliefert. Am wahrscheinlichsten ist, dass die Verbindung aus diplomatischen Gründen zustande kam. Ramses war zu diesem Zeitpunkt bereits in den Sechzigern und vermutlich nicht mehr so zeugungsfähig wie zu seinen Glanzzeiten. Maathorneferure mag bereits tot gewesen sein oder sie führte ein zurückgezogenes Leben in Mi-Wer. Die Stellung der Großen Königlichen Gemahlin hatte Nebt-taui inne, deren Mutter vermutlich Nofretiri war. Es gibt kaum Hinweise darauf, dass sie sich um Staatsangelegenheiten kümmerte, doch abgesehen von den Jubiläen, gibt es sowieso kaum Hinweise auf bedeutende Ereignisse. Nebt-taui erhielt ein angemessenes Grab im Tal der Königinnen. Das Schweigen der Quellen weist jedoch auf einen langsamen Niedergang hin, in dem Nebt-taui vielleicht nur die Rolle spielte, ihrem Vater, dem gealterten König, Trost zu spenden.

240
Diese Statue Nofretiris begleitet die Kolosse Ramses' II. in Abu Simbel. Die Königin trägt ihren charakteristischen Kopfschmuck mit Geier und eine Uräusschlange an der Stirn.

Die königlichen Nachkommen

242
Relief aus dem Ramesseum. Ramses II. empfängt von Amun-Re und Mut die Macht und die Jubiläen. Im unteren Bereich erkennt man eine Prozession der ältesten Söhne des Königs, die mit Amunherchopeschef (rechts) beginnt. Es sind nicht die Namen aller Prinzen verzeichnet.

243
Die Seitenlocke kennzeichnete im alten Ägypten im Allgemeinen ein Kind. Sie wurde jedoch auch von bestimmten Priestern getragen, zum Beispiel von den Sempriestern des Ptah. Dieses Amt bekleidete Chaemweset die meiste Zeit seines Lebens. Die Darstellung stammt vom Sockel einer Statue im Tempel von Luxor.

KAPITEL 7

"Er liebte die Bequemlichkeit und das Vergnügen und gab sich ohne Einschränkung wollüstigen Freuden hin. Er hatte einen riesigen Harem und im Lauf der Jahre vervielfachten sich seine Kinder rasch. Er hinterließ über einhundert Söhne und mindestens halb so viele Töchter, von denen er mehrere ehelichte. Seine Familie war so groß, dass sie ein eigenes Geschlecht gründete, die Ramessiden, die noch vier Jahrhunderte später in ihren Titeln den Namen Ramses tragen, nicht als Patronymikon, sondern als Designation einer Klasse oder Linie … Ramses war sehr stolz auf seine große Familie und er befahl seinen Bildhauern oft, seine Söhne und Töchter in langen Reihen an den Wänden seiner Tempel abzubilden."

Man kann nur hoffen, dass James Henry Breasted, der diese Wort vor beinahe einhundert Jahren geschrieben hat, zusammenzucken würde, wenn er sie heute lesen würde. Die wesentlichen Aussagen über die Kinder Ramses' II. haben sich in der Zwischenzeit zwar kaum geändert, doch es gibt nur wenige Historiker des alten Ägyptens, die heute Breasteds relativ puritanischem Approach und seiner gelegentlichen Ignoranz zustimmen würden. Sir Alan Gardiner, der den Freund und Kollegen Breasted als Historiker hoch schätzte, schreibt 50 Jahre später in seinen kurzen Kommentaren über die königliche Familie wesentlich akkurater und wertfreier: "Ramses II. war so stolz auf seine vielen Nachkommen, dass es falsch wäre, alle Hinweise der langen Enumeration seiner Söhne und Töchter an den Tempelwänden zu übergehen. In Wadi es-Sebua in Unterägypten sind über einhundert Prinzen und Prinzessinnen aufgelistet, doch die vielen Lakunen machen es unmöglich, die genaue Personenzahl festzustellen."

Es ist durchaus menschlich, einen kleinen Skandal um eine prominente Person mit einer gewissen Schadenfreude zu genießen, auch wenn diese Person seit mehr als drei Jahrtausenden tot ist. Viele Besucher Ägyptens glauben, über Ramses II. Bescheid zu wissen: Er war ein Pharao, der eine große Familie hatte, die vermutlich seinen sexuellen Exzessen in den verschiedenen Harems zu verdanken war. Der Geist Breasteds lebt! Wie schade, dass man diese "Fakten" als Klatsch enttarnen und mit Nachdruck erklären muss, dass es keine Beweise dafür gibt, dass Ramses II. ein Sex-Maniac war oder dass seine Paläste nach ägyptischem Standard außergewöhnlich luxuriös und dekadent waren. Dagegen gibt es eindeutige Beweise dafür, dass der Pharao süchtig nach Ruhm (wenn auch nicht nach ägyptischen Maßstäben), ziemlich prahlerisch (er hatte ja auch genug Zeit, um sein Image entsprechend zu pflegen) und in höchstem Grade potent war.

Die vielen Söhne und Töchter Ramses' sind in Reliefs in den Tempeln von Pi-Ramses im Norden ebenso dargestellt wie in Amara in Nubien. Dieses Vorgehen ist äußerst ungewöhnlich und bleibt ein Phänomen der Regentschaft Ramses', das bisher nicht befriedigend erklärt werden konnte. Drücken diese Darstellungen Stolz und Zuneigung aus oder sind sie die magische Demonstration der Stärke der königlichen Linie, die keinen Zweifel an einer gesicherten Erbfolge aufkommen lassen sollte?

244
Ramses, der zweite Sohn des Königs, in einer Darstellung aus dem Tempel von Abu Simbel. Der Prinz trug den Titel „General" und begleitete seinen Vater bei Feldzügen in Nubien und in der Schlacht von Kadesch. Etwa 20 Jahre lang war er gesetzlicher Erbe.

244–245
Die Südwand des Hofes der Ramessiden im Tempel von Luxor. Eine Prozession der Prinzen, gefolgt von einem Priester und einem heiligen Stier. Bei den Söhnen handelt es sich um Iotamun, Meriatum, Nebentaneb und Merire II.

Eine präzise Datierung der Reliefs lässt sich nicht vornehmen. Einige dieser Darstellungen in den großen thebanischen Tempeln von Luxor und Karnak sowie im Ramesseum gehören vermutlich zu den ältesten, während jene in Wadi es-Sebua, die nach dem 45. Regierungsjahr Ramses' angefertigt wurden, mit hoher Wahrscheinlichkeit die jüngsten sind. Das Datum der Reliefs, die die Höfe des Tempels Sethos' I. in Abydos zieren, liegt vermutlich dazwischen. Es ist zwar nicht möglich, die Darstellungen chronologisch zweifelsfrei zu ordnen, man weiß jedoch, dass die Praxis, die engsten Familienangehörigen darzustellen, sich nicht auf die frühe Regierungszeit Ramses' beschränkte. Nachdem der König relativ früh unter Beweis gestellt hatte, dass er zeugungsfähig war, beschlossen vermutlich einige Palastbeamte, eine Liste der Prinzen und Prinzessinnen zu erstellen, nicht nur, um die Namen festzuhalten, sondern auch, um die Geburtsdaten belegen zu können, was vor allem in Bezug auf die Söhne von

Bedeutung war. Im Lauf der Jahre wurde es immer schwieriger, den Überblick über die vielen Nachkommen nicht zu verlieren, die in den verschiedenen Harems gezeugt wurden. Außerdem waren Probleme mit der Rangfolge bezüglich der Gemahlinnen, Konkubinen, Hausangestellten und anderen Personen, die sich einen persönlichen Vorteil verschaffen wollten, vorprogrammiert. In den Listen wurde den Kindern der Hauptgemahlinnen Priorität eingeräumt. Die Nachkommenschaft untergeordneter Gattinnen und Konkubinen konnte jedoch nicht ignoriert werden, denn ein Sohn von einer unbedeutenden Mutter war besser als gar kein Sohn. Nur wenige Mütter der Prinzen und Prinzessinnen sind in den Verzeichnissen aufgeführt. Intensive Untersuchungen aller Listen und Monumente haben ergeben, dass Ramses 50 männliche und etwa ebenso viele weibliche Nachkommen hatte. Es drängt sich die Frage auf, ob für einen Mann bester Gesundheit, dem unzählige Gemahlinnen

Die königlichen Nachkommen

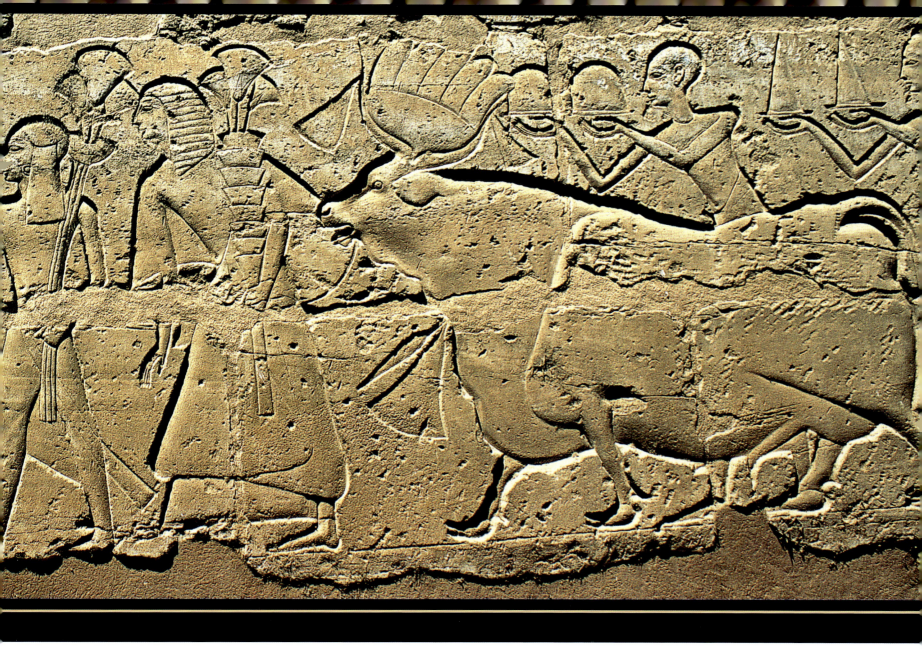

und Konkubinen zur Verfügung standen, 100 Kinder nicht eine mäßige Bilanz sind. Könnte es nicht sein, dass Ramses noch Kinder gezeugt hat, nachdem die letzten Listen in die Tempel gemeißelt waren?

Es ist durchaus möglich, dass man die Verzeichnisse, die innerhalb von 35–40 Jahren angefertigt wurden, für ausreichend erachtete, um zu belegen, dass die dynastische Linie in absehbarer Zeit nicht aussterben würde. Dennoch darf man davon ausgehen, dass Ramses weitere Kinder gezeugt hat, um dafür zu sorgen, dass seine Dynastie, wenn auch nicht ewig, so doch lange regieren würde.

Merenptah steht als 13. Sohn in den Listen. Er wurde Ramses' Nachfolger und regierte etwa zehn Jahre. Dann folgte eine Periode von etwa 20 Jahren, die von Konflikten hinsichtlich des Thronanspruchs geprägt war. Die Streitigkeiten führten schließlich dazu, dass das Legat Ramses' kollabierte. Der Samen hierfür wurde möglicherweise bereits in der langen Regierungszeit Ramses' gesät. So viele seiner stolzen und vermutlich auch fähigen Söhne, konnten es nicht abwarten, bis ihre Zeit kam, und ihren eigenen Söhnen war es ebenso wenig vergönnt, ihr Erbe anzutreten. Es klingt paradox, doch in gewisser Weise hat Ramses selbst aufgrund seines langen Lebens seine dynastische Linie erschöpft.

In den Prinzenlisten sind die Namen der Nachkommen chronologisch nach dem Geburtsdatum eingetragen, nicht gemäß dem Rang der Mütter. Die Listen der Prinzessinnen weisen einige Abweichungen in der Reihenfolge auf. Es ist jedoch schwierig, eindeutige Rückschlüsse auf die Identität zu ziehen, da viele Inschriften stark beschädigt sind. Söhne und Töchter, die verstarben, sind in den Listen nicht aufgeführt. Die Verzeichnisse der Nachkommen dienten lediglich dazu, die Verdienste des Pharaos festzuhalten, ähnlich wie im Falle militärischer Aktionen wie zum Beispiel der Schlacht von Kadesch. Für die Nachwelt ist die Bedeutung der Listen dennoch nicht zu unterschätzen, denn sie zeichnen zumindest ein partielles Bild der Größe und Komplexität einer königlichen Familie im alten Ägypten. Es ist möglich, dass Ramses mehr Nachkommen zeugte als einer seiner Vorgänger. Es besteht jedoch kein Zweifel, dass andere Könige wie Thutmosis III. und Amenophis III., denen ebenfalls ein langes Leben beschieden war, viele Söhne und Töchter mit ihren Gemahlinnen und Konkubinen hatten, deren Namen leider nicht überliefert sind. Man könnte davon ausgehen, dass die Prinzen bessere Aussichten erwarteten als die Prinzessinnen. Dies entspricht jedoch nur zum Teil der Wahrheit, wie sich noch herausstellen wird. Zunächst sollen die Prinzen in Augenschein genommen werden. Als Erstes wird man feststellen, wie wenig man über die meisten von ihnen weiß. Sie erscheinen in den Listen, aber das ist auch schon alles. Einige hatten sicher hervorragende Aussichten und wussten, dass sie

Die königlichen Nachkommen

gute Chancen auf den Thron hatten, wenn der Tod bereit war, einzugreifen. Rechnete jedoch einer der ersten fünf oder sechs Söhne damit, dass der Thron letztendlich Merenptah, Sohn Nummer 13, zufallen würde?

Die Prinzen wurden in ihrer Erziehung darauf vorbereitet, alle Pflichten eines späteren Königs erfüllen zu können. Sie nahmen bereits in den frühen Jahren der Regentschaft Ramses', vielleicht sogar schon vor seiner Thronbesteigung, an militärischen Unternehmungen teil. Ein Gefecht in Nubien, zu dem es gegen Ende der Regierungszeit Sethos' I. kam, scheint für einige Prinzen die erste Gelegenheit gewesen zu sein, Ramses bei einer Kampagne zu begleiten. Dieses Gefecht ist im Felsentempel Ramses' in Beit el-Wali verewigt. Amunherwonemef, „Amun steht zu seiner Rechten", der älteste Sohn, der an dem Unternehmen beteiligt war, kann kaum älter als sieben Jahre gewesen sein, während Chaemweset, Sohn Nummer vier, gerade mal fünf Jahre alt gewesen sein mag. Sie waren die Söhne Nofretiris und Isisnofrets. Die Darstellungen zeigen die beiden Prinzen, die in ihren eigenen Streitwagen in Begleitung von Bediensteten am Kampf teilnehmen. Amunherwonemef, dessen Name kurz darauf in Amunherchopeschef, „Amun ist mit seinem starken Arm", umgewandelt werden sollte, wurde sogar die Ehre zuteil, etwas sagen zu dürfen. Er ruft aus: „Ich glaubte, der Himmel habe keine Grenzen, doch der Herrscher [sein Vater Ramses], hat uns gezeigt, dass seine Grenzen im Süden liegen. Ich frohlocke, ich bin froh, dass mein Vater seine Feinde packt; er erhebt seinen mächtigen Arm gegen die Neun Bogen [die traditionellen Feinde des Pharaos]." Man darf davon ausgehen, dass die jungen Prinzen nicht am Gefecht teilnahmen, sondern das Unternehmen nur begleiteten.

Als im fünften Regierungsjahr Ramses' die Schlacht von Kadesch geschlagen wurde, waren mehrere der königlichen Kinder bereits im Teenageralter. Sie begleiteten ihren Vater oder die Kommandeure der Divisionen, um praktische Erfahrungen in einer bedeutenden Schlacht zu sammeln. Eine Episode der Reliefs, die die Schlacht darstellen, weist auf die Anwesenheit von Angehörigen der königlichen Familie hin. Ein Kurier des Königs kommt in das königlichen Feldlager und rät den Familienmitgliedern, das Lager „nicht in westlicher Richtung zu verlassen und sich von der Schlacht fernzuhalten." In der Nähe ist Preherwonemef, der dritte Sohn Ramses', zu erkennen, der in seinem Streitwagen heransprengt. Vermutlich war er für die Sicherheit seiner jüngeren Brüder im Feldlager verantwortlich. Weitere Söhne werden in den Schlachtszenen und -texten bis zum Ende des Kampfes nicht erwähnt. Anschließend sind mehrere Prinzen dargestellt, die die bedeutendsten ausländischen Gefangenen vor den König führen: Horherwonemef (der zwölfte Sohn), Merire (der elfte Sohn) und Sethos (der neunte Sohn). Spätere Darstellungen in Theben zeigen ebenfalls verschiedene Söhne Ramses', die der Vorführung von Kriegsgefangenen vor die thebanischen Götter beiwohnen: Amunherchopeschef (der erste Sohn), Ramses (der zweite Sohn), vermutlich Preherwonemef (der dritte Sohn), Chaemweset (der vierte Sohn), vermutlich Montherchopeschef (der

fünfte Sohn), vermutlich Nebencharu (der sechste Sohn), Meriamun (der siebte Sohn), Amunemuia (der achte Sohn), vermutlich Sotpenre (der zehnte Sohn), Sethos (der neunte Sohn), Merire (der elfte Sohn) und Merenptah (der 13. Sohn). Auf diese Weise wurden die Prinzen nicht nur in die Kriegführung eingewiesen, sondern auch in die Pflichten, die eine erfolgreiche Kampagne nach sich zog. Man kann nicht mit Sicherheit sagen, ob sich die Ereignisse tatsächlich so abgespielt haben, wie sie dargestellt sind. Zumindest geben die Abbildungen jedoch

Hinweise darauf, wie es gewesen sein könnte.

Im 7./8. Regierungsjahr Ramses' unternahm der Pharao einen Raid gegen Kanaan, um die lokalen Herrscher daran zu erinnern, wem sie die Treue geschworen hatten. Bei dieser Operation stellte er einen Teil seiner Streitkräfte ostentativ unter das Kommando von Amunherchopeschef, der zu diesem Zeitpunkt vermutlich als Thronerbe lanciert wurde. Einige Jahre später nahmen mehrere Prinzen an einem Überfall auf Irem in Nubien teil. Eine beschädigte Inschrift im Tempel von Amara führt unter anderem die Namen von Merenptah und Setemuia auf. Setemuia könnte eventuell mit Amunemuia identisch sein, dem achten Sohn Ramses'. Die kurzen und unspezifischen Aufzeichnungen, die sich auf die Söhne Ramses' beziehen, erlauben es nicht, ein geschlossenes Bild von deren Leben und Karrieren zu zeichnen. In den Listen tragen die ersten drei Prinzen höhere militärische Titel. Dies könnte ein Hinweis auf eine militärische Laufbahn sein.

Amunherchopeschef, der Erstgeborene, war jahrelang Kronprinz. In Aufzeichnungen nach dem 20. Regierungsjahr seines Vaters erscheint er jedoch nicht mehr. Neuer Kronprinz war offensichtlich Sethherchopeschef, der gemäß den Listen eigentlich nicht der nächste Kandidat für diesen Posten hätte sein dürfen.

Die Erklärung, dass Sethherchopeschef tatsächlich Amunherchopeschef war, scheint daher plausibel. Man hat vermutlich lediglich den Namensteil Amun (die bedeutende Gottheit des Südens) durch Seth (die favorisierte Gottheit des Nordens) ersetzt. Im 30. Regierungsjahr Ramses' wurde der zweite Sohn Kronprinz, der nach seinem Vater benannt war. Im 52. Regierungsjahr löste ihn Chaemweset ab, der jedoch bereits wenige Jahre später verstarb und den Weg freimachte für Merenptah.

In den Verzeichnissen werden die vielen Prinzen in der Regel einfach als „Königssohn von seinem Leib, sein geliebter" bezeichnet. Es kommt nur selten vor, dass nähere Auskünfte über die Söhnen erteilt werden. Von den wenigen Details erfährt man jedoch zumindest, dass einige Prinzen Aufgaben erfüllten, die dem Staat dienten, aber auch der Rechtfertigung ihrer privilegierten Stellung. Chaemweset bildet hier eine große Ausnahme. Merenptah, der letztendlich seinem Vater auf den Thron folgte, hatte einen höheren militärischen Rang inne und erfüllte diverse administrative Aufgaben. Meritaton, der 16. Sohn, wurde „Oberhaupt der Seher", der Hohe Priester des Re in Heliopolis. Er bekleidete damit, ebenso wie Chaemweset in Memphis, eines der höchsten priesterlichen Ämter.

246-247
Darstellung aus dem Korridor mit Kultszenen in Abydos, der unter Ramses II. fertiggestellt wurde. Der König zieht mit vier Göttern ein Netz voller Vögel, die er anschließend in Begleitung seines Sohnes Amunherchopeschef den Gottheiten Amun-Re und Mut schenkt.

The Royal Progeny

248
Als man KV 5 wieder entdeckte, ging man nicht davon aus, dass es von großem Interesse sein würde. Burton, der das Grab in den 20-er Jahren des 19. Jahrhunderts als Erster betrat, konnte nur wenige Meter vordringen, weil Schlamm und Schutt den Zugang versperrten. Die Herausforderung, der Kent Weeks gegenüberstand, war gewaltig, doch sein Einsatz wurde belohnt. Als man das Grab Zug um Zug freilegte, erkannte man, dass es einen höchst ungewöhnlichen Grundriss hatte. Dies liegt daran, dass es unzähligen Verstorbenen als letzte Ruhestätte diente. Noch immer gibt es hier viel zu entdecken.

Die königlichen Nachkommen

Ramses II.

Die hohe Mortalität unter den Prinzen dezimierte ihre Zahl im Lauf der Jahre. Ramses beschloss, zu Ehren der verstorbenen Prinzen ein Gemeinschaftsgrab im Tal der Könige anlegen zu lassen. Er wollte damit vermutlich den Status seiner Söhne unterstreichen und ein Monument erschaffen, das ihrer würdig war. Für seine bevorzugten Gemahlinnen ließ er individuelle Gräber im Tal der Königinnen errichten. Es war jedoch unerhört, dass eine ähnliche Behandlung seinen verstorbenen Söhnen zuteil wurde, die zu Lebzeiten in Krieg und Frieden die Aufgaben erfüllt hatten, die man von ihnen erwarten durfte. Es entsprach nicht der Tradition, Königskinder im Tal der Könige beizusetzen. Da jedoch so viele Prinzen früh verstarben, nutzte der König einmal mehr die Gelegenheit, seine grandiosen Ansprüche zu demonstrieren. Man darf allerdings davon ausgehen, dass auch väterlicher Stolz und tiefe Trauer Ramses dazu veranlassten, ein Gemeinschaftsgrab für seine Söhne errichten zu lassen. Zyniker könnten auf den Gedanken kommen, dass das riesige originelle Grabmal, das für Ramses selbst bestimmt war, bereits gegen Mitte seiner Regentschaft fertig gestellt war, so dass sich den königlichen Handwerkern eine Möglichkeit bot, ein weiteres grandioses Grab im Tal der Könige anzulegen.

KV 5 lautet die Abkürzung für die Grabstätte, die zu den interessantesten, wenn nicht sogar sensationellsten Entdeckungen gehört, die man in den letzten Jahren in Ägypten gemacht hat. „KV" steht für „Kings Valley" (Königstal) und 5 ist die Nummer, die John Gardner Wilkinson dem Grab in den 20er-Jahren des 19. Jahrhunderts zuwies. Es kann nicht ausgeschlossen werden, dass das Grab bereits im 18. Jahrhundert betreten wurde. Wegen der unglaublichen Schlammmassen, die sich in Jahrtausenden aufgrund von plötzlichen Überschwemmungen im Grab angesammelt hatten, wurden diese frühen Untersuchungen jedoch nicht weiterverfolgt. Erst vor wenigen Jahren wurde das Grab auf Initiative von Kent Weeks, der sich jahrelang der kartographischen Erfassung der thebanischen Nekropole gewidmet hatte, vom Schlamm befreit. In den darauf folgenden Jahren erweckte Weeks die riesige Grabstätte zu neuem Leben.

Die letzte Ruhestätte der Prinzen besteht aus einem Geflecht von Korridoren und Kammern, die sich über mehrere Ebenen erstrecken. Das Grab fiel zwar Plünderern zum Opfer, fragmentarische Reliefs und beschädigte Grabbeigaben liefern jedoch noch immer ausreichende Beweise dafür, dass hier viele Söhne Ramses' II. beigesetzt wurden. Der Grabeingang liegt gegenüber jenem Ramses' II. (KV 7). Es gibt Hinweise darauf, dass die Grabstätte bereits in der 18. Dynastie angelegt wurde, jedoch unvollendet und ungenutzt blieb. Ramses übernahm sie und erweiterte sie für seine früh verstorbenen Söhne. Es gilt als gesichert, dass einige der ersten und bedeutendsten Söhne hier beerdigt wurden, darunter Amunherchopeschef und Ramses. Der erste Prinz, der in KV 5 beigesetzt wurde, war offensichtlich Amunherchopeschef, der im Grab auch so genannt wird und nicht Sethherchopeschef, da dieser Name in Theben vermutlich nicht so beliebt war. Das Begräbnis fand wohl im 30. Regierungsjahr Ramses' statt und erforderte größte Sorgfalt und besondere Zeremonien, da dieser Sohn fast drei Jahrzehnte lang Kronprinz war. Aus diesem Anlass wurde vielleicht das früher entstandene, ungenutzte Grab übernommen, das so nahe an der Grabstätte des Königs lag und später weiteren Prinzen als letzte Ruhestätte dienen sollte. Man hat bisher an Grabbeigaben wie Uschebtis und Kanopen sowie in den Inschriften an den Wänden die Namen von etwa 20 Prinzen identifiziert. Es kann noch Jahre dauern, bis man definitiv weiß, wie viele Söhne des großen Pharaos tatsächlich in KV 5 beigesetzt wurden, doch die bisherigen Entdeckungen erlauben bereits außergewöhnliche Einblicke in die Bestattungspraktiken unter Ramses II. und belegen, welche Sorge sich der König im Leben wie im Tod um seine Söhne machte.

248-249
Das Grab der Söhne Ramses' II. (KV 5). Kent Weeks beaufsichtigt das Entfernen der Schuttmassen, die Teile des Grabes blockieren. Unmengen an Schlamm und Schutt wurden seit der Antike bei Überschwemmungen in das Grab gespült.

249
Blick auf einen Eingang in einen der zellenartigen Räume, bei denen es sich vermutlich um die einzelnen Sargkammern der Prinzen handelt. Viele Abschnitte des Grabes sind bisher noch nicht erforscht.

Die königlichen Nachkommen

Ramses II.

Chaemweset und Merenptah wurden nicht in KV 5 beigesetzt. Letzterer war selbst Pharao und hat ein eigenes Grab im Tal der Könige (KV 8). Chaemwesets Leben nahm einen ganz anderen Verlauf. Er hinterließ während der Regentschaft seines Vaters deutliche Spuren und war für seine Weisheit und Autorität berühmt. Noch lange nach seinem Tod erzählte man sich fantastische Geschichten über seine Person. Vermutlich wäre es Ägypten ausgesprochen gut bekommen, wenn Ramses keine 67 Jahre regiert hätte, sondern verstorben wäre, als Chaemweset Kronprinz war. Alle bisher entdeckten Überlieferungen deuten darauf hin, dass dieser Sohne eine außergewöhnliche Persönlichkeit war. Er tat sich als exzellenter Administrator hervor, bewahrte wohl überlegt antike Monumente und er war in Memphis ein priesterlicher Beamter, dem der Vater zweifellos hohe Verantwortung übertragen hatte.

Chaemweset, den Isisnofret als zweiten Sohn zur Welt brachte, war der vierte Sohne Ramses'. Er wurde vor der Krönung Ramses' geboren und zunächst wie die anderen jungen Prinzen in der Praxis der Kriegführung unterwiesen. Im Tempel von Beit el-Wali zeigt eine Szene den Prinzen, der in seinem Streitwagen an dem Gefecht teilnimmt, das sein Vater gegen Ende der Regentschaft Sethos' I. in Nubien leitete. Chaemweset befindet sich außerdem unter den Söhnen, die den thebanischen Gottheiten nach der Schlacht von Kadesch Opfer darbringen. Doch das Militär war nicht sein Leben. Er trug keine militärischen Titel und wird in den Verzeichnissen, ebenso wie die späteren Söhne, überwiegend als „Königssohn von seinem Leib, sein geliebter" bezeichnet. Nur in der Liste im Tempel von Wadi es-Sebua, die nach dem 44. Regierungsjahr Ramses' entstand, wird Chaemweset auch als „Sempriester des Ptah" beschrieben. Diesen Titel trug der Prinz etwa ab seinem 20. Lebensjahr. Man wird wohl nie erfahren, wie es dem Königssohn gelang, die militärische Laufbahn zu umgehen. War er in der Kriegskunst nicht bewandert? Konnte

Die königlichen Nachkommen
250

250 links
Diese Maske aus Blattgold hat man auf einer Mumie im Serapeum in Sakkara entdeckt. Möglicherweise handelt es sich bei dem Verstorbenen um Chaemweset. Weiter Objekte, die mit der Mumie und dem Begräbnis der Abisstiere assoziiert wurden, sind für Chaemweset beschriftet (Louvre, 536).

250 rechts
Amulett aus Lapislazuli, eingefasst in Gold. Dargestellt ist der falkenköpfige Horus. Das Stück trägt den Namen Chaemwesets. Man hat es im Serapeum auf der Mumie entdeckt, bei der es sich möglicherweise um Chaemweset handelt (Louvre, N. 744).

250–251
Dieses Pektorale aus Gold mit Glasintarsien hat man auf der maskierten Mumie im Serapeum entdeckt. Der Geier und die Uräusschlange mit Flügeln bilden das Hauptmotiv des Schmuckstücks, das wie ein Pylon geformt ist. Darüber thront der Geburtsname Ramses' II. (Louvre, N. 767).

Die königlichen Nachkommen

252 oben
Alabasterkanope für die mumifizierten Eingeweide eines Apisstieres, der im 16. Regierungsjahr Ramses' II. bestattet wurde. „Ein Monument, geschaffen von Sempriestern und dem Königssohn Chaemweset". Das Stück stammt aus Sakkara (Louvre).

252 unten
Ein Amulett Chaemwesets, das man im Serapeum entdeckt hat. Dieses Tit-Zeichen, der „Isisknoten", wurde gemäß den Anweisungen im Totenbuch eingesetzt, um die Macht Isis' anzurufen (Louvre, N. 753).

er nicht mit den Truppen umgehen? Oder interessierte er sich einfach mehr für intellektuelle Angelegenheiten? Einige scharfsinnige Palastbeamte hatten offensichtlich die Aversion Chaemwesets gegen das Militär bemerkt, aber auch sein Interesse an Religion und inneren Angelegenheiten. Diese Beamten regten an, den Prinzen bei der Priesterschaft des Ptah in Memphis in die Lehre zu schicken. Sein Vormund war Hui, der Hohe Priester des Gottes. Die Entscheidung erwies sich als richtig: Chaemweset stand bis zu seinem Tod in Diensten des Gottes.

Der Ptahkult in Memphis gehörte zu den ältesten und respektiertesten religiösen Institutionen im alten Ägypten. Die religiösen Zentren waren Heliopolis (Re), Theben (Amun), Memphis (Ptah) und bis zu einem gewissen Grad Hermopolis (Thot). Am einflussreichsten waren jedoch Heliopolis und Memphis. Ptah, der Schöpfer- und Erdgott, wurde mindestens seit der Vereinigung Ober- und Unterägyptens unter König Menes verehrt, mit dem auch die Zeit der Dynastien in Ägypten beginnt. Sein Kult war höchst respektiert, er übte im Wesentlichen keinen politischen Einfluss aus und seine Autorität war Furcht einflößend. Diesem Gott verdankte Memphis seine bevorzugte Stellung unter den ägyptischen Städten. Die Metropole war ein Zentrum der Verwaltung und des Handels und hatte sich bereits bestens etabliert, lange bevor das aufstrebende Theben im Neuen Reich eine gewisse Berühmtheit erreichte. Ramses II. maß Memphis und dem Ptahkult im Hinblick auf seine Macht große Bedeutung bei. Er ließ den Ptahtempel extrem erweitern und massiv mit Kolossalstatuen verzieren. Außerdem erkannte der König, dass es von größter Wichtigkeit war, den Rang der Stadt zu erhalten und sicherzustellen, dass die Metropole von Beamten verwaltet und kontrolliert wurde, denen er trauen konnte. Wer war besser geeignet, ihn in Memphis zu vertreten, als sein vierter Sohn, der zivile Angelegenheiten ausgezeichnet zu handhaben verstand?

Als Sempriester des Ptah unterstand Chaemweset dem Hohen Priester dieses Gottes. Im Lauf der Zeit wurden ihm jedoch viele Hauptpflichten der Priesterschaft übertragen und seine Autorität beschränkte sich offensichtlich nicht nur auf religiöse Angelegenheiten. Er hatte zum Beispiel die Oberaufsicht über den untergeordneten Kult des Apisstieres, der in den Komplex des Ptahtempels integriert war. Der Stier Apis, das lebende Tier, verkörperte einen Teil der Essenz des Gottes Ptah. Er wurde gemäß bestimmten Kennzeichen ausgewählt und verbrachte sein ganzes Leben in einem speziellen Gehege, verwöhnt und angebetet. Nach seinem Tod wurde sein Körper mumifiziert und in der königlichen Nekropole von Sakkara, westlich von Memphis, beigesetzt. Bis zur Regentschaft Ramses' II. wurden die Apisstiere einzeln in Sakkara beerdigt. Chaemweset führte jedoch einen neuen Brauch ein, gemäß dem die toten und mumifizierten Stiere in einer Katakombe mit mehreren Kammern beerdigt wurden. In der zugehörigen Kapelle wurden die Rituale des Apiskultes zelebriert. In der Spätzeit entstanden weitere Katakomben. Sie sind heute Besuchern zugänglich und werden irrtümlicherweise als Serapeum bezeichnet. Es ist möglich, dass Chaemweset selbst in oder nahe der Katakombe beigesetzt wurde, die er erbauen ließ. Eindeutige Beweise gibt es dafür jedoch nicht. Er wurde aber zweifellos in Sakkara beigesetzt, nicht in KV 5 im Tal der Könige. Mitte des 19. Jahrhunderts entdeckte Auguste Mariette die Mumie und den Sarkophag des Prinzen. Seltsamerweise machte er diese Entdeckung jedoch nicht in einem regulären Grab und die Funde gingen offensichtlich verloren. Chaemweset hatte im 16. und 30. Regierungsjahr Ramses' die Oberaufsicht über die Bestattung der mumifizierten Apisstiere. Mit einer Beerdigung, die vermutlich um das 42./43. Regierungsjahr stattfand, ließ er die neue Katakombe einweihen. Im 55. und möglicherweise im 65./66. Regierungsjahr fanden die Zeremonien unter Merenptah statt.

Chaemweset, der neben dem Amt des Priesters viele weitere Pflichten übernahm, blieb bis an sein Lebensende in Memphis. Er genoss zu Lebzeiten ein außergewöhnlich hohes Ansehen und schuf damit die Grundlage für den postumen Ruhm seiner sagenhaften Weisheit. In modernen Zeiten wurde er gelegentlich als Archäologe bezeichnet, als erster Ägyptologe, ein Titel den er vermutlich als rätselhaft empfunden hätte. Er resultiert aus den Maßnahmen, die der Prinz anordnete, um einige der älteren Monumente in der Nekropole von Memphis zu untersuchen und zu sanieren, insbesondere die Pyramiden. Das Ausmaß dieser Aktivitäten ist nicht bekannt, denn die Gedenktexte, die Chaemweset in die Verblendsteine meißeln ließ, sind nur selten erhalten. Sie gingen verloren, als die Außenschichten des feinen Kalksteins im Mittelalter und in der Neuzeit abgetragen wurden. Die Fragmente erhaltener Texte belegen, dass die Arbeiten an den Pyramiden und vermutlich auch die Inschriften, Chaemweset zugeschrieben werden müssen, ungeachtet dessen, dass sie scheinbar im Namen Ramses' II. ausgeführt wurden: „Der Sempriester, der Königssohn Chaemweset, wünschte in höchstem Maße, die Monumente der Könige von Ober- und Unterägypten zu erneuern, eingedenk dessen, was sie geleistet hatten und ihrer Solidität, die in Vergessenheit geraten ist." Solche Arbeiten wurden nördlich und südlich von Sakkara ausgeführt, am Sonnentempel des Neuserre in Abu Gurob und möglicherweise andernorts. Sorge um die Monumente vergangener Zeiten gaben die Ägypter gelegentlich als Inspiration für solche Arbeiten an. Wenn es den eigenen Zwecken diente, griffen die ägyptischen Könige, aber auch die Provinzbeamten, gern auf Monumente großer Vorgänger zurück. Sie waren jedoch ebenso bereit, diese Monumente zu verändern oder zu zerstören, wenn sie deren Standort anders nutzen wollten. Es ist vielleicht zu weit hergeholt Chaemweset mit einem Altertumskenner oder Archäologen im heutigen Sinne zu vergleichen. Die Inschriften mit den etwas prahlerischen Ansprüchen, die er an den Monumenten anbringen ließ, können kaum als frühe „Museumsetiketten" bezeichnet werden, für die sie zeitweise gehalten wurden. Jedenfalls war es für Chaemweset verdienstvoll, sich um die Monumente der Vorfahren zu kümmern: den Verstorbenen die Ehre, ihm den Ruhm.

Bis zu seinem Tod im 55. Regierungsjahr Ramses' stand Chaemweset offensichtlich im Dienste des Ptah, des Stadtgottes von Memphis. Ein oder zwei Jahre lang war er der Hohe Priester des Gottes, doch in den vorangehenden 40 oder mehr Jahren gab er sich mit dem ruhigeren Amt des Sempriesters zufrieden. Es ist bewundernswert, wie er seine Prioritäten setzte. Er verzichtete jahrzehntelang auf das höchste Priesteramt und gehörte zu den hoch geschätzten Söhnen des Königs, auch wenn er erst im 50. Regierungsjahr seines Vaters Kronprinz wurde. Seine Macht resultierte jedoch nur teilweise aus seiner Position als Priester. In Verwaltungsangelegenheiten agierte er mit königlicher Autorität.

Memphis blieb ein bedeutender Ort, dessen Rang zu jener Zeit vermutlich unmittelbar hinter dem von Pi-Ramses anzusetzen war, der Stadt, in der die Krönungszeremonien abgehalten und die Jubiläen ausgerufen wurden. Die vielen Jubiläen, die Ramses II. beging, wurden zwar in Pi-Ramses gefeiert, doch Memphis blieb offensichtlich der Ort, von dem aus diese bedeutsamen Ereignisse initiiert wurden. Von den ersten fünf Jubiläen bis zum 42. Regierungsjahr seines Vaters proklamierte Chaemweset das bevorstehende Fest im ganzen Land. Zu diesem Zweck durchquerte er das Land der Länge nach. Diesen Eindruck vermitteln zumindest die Inschriften über die Proklamation, die man in verschiedenen Orten entdeckt hat. Man muss jedoch die Möglichkeit in Betracht ziehen, dass einige Inschriften nicht im Beisein von Chaemweset angebracht wurden, sondern nur in seinem Namen, vor allem an entlegenen Orten wie der Insel Biga, die im 1. Katarakt liegt.

253
Kniende Sandsteinstatue Chaemwesets, entdeckt 1904 in der Cachette in Karnak. Der Prinz hält vor sich einen Schrein mit einer Figur des Gottes Ptah-Tatenen, der im Allgemeinen mit Memphis assoziiert wurde (Kairo, JdE 367220).

Die königlichen Nachkommen

Chaemweset starb um 1225/1224 v. Chr. Neuer Kronprinz war damit Merenptah, der in der Liste der Prinzen ursprünglich an 13. Stelle stand. Er war ebenso wie Chaemweset ein Sohn Isisnofrets. Über seine Karriere ist bis zu diesem Zeitpunkt nichts Großartiges vermerkt. Er trug höhere militärische Titel und nahm sicher an einigen Strafexpeditionen in den frühen Jahren der Regierungszeit Ramses' teil. Für die Schlacht von Kadesch war er vermutlich noch zu jung, sein Name wurde jedoch in die Reihe der Prinzen aufgenommen, die den thebanischen Göttern nach der Kampagne Geschenke darbringen. Offensichtlich war Merenptah in Pi-Ramses bereits die rechte Hand seines Vaters, noch bevor er Kronprinz wurde. Es war daher für ihn kein Problem Chaemwesets Position nach dessen Tod zu besetzten. Er übernahm darüber hinaus in Memphis einige Pflichten des Bruders, darunter die Leitung der Begräbniszeremonien für die toten Apisstiere in der Katakombe, die Chaemweset erbauen hatte lassen. Merenptah war etwa Mitte fünfzig, als er Kronprinz wurde, und er hatte das Glück, seinen Vater zu überleben. Als es an der Zeit war, den Thron zu besteigen, hatte er genügend Erfahrung in der Regierung und keine Probleme, die Nachfolge als lebender Horus, als König von Ober- und Unterägypten anzutreten.

254 links
Uschebti für den „Königssohn, den Sempriester Chaemweset". Der Prinz trägt die Seitenlocke, Charakteristikum für ein Kind, aber auch für einen Sempriester und für Iunmutef, eine Form des Gottes Horus (Louvre, N. 461).

254 rechts
Uschebti aus Sandstein für Chaemweset, entdeckt im Serapeum in Sakkara. Die Uschebtis hatten die Pflicht, im Jenseits jene Arbeiten zu verrichten, zu denen der Verstorbene gerufen wurde. Deshalb sind sie mit landwirtschaftlichen Werkzeugen ausgestattet. Diese Figur hält die Symbole Tit und Djed (Louvre, SH 74).

255–256
Granitbüste Merenptahs aus seinem Totentempel in Theben. Der 13. Sohn Ramses' II. bestieg mit über 50 Jahren den Thron. An der Schulter der Büste erkennt man seinen Thronnamen: Ba-en-re Meri-netjeru (Kairo, JdE 31414).

Die königlichen Nachkommen

Im Allgemeinen waren Töchter im alten Ägypten nicht so angesehen wie Söhne. Es gibt jedoch viele Hinweise darauf, dass die Frauen respektiert wurden, selbst in den Familien unbedeutender Personen. Sie hatten eigene Bereiche im alltäglichen Leben, in denen sie aktiv waren, und man hielt sie weder für überflüssig noch ignorierte man sie. Auf Grabstelen und in den Privatgräbern von Beamten sind die Töchter für gewöhnlich im Kreise ihrer Familie abgebildet. Ihren häuslichen Tätigkeiten maß man Bedeutung bei und ihre Ansichten über die Ehe waren geschätzt. Innerhalb der königlichen Familie spielten Frauen eine wichtige Rolle: Töchter konnten Könige heiraten oder mit ausländischen Herrschern beziehungsweise Kronprinzen vermählt werden und hatten somit Einfluss auf die Politik. Diese Überlegungen trafen in der Antike nicht nur für Ägypten zu, doch man gewinnt den Eindruck, dass die Frauen in Ägypten, insbesondere die Prinzessinnen, weitaus höher geschätzt waren als andernorts. Die Töchter Ramses' II. hatten es sehr gut.

Die Listen der Prinzessinnen, die in den Tempeln von Ägypten und Nubien verewigt sind, belegen, dass Ramses II. etwa ebenso viele weibliche wie männliche Nachkommen hatte. Die Reihenfolge, in der die Töchter aufgeführt sind, wurde jedoch nicht so streng eingehalten, wie bei den Söhnen. Viele Verzeichnisse befinden sich in einem sehr schlechten Zustand und die Namen vieler Prinzessinnen sind nicht erhalten oder können nicht mehr entziffert werden. Ein Großteil der Gemahlinnen und Konkubinen Ramses' II. lebte im Harem von Mi-Wer in relativer Isolation, weit entfernt von Pi-Ramses, der Residenz im Delta. Über die Aufteilung der Frauen und Kinder auf die beiden Harems ist nichts bekannt. Man darf jedoch davon ausgehen, dass eine der Großen Königlichen Gemahlinnen dem Pharao in Pi-Ramses zur Seite stand. In ihrem Gefolge befanden sich vermutlich Zweitfrauen, Konkubinen und einige Kinder, insbesondere Söhne. Die meisten Töchter wurden sicher in Mi-Wer erzogen. Wenn die Mädchen jedoch im heiratsfähigen Alter waren, zogen einige Mütter vermutlich in Betracht, den König auf sie aufmerksam zu machen, wenn auch nur aus Eigeninteresse, um mehr Einfluss zu gewinnen. Die Töchter Nofretiris, der ersten und einflussreichsten Großen Königlichen Gemahlin, waren privilegiert, ebenso wie jene von Königin Isisnofret, die allerdings bis zum Tod von Nofretiri einen untergeordneten Rang innehatte.

Ramses II. ehelichte mindestens vier seiner Töchter, denen die Ehre zuteil wurde, nach ihrem Ableben im Tal der Königinnen beigesetzt zu werden. Die ältesten Töchter – die erstgeborenen Mädchen von Isisnofret und Nofretiri – waren Bintanta und Meritamun. Man weiß nicht, welche der beiden als Erste Große Königliche Gemahlin wurde, aber beide tragen nach Nofretiris und vor Isisnofrets Tod diesen Titel. Man weiß auch nicht, welche der beiden den Vorrang hatte. Die kürzlich in Achmim, einer bedeutenden Provinzhauptstadt, entdeckten Kolossalstatuen Ramses' II. und Meritamuns deutet jedoch darauf hin, dass dieser Königin jene Priorität beigemessen wurde, die bereits ihrer Mutter gewährt war. Unerwartete Entdeckungen verleiten jedoch immer zu extravaganten Interpretationen, vor allem wenn die Beweise dürftig sind.

Mindestens zwei weitere Prinzessinnen wurden zu einem späteren Zeitpunkt Große Königliche Gemahlinnen. Nebt-taui, die fünfte in den Listen, und Hentmire, die nicht in den Verzeichnissen erscheint. Sie war jedoch mit größter Wahrscheinlichkeit eine Tochter Ramses' II. und nicht, wie bisher angenommen, von dessen Vater Sethos I. Nept-taui und Hentmire wurden ebenfalls im Tal der Königinnen bestattet.

Fragen wirft Hent-taui auf, eine weitere Tochter Ramses', die in den Listen an siebter Stelle steht. Sie ist nirgendwo als Gemahlin ihres Vaters registriert, obgleich sie ein Grab im Tal der Königinnen erhielt. Offensichtlich gibt es noch viel über das Leben und das Schicksal der Töchter Ramses' II. zu lernen.

Jene weiblichen Nachkommen, die nicht mit dem Vater, einem Bruder oder einem ausländischen Prinzen verheiratet wurden, waren für ein wohl behütetes Leben im Harem bestimmt. Sie durften nicht auf ein eigenes Grab im Tal der Königinnen hoffen oder vielleicht auf ein Gemeinschaftsgrab, ähnlich jenem, das Ramses für ihre Brüder anlegen ließ – außer man hat es noch nicht entdeckt. Sie lebten in einem goldenen Käfig, denn ihr königliches Erbgut durfte nicht an bürgerliche Ehemänner verschwendet werden.

256 links
Rosellinis farbenfrohe Reflexion einer Darstellung der Prinzessin Bintanta, die der Göttin Anukis (auf dem Foto nicht zu sehen) Blumen und ein Sistrum opfert. Das Original ziert einen Pfeiler in der großen Halle des Tempels von Abu Simbel.

256 rechts
Dieses Gemälde von Rosellini zeigt ein Detail einer Darstellung aus der ersten Halle des Grabes der Prinzessin Meritamun im Tal der Königinnen. Das Original zeigt die Prinzessin, die vor einem Djed-Pfeiler steht, dem Symbol für Ewigkeit.

257
Prinzessin Nebt-taui, gemalt von Prisse d'Avennes. Das Original stammt aus dem Grab der Prinzessin im Tal der Königinnen, in dem sie als „Große Königliche Gemahlin" beschrieben wird. Das Gemälde zeigt Nebt-taui mit einem Kopfschmuck, der mit den königlichen Konkubinen assoziiert wurde.

Die königlichen Nachkommen

Das Königreich Ramses' II.

*258
Dieses Relief am 2. Pylonen des Ramesseums zeigt eine Zeremonie während des Minfestes. Vögel werden freigelassen, ein Priester erteilt Instruktionen an zwei Bedienstete, die Standarten vor Ramses II. erheben. Der König trägt um die Doppelkrone ein Diadem mit zwei Uräusschlangen.*

*259
Chaemhet, königlicher Schreiber und Beamter, der die Aufsicht über die Kornspeicher hat, überwacht die Getreideernte. Schreiber vermerken die Erträge, die Chaemhet von den Oberaufsehern mitgeteilt werden. Die Szene datiert aus der Zeit der 18. Dynastie und belegt die typischen Pflichten eines Beamten des Neuen Reiches.*

KAPITEL 8

K ontinuität in der Regierung und Vertrauen in ihre Leistungsfähigkeit sind die Grundsteine, auf die sich eine gute Herrschaft gründet. Die Politik der Regenten und die Intrigen in den Palästen können beunruhigend oder exzentrisch erscheinen, doch alles ist in Ordnung, wenn der Verwaltungsdienst das Staatsschiff auf Kurs hält. Im alten Ägypten führten lange Perioden störungsfreier Regierungszeiten zu einem bemerkenswerten Vertrauen und zu Kontinuität in der Regierung. Zur Zeit der 18. Dynastie entwickelte sich ein höchst effizientes System interner Bürokratie, die dem Pharao Rückhalt gab, so dass er seine politischen Ziele verwirklichen konnte, vor allem hinsichtlich auswärtiger Angelegenheiten. Die Autorität des göttlichen Herrschers stand außer Frage. In seiner Hand lag das Schicksal des Volkes. Die Handhabung der jeweiligen Angelegenheiten war jenen Beamten übertragen, die ausdrücklich dazu berufen waren, den Willen des Herrschers auszuführen. Es gibt viele Hinweise darauf, dass die Tentakel der Verwaltung im alten Ägypten jede Aktivität im Land erfassten und dass nur wenige einfache Ägypter ihr Leben ohne Einmischung der Beamten führen konnten. Bis zur Zeit des Mittleren Reiches (um 1800 v. Chr.) regelten adelige Provinzfamilien lokale Angelegenheiten. Diese Dynasten herrschten in den Provinzen oder Bezirken wie Duodezfürsten. In den Bezirken, die weit entfernt von der königlichen Residenz und Hauptstadt lagen, war ihre Macht am größten, vor allem in der Region um Memphis. Die weitgehend unabhängige Verwaltung der lokalen Herrscher wurde zur Zeit der 12. Dynastie abgeschafft. Es entwickelte sich ein zentralisiertes Regime, in dem die höchsten Beamten des Landes, in der Regel die Wesire, in den meisten inneren Angelegenheiten als Repräsentanten des Königs fungierten. Die Macht der Wesire etablierte sich in dieser Zeit und bildete später das Herz des hoch entwickelten Systems aus Offizieren und höheren Beamten, das sich zur Zeit der 18. Dynastie entwickelte.

Möglicherweise war es dieser mächtigen und gut etablierten Verwaltung zu verdanken, dass das Land in der Amarnazeit unter Echnaton nicht völlig zerfiel. Einige höhere Beamte verließen Theben, um sich in Amarna niederzulassen. Sie bewahrten sich somit eine gewisse Kontrolle über das Land. Der Norden Ägyptens mit der Verwaltungsbasis Memphis scheint von Veränderungen weniger betroffen gewesen zu sein, denn in den Augen Echnatons war die Region frei von dem schädlichen Einfluss der thebanischen Götter und ihrer Priesterschaft. Hohe Beamte wie Haremhab waren in Memphis bestens stationiert, um die schlimmsten und zerstörerischsten Auswirkungen der göttlichen Herrschaft Atons zu verhindern. Außerdem waren sie fähig, die nötigen Schritte einzuleiten, um nach Echnatons Tod zur „Normalität" zurückzukehren. Und genau das scheint geschehen zu sein. Nach dem Ableben Echnatons und seiner unmittelbaren Nachfolger hatte Haremhab als König die Aufgabe, die ägyptische Verwaltung wieder zu etablieren und die interne Bürokratie wiederherzustellen, die vor Echnatons Herrschaft so erfolgreich war. Man durfte annehmen, dass zumindest das essenzielle Gerüst diese Zeit überdauert hatte und dass es mit Unterstützung hoher Beamter wie Haremhab und später Sethos I. möglich war, das exzellente System wieder zu beleben, das Ägypten so gut getan hatte.

260 links
Diese kniende Sandsteinstatue Pasers, des Vizekönigs von Kusch, hat Belzoni im Tempel von Abu Simbel entdeckt. Paser umfasst einen Pfeiler, gekrönt vom widderköpfigen Amun-Re. Die Inschrift auf dem Pfeiler ist ein Gebet zu dem Gott, der „in Pi-Ramses residiert".

260 rechts
Uschebti des Paser. Die Figur trägt nicht die übliche Formel, die sie auffordert, im Jenseits die Arbeiten des Verstorbenen zu übernehmen, sondern die volle Titulatur des Wesirs Paser.

Zur Zeit Ramses' II. lief die Staatsmaschinerie reibungslos und es scheint während seiner gesamten Regentschaft keine schwerwiegenden Probleme innerhalb des Systems gegeben zu haben. Es ist allerdings gewagt, eine solche Aussage zu treffen, denn in offiziellen ägyptischen Inschriften verzichtete man darauf, Fehler des Systems zu vermerken. Im Allgemeinen beschränkte sich eine neue Regierung darauf, die Schwächen der vorangegangenen darzulegen, um die Effizienz und den Erfolg des eigenen Regimes zu demonstrieren. Im Falle Ramses' II. liegt die Emphase der umfassenden Widmung von Abydos auf dem Abschluss der Arbeiten und Projekte, die Sethos I. in seiner relativ kurzen Regierungszeit initiiert hatte. Kontinuität war wichtig, substanzielle Veränderungen waren nicht notwendig.

Die Oberaufsicht über die Verwaltung lag im Norden in der Hand des Wesirs von Memphis und im Süden in jener des Wesirs von Theben. Ersterer sollte später in Pi-Ramses stationiert werden. Die Wesire, die im Süden Dienst taten, sind besser dokumentiert als die Wesire des Nordens. Vor allem Paser machte sich unter Sethos I., dem er mehrere Jahre diente, einen Namen. Unter Ramses war Paser etwa 25 Jahre Wesir. Er scheint ein musterhafter Inspekteur seines Souveräns gewesen zu sein und sah sich in der Tradition der großen Wesire der 18. Dynastie wie Rechmire und Ramose. Sein Grabmal in der thebanischen Nekropole, das unter Sethos begonnen und unter Ramses vollendet wurde, weist darauf hin, dass er ein eher konservativer Staatsmann war.

Pasers Familie kam vermutlich ursprünglich aus dem Norden, hatte sich jedoch in Theben gut etabliert. Sein Vater Nebnetjeru war der Hohe Priester des Amun und seine Mutter Meritre war Vorsteherin des Harems des Amun. Die Familie gehörte damit zu den höchsten Beamten und die Ernennung Pasers zum Wesir war in einer starken Familientradition begründet, um nicht zu sagen in Vetternwirtschaft. Er versagte nicht. Sein Grab, das mit Wandmalereien verziert ist, die allerdings schwer beschädigt sind, beweist seine Bedeutung. Die Inschriften an der großen Querhalle der Grabkapelle, die unter Sethos vollendet und vermutlich dekoriert wurde, schließen unter anderem die traurigen Überreste einer Komposition ein, die die Pflichten des Wesirs darlegt. Der Text ist sehr alt und lässt sich nicht eindeutig datieren. Er erscheint in mehreren Gräbern von Wesiren der 18. Dynastie und man geht davon aus, dass er zu Beginn dieser Dynastie verfasst wurde. Er könnte aber auch bereits im Mittleren Reich (um 1750 v. Chr.) entstanden sein, als die Wesire außergewöhnlich mächtig waren und das geschwächte königliche Regime zumindest ein wenig stabilisierten. Zur Zeit Pasers repräsentierte dieser Text zweifellos die traditionelle Verlautbarung der Pflichten eines Wesirs, die vor langer Zeit verfasst worden war. Es hätte kaum eine Rolle gespielt, wäre der Text 300 oder 500 Jahre früher entstanden. Er ziert die Gräber der Wesire der großen 18. Dynastie und diese Tatsache genügt, um ihm das Siegel der Autorität aufzudrücken.

Alle Verwaltungsangelegenheiten unterlagen der Kontrolle des Wesirs. Es genügen einige Textauszüge, um die inhaltliche Richtung des Ganzen nachvollziehen zu können. Die weitgehend zerstörte Inschrift im Grabmal Pasers scheint sich eng an die Version eines

261 links
Diesen Fayencebecher stiftete Paser dem Grab eines Apisstieres. Es handelt sich dabei um eine durchaus übliche Grabbeigabe. Die Inschrift ruft alle Schreiber auf, ihre Aufgaben für den Wesir Paser pflichtbewusst zu erfüllen (Louvre).

261 rechts
Zwei Karneolperlen aus dem Grab eines Apisstieres im Serapeum. Solche Amulette dienten Kultzwecken. In diesem Fall stammen sie von Paser, der hier als „Osiris, Oberaufseher der Stadt [Theben] und Wesir" bezeichnet wird (Louvre).

Das königreich Ramses' II.

älteren Textes zu halten, den man zum Beispiel im Grab Rechmires findet, des großen Wesirs unter Thutmosis III. Das unpersönliche Dokument bezieht sich auf das Amt des Wesirs im Allgemeinen und beginnt mit Instruktionen bezüglich der Kleidung und der Präsentation. Im weiteren Verlauf heißt es: „Das Versiegeln der Schatzkammern … soll ihm berichtet werden … Er soll über den Zustand der Festungen im Delta und im Norden unterrichtet werden … Er soll den Herrn [den König] … täglich empfangen, nachdem er über die Angelegenheiten der Beiden Länder unterrichtet wurde … Ein Stellvertreter, den der Wesir in einer Mission zu einem Beamten schickt … möge nicht abgeworben werden und nicht schikaniert von einem Beamten … Jeden, der ihn um Land bittet, soll der Wesir anweisen, vor ihn zu treten … Jede Übertragung [von Eigentum] soll ihm mitgeteilt werden und es obliegt ihm, sie zu siegeln … Er ist es, der einen Boten und jede Expedition des königlichen Hauses entsendet. Er ist es, der unter den Magistraten jene auswählt, die Administratoren des Nordens und des Südens und Vorsteher des Südens [südliches Oberägypten] sein sollen … Er ist es, der die Mobilisierung der Truppen im Gefolge des Herrn arrangieren soll, wenn er flussabwärts und flussaufwärts reist [das heißt innerhalb Ägyptens] … Er ist es, der regionale Beamte entsenden soll, um Deiche im ganzen Land zu errichten … Jede Einrede soll ihm mitgeteilt werden … Protokolle über Anhörungen bezüglich eines jeden Landes sollen in seinem Büro verfasst werden … Er ist es, der jede öffentliche Proklamation machen soll und jede Klage anhören … Er ist es, der alle Gesuche anhören soll …"

Dieses unstrukturierte, aber umfassende Dokument legte die Rolle fest, die der Wesir in der ägyptischen Verwaltung spielte. Es umreißt keineswegs exakt das Programm, das jeder einzelne Wesirs zu erfüllen hatte, erinnert jedoch daran, wie allumfassend seine Verantwortlichkeiten waren. Es handelt sich dabei um jene Art Gedächtnishilfe, die ein gewissenhafter Beamter auf seinem Schreibtisch liegen hatte, die er aber kaum bis nie las, geschweige denn unbedingt befolgte. Der Text im Grab eines Wesirs deutet lediglich darauf hin, dass dieser prinzipiell an die besten Praktiken der Vergangenheit gebunden war. Es mag jedoch durchaus sein, dass der Text in Pasers Grabmal belegt, dass der Wesir die Verantwortlichkeiten für alle inneren Verwaltungsangelegenheiten in all ihrer Komplexität akzeptiert hatte. Der Text beschreibt die Pflichten des Wesirs erstaunlicherweise äußerst detailliert. Man darf annehmen, dass die meisten dieser Pflichten von Untergebenen im Büro des Wesirs in Theben oder Memphis und von lokalen Beamten in den Provinzhauptstädten erfüllt wurden. Verantwortlich blieb jedoch der Wesir. Er allein musste dem König Rede und Antwort stehen.

Im Büro des Wesirs gingen täglich vermutlich unzählige Berichte, Gesuche, Beschwerden und andere Dokumente ein. Die Ägypter neigten dazu, vieles schriftlich festzuhalten, doch nur wenige Schriftstücke vermitteln einen Eindruck von der Komplexität und Vielfalt offizieller Dokumente. In Theben hat man die Kopie eines Briefes auf einem Ostrakon entdeckt. Diesen Brief hatte der Schreiber Mose, eine eher unwichtige Person, an Paser geschrieben. Er erklärt darin, dass er alle Pflichten erfüllen wird, die ihm übertragen wurden, und bezieht sich insbesondere auf die lokale Landwirtschaft. Eine weitere Kopie eines Briefes, ebenfalls auf einem Ostrakon, berichtet über das Arbeiterdorf Deir el-Medina: „Alles ist in bester Ordnung, alle Mauern befinden sich in gutem Zustand und die Arbeiter erhalten alles, was man ihnen schuldig ist." Solche Trivialitäten bildeten das Gros der Berichte, die täglich beim Wesir eingingen.

262
Goldenes Pektorale in Form eines Kiosks mit Fayence- und Steinintarsien. Der Skarabäus aus Lapislazuli trägt eine Inschrift, die das Herz Pasers beschwört, ihn zu unterstützen. Die Göttinnen Isis und Nephthys beschützen den Skarabäus. Das Objekt stammt aus dem Serapeum (Louvre, N 762).

263 oben
Rückseite (aus Lapislazuli) eines Goldanhängers. Die Inschriften zitieren das Totenbuch. Der Text auf dem Skarabäus sollte das Herz des Verstorbenen dazu bewegen, vor dem göttlichen Gericht für ihn zu sprechen. Das Schmuckstück stammt aus dem Grab eines Apisstieres im Serapeum.

263 unten
Goldener Anhänger mit Intarsien, beschriftet mit dem Namen und dem Titel des Wesirs Paser. Das Schmuckstück hat die Form eines Pylonen. Die Göttinnen Isis und Neith huldigen einem großen Skarabäus aus Lapislazuli (Louvre, N 762).

Das Königreich Ramses' II.

Paser wurde im 30. Regierungsjahr Ramses' (vielleicht auch schon im 25.) von Khai abgelöst, der ein leichtes Erbe antrat. Die Verwaltung arbeitete unter Paser offensichtlich höchst effizient und nichts deutet darauf hin, dass sich dies unter Khai geändert hätte. Ihm wurde sogar eine weitere Verantwortung übertragen: die Organisation des Sedfestes. Bis zum fünften Jubiläum, das im 42./43. Regierungsjahr Ramses' stattfand, proklamierte Khai die Feierlichkeiten gemeinsam mit Chaemweset. Das sechste Jubiläum verkündete er offensichtlich allein. Man kann davon ausgehen, dass die Pflichten, die mit dem Fest zusammenhingen, sich nicht nur auf die Proklamation beschränkten. Interessanterweise verkündete Khai das Jubiläum im Norden und im Süden, was darauf hinweist, dass er eine Zeit lang Wesir für das ganze Land war. Ein kleines Fragment, das möglicherweise aus seinem Grab in Theben stammt, beschreibt ihn als „Bürgermeister und Wesir des Südens und des Nordens". Es könnte aber auch sein, dass die Autorität des thebanischen Wesirs jener des Wesirs des Nordens übergeordnet war. Es erscheint allerdings unwahrscheinlich, dass der Wesir des Nordens keine Rolle bei den nachfolgenden Sedfesten gespielt haben soll.

Man kennt zwar die Namen einiger Wesire, die unter Ramses II. im Norden stationiert waren, genaue Daten über ihre Amtsdauer liegen jedoch nicht vor. Zwei Wesire trugen den gleichen Namen: Prehotpe oder Rehotpe. Einer davon war vermutlich der letzte Wesir, der unter Ramses diente. Einer stammte aus Abydos, der andere aus Herakleopolis in Mittelägypten. Es könnte sein, dass sie entfernte Verwandte waren. Die Unterscheidung der beiden Wesire ist problematisch, denn auch anhand der erhaltenen Dokumente, die sich auf diese beiden Wesire beziehen, lässt sich nicht eindeutig klären, welcher der beiden Männer jeweils gemeint ist. Der eine wurde in Sedment, nahe Herakleopolis, beigesetzt, der andere möglicherweise in Sakkara. Der frühere Amtsträger diente im 42. Regierungsjahr Ramses', der spätere folgte vermutlich nicht unmittelbar auf Ersteren. Eine große Granitstele, die man in Sakkara entdeckt hat, zieren Darstellungen eines Wesirs namens Rehotpe. Auf einer Seite der Stele betet Rehotpe Osiris und Apis an, auf der anderen Anubis und Ptah. Die Inschriften loben vor allem den Wesir, einige Abschnitte weisen jedoch darauf hin, wie dieser seine Pflichten beurteilte. Neben Titeln und Epitheta beschreibt er sich selbst als „Richter der Beiden Länder, Schutzschild des Souveräns … größter Verwalter des Herrn im Festsaal der Jubiläen, der jedem Order erteilt, Oberaufseher der Arbeiten, Aufseher des Kunsthandwerks, Supervisor der Gesetzte des Guten Gottes in der Halle der Gerechtigkeit, Sprecher des Königs von Oberägypten, Herold des Königs von Unterägypten … der alle Revenuen im ganzen Land ausrechnet". Rehotpe behauptet weiterhin, dass er die meisten höheren religiösen Ämter des Landes bekleidet. Derartige Übertreibungen waren für ägyptische Beamte auf allen Ebenen und in jedem Bereich nichts Ungewöhnliches. Wer so bedeutend war wie Rehotpe, konnte fast alles behaupten, vorausgesetzt er tat es im Namen des Königs.

Während sich die Stabilität des Königreiches auf das effiziente Vorgehen der Verwaltung stützte, wurde die Kontinuität dieser Stabilität im Wesentlichen durch die Prosperität des Landes sichergestellt und durch das Steuersystem, das die Finanzierung des Ganzen garantierte. Der Wohlstand

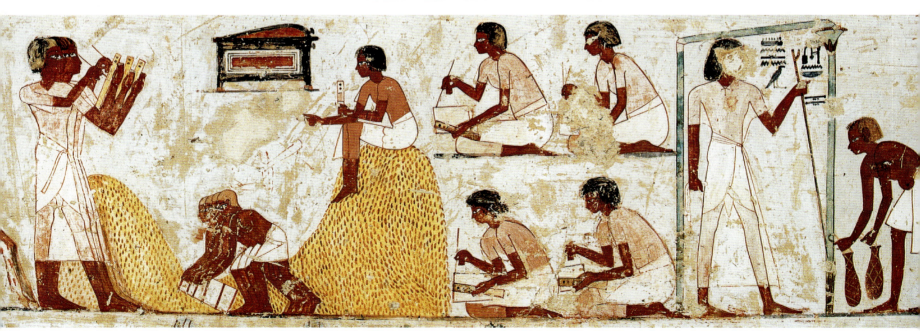

Das Königreich Ramses' II.

Ägyptens resultierte weniger aus ausländischen Tributen oder Kriegsbeuten, sondern vor allem aus der Agrikultur. Ein prosperierendes Ägypten war ein Ägypten, in dem man sich im Einklang mit den Jahreszeiten mittels einer wohl überlegten Bewirtschaftung die Natur erfolgreich untertan machte. Das komplexe Steuersystem, das bis heute nicht vollständig nachvollziehbar ist, sorgte außerdem dafür, dass der Staat in höchstem Maße Anteil an den Reichtümern hatte, die in zentralen Schatzkammern gelagert wurden. Eine gute Ernte hing vor allem vom Nil ab und von dem weit verzweigten System aus Kanälen und Deichen, die das Hochwasser regulierten und das Wasser nach der jährlichen Nilüberschwemmung sammelten. Zur Zeit Ramses' hatte die ägyptische Staatsbürokratie viele Jahrhunderte Erfahrung auf dem Gebiet der Landverwaltung und man war sich der Bedeutung des Flusses und der Landwirtschaft bewusst. Erfahrene Beamte konnten die Auswirkungen der jährlichen Überschwemmung einschätzen, den Ernteertrag in etwa vorhersagen und damit die Steuern relativ genau festlegen. Es gab allerdings stets Beamte, die einen persönlichen Vorteil aus ihrer privilegierten Stellung zogen. Ein Musterbrief zeichnet das traurige Bild vom armen Bauern, dessen Ernte Schnecken, Nilpferde, Mäuse, Heuschrecken und selbst das eigene Vieh vernichten. Spatzen und Viehdiebe erledigen ein Übriges: „Dann legt der Schreiber am Flussufer an und macht sich daran, die Steuer für die Ernte festzulegen; seine Assistenten haben Meß- und Rechenwerkzeuge dabei. Sie sagen: ‚Her mit dem Getreide!', obwohl es keines gibt. Er wird schwer verprügelt, gefesselt und in den Brunnen geworfen. Sein Weib wird gefesselt und seinen Kindern werden Handfesseln angelegt." Der Text ist Teil einer Schreiberübung und endet deshalb mit einer beruflichen Aufwertung: „Dagegen ist ein Schreiber der Kontrolleur von allem. Er, der schreibt, wird nicht besteuert; er hat nichts zu bezahlen." Die meisten Bauern mussten wohl eine solche Behandlung über sich ergehen lassen. Es wäre vermutlich nicht zu derartigen Vorfällen gekommen, wenn der Wesir davon gewusst hätte, denn er hätte einen solchen Amtsmissbrauch sicher nicht gebilligt. Andererseits kam es natürlich der Wirtschaft des Landes zugute, hin und wieder beide Augen zuzudrücken …

264–265
Die Wandgemälde in den Gräbern der 18. Dynastie belegen vortrefflich das ländliche Leben im alten Ägypten. Die Darstellungen zeigen die Gerstenernte: Das Getreide schneiden, die Spreu trennen und den Ertrag vermerken. Die Szenen befinden sich im thebanischen Grab Mennas.

265
Stele des Wesirs Rahotpe, der vermutlich in Sakkara beigesetzt wurde. Der Wesir betet Osiris und den lebenden Apis an. Die Inschrift darunter gibt eine Selbstdarstellung wieder. Die Rückseite trägt eine Inschrift über das Amt des Wesirs (Kairo, JdE 48845).

Die Beamten des Schatzamtes wachten auf höchster Ebene über das System, mögen aber auch die Augen verschlossen haben, vor den Vorfällen, die sich in den entlegenen Winkeln des Landes ereigneten. Es gibt keine Texte, die die Pflichten und Tätigkeitsbereiche dieser und anderer Beamter spezifizieren, so dass man das Ausmaß ihrer Verantwortlichkeiten anhand einzelner Dokumente lediglich erahnen kann. Ebenso verhält es sich mit den Reichtümern des Landes und den Besitztümern der religiösen Einrichtungen in Ägypten. Ein umfassendes Dokument aus der Zeit der 20. Dynastie verrät erstaunliche Details über den Besitz der Tempel unter Ramses III. Aus der Zeit Ramses' II. ist kein vergleichbares Dokument überliefert. Man hat jedoch in Theben die Kopie eines Briefes auf einem Ostrakon entdeckt. Dieses Schreiben vermittelt einen Eindruck von der Situation unter Ramses II. Panehsi, der oberste Beamte des Schatzamtes, Aufseher der Schatzkammern, hat diesen Brief an Hori adressiert, einen Priester des Amun in der Südlichen Stadt (Theben). Panehsi schreibt über den Norden, übermittelt einen Bericht bezüglich der Lage des Landes und der Besitztümer des großen thebanischen Tempels im Delta und spezifiziert insbesondere die Männer, die im Dienste Amuns standen, sowie deren Familien. Er weist darauf hin, dass er eine Liste „aller Männer gemäß ihrem Beruf zusammen mit ihren Frauen und Kindern" übermitteln wird. Der Haupttext ist nur fragmentarisch erhalten. Er enthält unter anderem eine Zusammenfassung aller gesammelten Informationen. Man erfährt zum Beispiel, dass 8760 Bauern, 13080 Ziegenhirten und 3920 Hilfskräfte beschäftigt waren sowie 22530 Männer, die für das Geflügel verantwortlich waren. Anhand dieser Zahlen wird deutlich, wie aufwändig die Verwaltung des Landes zu jener Zeit war. In gewisser Weise war Ägypten jedoch problemlos zu kontrollieren. Das Land, das für die Landwirtschaft in Frage kam – und damit in Zusammenhang mit dem Fiskus stand –, war flach und weitgehend über den Nil oder die größeren Wasserstraßen im Delta zugänglich. Die Bauern konnten sich vor den neugierigen Augen der Beamten nicht in Gebirgstälern verstecken. Sie konnten dem langen Arm des Schreibers und seiner Eintreiber nicht entkommen, die das Gesetz vermutlich mit Vergnügen nachdrücklich geltend machten und sich gleichzeitig bereicherten.

Ein Charakteristikum der ägyptischen Verwaltung war, dass demütige Antragsteller vor hohen Autoritäten oftmals erfolgreich waren, wenn es darum ging, persönliche Angelegenheiten zu regeln. Das Herantreten des Demütigen an den Großen scheint stets das Zivilleben im Nahen Osten geprägt zu haben. Das Gesetz, das von untergeordneten Beamten umgesetzt wurde, stand offensichtlich nur selten auf der Seite des kleinen Mannes. Es scheint jedoch immer die Möglichkeit gegeben zu haben, ein persönliches Gesuch an höhere Beamte zu richten, sogar an den Wesir selbst. Diese Rückschlüsse lassen die überlieferten Dokumente zu, die die Pflichten des Wesirs auflisten oder sich auf Beschwerden beziehen, die direkt an hohe Beamte gerichtet wurden.

Kein Text gewährt solch tiefe Einblicke in die Verwaltung des Neuen Reiches, wie jener, der im Grab Moses, des Schreibers im Ptahtempel, verewigt ist. Der Text handelt von einem Prozess in den die Familie Moses verwickelt war. Streitpunkt war, wer das Eigentumsrecht an einem Stück Land hatte. Die Wurzeln des Prozesses lagen bereits in der Zeit Amosis', des ersten Königs der 18. Dynastie, also annähernd 300 Jahre vor der Zeit Ramses' II. Dem Schiffskapitän Neschi war von König Amosis Land in der Region um Memphis zugesprochen worden, als Lohn für seine Dienste im Befreiungskrieg gegen die Hyksos, der dazu führte, dass sich die 18. Dynastie in Ägypten etablierte und die Zeit des Neuen Reiches anbrach. Auflage war, dass das Stück Land nicht unter eventuellen Erben aufgeteilt werden durfte. Bis zur Herrschaft Haremhabs scheint es bezüglich dieses Arrangements keine Probleme gegeben zu haben. Nach dem Tod Scheritres, der zuständigen Nachlassverwalterin, erlaubte ein rechtsgültiges Verfahren die Aufteilung des Landes zwischen einer Tochter namens Wereno und deren Geschwistern. Wereno oblag die Verwaltung des Landes im Namen ihrer Geschwister. Eine jüngere Schwester focht diese Entscheidung erfolgreich an und erreichte, dass jedes Kind den ihm zustehenden Anteil an dem Land erhielt. Diese Entscheidung fochten wiederum Wereno und ihr Sohn Hui an und es scheint als hätten sie Erfolg gehabt, denn einiges weist darauf hin, dass Hui das Land bis zu seinem Tod weiterhin allein kultivierte. Nubnofret, seine Witwe, wurde von einer Person namens Khai von dem Land vertrieben, der offensichtlich als Bevollmächtigter einiger Familienmitglieder agierte. Im 18. Regierungsjahr Ramses' II. zog Nubnofret erneut vor Gericht, indem sie

ihren Fall dem Wesir in Heliopolis schilderte. Sie verlangte eine Überprüfung der Aufzeichnungen des Schatzamtes, um zu beweisen, dass sie tatsächlich ein Abkomme Neschis war und dass ihr Ehemann seine Steuern für das Land und dessen Erträge vorschriftsmäßig abgeführt hatte. Die entsprechenden Dokumente wurden in den Zentralarchiven in Pi-Ramses herausgesucht und dem Gericht zur genauen Überprüfung vorgelegt. Sie untermauerten jedoch Nubnofrets Ansprüche nicht, denn es waren keine Steuerzahlungen Huis vermerkt und Nubnofret war nicht erwähnt. Sie verlor den Fall und blieb enteignet. Das Land wurde unter den so genannten legitimen Abkommen Neschis aufgeteilt.

Damit war der Fall jedoch keineswegs abgeschlossen. Zu gegebener Zeit sollte Mose, der Sohn von Hui und Nubnofret, den Fall wieder aufrollen. Er behauptete, Khai hätte die Dokumente aus Pi-Ramses verfälscht, zweifellos in Kollusion mit den Beamten, die die Schriftstücke aus den Archiven zusammentrugen. Möglicherweise sahen diese Beamten die Chance, einen persönlichen Vorteil aus dem Betrug zu ziehen. Mose änderte jedoch schließlich seine Taktik und berief sich auf Zeugenbeweise, die sich nicht auf das Argument stützten, dass Hui das Land kultiviert hatte, seine Steuern abgeführt hatte und ein legitimer Abkomme Neschis war. Am Ende entschied das Gericht zu Gunsten Nubnofrets und ihres Sohnes und man erklärte, dass Khai im Unrecht sei. Aus Moses Sicht hatte die Gerechtigkeit gesiegt. Diesen Sieg ließ er neben anderen Inschriften in seinem Grab verewigen, um seinen Triumph und vielleicht auch seine selbstzufriedene Attitüde auch der Nachwelt zu bewahren.

Im Grab Moses wird die Angelegenheit aus seiner Sicht und aus der Sicht seiner Mutter geschildert. Man mag sich fragen, ob die „unendliche Geschichte" hier ihr Ende findet. Vielleicht wandten sich weitere Nachfolger Neschis später erneut an das Gericht. Sie fühlten sich vermutlich ebenso berechtigt, am Erbe des Kapitäns zu partizipieren. Es gibt keine Hinweise darauf, wie die Angelegenheit letztendlich geregelt wurde, und es gibt keinen Grund, den Aussagen Moses blind Glauben zu schenken. Die Inschriften im Grab Moses beleuchten trotz allem viele Aspekte der ägyptischen Gesetzgebung und der Verwaltung zur Zeit des Neuen Reiches. Es wird deutlich, dass selbst das gemeine Volk von seinem Recht Gebrauch machte, sich an das Gesetz zu wenden und das Gericht des Wesirs in Anspruch zu nehmen. Männer und Frauen wurden dabei gleich behandelt, wenn es um Landbesitz und Nachlass ging. Es war möglich, einen Fall wieder aufzunehmen, wenn neue Beweise vorlagen, und es existierten Protokolle, die in Zentralarchiven aufbewahrt wurden, im Falle Neschis in Pi-Ramses, der Hauptstadt Ramses' II. im Delta. Vorsitz bei Gericht führte offensichtlich der Wesir selbst. Das Gericht nahm sich ausreichend Zeit, um die Schriftstücke einzusehen, eingehend zu prüfen und zu einem Urteil zu kommen. Nichts geschah arbiträr. Man gewinnt den Eindruck, dass das System nicht nur zugunsten der Bürokratie und der Verwaltung arbeitete, sondern auch die Interessen des Einzelnen wahrte. Ob dieser Eindruck gerechtfertigt ist, lässt sich nicht zweifelsfrei beweisen.

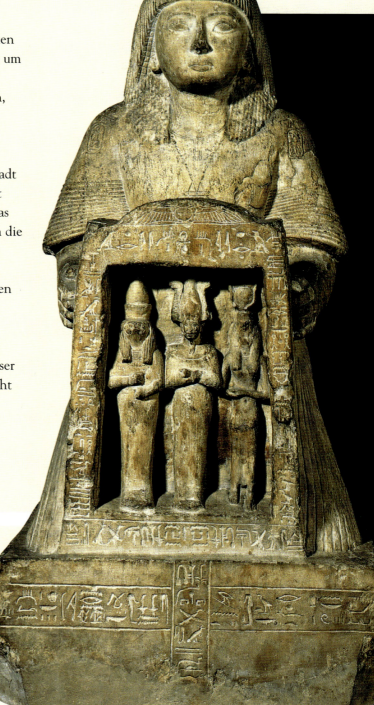

267
Kniende Statue des Panhesi, königlicher Schreiber und Oberaufseher der Schatzkammer unter Ramses II. Außerdem war Panhesi offiziell für das Gedeihen der ägyptischen Wirtschaft verantwortlich. Die Statue umfasst einen Schrein mit Figuren der Götter Horus, Osiris und Isis (British Museum, EA 1377).

Das Geheimnis des Erfolgs des altägyptischen Verwaltungssystems lag in der Effizienz der Schreiber. „Werde Schreiber!", forderten sicher viele ägyptische Mütter ihre Söhne immer wieder auf. Als Schreiber war man Staatsbeamter und man hatte einen soliden Beruf, der viele Vorteile mit sich brachte und höchst respektiert war. Der Beruf war so angesehen, dass keine bedeutende Persönlichkeit etwas dagegen hatte, als Schreiber bezeichnet zu werden. Schreiber waren gebildet und sie konnten Texte in Hieroglyphen und hieratischer Schrift verfassen. Letztere wurde meistens für Texte verwendet, die auf Papyri geschrieben wurden. Außerdem konnten Schreiber lesen. Dies bedeutete nicht nur, dass sie die wichtigsten Inschriften an den Tempeln und Monumenten im ganzen Land interpretieren konnten, sondern auch, dass sie die Fähigkeit besaßen, Dokumente genau zu prüfen, Briefe zu lesen und Kalkulationen zu verstehen. Die Fähigkeit des Lesens und Schreibens, war ein wertvolles Werkzeug. Ein Schreiber konnte Ausweispapiere kontrollieren, Dokumente interpretieren und Abrechnungen überprüfen. Er war also der Vermittler für Personen, die nicht gebildet waren. Es war eine ernste Angelegenheit, Schreiber zu sein. Ungeachtet der Tatsache, dass die Texte die Verantwortlichkeiten des Schreibers betonen und seine Unparteilichkeit preisen, darf man annehmen, dass einige Vertreter dieses Berufs gelegentlich die Regeln zu ihren Gunsten auslegten oder kleine Fälschungen billigten. Einige Übungen für angehende Schreiber beziehen sich auf die allgemein anerkannte Praxis und skizzieren das Berufsethos. Solche Übungen, die von angehenden Schreibern kopiert wurden, sind aus Sicht ihres Gewerbes verfasst. Sie vermitteln dennoch einen Eindruck des Status, den diese Profession zur Zeit der 19. Dynastie innehatte.

Für die Ausbildung heißt es zum Beispiel: „Ich habe dich in ein Klassenzimmer mit den Kindern der Magistrate gesetzt, um dich über diesen vielversprechenden Beruf zu informieren und ihn dich zu lehren. Lass mich dir sagen, wie der Schreiber vorgeht, ‚Setz dich auf deinen Platz! Schreibe vor deinen Mitschülern! Bring deine Kleidung in Ordnung und halte den Blick gesenkt!' Du solltest dein Buch jeden Tag in guter Absicht mitbringen; sei nicht untätig … Rechne im Stillen, ohne dass dein Mund ein Geräusch von sich gibt. Schreibe mit deiner Hand, lies mit deinem Mund und suche Rat. Sei nicht überdrüssig, verschwende deine Zeit nicht mit Nichtstun …! Folge deinem Lehrer und höre, was er zu sagen hat. Sei ein Schreiber!"

Wenn der Lernende aufmerksam war und ein guter Schreiber wurde, brauchte er sich um seine Zukunft keine Sorgen zu machen. Wenn er bereits aus einer Schreiberfamilie kam, würde er ohne Probleme eine gute Stellung finden und in die Fußstapfen seines Vaters treten. Wenn nicht würden ihm Protektion und Vetternwirtschaft helfen. Solche Vorgehensweisen empfand man im alten Ägypten nicht als unschicklich. Die Vorteile, die ein Schreiber hatte, waren signifikant: „Das bewahrt dich vor harter Arbeit und schützt dich vor jeder Art körperlicher Arbeit. Du musst Hacke und Karst nicht tragen und folglich auch keinen Korb. Das bewahrt dich davor, rudern zu müssen, und erspart dir Kummer, denn du bist nicht der Untertan vieler Herren und Gebieter." Der Schreiber listet anschließend Berufe und Positionen auf, die in hohem Maße unangenehm sind: das Kind, das Soldat wird, der Chef, der Bauer, der Krüppel, der Türsteher, der Blinde, der sich um das Vieh kümmert. Selbst der Priester hat einen harten Beruf, da er unentwegt mit religiösen Diensten beschäftigt ist und sich dreimal täglich ganz in Wasser versenken muss, Winter wie Sommer und bei jedem Wetter. Der Bäcker backt unaufhörlich Brot, er steckt seinen Kopf in den Ofen, während sein Sohn seine Füßen umklammert und wenn der Sohn loslässt, fällt der Bäcker geradewegs in den Ofen. Schließlich kommt der Schreiber zu dem nahe liegenden Schluss: „Aber der Schreiber, er ist richtungsweisend für jede Art von Arbeit in dieser Welt."

Der Schreiber musste keine schwere Arbeit verrichten und keine Steuern zahlen, vor allem aber hatte er eine reelle Chance, in der ägyptischen Gesellschaft an erster Stelle zu stehen und Vermögen anzuhäufen. Er konnte der vertraute Beamte des Königs werden, der die Macht hatte, die Schatz- und Kornkammern zu öffnen und an Festtagen die notwendigen Opfer zu zelebrieren, „gekleidet in kostbare Gewänder, begleitet von Pferden und mit deinem eigenen Boot auf dem Nil". Ein Schreiber konnte Gehilfen haben, ein prächtiges Haus, eine mächtige Position und er konnte das Vertrauen des Königs genießen. Wer würde da noch Soldat werden wollen?

Alles scheint für den Beruf des Schreibers zu sprechen. Man darf jedoch nicht vergessen, dass alle Texte von Vertretern dieser Profession niedergeschrieben und vermutlich auch verfasst wurden. Wie sah die Kehrseite der Medaille aus? Wurden Schreiber von ungebildeten Ägyptern respektvoll behandelt? Oder wurden sie als Beamte eines repressiven, zentralisierten Staates betrachtet, die das System zu ihren Gunsten manipulieren konnten? Man wird es vermutlich nie erfahren. Es ist jedoch kaum vorstellbar, dass Schreiber, die Staatsbeamte waren, stets mit Respekt behandelt wurden. Auf dem Land waren sie sicher nicht willkommen und man darf annehmen, dass jene, die in der Position waren, einem einen Gefallen tun zu können oder sich zumindest kooperativ zeigten, dafür ebenfalls ein gewisses Entgegenkommen erwarteten. Nichts deutet darauf hin, dass der Beamte der Antike weniger bestechlich war, als er es in gewissen Kulturkreisen auch heute ist.

---

269 oben
Diese namenlose Skulptur aus der Zeit der 5. Dynastie bringt perfekt zum Ausdruck, welche Qualitäten von einem ägyptischen Schreiber erwartet wurden. Der Schreiber, der eine Papyrusrolle auf seinen Beinen ausgebreitet hat, strahlt Selbstbewusstsein aus, jedoch ohne die Selbstgefälligkeit seiner Nachfolger zur Zeit der Ramessiden (Kairo, JdE 30273).

269 unten
Schreiber des Neuen Reiches widmen sich ernsthaft ihrer Arbeit. Sie halten die Berichte für ihre Vorgesetzten auf Papyri fest. Die Schreiber bildeten das Rückgrat der ägyptischen Verwaltung und genossen deshalb weit reichende Privilegien.

Streng genommen bestand das Reich des Königs nur aus Ägypten. Es begann im Süden mit dem Niltal ab Elephantine (Assuan) und erstreckte sich im Norden bis zum Mittelmeer. Das Reich umfasste Ober- und Unterägypten, die jeweils in Provinzen oder Bezirke unterteilt waren. Keine Dynastie scheint jemals einen ernsthaften Versuch unternommen zu haben, diese Grenzen zu verändern und das Staatsgebiet zu vergrößern, indem man sich zum Beispiel die Territorien Asiens einverleibte, die hin und wieder und oft über längere Zeit dem ägyptischen König unterstanden. Solche Länder entsprachen nicht dem Bild, das sich die alten Ägypter von Ägypten machten und die Menschen dieser Länder konnten niemals Ägypter sein. Eine Region erfuhr jedoch eine besondere Behandlung. Sie wurde im Neuen Reich streng verwaltet und beinahe so behandelt, als sei sie Teil des Mutterlandes Ägypten. Die Rede ist von Nubien, das Land Kusch, die Erweiterung Ägyptens in südlicher Richtung entlang dem Nil. Nubien verfügte über wertvolle Minerale, es beheimatete Stämme, die sich feindselig verhalten konnten, und über Nubien brachten Karawanen aus Äquatorialafrika exotische Waren in den Süden. Nubien war für Ägypten stets von Bedeutung und Interesse. Die Könige der 12. Dynastie drangen tief in das Land ein und ließen entlang dem Nil wehrhafte Festungen errichten, vor allem im Bereich des 2. Katarakts. In der von Wirren geprägten Zweiten Zwischenzeit (um 1750–1650 v. Chr.) musste Ägypten Nubien aufgeben, es wurde jedoch später von den Streitkräften der Könige der 18. Dynastie zurückerobert. Wiederum wurden keine Schritte unternommen, die Region Ägypten einzuverleiben. Die Beziehungen zwischen Ägypten und Nubien waren jedoch enger als zwischen Ägypten und einem anderen besetzten Land im Nahen Osten. Man betrachtete Nubien als ein Gebiet, das innerhalb der Grenzen der ägyptischen Krone lag und das deshalb strenger verwaltet wurde als jeder andere unterworfene Staat. Der Vorsitzende der nubischen Bürokratie trug neben dem Titel „Königssohn von Kusch" oftmals auch die Titel „Aufseher der Südlichen Wüsten", „Fächerträger zur Rechten des Königs" und „Envoyé des Königs in jedem ausländischen Land". Er war nicht von königlichem Geblüt und der Titel „Königssohn" wurde ihm als Ehrentitel verliehen. Dieser hohe Würdenträger, der eigentliche Herrscher über Nubien, wird heute für gewöhnlich als Vizekönig von Kusch bezeichnet. Zur Zeit Ramses' II. vertraten offensichtlich diverse Vizekönige, die äußerst aktiv waren und effizient arbeiteten, die Interessen des ägyptischen Königs in diesem Außenposten seines Reiches.

Zu den Aufgaben des Vizekönigs gehörte die tagtägliche Verwaltung Nubiens, die Oberaufsicht über das Eintreiben der Tribute, die Erhaltung der Sicherheit und die Weiterentwicklung ägyptischer Niederlassungen im gesamten Gebiet. Darüber hinaus war der Vizekönig maßgeblich an der Vermarktung des königlichen Images beteiligt, vor allem in Form der Errichtung der nubischen Tempel, in denen der göttliche Aspekt des Königs besonders betont wurde.

Der erste Vizekönig unter Ramses II. war Iuni. Er wurde gegen Ende der Regentschaft Sethos' I. in sein Amt berufen, als Ramses bereits Mitregent war. Auf Anweisung des Königs war Iuni verantwortlich für den Beginn der Arbeiten in Abu Simbel. Er blieb jedoch nicht bis zur Fertigstellung des Bauwerks in seinem Amt. Diese Aufgabe fiel in den Verantwortlichkeitsbereich seines Nachfolgers Hekanachte. Er überwachte unter anderem im 24. Regierungsjahr Ramses' die Vorbereitungen, die für den Besuch des Königs und seiner Gemahlin Nofretiri getroffen werden mussten. Nur wenig später wurde Hekanachte von Paser abgelöst, der nicht mit jenem Wesir verwandt war, über den in diesem Kapitel bereits berichtet wurde. Vizekönig Paser hatte das Pech, dieses Amt zu bekleiden, als um das 31./32. Regierungsjahr Ramses' ein verheerendes Erdbeben Abu Simbel erschütterte. Es verursachte schwere Schäden an den Tempeln, die zum Teil noch heute sichtbar sind zum Beispiel an dem herabgestürzten Kolossalkopf und den antiken Ausbesserungsarbeiten an Statuen und Pfeilern im Innern und an der Fassade des Großen Tempels. Es ist nicht bekannt, ob Ramses jemals etwas von diesem Desaster erfuhr, doch es scheint undenkbar, dass Paser die Angelegenheit vertuschen konnte. Bis etwa in das 34. Regierungsjahr Ramses' blieb Paser Vizekönig. Er nutzte die wenigen Jahre nach dem Erdbeben, um zumindest einige Schäden an den Tempeln zu reparieren. Es ist durchaus möglich, dass er wegen dieses Vorfalls letztendlich abgesetzt wurde. Eine der Inschriften, die Paser in Abu Simbel anbringen ließ, befindet sich zwischen den beiden Tempeln und enthält einen Dialog zwischen Paser und dem König, der beinahe als pikant bezeichnet werden kann, wenn man ihn im Kontext mit dem Großen Tempel und dem Erdbeben betrachtet. Ramses II. begrüßt seinen Vizekönig mit den Worten: „Ihr seid eine absolut vertrauenswürdige Person, die ihrem Herrn nützlich ist." Paser antwortet kriecherisch: „Man tut alles, wie Ihr es befohlen habt, oh Horus, geliebt von Ma'at." Er hätte vielleicht noch hinzufügen sollen: „Es war nicht mein Fehler, dass Eure Statue zu Boden gestürzt ist."

Um das 34. Regierungsjahr Ramses' wurde Paser von Hui abgelöst. Er war ein höherer Offizier, der zu jener Kompanie gehörte, die damit betraut war, die hethitische Prinzessin, die Ramses heiraten sollte, auf ihrer Reise nach

Pi-Ramses zu eskortieren. Man darf annehmen, dass die erfolgreiche Ausführung des Auftrags Huis Ansehen zugute kam. Ramses ließ ihm daraufhin eine besondere Ehre zuteil werden, indem er ihn zum Vizekönig von Kusch ernannte. Paser war offensichtlich von seinem Amt entbunden worden. Leider weiß man kaum etwas darüber, wie Karrieren beendet wurden oder wie das Schicksal der Beamten aussah, die man entlassen hatte. Eine Kopie der umfassenden Inschrift, die sich auf die Feierlichkeiten bezüglich des hethitisch-ägyptische Ehebündnisses bezieht, wurde im Großen Tempel von Abu Simbel verewigt. Der Text dient als eine Art Zeugnis für Hui, dessen Amtszeit nicht lange dauern sollte.

Um das 38. Regierungsjahr Ramses' wurde Hui von Setau abgelöst, einem tatkräftigen Mann, der etwa 25 Jahre das Amt des Vizekönig bekleiden sollte. Setau wurde in der thebanischen Nekropole in einem großen Grab beigesetzt, das im Lauf der Jahrtausende jedoch schwer in Mitleidenschaft gezogen wurde. Der Vizekönig hinterließ über ein Dutzend Statuen sowie ausführliche Berichte über seine Aktivitäten in Nubien. Am informativsten sind die Inschriften einer großen Stele, die er im Tempel von Wadi es-Sebua errichten ließ, für dessen Bau er weitgehend verantwortlich war. Einige Details, die glaubwürdig erscheinen, deuten darauf hin, dass Setau die Karriereleiter von ganz unten hochkletterte und es seinen eigenen Fähigkeiten und seinem Fleiß zu verdanken hatte, dass er ein derart mächtiges Amt bekleidete. Er lässt seine Eltern unerwähnt (man weiß jedoch, dass sie Siwadjit und Nefertmut hießen) und verkündet, er sei als Mündel bei Hofe aufgezogen worden. Er hebt sich selbst als jungen Schreiber rühmend hervor, der zu gegebener Zeit zum ersten Schreiber des Wesirs berufen wurde. In dieser Position war er verantwortlich dafür, im ganzen Land Steuern zu erheben, und er machte seine Aufgabe so gut, dass alle staatlichen Kornspeicher vor Getreide barsten. Anschließend wurde er vom König zum Oberaufseher des Gottes Amun ernannt. Auch in dieser Position verhielt er sich so tadellos, dass selbst der König seine Fähigkeiten registrierte und ihn zum Vizekönig von Kusch ernannte. In dieser Position verkündet er: „Ich sammelte alle Revenuen dieses Landes Kusch ein ... Ich setzte den Tribut dieses Landes Kusch so hoch an, wie es Sand am Meer gibt; kein anderer Vizekönig von Kusch hat seit der Zeit des Gottes jemals so viel erreicht."

Setau war ein erfolgreicher Kommandeur, er organisierte den Bau des Tempels von Wadi es-Sebua und er ließ alle Tempel in Nubien restaurieren, die zu Ruinen verfallen waren: „Im großen Namen Seiner Majestät, sein Name ist auf ewig in sie gemeißelt." Nach eigener Einschätzung war Setau eine gute Wahl für das Amt des Vizekönigs. Vieles, was er über seine Karriere verkündet, kann man akzeptieren und es scheint, dass sein Einsatz und seine harte Arbeit belohnt wurden, möglicherweise auch deshalb, weil er jenen Angelegenheiten Aufmerksamkeit schenkte, von denen der König zweifellos Notiz nahm. Als günstige Ausgangsposition erwies sich vermutlich, dass er bei Hofe erzogen wurde, auch wenn er dort nur einer von vielen war, denen ein solches Privileg zuteil wurde. Seine Karriere bestätigt, dass Talent in der Bürokratie des alten Ägyptens zum Erfolg führen konnte, und sie untermauert die oft betonte Assertion, dass man als Schreiber ein gemachter Mann sein konnte. Auf solchen Prinzipien ruhte die Verwaltung Ägyptens und die Stabilität des Königreiches, das sich unter Ramses II. gefestigt hatte, gründete sich auf die Umsetzung dieser Prinzipien.

271
Deckel des Granitsarkophags des Setau, Vizekönig von Kusch. Das Gesicht ist charakteristisch, aber ungewöhnlich naiv dargestellt. Der Sarkophag stammt vermutlich aus dem thebanischen Grab Setaus. Die Inschrift ruft die Göttin Nut als Beschützerin an (British Museum, EA 78).

DER KÖNIG UND DIE GÖTTER IM DIESSEITS UND IM JENSEITS

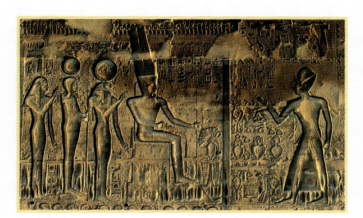

272
Anukis, die „Herrin von Elephantine", eine der Gottheiten des Katarakts, stillt Ramses II., der nicht als Kind abgebildet ist. Er ist vielmehr der „Große König, Herr der Beiden Länder". Bemerkenswert ist die Hieroglyphe, die eine Mutter zeigt, die ihr Kind stillt. Die Darstellung stammt aus dem Tempel von Beit el-Wali.

273
Ramses II., der siegreiche König, schenkt der thebanischen Triade (Amun-Re, Mut und Chons) und der Göttin Ma'at seine Kriegsbeute: unzählige wertvolle Gefäße und Gefangene (auf dem Foto nicht zu sehen). Die Darstellung stammt aus dem Tempel von Luxor.

KAPITEL 9

Die altägyptische Kultur wurde von der Religion geprägt und das alte Ägypten war ein Land der Tempel und Gräber. Für viele Menschen liegt die Anziehungskraft Ägyptens vor allem in diesen Tempeln und Gräbern. Selbst wenn sich die Gelegenheit bietet, eine Stätte zu besuchen, die scheinbar nicht in erster Linie mit der Religion in Verbindung steht, wird die Aufmerksamkeit des Besuchers in der Regel von säkularen Überlegungen auf religiöse Reflexionen gelenkt. Ein Paradebeispiel ist Amarna in Mittelägypten, das antike Achetaton, die Residenz Echnatons. In Amarna gibt es mehr zu sehen, als ein kurzer Besuch offenbart. Es lässt sich offensichtlich jedoch nicht vermeiden, dass die Überreste der religiösen Einrichtungen Achetatons, die unvollendeten Grabstätten der hohen Beamten und das abgelegene, evokative Grabmal des Königs die Aufmerksamkeit des Besucher auf sich ziehen. Vorträge und Gespräche drehen sich überwiegend um die religiöse Revolution Echnatons und die Signifikanz des Ortes im Hinblick darauf. Irgendjemand wird vielleicht Auszüge aus der großen Hymne an Aton vortragen und alle werden feierlich um den Rezitator herumstehen wie bei einem Begräbnis oder einer Gedenkfeier. Nur selten wird anschließend Zeit für einen Rundgang durch die Stadt bleiben, um sich der Betrachtung der Überreste der Häuser, der bedeutenden Villen und der Industrieviertel zu widmen. Es wird kaum Zeit sein, für die Menschen, die in Amarna lebten und ihre Tage damit verbrachten, die religiösen Aspekte des Lebens auf höchster Ebene weitgehend zu ignorieren.

Ähnlich verhält es sich mit dem Arbeiterdorf Deir el-Medina, dem Ort der Wahrheit, in dem 400 Jahre lang Handwerker, Schreiber und Künstler lebten, die mit dem Bau der königlichen Grabstätten betraut waren und über die viele antike Dokumente berichten. Man schlendert über die gut gekennzeichneten Wege des Dorfes und betritt die antiken Steinhäuser, von deren Eigentümer man zum Teil die Namen kennt. Hier lebten Menschen, über deren Karrieren man in einigen Fällen mehr weiß als über jene der hohen Beamten, die unter Ramses II. dem Staat dienten. Doch der moderne Besucher erfährt kaum etwas über das Dorf oder die Lebensweise seiner Bewohner. In der Regel werden einige armselige, aber gut erhaltene Gräber der Handwerker und der kleine Tempel in der Nähe des Dorfes besichtigt, der nicht viel mit dem Ort zu tun hat. Dann fährt man weiter zu anderen Gräbern in der thebanischen Nekropole oder zu einem Tempel, vielleicht zum Totentempel Ramses' III. in Medinet Habu, der außergewöhnlich gut erhalten ist, oder zum Ramesseum, dem großen Totentempel Ramses' II. Dieses Heiligtum ist zwar nicht so gut erhalten, aber für den Besucher aus individuellen Gründen höchst interessant, die mit dem Leben, den Verdiensten und den Legenden über Ramses den Großen in Verbindung stehen.

Man darf davon ausgehen, dass das Ramesseum das bedeutendste religiöse Bauwerk ist, das unter Ramses II. errichtet wurde, auch wenn man kaum etwas über den Ptahtempel in Memphis weiß, den Ramses erweitern ließ (falls er in nicht sogar gründete), oder über die religiösen Stätten von Pi-Ramses, die die Zeiten nicht überdauert haben. Die Gewissheit, dass der Herrscher im Tal der Könige beigesetzt werden würde und das Wissen um die prächtigen Totentempel der Könige, die bereits in Theben-West existierten, machten das thebanische Gebiet zu einer Region, der der Herrscher von seiner Thronbesteigung bis zu seinem Tod besondere Aufmerksamkeit schenkte.

Das Leben des Königs wurde vorwiegend unter religiösen Gesichtspunkten betrachtet. Mit der Krönung wurde der Herrscher zur lebendigen Verkörperung des Gottes Horus, in seiner ältesten Form als Sonnengott, dargestellt als Falke. Danach war sein Leben eine stete Vorbereitung auf den Tod, in dem er sich mit dem überragenden Sonnengott im Himmel vereinen würde. Im Tod würde er auch mit Osiris gleichgesetzt sein, dessen mythologisches Martyrium ihm die Justifikation für ein Leben nach dem Tod gab und als Herr des Jenseits.

Neben dem Ramesseum belegen auch die Tempel von Luxor und Karnak, dass Ramses II. die Götter verehrte und die verschiedenen Rituale und Zeremonien beging, die mit diesen Göttern in Verbindung standen. In diesen Heiligtümern ist die Präsenz des Königs so dominant, dass der moderne Besucher von der Macht und der Religiosität des Herrschers überzeugt wird. Kriegs- und Triumphszenen findet man überwiegend an den Tempelgebäuden, die jene Ägypter betrachten konnten, denen es gestattet war, die heiligen Anlagen zu betreten. Im Innern der Tempel war der Zugang streng beschränkt, da man sich dem Allerheiligsten näherte. Hier beziehen sich die Darstellungen fast ausschließlich auf Rituale. Man sieht den König, der den Göttern Einzel- und Kollektivopfer darbringt und im Gegenzug dafür die Gunst der Götter erhält. Andere Darstellungen zeigen Ramses II., der an Zeremonien teilnimmt, die mit dem Tempel und dem Kult in Verbindung stehen. Wieder andere Abbildungen zeigen den Pharao, der sich bei den periodischen Festen engagiert, an denen die Götter teilhaben. Die alles durchdringende Präsenz des Königs in diesen Darstellungen ist weder ein Hinweis auf seinen anmaßenden Stolz noch eine Anspielung darauf, dass er seine ganze Zeit damit verbrachte, sich religiösen Angelegenheiten zu widmen. Es war die Pflicht des Herrschers, ja sogar seine Justifikation, als Mittler zwischen den Göttern und dem ägyptischen Volk zu agieren. Er war nicht nur der Repräsentant der Götter auf Erden, sondern gewissermaßen der Kanal für ihre Kräfte. Der König stand in enger Verbindung mit den Göttern, vor allem mit jenen, die in Beziehung mit dem Königtum und der Majestät standen und den herrschenden König mit seinen besonderen irdischen und spiritualen Kräften ausstatteten. Ramses bildete keine Ausnahme, wenn es darum ging, die Geschenke der Götter zu empfangen, insbesondere jene, die Autorität, ein langes Leben und viele Sedfeste garantierten. Eine herrliche und außergewöhnliche Szene im Ramesseum porträtiert den Ritus, bei dem Atum, der Sonnen- und Schöpfergott, mit Unterstützung des ibisköpfigen Thot und der Göttin Sefchet-abwi (eine Gestalt der Seschat, der Göttin der Schreibkunst) den Namen Ramses' auf die Blätter des *ished*-Baumes (möglicherweise der Avocadobaum) schreibt und dem Herrscher somit viele Jubiläen garantiert. Ramses, der die *atef*-Krone trägt, sitzt auf einem Thron vor dem Baum. Von den Zweigen des Baumes hängt das *sed*-Symbol und darunter das Zeichen für „Millionen".

Solche Szenen demonstrieren das Vertrauen, das der König den Göttern entgegenbrachte, und die Vorteile die er aufgrund seiner geerbten königlichen Macht genoss. Mit den Zeremonien und den täglichen oder periodischen Ritualen, die der Herrscher durchführte, erwies er seinerseits den Göttern Reverenz. Theoretisch wurden diese Dienste zu Ehren der Götter in allen Tempeln Ägyptens vom König selbst ausgeführt. In der Praxis sah dies jedoch anders aus, denn es war unmöglich, dass eine einzelne Person all die rituellen Obligationen erfüllen konnte. Selbst wenn man versucht hätte, alle Zeremonien an einem Ort durchzuführen zum Beispiel in Pi-Ramses, Memphis oder Theben, wäre die Aufgabe für eine Person unlösbar gewesen. Der König konnte seinen Verpflichtungen jedoch nachkommen und gewissermaßen daran teilhaben, indem er sie an die priesterlichen Beamten in den Tempeln und Heiligtümern delegierte. Darstellungen und Inschriften belegen, dass die heiligen Pflichten akzeptiert und auf magische Weise gemäß den Daten der Feste und Zeremonien ausgeführt wurden. Ein solches Arrangement war ein großer Luxus, denn es gewährte dem König die Freiheit, seine rituellen Verpflichtungen zu erfüllen, wann und wo immer es ihm beliebte. Er konnte somit Heiligtümer, die ungünstig lagen, einfach ignorieren. Ein König, der sich entschied, seinen religiösen Pflichten nicht nachzukommen, hatte vermutlich nicht das Gefühl, pflichtvergessen zu sein. Ein solches Verhalten würde jedoch nicht unbemerkt bleiben und ein weiser König würde realisieren, dass man eine angemessene Pflichterfüllung von ihm erwartete. Er würde deshalb von Zeit zu Zeit einen bestimmten Tempel aufsuchen, seinen Obligationen nachkommen und die entsprechenden Zeremonien durchführen. Im alten Ägypten hatten Handlungen, die in Zusammenhang mit der Religion standen, eine völlig andere Relevanz als heute. Für einen Pharao bedeutete der Besuch eines Tempels etwas vollkommen anderes als zum Beispiel der sonntägliche Kirchgang für ein modernes Staatsoberhaupt. Der Pharao hatte rituelle Pflichten zu erfüllen. Reguläre Dienste, an denen die Mehrheit des gemeinen Volkes teilhatte, gehörten im alten Ägypten nicht zum religiösen Leben. Die täglichen Rituale, die die Basis der religiösen Handlungen in einem großen Tempel bildeten, wurden im Privaten weitergeführt. Wenn es sich traf, dass der König anwesend war, war er der Hauptakteur.

274
Lepsius' Zeichnung einer Darstellung aus dem Ramesseum. Ramses II. trägt die Atef-Krone und sitzt vor dem Perseabaum. Hinter dem Herrscher erkennt man Atum, vor ihm Seschat und Thot, der den Namen des Königs auf die Blätter des Baumes schreibt.

275
Ramses II. kniet auf einem Korb vor dem Perseabaum. Der Herrscher nimmt von Re-Harachte die Symbole für Jubiläen in Empfang, während Thot seinen Namen auf die Blätter des Baumes schreibt. Die Darstellung stammt aus Abu Simbel.

Es lässt sich nicht mehr feststellen, ob Ramses oder ein anderer Pharao des Neuen Reiches – mit Ausnahme Echnatons – seine priesterlichen Pflichten gewissenhaft erfüllte. Es war nicht üblich, die Zahl der Besucher eines Tempels oder eines bestimmtes Festes zu verzeichnen. Selbst wenn man entsprechende Aufzeichnungen findet, ist es nicht sicher, ob sie den Tatsachen entsprechen. Die Anwesenheit des Königs in einem Tempel wird immerfort in Darstellungen und Inschriften an den Tempelwänden proklamiert. Ramses musste sich nicht schuldig fühlen, wenn er sich nur selten persönlich in einem großen Heiligtum des Landes zeigte. Man darf jedoch annehmen, dass er, wenn er von Pi-Ramses nach Theben oder weiter zum Beispiel nach Abu Simbel reiste, die Gelegenheit nutzte, um die bedeutendsten Tempel zu besuchen, die auf seinem Weg lagen. Wenn es sich einrichten ließ, den Besuch mit einem bestimmten Fest zu verbinden, war es um so besser. Es war vorteilhaft für das Image des Pharaos, des Guten Gottes, des Herrn der Beiden Länder, wenn er an bedeutenden Festen teilnahm wie den Osirismysterien in Abydos oder dem Fest zu Ehren Sokaris' in Memphis.

Das Opetfest und das Talfest, die beide in Theben stattfanden, gehören zu den bedeutendsten und spektakulärsten Zelebrationen zu Ehren der Götter, über die relativ viel bekannt ist. Beide Feste standen in Verbindung mit dem Kult des Gottes Amun und seiner göttlichen Familie, die sich aus ihm, der Göttin Mut und ihrem gemeinsamen Kind, dem Mondgott Chons, zusammensetzte. Solche Feierlichkeiten waren auch für das gemeine Volk Ägyptens bedeutsam. Aus religiöser Sicht bot sich jedermann Gelegenheit, die Gottheit in Form ihrer Kultstatue zu sehen, die aus dem Allerheiligsten des Tempels getragen und mit Pomp zur Schau gestellt wurde. Aus politischer Sicht bot sich die Gelegenheit, die großen Beamten zu sehen, die das Leben des Volkes kontrollierten, und sogar den Pharao, der anstelle des einfachen Bürgers mit den Göttern Kontakt aufnehmen konnte. Für die meisten Menschen stand jedoch das Vergnügen im Vordergrund, das sich bei solchen Festen bot und zum Teil in Verbindung mit den religiösen Handlungen stand, zum Teil jedoch fernab der offiziellen Aktivitäten zu finden war. Man benötigte riesige Mengen an Lebensmitteln und Getränken. Deshalb wurden Massenschlachtungen durchgeführt und reichlich Bier gebraut. Berichte, die sich auf das Opet- und das Talfest beziehen, verdeutlichen, dass ein gutes Fest eine Zeit des Überflusses und der Zugeständnisse war. Kontrollen wurden nicht so streng durchgeführt und die Staatsdiener drückten gelegentlich ein Auge zu.

Königliche Prozessionen auf dem Nil und Besuche in den Tempeln sind nur selten spezifiziert. Eine Ausnahme bildet die umfassende Widmung, die Ramses II. in seinem ersten Regierungsjahr im Osiristempel Sethos' I. in Abydos verewigen ließ. Es steht geschrieben, dass der König Theben verlässt und nach Norden reist, zurück nach Pi-Ramses. Als die Boote den thinitischen Bezirk erreichen, macht Ramses einen Umweg, „um Unennefer Opfer darzubringen, die guten Dinge, die sein Ka liebt, und um Onuris zu grüßen, seinen Bruder." Unennefer war ein Beiname Osiris' und Onuris. Ramses zelebriert außerdem die weiteren Zeremonien im Tempel von Sethos in Abydos und inspiziert die verschiedene Bauwerke, deren Bau er an diesem heiligen Ort initiiert hatte. Damit führte er persönlich all jene Dienste aus, die normalerweise jemand anders in seinem Namen verrichtete. Die Zeremonien im Tempel von Abydos zelebrierte der König nur wenige Tage nach seiner Krönungsfeier in Theben und nachdem er die Oberaufsicht über das Opetfest geführt hatte. Es gibt keinen Grund, daran zu zweifeln, dass Ramses persönlich an den Feierlichkeiten teilgenommen hat. Es handelte sich schließlich um einen verheißungsvollen Akt von großer Bedeutung, der am Anfang seiner Regentschaft stand. Würde er dies in seiner langen Regierungszeit jemals wieder tun? Man darf davon ausgehen, dass er die Zeremonien von Zeit zu Zeit selbst zelebrierte, sicherlich jedoch nicht jedes Jahr.

Im Kalender der thebanischen Feste war das Opetfest das bedeutendste alljährlich stattfindende Ereignis. Es begann im zweiten *achet*-Monat, zur Zeit der Inundation, am Abend des 18. Tages, und endete nach etwa drei Wochen am 12. Tag des dritten *achet*-Monats. Zur Zeit Ramses' entsprach diese Zeit dem September des modernen Kalenders. Das Fest

gab seinen Namen dem Monat Opet, in dem es stattfand. Der Name des Festes hat darüber hinaus große Signifikanz, weil das Hauptereignis die Reise vom Tempel in Karnak zum Tempel in Luxor bildete, also von Ipet-sut (= Opet-sut), „dem am meisten begünstigten unter den Orten", nach Ipet-resit (= Opet-resit), „dem versteckten Ort im Süden" oder „dem Südlichen Harem". Die ägyptischen Götter führten ein bewegtes soziales Leben und besuchten sich regelmäßig gegenseitig in ihren jeweiligen Heiligtümern. Manchmal mussten weite Strecken zurückgelegt werden, wenn zum Beispiel die Göttin Hathor ihren Tempel in Dendera verließ, um ihre alljährliche Reise zum Tempel von Edfu anzutreten, der etwa 174 km weiter südlich liegt. In Edfu wurde die heilige Vermählung von Hathor und dem lokalen Gott Horus zelebriert. Texte, die sich auf dieses Ereignis beziehen, datieren aus der Zeit der Ptolemäer und liefern wertvolle Hinweise auf die offiziellen Zeremonien anlässlich des Festes. Sie belegen außerdem, dass auch das gemeine Volk an den Feierlichkeiten teilnahm. Im Vergleich zum Opetfest war die heilige Vermählung allerdings eher unbedeutend und nicht so groß angelegt.

Die Mauern der thebanischen Tempel zieren prächtige und umfassende Darstellungen der bedeutenden öffentlichen Ereignisse, die im Zuge des Opetfestes stattfanden. Diese kunstvollen und bis ins Detail informativen Kompositionen findet man zum Beispiel in der Prozessionskolonnade im Tempel von Luxor.

Möglicherweise wurde mit den Arbeiten bereits unter Amenophis III. begonnen. Tutanchamun ließ sie vollenden und Haremhab übernahm sie. Weitere Szenen ließ Ramses II. im ersten Hof des gleichen Tempels hinzufügen. Das „Schöne Opetfest" begann in Ipet-sut (Karnak). Die Statue Amuns, des Hauptgottes, wurde in der göttlichen Barke aus dem Tempel getragen, in eine Barke gestellt und flussaufwärts nach Ipet-resit gefahren, dem Tempel von Luxor. Amun befand sich in Begleitung seiner göttlichen Gemahlin Mut und ihres gemeinsamen Kindes Chons, die jeweils ebenfalls in einem Boot fuhren. Weitere Boote und eine riesige Menschenmenge an Land schlossen sich den Statuen der Götter auf ihrer Reise an. Nach etwa 3 km legten die göttlichen Barken am Kai des Tempels von Luxor an und wurden in die innersten, geheimen Räume des Heiligtums gebracht. Anschließend fanden verschiedene Zeremonien und Rituale in privatem Kreis statt. Nach etwa drei Wochen wurden die Götterstatuen zurück nach Karnak gebracht und in ihren Heiligtümern abgesetzt.

Das Talfest, das „Schöne Talfest", war das zweite große thebanische Fest, bei dem man die Anwesenheit des Königs erwartete, wenn er sich zur entsprechenden Zeit im Süden aufhielt. Das Fest fand bei Neumond im zweiten Monat der Jahreszeit *schomu*, „Sommer", statt. Zunächst stand es in Verbindung mit den königlichen Totentempeln im Tal von Theben-West, im Lauf der Zeit wurde es jedoch nach Deir el-Bahari verlegt. Unter der 19. Dynastie

276-277
Dieses Relief am Quarzitschrein von Philip III. Arrhidaeus in Karnak zeigt die heiligen Barken, die für das Talfest vorbereitet sind. Zwei Barken ruhen auf Aufsätzen, zwei werden von Priestern getragen, vor denen der König mit einem Weihrauchgefäß schreitet.

Der König und die Götter

278
Relief an einem Quarzitschrein aus Tanis, der ursprünglich aus Heliopolis stammt. Ramses II. opfert Chepre („der in seiner Barke ist") Schalen, Atum („Herr von Heliopolis") einen Kuchen und Re-Harachte („Herr des Himmels") Wein (Kairo, JdE 37475).

278–279
Detail eines Sturzes eines Heiligtums im Tempelbezirk von Deir el-Medina. Hathor in Gestalt einer Kuh im Papyrussumpf beschützt Ramses II. Der königliche Schreiber Ramose hat den Sturz gestiftet (Louvre, E 16276 a, b).

nahmen die Gottheiten Amun, Mut und Chons, die die thebanische Triade bildeten, an einer heiligen Prozession teil, die mit der Überquerung des Nil von Karnak aus an das westliche Ufer begann. Die Reise ging anschließend auf Kanälen weiter an den Rand der Wüste, in die thebanische Nekropole und zu den königlichen Totentempeln. Die Prozession stattete den Tempeln einen Besuch ab und schritt an Land weiter, um anderen Tempeln am Rand der Wüste ihre Aufwartung zu machen. In das Tal der Könige zog man offensichtlich nicht, denn dort gab es keine Heiligtümer und keine religiösen Einrichtungen, die die Besucher standesgemäß empfangen und unterhalten konnten. Das Talfest bot den Großen und Reichen die Gelegenheit, die Götter zu treffen und deren Gunst zu empfangen, und dem gemeinen Volk die Chance, einen Blick auf die Götter zu werfen und Zugeständnisse zu erhalten, die ihnen normalerweise verwehrt wurden.

Im Grab des Wesirs Paser erwähnt eine bedeutende Inschrift an einem Pfeiler in der großen Halle das Talfest. Der Text erinnert an das „Totenbuch". Er befähigt Paser aus seinem Grab zu treten, damit er Amun grüße und anbete: „Wenn du die westliche Wüste von Cheft-her-nebes [mit großer Wahrscheinlichkeit eine Bezeichnung für Theben als Ganzes] erreichst, werde ich der Erste unter denen sein, die dir an deinem schönen Talfest folgen." Zu Lebzeiten spielt Paser als Wesir und Gouverneur von Theben eine bedeutende Rolle bei der Ausrichtung des Talfestes, vor allem, wenn der Pharao selbst nicht anwesend war. Vielleicht hoffte er, dass er im Jenseits das Privileg genießen durfte, an dem Fest teilnehmen, indem er sein Bild in die Prozession jener einreihte, die die thebanische Triade begleiten. Dieselbe Inschrift umfasst die Worte: „Oh, mein Herr, mein Stadtgott, Amun, Herr der Throne der Beiden Länder, gewähre mir, dass ich unter den Ahnen sein möge, den überaus hoch Geehrten." Die Praxis, Bilder früherer Könige in die Prozession aufzunehmen, entwickelte sich in der 19. Dynastie. Offensichtlich beanspruchten an-

gesehene Staatsbeamte später ebenfalls das Privileg, nach ihrem Tod an den Feierlichkeiten teilnehmen zu dürfen. Es deutet einiges darauf hin, dass das Talfest zur Zeit Ramses' II. außergewöhnlich bedeutsam war. Die thebanischen Götter verbrachten zur Zeit des Festes eine Nacht im Ramesseum. Dies war in keinster Weise unangemessen, denn der Tempel wurde entsprechend ausgestattet, um dem hohen Besuch einen angemessenen Komfort bieten zu können. Zu Ehren der betreffenden Götter wurden in diesem Tempel ohnehin täglich Rituale vollzogen. Ein Granitschrein im Tempel von Karnak, der aus der frühen Zeit der Ptolemäer datiert, zeigt Szenen vom Talfest, die belegen, dass das Ramesseum diesem Zweck auch noch tausend Jahre nach der Regentschaft Ramses' diente.

Die Anwesenheit des Königs beim Talfest und beim Opetfest war zwar wünschenswert, wurde jedoch wohl kaum erwartet. Es gibt keine gesicherten Belege dafür, dass Ramses II., nachdem er dem Opetfest in seinem ersten Regierungsjahr beigewohnt hatte, jemals wieder

Der König und die Götter

nach Theben reiste, nur um den Vorsitz über eines der großen Feste zu führen. Es muss jedoch viele andere Gelegenheiten gegeben haben, die den König veranlassten, in den Süden zu reisen, beispielsweise um Tribute, Kriegsbeute und Gefangene zu begutachten, um die Bauarbeiten an seinem Totentempel und an seiner Grabstätte zu inspizieren oder um die Tempel von Abu Simbel einzuweihen. Auf dem Areal des Ramesseums wurde eigens für den König ein Palast erbaut, der an die Westseite des ersten Hofes grenzte. Das Bauwerk ist heute zwar eine Ruine, doch der Grundriss lässt sich noch erkennen. Der Palast war groß (etwa 50 x 50 m), aber nicht außergewöhnlich groß. Er umfasste Gemächer für den König und Räumlichkeiten für Familienmitglieder und Diener, die für kurze Aufenthalte ausreichend waren. Andere königliche Totentempel in Theben boten dem Monarchen ebenfalls eher maßvolle Räumlichkeiten. Vermutlich hätte man eine solche Einrichtung nicht geschaffen, wäre man nicht davon ausgegangen, dass sie von Zeit zu Zeit auch genutzt würde. Es gab jedoch auch ein prunkvolles Rasthaus, so dass man davon ausgehen darf, dass der Palast nicht regelmäßig als Unterkunft diente. Es ist durchaus möglich, dass privilegierte Beamte und repräsentative Mitglieder der königlichen Familie den Palast in Anspruch nahmen, vor allem zu besonderen Gelegenheiten wie dem Talfest, dem man alljährlich mit Freuden entgegensah. Dieses außergewöhnliche Ereignis wird in privaten und offiziellen Texten häufig erwähnt. Wichtige Zeremonien, die auch das gemeine Volk einschlossen, wurden in der Nacht nach der Hauptprozession zelebriert, bei der die Götter um die Tempel in Theben-West getragen wurden.

Es gibt keine spezifischen Hinweise darauf, ob der König auch an allgemeinen religiösen Handlungen teilnahm, die regelmäßig ausgeführt wurden, wie zum Beispiel an täglichen Ritualen. Es bleibt daher ein Geheimnis, wie sich die Beziehung zwischen den Göttern und dem König tatsächlich gestaltete. Wie bereits erwähnt, war es unmöglich, dass der Herrscher alle rituellen Obligationen allein erfüllte. Aus diesem Grund griff man auf die Kraft der Magie zurück. Darstellungen des Königs an den Tempelwänden sollten die entsprechenden Pflichten erfüllen. Die Tatsache, dass Szenen einiger regulärer und bedeutender Zeremonien, die Ramses II. auszuführen hatte, nicht erhalten sind, bedeutet nicht, dass solche Szenen nie existiert haben oder dass Ramses die jeweiligen Rituale nicht vollzog. Massive Demontagen in den Haupttempeln in Karnak, im Ramesseum in Theben und in den nördlichen Städten sind dafür verantwortlich, dass viele Originaldarstellungen verloren gingen. In all diesen Tempeln, die unter Ramses erbaut oder verändert wurden, gibt es jedoch Szenen, die den Herrscher zeigen, der unbedeutendere Zeremonien ausführt und in enger Beziehung mit den Göttern steht. Man sieht den König in familiärer Verbundenheit mit all den großen Göttern Ägyptens, aber auch mit vielen Göttern, die eine untergeordnete Rolle spielten oder provinzielle Kulte repräsentierten.

280–281
Die thebanische Triade weiht Ramses II. und gewährt ihm viele Jubiläen. Der König trägt die Atef-Krone und hält die Geißel in der Hand. Er kniet vor den Göttern nieder und empfängt die Sed-Symbole von Amun-Re, Mut und Chons. Die Darstellung stammt aus dem Ramesseum.

280
Armbänder aus Gold und Lapislazuli, beschriftet mit dem Namen Ramses' II und dekoriert mit Entenköpfen und Granulat. Das Schmuckstück wurde 1906 in Bubastis im Delta entdeckt und gehörte vermutlich zu einem Tempelschatz (Kairo, JdE 39873).

Der König und die Götter

Die Darstellungen an der Umfassungsmauer, die in Karnak das Haupheiligtum, den zentralen Hof und den Festtempel Thutmosis' III. umgibt, vermitteln eine Vorstellung davon, welcher Stellenwert religiösen Handlungen und den Kontakten mit den Göttern beigemessen wurde. Die Mauer datiert aus der Zeit Thutmosis' III. Sie ist jedoch an der Außenwand mit mehrere Szenen verziert, die Ramses II. mit vielen Göttern zeigen. Eine kleine Auswahl soll eine ungefähre Vorstellung von der Vielzahl der Götter vermitteln: Ramses bietet Re-Harachte Brot dar; er widmet Amun Opfer; er reicht Neith Blumen; er opfert Amun aus dem Bezirk Saite Weihrauch und bringt ihm eine Libation dar; er schreitet mit den Symbolen des Sedfestes auf Bastet zu; er opfert Horus ein Lendenstück; er überreicht Ptah-Sokaris-Osiris eine Miniaturbarke; er salbt die löwenköpfige Mehit; er stützt das Firmament vor Onuris-Schu; er vermisst den Tempel mit der Göttin Sefchet-abwi; er errichtet den Pfeiler von Heliopolis vor Amun; er errichtet zwei Obelisken und opfert Weihrauch vor Re; er vollzieht die Purifikation vor Horus von Letopolis, einer Stadt im südlichen Delta; er steht vor Königin Amosis-Nofretiri, Gemahlin Amosis' und Mutter Amenophis' I. aus der frühen 18. Dynastie, die in der thebanischen Nekropole gemeinsam mit ihrem Sohn besonders verehrt wurde; er bringt Sechmet eine Libation dar; in Begleitung von Chons-Neferhotep erhält er von Amun das Symbol des Jubiläums. All diese Szenen, die lediglich eine Auswahl der Gesamtkomposition darstellen, befinden sich an der südlichen Außenwand der Umfassungsmauer. Die göttlichen Beziehungen, die Ramses pflegte, waren grenzenlos und viele davon sind an dieser Wand in Form herrlich dekorierter, versenkter Reliefs exzellent wiedergegeben. Weitere Szenen zieren in die Ost- und Nordseite derselben Mauer. Ähnliche Darstellungen findet man in Karnak, im Tempel von Luxor und im Ramesseum. Derartige Szenen haben zweifellos auch andere Tempel in ganz Ägypten geziert, die unter Ramses entstanden beziehungsweise erweitert und verschönert wurden. Die nubischen Tempel, die mit Ramses in Verbindung stehen, wurden dagegen vernachlässigt.

Man wird nie erfahren, ob Ramses II. sein Leben an der ägyptischen Ethik ausrichtete oder nicht. Alle äußeren Zeichen der Pietät waren so positioniert, dass sie ihn an sein göttliches Wesen und seine göttlichen Pflichten erinnerten. Die Aufzeichnungen, die aus seiner Regierungszeit datieren, weisen darauf hin, dass die königlichen Obligationen regelmäßig erfüllt wurden, wenn auch nicht

281
Herrliche Silbervase mit Goldrahmen und Goldgriff in Form einer Ziege aus dem Schatz von Bubastis. Der Dekor weist asiatische Elemente auf. Das Stück wurde von Atonmemtaneb, einem königlichen Diener gestiftet (Kairo, JdE 39867).

Der König und die Götter

immer vom König selbst. Es gab viele Repräsentanten, die anstelle des Königs agieren konnten. Man darf davon ausgehen, dass es nicht so bedeutsam war, wer ein Ritual vollzog, sondern dass es vielmehr darauf ankam, dass es überhaupt von jemandem ausgeführt wurde, der dazu autorisiert war. Der ordnungsgemäße Dienst an den Göttern zu Lebzeiten war die Voraussetzung für ein angemessenes Begräbnis und ein angemessenes Leben im Jenseits. Von Geburt an richtete jeder Ägypter sein Augenmerk auf dieses letzte Ziel. E ist allerdings eher unwahrscheinlich, dass man sich ständig intensiv mit dem Tod und dem Begräbnis auseinander setzte, außer man erreichte eine Position, die etwas anderes als ein normales Begräbnis forderte. Der Pharao befand sich in einer ganz anderen Situation. Mit seiner Krönung war sein Schicksal von größter Bedeutung. Bis zu diesem Zeitpunkt war der zukünftige König ein gewöhnlicher Ägypter mit gewissen Privilegien. Mit der Thronbesteigung wurde er zum lebenden Horus. Nach seinem Tod veränderte sich seine Divinität. Mit den entsprechenden Ritualen und den passenden Texten ging der König von seiner irdischen Existenz in seine himmlische über und wurde mit Osiris dem Herrn des Jenseits gleichgesetzt.

Der neue Pharao musste seine Beamten anweisen, sich um die Erbauung seines Grabmals zu kümmern. Es könnte sein, dass diese Angelegenheit zur Agenda des ersten Staatsrates gehörte, der zusammentrat, wenn ein neuer König den Thron bestieg. Einige Arbeiten in königlichen Gräbern des Neuen Reiches liefern Hinweise darauf, wie man bei der Errichtung der Grabstätte vorging. Wenn die Regierungszeit eines Königs in fortgeschrittenem Alter begann, war es unerlässlich, dass man mit dem Bau so früh wie möglich begann und dass die Arbeiten mit Nachdruck vorangetrieben wurden. Wenn der König in jungen Jahren den Thron bestieg, konnte mit dem Beginn des Grabbaus einige Jahre gewartet werden. Es bestand jedoch stets die Gefahr, dass die letzte Ruhestätte des Herrschers nicht rechtzeitig fertig gestellt war. Dies scheint bei Tutanchamun der Fall gewesen zu sein, der in sehr jungen Jahren den Thron bestieg und kaum aus dem Jugendalter war, als er verstarb. Das für ihn vorgesehene Grab, vielleicht Nr. 23 im westlichen Tal der Könige, war noch nicht vollendet. Deshalb ließ Eye, sein Nachfolger, ihn in einem kleinen Grab beisetzen, das zweifellos für einen bedeutenden Beamten oder für ein Mitglied der königlichen Familie bestimmt war. Tutanchamun, der viel zu früh und möglicherweise völlig überraschend verstarb, wurde nicht das Begräbnis zuteil, das ihm eigentlich zustand. Eye, der erst in fortgeschrittenem Alter König wurde und nur noch eine geringe Lebenserwartung hatte, übernahm Grab Nr. 23, das er innerhalb seiner drei oder vier Regierungsjahre vollenden und für sich vorbereiten ließ.

282
Darstellungen Ramses' II. mit Gottheiten zeigen in der Regel den König, der den Göttern Opfer darbringt oder von ihnen Geschenke erhält. Im Tempel von Karnak ist der Herrscher vor allem mit Amun-Re dargestellt. Hier opfert er dem Gott ein Tablett mit Weihrauchgefäßen.

283
Ramses II. trägt die blaue Krone und beugt sich nach vorn, während er Amun-Re (auf dem Foto nicht zu sehen) ein Tablett mit verschiedenen Opfergaben darbringt. Der König „überreicht Amun-Re, seinem Vater, Dinge" – eine sehr allgemeine Bezeichnung für die Opfergaben. Die Darstellung stammt aus Karnak.

Der König und die Götter

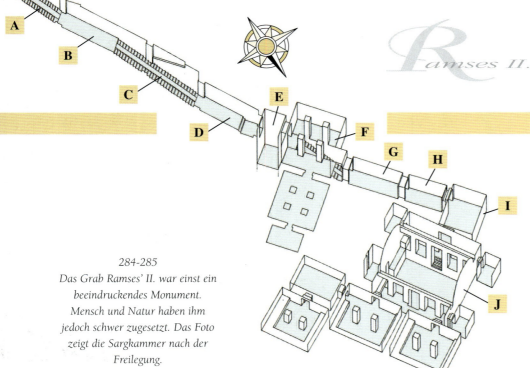

284-285
Das Grab Ramses' II. war einst ein beeindruckendes Monument. Mensch und Natur haben ihm jedoch schwer zugesetzt. Das Foto zeigt die Sargkammer nach der Freilegung.

LEGENDE

A ZUGANGSRAMPE
B ERSTER KORRIDOR
C ZWEITER KORRIDOR MIT TREPPE
D DRITTER KORRIDOR
E BRUNNEN
F "SAAL DER STREITWAGEN" MIT ANBAUTEN
G VIERTER KORRIDOR
H FÜNFTER KORRIDOR
I VORKAMMER
J SARGKAMMER MIT ANBAUTEN

Der König und die Götter

Bei Ramses II. lief alles nach Plan. Er bestieg als junger Mann den Thron und erreichte ein hohes Alter. Es gab offensichtlich nie einen Anlass dafür, die Arbeiten an seinem Grab zu beschleunigen, und seine letzte Ruhestätte war vermutlich bereits fertig gestellt und mit dem entsprechenden Dekor versehen, lange bevor er für seine letzte Reise bereit war. In vielen königlichen Gräbern der 18. und 19. Dynastie findet man Hinweise darauf, dass sie noch nicht vollendet waren, als der königliche Leichnam nach den Begräbnisfeierlichkeiten darin beigesetzt wurde. Das Grab Ramses' I., des Großvaters Ramses' II., der nur ein oder zwei Jahre regierte, ist relativ klein und nur spärlich dekoriert. Im Grab Sethos' I., des Vaters Ramses' II., der 15 oder 16 Jahre regierte, findet man viele unvollendete Verzierungen, die jedoch von außergewöhnlicher Qualität sind. Das Grab von Merenptah, jenes Sohnes Ramses' II., der dem Vater auf den Thron folgte und zehn oder elf Jahre regierte, befindet sich leider in einem solch schlechten Zustand, dass nicht adäquat beurteilt werden kann, ob der Dekor zum Zeitpunkt des Todes des Königs vollendet war. Das Gleiche gilt für die letzte Ruhestätte Ramses' II, die bereits in der Spätantike teilweise geöffnet wurde und mehrmals Überschwemmungen zum Opfer fiel. Erst in den letzten Jahren hat man das Grab systematisch geräumt, gereinigt, konserviert und verzeichnet. Im Lauf der Jahrtausende wurde der Dekor schwer in Mitleidenschaft gezogen. Neueren Erkenntnissen zufolge, war das Grab jedoch vollendet und für das königliche Begräbnis vorbereitet, viele Jahre bevor Ramses es für angebracht hielt, den langen und gefährlichen Pfad zu beschreiten, der ihn seiner göttlichen Bestimmung zuführte.

Die Lage des Grabes Ramses' II. und die Beschaffenheit des Felsens, in den es gehauen wurde, waren dafür verantwortlich, dass es ein unglückliches Schicksal erleiden sollte. Man weiß nicht, nach welchen Kriterien die Stelle ausgewählt wurde, an der ein königliches Grab im Tal der Könige erbaut werden sollte. Vermutlich inspizierten hohe Beamte, darunter möglicherweise der Wesir, der Bürgermeister von Theben und der Hohe Priester des Amun, das Gelände, um eine geeignete Lage zu finden. Sie wurden von lokalen Beamten beraten, die das Tal genau kannten und um die Gefahren wussten, die einem schlecht positionierten Grab, drohten. Vermutlich zeigte man dem König die ausgewählte Stelle und er besuchte seine Grabstätte vielleicht gelegentlich, wenn er in Theben verweilte. In Ramses' Fall fand der Besuch möglicherweise im Rahmen einer Besichtigung des Ramesseums statt, das für ihn von noch größerem Interesse gewesen sein dürfte. Das Grab und der Totentempel bildeten einen Komplex zum Schutz des königlichen Körpers nach dem Tod und für die Versorgung der königlichen Seele mithilfe bestimmter Dienste und Opfergaben. In früheren Zeiten waren die beiden Stätten miteinander verbunden. Nachdem man sich jedoch für das Tal in Theben als Begräbnisstätte entschieden hatte, mussten die Tempel andernorts in der Nekropole errichtet werden. In den Gräbern garantieren bestimmte Inschriften und Szenen die Sicherheit des toten Königs, der sich den Gefahren des Jenseits stellen musste, bis er täglich bei Sonnenaufgang in göttlicher Begleitung des Sonnengottes Re wieder geboren wurde. Solange die Dienste erfüllt und die Opfer dargebracht wurden, die für die Seele des

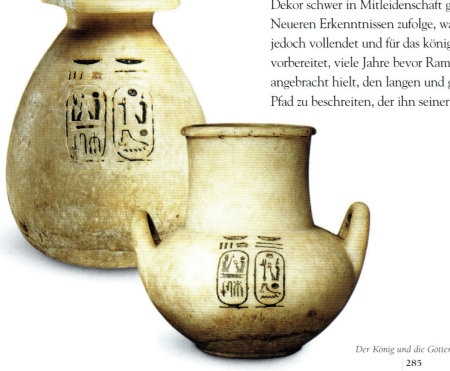

285 oben
KV 7 wurde für Ramses II. angelegt und war relativ früh in seiner Regierungszeit fertig gestellt. Das Grab hat schwer unter den Überschwemmungen gelitten, die im Lauf der Jahrtausende riesige Mengen Schutt in das Innere gespült haben.

285 unten
Zwei Alabastervasen, die mit den Namen Ramses' II. beschriftet sind. Solche Gefäße findet man immer wieder in königlichen Grabstätten. Bei der Freilegung von KV 7 hat man viele Fragmente ähnlicher Objekte entdeckt (Kairo, JdE 46712; Louvre, N. 440).

Der König und die Götter

Königs notwendig waren, konnte der Herrscher im Totentempel in Begleitung der thebanischen und der anderen großen Götter Ägyptens seine Beziehung zu diesen Gottheiten weiterhin pflegen.

Das Grab Ramses' II. ist vermutlich das größte im Tal der Könige. Es könnte jedoch von KV 5 übertroffen werden, das noch nicht vollständig untersucht wurde. Es handelt sich dabei um ein Gemeinschaftsgrab, das der Pharao für seine Söhne auf der anderen Seite der Straße anlegen ließ, die in das Tal führt. Zu jener Zeit, als die beiden Grabmäler angelegt wurden, waren sie die ersten, auf die man stieß, wenn man das Tal über den Hauptpfad betrat. Das Grab Ramses' besteht aus einem langen absteigenden Korridor mit zwei Treppen, die zu einem Brunnen führen, der bei Überschwemmungen das Wasser auffangen sollte. Eine Pfeilerhalle unterbricht den Korridor, an dessen Ende sich eine riesige Zimmerflucht befindet, darunter die Sargkammer, die etwa rechtwinklig zum Korridor liegt. Die königlichen Begräbnistexte zieren die Wände des Korridors und der verschiedenen Kammern. Sie umfassen die „Litanei des Re", das Buch „Amduat" („Von dem, was in der Unterwelt ist"), das „Pfortenbuch", das „Buch der Göttlichen Kuh" sowie Auszüge aus dem „Totenbuch". Die Wände des Brunnens zieren im oberen Bereich Darstellungen des Königs, der mit verschiedenen Gottheiten zu einem familiären Treffen zusammengekommen ist. Diese Szenen findet man auch an den vielen Pfeilern der größeren Räume. Sie rufen ähnlich intime Darstellungen ins Gedächtnis, die in den Tempeln verewigt sind und den lebende König in Gesellschaft der Götter zeigen. Man könnte fast meinen, die Götter in den Grabszenen sagen zu einem der ihren Lebewohl, der vom Leben zum Tod übergeht, um sich im Jenseits mit dem Pantheon wieder zu vereinigen.

Als Ramses in seinem 67. Regierungsjahr verstarb, kam sein Ende vermutlich nicht überraschend. In den letzten Jahren seiner Regentschaft mögen ihn mehrmals gesundheitliche Krisen heimgesucht haben, die auf einen nahenden Tod hinwiesen. Man darf auch annehmen, dass bei solchen Gelegenheiten ein Schreiben nach Theben ging, um das Grab für die Bestattung herzurichten und die notwendigen Vorbereitungen für das königliche Begräbnis zu treffen. Auch wenn seit dem Tod Sethos' I. kein König mehr im Tal beigesetzt worden war, ruhten die Arbeiten nicht. Man war beschäftigt mit der Errichtung des neuen Königsgrabes, mit dem Bau des Grabes für die Prinzen und mit den Begräbnissen vieler Söhne Ramses' II. Merenptah, der letztendlich seinem Vater auf den Thron folgte, war der 13. Sohn Ramses' und viele seiner jüngeren Geschwister waren vielleicht bereits gestorben, bevor er den Thron bestieg. Bisher weiß man nicht, ob das Gemeinschaftsgrab der Prinzen nach dem Tod Ramses' weiterhin genutzt wurde, so dass man auch nicht festlegen kann, wann das letzte Begräbnis in diesem Grabmal stattfand. KV 7, die letzte Ruhestätte Ramses' II., wurde vor dem Tod des Pharaos vermutlich regelmäßig inspiziert und erst an jenem Tag versiegelt, an dem es Ramses empfing, der in das Königreich der Götter einging.

286
Vier Fayencevasen, die möglicherweise für die Beisetzung Ramses' II. angefertigt wurden. Die Gefäße sind weitgehend unversehrt, da man sie gemeinsam mit der Mumie des Pharaos in einem anderen Grab versteckt hatte. Inschriften, die Amun-Re und Mut anrufen, begleiten die Namen des Königs.

287 oben
Dieses Relief mit Lilien stammt aus dem Grab Ramses' II. Lilie und Lotos stehen als Symbol für Oberägypten.

287 unten
Relief aus dem Grab Ramses' II., das die Göttin Ma'at zeigt, die mit ausgebreiteten Flügeln auf einem Korb kniet. Sie ist die „Tochter des Re" und verkündet, dass sie beabsichtige, den König zu beschützen. Sie hält den Shen-Ring in Händen, Symbol für das Allumfassende.

288
Der Sarkophag aus Zedernholz, der die Mumie Ramses' II. barg, wurde 1881 entdeckt. Er war möglicherweise für einen Vorgänger des Königs, vielleicht für Ramses I., gefertigt worden. Ein mit Tinte geschriebener Text an der Vorderseite listet die Schändungen auf, denen die Mumie in der Antike ausgesetzt war (Kairo, JdE 26214).

289 oben
Anhänger aus Gold und Schmucksteinen in Form eines widderköpfigen Falken, dem König der Juwelen. Die Grabbeigabe lag auf der Mumie Ramses' II. und ist die einzige, die erhalten ist. Das Schmuckstück wurde im Serapeum entdeckt (Louvre, N. 764).

289 unten
Oberkörper der Mumie Ramses' II., die im Ägyptischen Museum in Kairo ausgestellt ist. Ein bemerkenswerter Triumph der Kunst der Mumifizierung im alten Ägypten (Kairo, JdE 61078).

Die Mumie Ramses' II. wurde 1975 in Paris untersucht. Man geht davon aus, dass der Pharao in Pi-Ramses verstarb und der Leichnam dort auch mumifiziert wurde. Eine lange Reise gen Süden hätte zur raschen Putrefaktion des nicht einbalsamierten Körpers geführt und die Konservierung vereitelt. Der königliche Leichnam wurde erst nach der für die Mumifizierung benötigten Zeit von 70 Tagen auf dem Nil nach Theben gebracht. Man bahrte ihn im Ramesseum für die letzten Riten auf und überführte ihn anschließend in das Grab, in dem das Begräbnis stattfand. Alle Zeremonien wurden von pompösen und extravaganten Trauerfeierlichkeiten begleitet und standen unter der Oberaufsicht des neuen Herrschers, des neuen Horus: Merenptah. Nachdem man die königliche Mumie in der Sargkammer beigesetzt und das Grab mit angemessenen Beigaben ausgestattet hatte, wurde der Eingang verschlossen und versiegelt. Ramses sollte in seinem „Haus der Ewigkeit" in Frieden ruhen. Dies war ihm jedoch nicht vergönnt.

Das Grab Ramses' II. fiel mehrmals Intrusionen und Plünderungen zum Opfer, die die ewige Ruhe des Pharaos immer wieder störten. Im 29. Regierungsjahr Ramses' III. (um 1155 v. Chr.), etwa 50 Jahre nach dem Ableben seines illustren Vorgängers, unternahmen Plünderer ein oder zwei Versuche, in das Grab einzudringen, wobei jedoch offensichtlich kein großer Schaden angerichtet wurde. Gegen Ende der 20. Dynastie wurden den thebanischen Autoritäten Beweise vorgelegt, dass die königlichen Gräber im Tal ausgeraubt wurden. Als Herihor der Hohe Priester des Amun in Theben und der eigentliche Herrscher über die Region war, hieß der legitime Pharao, der in Pi-Ramses lebte, Ramses XI. (um 1099–1069 v. Chr.). Zu dieser Zeit nahm man die Mumie Ramses' II., deren Binden entfernt worden waren, aus dem Grab und bewahrte sie vorübergehend im Grab Sethos' I. auf, dessen Leichnam ebenfalls geschändet worden war. Im zehnten Regierungsjahr Si-amuns (um 968 v. Chr.; 21. Dynastie) überführte man mehrere königliche Mumien, darunter jene Ramses' II., in ein entlegenes Grab in den Hügeln von Deir el-Bahari. Dieses Grabmal war ursprünglich für Königin Inhapi, Gemahlin von Sekenenre-Taa II. (um 1570 v. Chr.; 17. Dynastie), angelegt worden. Im oder kurz nach dem elften Regierungsjahr Osorkons I. (um 924–889 v. Chr.; 22. Dynastie) wurden die Mumien Ramses' II. und vieler anderer Könige erneut in ein anderes Grab überführt, das sich ebenfalls in Deir el-Bahari befand. Das Grabmal war unter der 21. Dynastie angelegt worden und sollte ursprünglich die Leichname mehrerer Hoher Priester des Amun mit Namen Pinodjem und deren Familienangehörige aufnehmen. So fand Ramses nach 300 Jahren endlich eine sichere Ruhestätte, um sich im Jenseits mit den Göttern vereinigen zu können. Hier ruhte er etwa 2700 Jahre in Frieden, bis das Versteck um 1870 von den Einwohnern des nahe gelegenen Dorfes entdeckt wurde. 1881 wurde der Sarkophag mit der Mumie Ramses' II. vom Ägyptischen Altertumsdienst in das Kairoer Museum überführt. Nur zweimal hat der Leichnam seither das Museum verlassen. In den 30-er Jahren wurden alle königlichen Mumien für eine Ausstellung in das Mausoleum von Sa'd Zaghlul gebracht, dem hoch geschätzten nationalistischen Politiker des frühen 20. Jahrhunderts. 1975 stattete Ramses Paris einen Besuch ab. Er wurde wie ein Staatsoberhaupt empfangen und behandelt. Die Mumie wurde intensiven wissenschaftlichen Untersuchungen unterzogen und sorgfältig konserviert.

Die komplizierte Geschichte der Umbettungen Ramses' II. und anderer ägyptischer Könige konnte Stück für Stück anhand von Vermerken entschlüsselt werden, die an den Sarkophagen oder an den Bandagen der Mumien angebracht waren. Der Leichnam Ramses' befand sich nicht in seinem Originalsarkophag, als er in das Versteck von Deir el-Bahari überführt wurde. Stilistische Merkmale weisen darauf hin, dass der Zedernsarg, in den der Leichnam gebettet war, ursprünglich für Ramses I. angefertigt worden war, den Großvater Ramses' II. Der Deckel trägt die beiden Kartuschen des späteren Königs und eine lange Inschrift in hieratischer Schrift, die einen Teil der Geschichte der königlichen Wanderschaft wiedergibt. Weitere Texte auf den Mumienbandagen bestätigen die Identität des Pharaos sowie einige der Umbettungen. Von den sterblichen Überresten des großen Königs ist nicht viel erhalten. Der Leichnam ist nicht mehr mit dem Schmuck ausgestattet, der dazu diente, die Existenz des Pharaos im Jenseits in Begleitung der Götter zu erhalten, mit denen er die Ewigkeit verbringen sollte. Dennoch ist Ramses II. berühmter, als die meisten anderen ägyptischen Könige. Sein Körper mag der Schutzamulette beraubt sein, doch sein Antlitz strahlt noch immer große Dignität aus, die seine irdische Macht nachdrücklich bestätigt. Sein Name lebt und seine Götter haben in nicht ganz verlassen.

The great image-maker

Das Volk Ramses' II.

290
Deir el-Medina umgeben Mauern, die um 1500 v. Chr. erbaut wurden. Das Arbeiterdorf wurde um 1070 v. Chr. aufgegeben. Außerhalb der Mauern erkennt man die Überreste weiterer Gebäude (links) und den Tempelbezirk (oben), der einige Bauwerke Ramses' II. umfasst.

291
Landwirtschaftliche Darstellungen im Grab Sennodjems. Oben: Gemeinsam mit seiner Gemahlin pflügt Sennodjem das Feld. Unten: Sennodjem erntet mit einer Sichel Gerste und reißt Flachs aus. Dies entsprach dem Landleben zur Zeit Ramses' II.

"Pendua: Erster Achetmonat [Inundation], 14. Tag: Trinkt mit Chons."

Dieser Tadel bezieht sich auf den Arbeiter Pendua, der es an diesem Tag im 40. Regierungsjahr Ramses' II. (um 1239 v. Chr.) versäumt hat, zur Arbeit zu erscheinen. Am 16. Tag des dritten *achet*-Monats erschien Siwadjet nicht zur Arbeit, weil seine Tochter krank war. Aus demselben Grund kam Wadjmose am 23. Tag des vierten *peret*-Monats (Aussaat) seiner Pflicht nicht nach und er fehlte auch am sechsten Tag des vierten *schomu*-Monats (Sommer), weil er an seinem Haus arbeitete. Horemuia blieb der Arbeit am achten Tag des zweiten *peret*-Monats fern, um Bier zu brauen. Aapehti fehlte im dritten und vierten *achet*-Monat mehrere Tage, weil er krank war, und an den gleichen Tagen erschien auch Peheri-pedjet nicht zur Arbeit. Als Begründung ist vermerkt „mit Aapehti". Peheri-pedjet fehlte außerdem, weil er „mit Chons Arzneien zubereitet" und weil er „Arzneien für des Schreibers Weib zubereitet". Er hatte eindeutig Sekundärpflichten auf medizinischem Gebiet zu erfüllen, die vermutlich von offizieller Seite angeordnet waren. Weitere Gründe, weshalb jemand der Arbeit fernblieb, waren „Probleme mit den Augen", „Opferungen an seinen Gott" und „bandagiert seine Mutter" (das bedeutet, dass die betreffende Person den Körper ihrer Mutter für das Begräbnis vorbereitete).

Diese Details sind Auszüge aus einem Register der Arbeiter, die zu jener Elitegruppe gehörten, die die königlichen Gräber und die letzten Ruhestätten anderer privilegierter Personen in der thebanischen Nekropole errichtete und dekorierte. Die Arbeiter lebten in einem Dorf, das heute als Deir el-Medina bekannt ist und sich in der frühen 18. Dynastie (um 1500 v. Chr.) etablierte. Sie waren bis zum Ende der 20. Dynastie (um 1070 v. Chr.) aktiv und das Dorf war ebenso lange bewohnt. Die Arbeiter waren nicht nur Protegés des Pharaos, sondern genossen auch das Privileg, gebildet zu sein. In ihren Reihen befanden sich Schreiber und es gibt Hinweise darauf, dass viele des Lesens und Schreibens mächtig waren, die nicht diesen Beruf ergriffen hatten. Man hat viele Aufzeichnungen in der Umgebung des Arbeiterdorfes entdeckt, überwiegend in Form von Ostraka. Viele dieser Ostraka zieren einfache Texte, die sich auf alltägliche Angelegenheiten der Arbeiter und ihrer Familien beziehen. Insgesamt bilden sie ein Konvolut mit Informationen über eine kleine, aber besondere Gemeinschaft von einfachem Stand, deren Mitglieder sich erheblich von jenen der königlichen Familie, der hohen Beamten des Landes und der untergeordneten Beamten unterschieden. Den vielen Texten, die die Zeiten überdauert haben, ist es jedoch zu verdanken, dass man mehr über die Bewohner von Deir el-Medina und ihren Alltag weiß, als über irgendein anderes Stratum der ägyptischen Gesellschaft.

Das Register der Arbeiter ist auf einem ungewöhnlich großen Ostrakon (41 x 35,5 cm) festgehalten und der Text bedeckt beide Seiten. Die Namen von 40 Arbeitern sind registriert. Dies entspricht beinahe der Gesamtzahl der Handwerker, die um die Mitte der Regentschaft Ramses' II. mit dem Bau der Gräber betraut waren.

KAPITEL 10

Man kann davon ausgehen, dass um das 40. Regierungsjahr Ramses' sein königliches Grab im Tal vollendet war ebenso wie der größte Teil von KV 5, dem Gemeinschaftsgrab der Prinzen. Die Zahl der Arbeiter wurde daraufhin verringert oder reduzierte sich aus natürlichen Gründen. Die Handwerker standen vermutlich nicht unter solch großem Druck, wie zu jenen Zeiten, als die Hauptarbeiten durchgeführt werden mussten, und man tolerierte offensichtlich gelegentlich ein Fehlverhalten einzelner Arbeiter, solange es nicht überhand nahm. In dem Register deutet nichts darauf hin, dass es Strafen gab. Das Interessante an dem Verzeichnis und an anderen späteren Datums ist jedoch, die Bandbreite der Gründe, die offensichtlich akzeptiert wurden, wenn ein Handwerker nicht zur Arbeit erschien. Heute würde man vielleicht hinzufügen: „besucht ein Fußballspiel" oder „verbringt den Tag mit Angeln". Dagegen unterscheiden sich folgende Begründungen kaum von modernen: „nimmt an einer Beerdigung teil", „betreut seine kranke Frau", „kümmert sich um die Weinberge" oder „keltert Wein". Nur wenige Dokumente demonstrieren so anschaulich die ständigen Sorgen der Arbeiter und die herrliche Kontinuität der alltäglichen Ängste der Menschen.

Viele tausend Ostraka des Arbeiterdorfes haben die Zeiten überdauert. Es gab genug Kalksteinstücke, die man zum Beschriften verwenden konnte. Beim Bau der Gräber in der besseren Gegend der thebanischen Nekropole und insbesondere im Tal der Könige fielen stets solche Bruchstücke an, die eingesammelt wurden und als informelle Schreibunterlage dienten. Es ist kaum zu glauben, dass die Aufseher der Arbeiter nicht einige Personen damit beauftragten, die Bruchstücke auszusortieren und beiseite zu legen, damit sie für offizielle Aufzeichnungen verwendet werden konnten. Wer eine Notiz oder ein Memorandum niederschreiben wollte, hatte keine Schwierigkeiten, ein geeignetes Stück Kalkstein zu finden, wenn er im Bezirk von Theben-West danach suchte. Die meisten Aufzeichnungen, die aus der Mitte der 19. Dynastie und insbesondere aus der Zeit Ramses' II. datieren, haben relativ triviale Inhalte. Eine Notiz, deren Verfasser und Empfänger nicht bekannt sind, bezieht sich auf das Verschicken von Kuchen und Weihrauch an einen Polizisten namens Pesaro: Weitere fünf Einheiten Weihrauch wurden versandt „am Tag des Opfers, das du Amun während des Talfestes dargebracht hast". Der Schreiber fügt hinzu: „Sie sind nicht von denen weggenommen, die du mir geschickt hast." Damit könnte gemeint sein, dass die Waren, die verschickt wurden, aus einer neuen Konsignation stammten. Die kurze Niederschrift belegt, wie sich ein einfacher Handwerker aus Deir el-Medina an den Zeremonien beteiligen konnte, die mit dem Talfest in Verbindung standen. Dieses Fest gehörte zu den wichtigsten alljährlich in Theben begangenen Zelebrationen.

Oftmals werden bei dieser informellen Kommunikation persönliche Angelegenheiten angesprochen. Der Konstruktionszeichner Prehotpe schreibt an seinen Chef, den bekannten Schreiber Kenherchopeschef: „Weshalb behandelst du mich so schändlich? Für dich bin ich ein Esel. Wenn es Arbeit gibt – bring den Esel; wenn es Futter gibt – bring den Ochsen; wenn es Bier gibt – gehöre ich nicht dazu. Wenn es aber Arbeit gibt, bin ich gerade recht. Also, wenn ich mich wegen des Bieres schlecht benehme, rufe nicht nach mir. Höre dir dies im Haus des Amun-Re an, des Königs der Götter, des Lebens, des Wohlstands und der Gesundheit.

PS: Ich bin jemand, der kein Bier im Haus hat. Ich suche Befriedigung, indem ich dir schreibe."

Geschäftliche Verhandlungen wurden offensichtlich in der Regel schriftlich geführt, vor allem wenn die Arbeiter im Tal der Könige beschäftigt waren und sich nicht in ihrem Dorf aufhielten. Selbst wenn die Angelegenheit trivial war, wurden Briefe geschickt. Diese Briefe beweisen, dass die meisten Geschäfte im alten Ägypten Tauschgeschäfte waren, bevor das Münzgeld eingeführt wurde. Paser schreibt an eine Frau namens Tutuia: „Was wirfst du mir vor? Als deine Mutter noch am Leben war, hast du nach mir geschickt und ich bin gekommen und habe dir ein Gewand gegeben. Und ich habe dir die … gegeben und zu dir gesagt: ‚Behalte sie!' Damit gehörten sie dir. Du hast drei Bund Gemüse gebracht und ich habe gefragt: ‚Woher?' Und du hast geantwortet, dass du sie nicht von deiner Mutter Sitamun bekommen hast. Ich bin wieder gekommen, nachdem deine Mutter gestorben war, habe dir einen Tachbeskorb gegeben und dich gebeten, ihn gegen eine Ziege einzutauschen, und du hast gesagt: ‚Ein Tachbeskorb ist nicht genug.' Also habe ich gesagt: ‚Gib ein Bund Gemüse dazu und tausche alles gegen die Ziege.' Aber jetzt schreibst du, um mir zu sagen: ‚Ich habe dir eine … Ziege gekauft. Sie hat einen Tachbeskorb und Gemüse gekostet und einen weiteren Tachbeskorb, um den Handel perfekt zu machen. Ich habe sie gekauft.' Und siehe,

292

Arbeiter stellen Lehmziegel her. Sie schöpfen Wasser aus einem Becken und mischen es mit Erde. Feuchte Ziegel werden zum Trocknen ausgebreitet. Eine Wand wird errichtet und getrocknete Ziegel werden abtransportiert. Das Gemälde stammt von Prisse d'Avennes. Das Original befindet sich im Grab Rechmires (um 1450 v. Chr.).

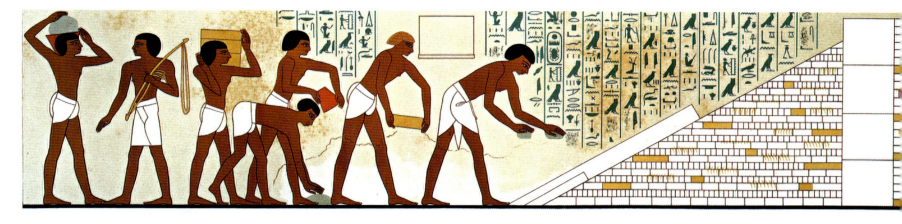

293
Errichtung eines Bauwerks mit Rampe. Die Arbeiter schaffen das Material heran, während ein Maurermeister die Rampe mit Lehmziegeln belegt. Die Rampe selbst besteht aus Stein. Das Gemälde stammt von Prisse d'Avennes. Das Original befindet sich im Grab Rechmires.

ich habe dir … gegeben und gesagt: ‚Kaufe damit Öl. Verwende dies [für das Geschäft]. Nimm nicht das Bund Gemüse; verwende dies, um Öl zu kaufen.' Ich bin dein guter Bruder, der sich um dich kümmert, meine Schwester."

Einige Geschäfte standen mit den Vorbereitungen für Begräbnisse in Verbindung, die eine der unteren Schichten betrafen, jedoch keine Bauersleute. Der Konstruktionszeichner Pai schreibt an seinen Sohn Pre-emheb, der ebenfalls Konstruktionszeichner war: „Bitte kümmere dich um die beiden Fayenceherzen [Amulette], über die wir gesprochen haben [als ich sagte]: ‚Ich werde ihrem Besitzer jeden Preis zahlen, den er verlangt.' Und du solltest es in Angriff nehmen, diesen frischen Weihrauch zu finden, über den wir gesprochen haben, den wir für den Sarg deiner Mutter brauchen. Ich werde den Besitzer dafür bezahlen. Und du solltest dieses Stück Faltenrock und das Stück Lendentuch in die Hand bekommen, um aus dem Faltenrock eine Schärpe [?] zu machen und aus dem Lendentuch eine Schürze [?]. Vergiss nichts von dem, was ich dir gesagt habe, achte darauf!"

Viele Briefe beziehen sich auf Krankheit und Tod. Pai schreibt in diesem Zusammenhang an seinen Sohn Pre-emheb: „Lass mich nicht im Stich; es geht mir nicht gut. Halte deine Tränen für mich nicht zurück, denn ich habe Probleme mit den Augen [?] und mein Herr Amun hat mir den Rücken zugekehrt [?]. Bitte bring mir etwas Honig für meine Augen und auch Ocker … und natürliche Schminke für die Augen. Achte genau darauf! Sicher, ich bin dein Vater, aber jetzt pausiere ich, kämpfe für meine Sehkraft; aber [meine Augen] sind nicht gut."

Viele Ostraka zieren Texte, die sich um sehr weltliche Angelegenheiten drehen: die Beschaffung von Lebensmitteln, die Wäscherei im Dorf, jede Art von Kleingeschäften, die die Dorfbewohner und ihre Familien betreffen. Nur wenige Ostraka beziehen sich auf die Hauptaufgaben der Handwerker wie zum Beispiel das große Ostrakon mit dem Register des 40. Regierungsjahres Ramses' II. Persönliche Angelegenheiten stehen im Vordergrund. Der Schreiber Papaki schreibt an seinen Vater Maaninachtef: „Ich habe deinen Worten Aufmerksamkeit geschenkt: ‚Lass Ib mit dir arbeiten'. Nun siehe, er tut den ganzen Tag nichts anderes als den Wasserkrug zu bringen, ihm wurden keine weiteren Pflichten übertragen. Er hat deiner Empfehlung keine Aufmerksamkeit geschenkt: ‚Was hast du heute getan?' [oder vielleicht: ‚Was wirst du heute tun?'] Siehe, die Sonne ist schon untergegangen und er ist noch immer mit dem Wasserkrug unterwegs."

Gelegentlich bittet der Verfasser eines Gesuches um göttliche Unterstützung für sein Anliegen. Der Konstruktionszeichner Khai schreibt an einen Kollegen, dessen Name nicht bekannt ist: „In Leben, Wohlstand und Gesundheit und zugunsten von Amun-Re, König der Götter, dein guter Herr, täglich. Siehe, ich rufe [Amun-Re, Mut, Herrin von Ascheru, und Chons von Theben] und alle Götter von Karnak an, damit du gesund bleiben mögest und weiterlebst und in der Gunst Amuns stehen mögest, König [der Götter] und des Königs von Ober- und Unterägypten, Herr der Beiden Länder, Usermaatre-Setpenre [Ramses II.], möge er leben, erfolgreich und gesund sein, dein guter Herr, damit du Erfolg haben wirst im Dienst der Stadt [Theben]. Bitte schenke dem Beachtung und erwirb eiligst etwas Tinte für mich und einige Binsen [Schreibfedern] und einige Bogen Papyrus." Ein anderer Absatz, der schwer beschädigt ist, begründet dieses Gesuch. Khai liegt krank zu Hause und er hat keine frischen Lebensmittel oder es ist niemand da, der ihm Vorräte bringen könnte.

So trivial diese Dokumente auch scheinen mögen, sie erwecken den täglichen Trott der Mitglieder einer kleinen, doch bedeutenden Arbeitergemeinschaft zum Leben. In Deir el-Medina lebte eine besondere Bevölkerungsgruppe, die sich aus Menschen zusammensetzte, die überwiegend des Lesen und Schreibens mächtig waren und gern mittels Ostraka miteinander korrespondierten. Sie erstellten Listen von Gegenständen, berichteten über kleine Handelsgeschäfte, brachten ihre Gedanken, Wünsche und Ängste zum Ausdruck und schrieben über Familienangehörige oder Kollegen, die ihnen sympathisch oder unsympathisch waren. Man mag sich zum Beispiel fragen, welcher Streit dazu geführt hat, dass eine Frau namens Werel folgenden Brief an den Schreiber Huinefer schickte: „In Leben, Wohlstand und Gesundheit und zugunsten von Amun-Re, König der Götter: Siehe! Jeden Tag rufe ich jeden Gott und jede Göttin an, die in Theben-West sind, damit du gesund bleiben, leben und in der Gunst des Pharaos stehen mögest, Leben, Wohlstand und Gesundheit, dein guter Herr. Also, kümmere dich um deinen Bruder; vernachlässige ihn nicht. Und noch einmal für Neferchai – kümmere dich um deinen Bruder Khai; vernachlässige ihn nicht."

Es überrascht nicht, mit welcher Regelmäßigkeit die Hauptgötter Thebens in diesen kurzen Mitteilungen angerufen werden, vor allem Amun-Re, der große Gott von Karnak. Solche Anrufungen waren Routine. Ein angemessener Brief begann stets mit der Erwähnung der großen lokalen Götter, doch in den Aufzeichnungen aus dem Arbeiterdorf sind regelmäßig weitere Gottheiten erwähnt, die weniger bedeutend waren. Werel beispielsweise ruft „jeden Gott und jede Göttin an, die in Theben-West sind". Es gab sehr viele Götter und Göttinnen, die von den Dorfbewohnern Ergebenheit forderten. Die göttlichen Personen, die man bevorzugt anrief, waren vielleicht Amenophis I. (um 1525–1504 v. Chr.), der erste König der 18. Dynastie, und dessen Mutter, Königin Amosis-Nofretiri. Sie galten als Patrone der Handwerker. Man weiß nicht genau, weshalb diese beiden historischen Persönlichkeiten auf lokaler Ebene diesen göttlichen Status innehatten. Aus der Zeit Ramses' II. sind keine Texte überliefert, die darauf hinweisen, weshalb der König und seine Mutter so sehr verehrt wurden. Man geht jedoch davon aus, dass dies daher rührte, dass die Elitegruppe der Handwerker von Amenophis I. ins Leben gerufen worden war, wenngleich sich das Dorf als Niederlassung und Heimat der Arbeiter offensichtlich erst unter Thutmosis I. etablierte, dem Nachfolger Amenophis'. Man weiß, dass Amosis-Nofretiri, die Königinmutter, in Staatsangelegenheiten stets konsequent handelte. Es ist allerdings nicht bekannt, weshalb sie regelmäßig mit ihrem Sohn Amenophis in Verbindung gebracht wird. Vielleicht hielt man beide aufgrund ihres ursprünglichen menschlichen Status für zugänglicher als die Götter von Karnak. Hinzu kommt, dass Amenophis im lokalen Kult wie ein Orakel befragt worden sein könnte, um lokale Probleme zu lösen, die für einen Gott wie Amun-Re zu unbedeutend waren.

Hathor, eine Göttin des Westens, wurde ebenso von den Arbeitern verehrt wie Ptah von Memphis, der „Herr der Wahrheit", der als Patron der Handwerker in Deir el-Medina eine besondere Stellung innehatte. Eine bedeutende lokale Göttin war Mertseger, die mit dem felsigen Berg von el-Kurna assoziiert wurde, der das Tal der Könige überragt. Ihr Name bedeutet: „Sie, die die Stille liebt". Für gewöhnlich wird die Göttin als Kobra mit dem Kopf einer Frau dargestellt. Ramose ruft in einem Brief an einen Priester namens Amenhotpe im Ramesseum Mertseger an als „Herrin des Westens, um dich gesund und am Leben zu erhalten, um dir zu erlauben, ein langes Leben zu führen und ein hohes Alter zu erreichen und das Amt deines Vaters weiterzuführen, und um deinen Kindern zu erlauben, nach einer unendlichen Zeit deine Nachfolge anzutreten, während du in der Gunst des Amun im Tempel ‚Vereint-mit-Theben' [gemeint ist das Ramesseum] bleibst, dein guter Herr."

Die unbedeutenderen Hausgötter wie Toeris, die Göttin in Gestalt eines trächtigen Nilpferdes, oder Bes, der gutmütige Dämon mit Löwenmaske, erfreuten sich im Arbeiterdorf großer Beliebtheit. Daneben wurden auch einige ausländische Gottheiten verehrt, die vermutlich von asiatischen Handwerkern eingeführt worden waren und aufgrund ihrer Exotik anziehen wirkten. Zu diesen Göttern gehörten Astarte, Anat, Qudschu und seltsamerweise Reschep, ein Kriegsgott. Im Arbeiterdorf spielten außerdem Ahnenkulte eine herausragende Rolle. In jedem Haus wurden die Vorfahren individuell und intim verehrt. Die Religiosität der Arbeiter belegen die persönlichen Weihgaben, die man bei der Freilegung des Dorfes in Hülle und Fülle gefunden hat, die Texte auf den Ostraka und vor allem viele kleine Stelen aus Kalkstein. Die Stelen tragen Inschriften, die von den verehrten Göttern handeln. Sie wurden oftmals in Heiligtümern im Bereich des Dorfes aufgestellt, in groben Schreinen, die man in die umgebenden Hügel gehauen hatte, entlang der Wege, die in das Tal der Könige führten und in den Gräbern, die für die Arbeiter und deren Familien vorbereitet waren. Diese Stelen sind meist hervorragend gearbeitet, da sie in der Regel von talentierten Handwerkern gefertigt wurden. Das Gleiche gilt für viele der Gräber. Die Kammern sind herrlich dekoriert, die Malereien von Meisterhand geschaffen für eher unbedeutende Menschen, denen sie im Leben nach dem Tod von Nutzen sein sollten.

Das Leben der Arbeiter von Deir el-Medina lässt sich nicht auf andere Gemeinschaften im alten Ägypten übertragen, die weit weniger Vorteile und Privilegien genossen. Die Handwerker waren nur deshalb so privilegiert, weil sie mit dem Bau der Königsgräber im Tal der Könige betraut waren und mit ähnlichen Arbeiten für die Mitglieder der königlichen Familie, für hohe Beamte und für andere Personen, denen besonderes Wohlwollen zuteil wurde. Die Arbeiter von Deir el-Medina bildeten eine geschützte Spezies außerhalb der Gattung „Ramses' Volk", gefangen in einer in sich geschlossenen Welt, fernab der Probleme, die das tägliche Leben auf dem Land mit sich brachte. Diese Probleme betrafen vor allem die entlegenen Bezirke Mittelägyptens und die Außenbezirke des Deltas. Die „Diener am Ort der Wahrheit", wie die Handwerker von Deir el-Medina ab der Zeit um die Mitte der 18. Dynastie genannt wurden, sind die bekanntesten alten Ägypter aus der Epoche vor der Zeit der Ptolemäer. Sie stellen eine Ausnahme dar, denn ihr Leben ist dokumentiert, weil ihre Häuser, ihre Stelen und in einigen

Das Volk Ramses' II.

Fällen auch ihre Gräber die Zeiten überdauert haben. Selbst ihre Dispute sind auf Ostraka festgehalten. Sie geben unter anderem Details von lokalen Prozessen wieder, die teilweise vor eigens für die Dorfbewohner ins Leben gerufenen Tribunalen verhandelt wurden – ein weiterer Hinweis auf den außergewöhnlichen Status der Arbeiter. In einem Fall, der mit großer Wahrscheinlichkeit zur Zeit Ramses' II. verhandelt wurde, geht es um Esel. Der Prozess ist auf einem Ostrakon verewigt und stellt ein gutes Beispiel für die praktische Anwendung des Gesetzes dar, wenn es um die Arbeiter von Deir el-Medina ging. Der Anfang des Textes ist nicht erhalten, so dass auch die Namen einiger Litiganten nicht bekannt sind. Eine der prozessierenden Personen fordert: „Gib mir die Eselin zurück, die ich dir geliefert habe, denn sie gehört dem Polizeichef Sobchotpe." Die gegnerische Partei erklärt: „Ich sagte zu ihm: ‚Schicke jemanden für die Übergabe. Gib mir dann meinen Esel und die Kleidung zurück, die ich für die Eselin bezahlt habe, die du verkauft hast.'" Das Gericht wendet sich an den Wasserträger Tjai: „Hast du den Esel und die Kleidung zurückbekommen?" Er sagt: „In der Tat, ich habe sie und an diesem Tag habe ich die Eselin für den Polizeichef Sobchotpe übergeben." Das Lokalgericht erklärt: „Der Arbeiter Nefersenut ist im Recht und der Wasserträger Tjai ist im Unrecht." Der Rechtsstreit war mit diesem Urteil nicht beigelegt. Bereits drei Jahre zuvor hatte Tjai Nefersenut eine Eselin zurückgebracht. Die Angelegenheit war noch nicht geregelt. Weitere Punkte wurden angesprochen. Unter anderem wurde über Felder in Armant, südlich von Theben, verhandelt. Bei diesem Punkt wurde einer Anklägerin das Wort erteilt. Der Text endet: „Ich werde die Felder nicht akzeptieren, sondern nur die Eselin zurückgeben."

Man würde diesen Fall zweifellos besser verstehen, wenn man die Hintergründe und den Verlauf des gesamten Verfahrens kennen würde. Höchst interessant ist trotz allem, die Art und Weise der Verhandlung zu untersuchen und festzustellen, wie man mit trivialen Auseinandersetzungen umging, dass sich lokale Affären über Jahre hinziehen konnten und dass sich die Arbeiter des Dorfes problemlos ein gewisses Maß an legaler Unterstützung sichern konnte. Im Kapitel „Das Königreich Ramses' II." wurde der Rechtsstreit beschrieben, von dem die Inschriften im Grab Moses in Sakkara berichten. Dieser Fall belegt, dass sich Streitigkeiten um Land und Erbschaft jahrhundertelang hinziehen konnten. Manch einer mochte hoffen, dass das Gericht oder Tribunal vor Ort lokale Streitigkeiten, die für das Gericht des Wesirs zu unbedeutend waren, anhörte, verhandelte und in absehbarer Zeit entschied. Es war nicht leicht, Gerechtigkeit zu erfahren, vor allem, weil es offensichtlich keine Beweisführung in modernem Sinn gegeben hat. Anscheinend konnte man, einen Fall wieder aufnehmen und zumindest vorläufig ein neues Urteil erwirken. Die vielen Texte, die sich auf lokale Auseinandersetzungen beziehen und Einblicke in Gerichtsverfahren geben, belegen, dass die Arbeiter ein streitsüchtiges Volk waren. Man zog wegen jeder Kleinigkeit vor Gericht und war stets bereit, sich einen Opponenten zu suchen, gegen den man prozessieren konnte. Vielleicht lag dies unter anderem daran, weil das Gericht vor Ort war, bereit die Beweise zu hören und ein Urteil zu fällen.

294
Thoeris, die Göttin in Gestalt eines Nilpferdes, wurde von allen Ägyptern verehrt. Sie war Hausgöttin und Beschützerin der Schwangeren. Diese Schieferstatue aus der Spätzeit hat man in Theben entdeckt. Sie ist für Nitocris, die Gemahlin Amuns, beschriftet (Kairo, JdE 39194).

295 links
Dekor am Kinderstuhl der Prinzessin Sitamun (um 1400 v. Chr.). Die Göttin Thoeris und der freundliche Dämon Bes zieren als Schutzgottheiten oft Betten und andere persönliche Objekte. Bes ist hier mit Messern und einem Tamburin dargestellt ist (Kairo, CG 51113)

295 rechts
Stele des Nekropolenarbeiters Bai. Der Verstorbene betet die hörenden Ohren des Amun-Re an. Der Gott ist als Widder dargestellt und wird als der „gute Widder" beschrieben. In Deir el-Medina hat man viele solcher Stelen entdeckt, die dem Personenkult gewidmet sind (Kairo, JdE 43566).

In vielen Punkten unterschieden sich die Nekropolenarbeiter von den Handwerkern und Bauern, die das Gros des ägyptischen Volkes unter Ramses II. bildeten, vor allem hinsichtlich der Begräbnisse und der Vorbereitungen auf das Jenseits. Im Gegensatz zur Mehrheit des gemeinen Volkes hatten die Nekropolenarbeiter auch nach ihrem Leben auf Erden einen privilegierten Status inne. Viele wurden in unmittelbarer Nähe des Dorfes beigesetzt, einige Gräber sind sogar mit den Häusern verbunden und dienten mehreren Generationen als letzte Ruhestätte. Ein gutes Beispiel dafür ist die Grabstätte des Arbeiters Sennodjem, in der drei Generationen seiner Familie beigesetzt wurden. Das Grab hat die Nummer 1 (TT 1). Anfang des 20. Jahrhunderts hat man den thebanischen Gräbern, beginnend mit jenen in Deir el-Medina, Nummern zugewiesen, um sie systematisch zu identifizieren. Die ersten zehn Nummern kennzeichnen Gräber des Arbeiterdorfes. Grab Nr. 1 wurde 1886 entdeckt. Es war beinahe vollkommen intakt und ist von unschätzbarem Wert hinsichtlich der Informationen, die es über ein Begräbnis im Arbeiterdorf liefert. Am wichtigsten war der Leichnam. Den einbalsamierten Leichnam Sennodjems barg ein Mumienbehälter, der in einen mumienförmigen Sarg gebettet war, der wiederum in einen großen rechteckigen Sarkophag aus Holz gesetzt war. Dieses Ensemble war ungewöhnlich für jemanden, dessen formeller Titel lediglich „Diener am Ort der Wahrheit" lautete, was so viel bedeutet wie „Arbeiter" oder „Mitglied der Arbeiterkolonne". Aussehen und Dekor dieser intimen Stücke entsprechen weitgehend jener Art von Särgen, die eigentlich bedeutenderen Personen vorbehalten waren. Sennodjem war mit der Praxis vertraut, die ein Begräbnis der Highsociety forderte. Seinen eigenen Fertigkeiten, seinen Söhnen (ebenfalls Handwerker) und seinen Arbeitskollegen war es zu verdanken, dass sich seine Grabausstattung entscheidend von dem Standard abhob, den er erwarten durfte, wenn er an einem anderen Ort in Ägypten gelebt und gearbeitet hätte. Grab Nr. 1 befindet sich in unmittelbarer Nähe der südwestlichen Ecke des Dorfes. Dort hat man auch das Haus Sennodjems identifiziert.

Vermutlich nutzten Sennodjem und seine Kollegen ihre Position und ihre beruflichen Fertigkeiten, um lukrative Arbeiten außerhalb der Nekropole anzunehmen, die es ihnen ermöglichten, die Lebensumstände für sich und ihre Familien zu verbessern und – was noch wichtiger war – Rücklagen für ein stattliches Begräbnis zu bilden. Man mag sich fragen, ob die Mehrheit der höheren thebanischen Beamten die Art der Bestattung, die Sennodjem wählte, für

296 links
Außenansicht der Tür, die in das Grab Sennodjems in Deir el-Medina führt. Sennodjem, ein „Diener am Ort der Wahrheit", spielt mit seiner Gemahlin Iniferti gegen das Schicksal Senet. Die Inschriften geben Passagen aus dem Totenbuch wieder.

296 rechts
Innenansicht der Tür, die in das Grab Sennodjems führt. Oben: Sennodjem, Iniferti und ihre Tochter Irunefer beten Osiris und Ma'at an. Unten: Sieben genannte Söhne verehren Ptah-Sokaris-Osiris, einen Totengott, und Isis (Kairo, JdE 27303).

297
Kopf des Außensarkophags Sennodjems. Die Nekropolenarbeiter von Deir el-Medina waren nur von mittlerem Stand. Sie waren jedoch hoch begabt und ihre Grabausstattung war weitaus wertvoller, als sie unter normalen Umständen erwarten hätten dürfen (Kairo, JdE 27308).

Ramses II.

298–299
Die Sargkammer im Grab Sennodjems mit Blick nach Norden auf eine Wand, die mit Alltagsszenen verziert ist. Nachdem der Verstorbene das Totengericht überstanden hat, wandelt er mit seiner Gemahlin auf Riedgrasfeldern. An der anderen Wand findet man Ritualszenen.

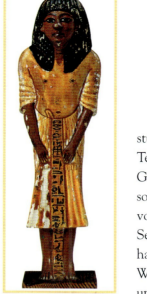

angemessen hielten. Die relative Abgeschiedenheit des Dorfes, versteckt in einem Tal in den thebanischen Bergen, außer Sichtweite der Hauptnekropole Thebens, und der geschützte Status der Dorfbewohner ermöglichten es ihnen, sich ein Verhalten zu erlauben und Tätigkeiten auszuüben, die andernorts als unverzeihlich anmaßend bewertet worden wären.

Neben Sennodjems Leichnam barg Grab Nr. 1 die sterblichen Überreste von acht weiteren Familienangehörigen, darunter Sennodjems Gemahlin Iniferti, ihr Sohn Chons, dessen Gemahlin Tamaket und Isis, die Gattin des älteren Sohnes Chabechnet, dessen eigenes Grab sich in der Nähe befindet. Einige Grabbeigaben Chabechnets wie zum Beispiel Uschebtibehälter befanden sich ebenfalls in Grab Nr. 1. Man hat die sterblichen Überreste weiterer Personen in seinem Grab gefunden, denen nur ein einfaches Begräbnis zuteil wurde. Vielleicht handelte es sich dabei um unbedeutendere Familienangehörige. Zur Grabausstattung Sennodjems, die man in der Sargkammer entdeckt hat, gehörten unter anderem Möbelstücke und Töpferware, die zum Teil bemalt war und seltenes Gestein sowie Glasgefäße imitieren sollte. Außerdem fand man Kopien von Werkzeugen, mit denen Sennodjem zu Lebzeiten gearbeitet hatte: ein Ellenmaß, einen rechten Winkel mit Lot zur Nivellierung und ein Stellmaß mit Lot zur Bestimmung der Senkrechten einer Mauer. Sennodjem hoffte offensichtlich, seinen Beruf auch im Jenseits ausüben zu können. Dies war jedoch nur möglich, wenn er und seine Gemahlin von der Pflicht entbunden wurden, die Fluren des Iaru zu pflügen, zu säen und zu ernten. Diese Pflichten stellen die Malereien an der östlichen Wand der Sargkammer brillant dar. Die meisten anderen gut erhaltenen Malereien in der Sargkammer zeigen Sennodjem und Iniferti, die Götter anbeten und Riten zelebrieren. Sie entsprechen Abbildungen, die man in den Gräbern von Königen und höchsten Beamter findet, insbesondere in den Grabstätten der königlichen Gemahlinnen wie jener von Königin Nofretiri. Alltagsszenen, die im Allgemeinen die thebanischen Gräber der 18. und frühen 19. Dynastie zieren, findet man in Grab Nr. 1 nicht.

298
Wunderschöne Gemälde zieren die Decken der meisten thebanischen Privatgräber aus dem Neuen Reich. Das Gewölbe in Sennodjems Grab zeigt Darstellungen, in denen der Verstorbene mit seiner Gemahlin die Totengötter anbetet.

299 oben
Diese Figurine Sennodjems stellt kein gewöhnliches Uschebti dar, da die Werkzeuge fehlen, mit denen solche Figuren normalerweise ausgestattet waren. Die Inschrift spricht von „allem, was vom Opfertablett Amuns in Karnak für das Ka Sennodjems hervorkommt" (Kairo).

299 unten
Blick nach Süden im Grab Sennodjems. Viele Arbeitergräber wurden in der Nähe der Umfassungsmauer von Deir el-Medina angelegt. Man findet darin ausschließlich Bestattungsszenen, keine Darstellungen des täglichen Lebens. Möglicherweise hielt man derartige Darstellungen für solch bescheidene Menschen für unangebracht.

Die große Mehrheit des Volkes Ramses' II. durfte weder zu Lebzeiten noch im Jenseits solche Annehmlichkeiten erwarten, wie sie Sennodjem, seine Familie und seine Kollegen genossen. Jene, die für die großen religiösen Einrichtungen im ganzen Land lebten und arbeiteten, genossen verschiedene Privilegien, die von Ort zu Ort variieren konnten. Eine umfassende Inschrift, die zur Zeit Sethos' I. in einen Fels in Nauri (Nubien) gemeißelt wurde, befasst sich mit Angelegenheiten, die den Osiristempel in Abydos betreffen, der unter Ramses II. fertig gestellt wurde. Der Text listet unter anderem die relativ strengen Verordnungen auf, die sich darauf beziehen, wie das Tempelpersonal und die Handwerker, die mit dem Bau des Tempels betraut waren, zu arbeiten hatten. Dieser Personenkreis war von vielen Pflichten entbunden, die das nicht privilegierte ägyptische Volk im Allgemeinen zu erfüllen hatte. Hierzu gehörten der Militärdienst, der jährliche Frondienst und Steuerzahlungen. Außerdem wurde das gemeine Volk von höher gestellten Personen ausgebeutet. Solche Verordnungen gab es zweifellos auch für andere Tempel und zu anderen Zeiten. Entsprechende Dekrete, die Ramses II. erlassen haben könnte, wurden bisher zwar nicht entdeckt, man darf allerdings annehmen, dass die Diener und Arbeiter des Ptahtempels in Memphis, des Tempels des Re in Heliopolis und vieler anderer Heiligtümer in Pi-Ramses ähnliche Privilegien genossen. Es wäre jedoch falsch, davon auszugehen, dass das Leben der Arbeiter in den Tempeln und auf den Besitzungen der Heiligtümer in ganz Ägypten einfach gewesen wäre, auch wenn sie keinen Militärdienst leisten mussten und nicht von lokalen Beamten schikaniert wurden.

Die einfachen ägyptischen Arbeiter und Bauern waren des Lesens und Schreibens nicht mächtig. Im Norden des Landes gedieh die Papyrusstaude gut, aus der Papyrus hergestellt wurde, der einem Monopol unterlag. Selbst geübte Schreiber kamen nur schwer an das begehrte Schreibmaterial, wenn sie nicht in der Verwaltung der Regierung oder eines Tempels tätig waren. Außerdem waren die Bedingungen, die nötig sind, um Papyri zu konservieren, in den feuchten Regionen des Deltas weitaus schlechter, als in den trockenen Gebieten des thebanischen Bezirks. Nur sehr wenige Papyri aus Unterägypten, die unter Ramses II. entstanden, haben die Zeiten überdauert. Einige dieser Schriftrollen befassen sich mit Handel und Agrikultur, vermitteln jedoch nur einen vagen Eindruck von den Lebensbedingungen der gewöhnlichen Ägypter. Der Begriff, der im Allgemeinen für diese Menschen verwendet wurde, lautet *rechejet*. Die Hieroglyphe für diesen Begriff ist ein Kiebitz, dessen Flügel bezeichnenderweise ineinander verklammert sind – die Flügel gestutzt und unfähig, zu fliegen.

Einige Hinweise auf das unterdrückte Volk Ramses' II. liefern jene Passagen in den so

300 links
Der Esel war im alten Ägypten nicht nur das gebräuchlichste Transportmittel an Land, sondern er wurde auch bevorzugt in der Landwirtschaft eingesetzt. Auf Expeditionen führte man stets viele Esel mit sich, die die Ausrüstung transportierten. Dieses Gemälde stammt von Prisse d'Avennes. Das Original befindet sich im Tempel von Deir el-Bahari.

300 rechts
Prisse d'Avennes' Reflexion einer Darstellung aus einem thebanischen Grab. Ein Sklave, begleitet von einem erschöpften Jagdhund, trägt die Jagdbeute: eine Oryxantilope und einen Hasen. Die alten Ägypter liebten die Jagd in der Wüste. Dieser „Sport" war allerdings den obersten Schichten vorbehalten.

301
Die Sumpfgebiete im Delta und im Faijum sind noch heute bevorzugte Regionen für die Vogeljagd. Die altägyptischen Bauern erbeuteten die Wildvögel mit Fangnetzen, wie Rosellini hier darstellt.

Das Volk Ramses' II.

genannten Miszellaneen, die Schreibern als Übung dienten. Ein bemerkenswerter Abschnitt dreht sich um den Bauern an sich. Der Verfasser legt beflissen dar, um wie viel besser doch das Leben eines Schreibers sei. Ein Teil dieses Abschnitts bezieht sich auch auf die Bürokratie des Landes. Er beschreibt lebendig, wie ein unglücklicher Bauer von den Steuereinschätzern und -eintreibern gedemütigt wird. Die Bauern beklagten sich immer wieder über ihr schweres Schicksal. Abgesehen von den Schikanen, die sie durch kleine Beamte erlitten, war ihr Los jedoch weitaus leichter zu ertragen als jenes der Bauern in anderen Ländern, wo die Lebensumstände wegen des Klimas von Grund auf schlechter waren. In Ägypten gab es keine starken Klimaschwankungen, keine langen Regenperioden und keine Hungersnöte. Die Kultivierung des Landes gestaltete sich einfach und die Landwirtschaft warf mehr Profit ab als in den meisten anderen Mittelmeer- und Nahostländern. Die ägyptischen Bauern konnten von den Erträgen, die sie mit ihrem Land erwirtschafteten, relativ angenehm leben, auch wenn das Pachtrecht nicht geschützt war beziehungsweise nicht existierte. Doch sie sahen sich stets dem Amtsmissbrauch der Beamten ausgesetzt. Neben den Steuern litten die Bauern unter den regelmäßigen Frondiensten, die sie für Staatsprojekte leisten mussten. Solche Arbeiten konnten sich über lange Zeiträume erstrecken, vor allem, wenn die Sanierung des Landes, nach der jährlichen Nilüberschwemmung anstand. Die Instandhaltung der Kanäle, Wassergräben und Deiche war für eine erfolgreiche Bewirtschaftung der Felder und für hohe Ernteerträge ebenso entscheidend wie die Erhaltung der Grenzmarken. Die alljährliche Erfüllung dieser Pflichten kam zweifellos jedem Landarbeiter zugute, dennoch kam man ihnen nur widerwillig nach. Amtsmissbrauch und Korruption bestimmten das Unternehmen und die Ärmsten der Gesellschaft wurden am meisten ausgebeutet. Der Frondienst war den Menschen verhasst, doch die Angst, dass man diesen auch im Jenseits verrichten müsse, war noch viel schlimmer. Sie beschäftigte jeden Ägypter, unabhängig von der Gesellschaftsschicht. In vielen Gräbern gehören deshalb Uschebtis zu den Grabbeigaben, jene Figuren, die für den Verstorbenen im Jenseits die Feldarbeit erledigen sollten. Wenn der Verstorbene zur Arbeit auf den Fluren des Iaru gerufen wurde, antworteten die Uschebtis an seiner statt. Dieser Ausweg blieb den Ärmsten der Armen im Leben wie im Jenseits verwehrt.

Auch dem Militärdienst konnten die Bauern sich kaum entziehen. Wie die ägyptischen Streitkräfte rekrutiert wurden, ist nicht genau bekannt. Man weiß jedoch aus historischen Quellen, dass sich ein Großteil des Heeres aus Söldnertruppen formierte. Sie wurden vermutlich zum Teil zwangsweise aus Nubien, Libyen und anderen ausländischen Niederlassungen eingezogen oder waren Kriegsgefangene, die keine andere Wahl hatten, als einem neuen Herrn zu dienen. Solche Soldaten waren vermutlich gut im Training und hatten bereits Erfahrungen auf dem Schlachtfeld gesammelt, so dass sie sofort zum Einsatz kommen konnten. Unerfahrene Einheimische wurden ebenfalls zum Militär berufen. Sie wurden von unfairen kleinen Beamten ausgewählt und leisteten vielleicht eine Art Frondienst. Es könnte auch Freiwillige gegeben haben, darunter junge Männer, die das Landleben leid waren und keine positiven Aussichten für ihre Zukunft sahen, und sogar Renegaten, die auf diese Weise versuchten, sich der Justiz zu entziehen. Die romantische Vorstellung von einem Leben im Heer übte zweifellos eine starke Anziehungskraft aus. Wie immer kann der Schreiber auch über das Schicksal des Soldaten spötteln, das nicht vergleichbar war mit dem komfortablen, privilegierten Leben des kleinen Bürokraten. Der Schreiber Amenemope hebt in einem Brief an seinen Kollegen Pabes die Superiorität ihres Berufes hervor: „Lass mich dir etwas über die Position des Soldaten sagen – er, der gepeinigt ist. Er wird als Kind verschleppt, gerade mal zwei Ellen groß [etwa 1 m], und in eine Kaserne gesperrt. Sein Körper ist geschunden, sein Auge zerschmettert, sein Kopf eingeschlagen, seine Hand verletzt. Er wird gefällt und gepresst wie Papyrus ... Und wie steht es mit seinem Gang nach Palästina und seinem Marsch durch die Berge; er trägt sein Brot und sein Wasser wie ein Esel, sein Nacken ist gefurcht wie der eines Esels. Sein Rückgrat ist verdreht; er trinkt fauliges Wasser und hört nur zu marschieren auf, um Wache zu schieben. Wenn er in die Schlacht geht, ist er wie ein zerrupfter Vogel, aller Kraft beraubt. Wenn er nach Ägypten zurückkehrt, ist er wie ein wurmstichiges Holz; er ist krank, vollkommen erschöpft, reitet auf einem Esel, ist seiner Kleider beraubt, aufgegeben von seinem Gefährten." Es ist nicht davon auszugehen, dass der Schreiber Amenemope eingesetzt wurde, um Rekruten für das ägyptische Heer einzuziehen. Vermutlich sind seine Worte jedoch nicht allzu weit von der Wahrheit über das Militär entfernt. Jeder junge Mann hielt das Soldatenleben wohl für romantisch. Doch die Realität sah ganz anders aus. Das Soldatenleben war hart und gefährlich, vor allem für die unterste Kategorie, die Infanterie. Die Reliefs der Schlacht von Kadesch verschleiern dies nicht.

Auf die Lebensweise des untersten Stratums der ägyptischen Gesellschaft zur Zeit Ramses' II. gibt es keine solch eindeutigen Hinweise wie auf das Leben der Einwohner des

Das Volk Ramses' II.

Arbeiterdorfes Deir el-Medina. Die Stadtbewohner, die in den unangenehmsten Industrie- und zermürbendsten Handelszweigen beschäftigt waren, verwahrlosten offensichtlich. Sie wurden von den Großen nicht beachtet, von kleinen Beamten und tyrannischen Herren ausgebeutet, waren Krankheiten preisgegeben und hatten nur eine geringe Lebenserwartung. Es spielte keine Rolle, wer man war oder was man tat. Ein weiteres Essay, das ein Schreiber aus dem Norden des Landes, möglicherweise aus der Region um Memphis, verfasst hat, zeigt die Realität des Lebens der meisten einfachen Menschen auf: „Ein Mensch kommt aus dem Leib seiner Mutter und rennt [sofort] zu seinem Herrn; das Kind dient dem Soldaten, die Jugend ist ein Dieb. Der alte Mann ist verpflichtet, Landarbeiter zu sein, und der Erwachsene, Soldat zu sein. Der Krüppel wird Pförtner und der Blinde Tiermäster. Der Vogelfänger arbeitet auf dem Dreschboden; der Fischer ist verarmt. Der Gottesdiener ist auch ein Bauer; der Priester erfüllt seine Pflichten und verbringt viel Zeit damit, in den Fluss einzutauchen, denn seine Pflichten verlangen dies dreimal am Tag; es spielt keine Rolle, ob es Winter oder Sommer ist, windig oder regnerisch. Wenn der Stallaufseher die Arbeit niederlegt, ist sein Gespann auf dem Feld sich selbst überlassen, sein Weib muss die Gerste beurteilen, seine Tochter arbeitet auf den Deichen, seine Magd wird eingezogen [?] zur Kolonne und sein Gehilfe wird in den Steinbruch [geschickt]. Der Bäcker backt immerzu, er schiebt das Brot in den Ofen, er steckt seinen Kopf in den Ofen, sein Sohn umklammert seine Beine; wenn er dem Griff seines Sohnes entgleitet, fällt er in den Ofen." Das waren die Dinge, die einen erwarten, wenn man in die raue, unfreundliche Welt gestoßen wurde. Um wie viel besser es doch war, ein Schreiber zu sein …

Der einzige Aspekt, der das Dasein erträglicher machte und etwas Unterhaltung bot, war die Zelebration der periodisch stattfindenden religiösen Feste und der vielen Jubiläen, die Ramses II. in seiner langen Regentschaft feierte. Vielleicht ist es gut, dass keine zeitgenössischen Aufzeichnungen über die Exzesse vorliegen, die solche Feierlichkeiten zweifellos begleiteten. Wären im ganzen Land Listen geführt worden, die festhielten, wann jemand nicht zur Arbeit erschien, wären an Tagen nach einem solchen Fest vermutlich viele Fehlzeiten zu verzeichnen gewesen. Die Gründe für die Abwesenheit hätten wohl gelautet „Krankheit" oder etwas spezifischer „erholt sich vom Fest". Jeder hätte gehofft, dass selbst der strengste Aufseher es verstand, dass man einem solchen Fest seine ganze Aufmerksamkeit widmen und alle Vergnügungen auskosten musste. Religiöse Feste und Jubiläen gehörten zu den wenigen Dingen im Leben des *rechejet*, des einfachen Ägypters, auf die er sich freuen konnte. Glücklicherweise gab es in Ramses' langer Regierungszeit viele Feste, die man befreit feiern konnte.

302
Rosellinis Zeichnung ägyptischer Bogenschützen, die nach einer siegreichen Kampagne nach Theben zurückkehren. Einige Soldaten tragen Objekte, bei denen es sich um Kriegsbeute handeln könnte. Für gewöhnlich hatte der gemeine Soldat allerdings nicht an der Kriegsbeute teil.

302–303
Soldaten bereiten sich auf die Schlacht vor. Nubische Bogenschützen, die ihre Bogen spannen und mit ihren Pfeile protzen, folgen einem Ägypter, der mit Schild und Streitaxt bewaffnet ist. Im Neuen Reich kamen nubische Söldner nicht nur im Krieg zum Einsatz, sondern sie waren auch für die öffentliche Sicherheit verantwortlich. Die Darstellung stammt von Rosellini.

303
Junge Männer beim Ringen. Diese Übungen dienten der Vorbereitung auf die Jagd und den Krieg. Die Zeichnung stammt von Rosellini, das Original befindet sich in einem Felsengrab in Beni Hasan.

RAMSES II.
DIE LEGENDE

*304
Detail eines Kalksteinblocks von einem Bauwerk im Komplex der Apisstiere in Sakkara. Das Bauwerk wurde unter Chaemweset errichtet beziehungsweise mit diesem Prinzen assoziiert. Chaemweset ist mit der Seitenlocke dargestellt, die im Allgemeinen einen Sempriester des Ptah kennzeichnet.*

KAPITEL 11

Wenn ein Souverän viele Jahre regiert, stehen die Chancen gut, dass man sich seiner auch in späteren Zeiten erinnert, weil sich sein Name in das Gedächtnis der Menschen gebrannt hat. Der Name kann sogar stellvertretend für eine ganze Epoche stehen. Heute mag man zum Beispiel an Königin Victoria denken, die von 1837 bis 1901 über Großbritannien herrschte. Ihr Name stand Pate für die Viktorianische Zeit, die dem Geist der Regierungszeit der Königin entspricht. Der Begriff „viktorianisch" ist nicht immer als Kompliment zu verstehen; moralisch steht er für eine sehr altmodische Einstellung hinsichtlich der Lebensführung; in der Kunst hat er oft eine pejorative Bedeutung; in Industrie und Handel erinnert er an wissenschaftliche Erfindungen und Handelsunternehmen. „Viktorianisch" kann sich auf einen rechtschaffenen Lebensstil oder auf einen unaussprechlich langweiligen und verstaubten beziehen.

Wie sieht es mit Ramses II. aus? Ägyptologen haben seine Regentschaft oft als außergewöhnlich charakterisiert, beinahe als eine eigene Ära. Er trägt den Beinamen „der Große" und er gab der 19. und 20. Dynastie seinen Namen: Ramessiden. Dies ist jedoch nicht weiter verwunderlich, denn die meisten Könige, die zu jener Zeit regierten, trugen den Namen Ramses. Die Charakteristika der Regentschaft Ramses' II. sollten allerdings nicht maßgeblich für die nächsten 150 Jahre bleiben. Der Name Ramses diente vielleicht als Verbindung, aber kaum als Modell für die meisten Könige der späten 20. Dynastie, die diesen Namen trugen. Der einzige Ramesside, der einem Vergleich mit Ramses dem Großen standhält, ist Ramses III. (um 1184–1153 v. Chr.), der zweite Pharao der 20. Dynastie. Er trug als erster ägyptischer Herrscher den gleichen Namen wie sein illustrer Vorgänger und sein Thronname lautete ebenfalls Usermaatre, auch bekannt in seiner griechischen Form: Osymandyas. Ramses III. betrachtete sich zweifellos als würdigen Nachfolger. In seiner 30-jährigen Regentschaft versuchte er stets, die Außen- und Innenpolitik nach dem Vorbild seines großen Vorgängers zu gestalten, in der Hoffnung, an dessen Erfolge anknüpfen zu können. Es war nicht ausschließlich der Fehler Ramses' III., dass sich dies nur teilweise realisieren ließ. Die Art und Weise, wie Ägypten von Asien, Libyen und den Mittelmeerländern unter Druck gesetzt wurde, hatte sich radikal verändert. Gleichzeitig war in Ägypten selbst der gleichmäßige Lebensrhythmus aufgrund von Spannungen innerhalb der Gesellschaft und wegen schlechter Ernten aus dem Gleichgewicht geraten. Ramses war noch immer Usermaatre und in gewisser Weise mag der Pharao gehofft haben, dass die Magie dieses Namens den Erfolg garantierte. Er war Ramses II. zwar nicht unmittelbar auf den Thron gefolgt, wollte jedoch seine Nähe zu dem herausragenden Herrscher betonen. Deshalb

Ramses II.

ließ er in Medinet Habu einen großen Totentempel errichten, der annähernd dem Grundriss des Ramesseums entsprach. Zu jener Zeit war das Ramesseum vermutlich der am besten erhaltene und mit Sicherheit der eindrucksvollste Totentempel. Ramses III. widmete in seinem Heiligtum eine Kapelle eigens dem Kult Ramses' II. in seiner göttlichen Barke.

Nach der 20. Dynastie trug zwar kein König mehr den Namen Ramses, doch viele Pharaonen der 22. und 23. Dynastie wählten als Teil ihres Thronnamen Usermaatre, jenen Namen unter dem Ramses II. in der ägyptischen Tradition bekannter ist. Die Namen Ramses' II. hallten bis zu einem gewissen Grad noch in der obersten Gesellschaftsschicht Ägyptens nach, während im Allgemeinen eine allmählich schwindende Erinnerung an die Größe und Bedeutung des Pharaos im Gedächtnis der Ägypter verhaftet war. Ein gebildeter Schreiber der späten Pharaonenzeit, der mit der demotischen Schrift vertraut war, konnte vielleicht nicht die Kartuschen Ramses' II. identifizieren, wenn er die großen, aber möglicherweise bereits schwer beschädigten Tempel im Delta, in Memphis oder in Theben besuchte, doch er kannte vermutlich die Geschichten, die über den großen Pharao Usermaatre und dessen Sohn Chaemweset erzählt wurden.

Die demotische Schrift ist die altägyptische volkstümliche Schrägschrift, die auf die hieratische Schrift folgte, die unter anderem von den thebanischen Handwerkern auf Ostraka verwendet wurde. Hauptperson der Geschichten, die in demotischer Schrift auf Papyri festgehalten sind, ist ein Priesterfürst namens Setne Chamuas. Setne ist die Verfälschung des alten Priestertitels *setem*, der hier als Vorname von Chamuas (Chaemweset) verwendet wird. Die Papyri befinden sich heute im Kairoer Museum und im British Museum in London. Sie wurden scheinbar zur Zeit des großen Pharaos Usermaatre niedergeschrieben. Setne Chamuas erinnert in gewisser Weise an einen Weisen oder Magier, wenngleich er noch nicht einmal als weltklug oder adelig dargestellt wird.

Die unterhaltsamste Episode dreht sich um Magie, Verführung und Vergeltung und hat ein Happyend. Setne Chamuas erfährt von einem Zauberbuch, das der Geist eines Priesters namens Naneferkaptah in seinem Grab in Sakkara bewacht. Mit einem Trick gelingt es Setne Chamuas, das Buch aus dem Grab zu stehlen und triumphierend fortzuschaffen. Der Warnung Naneferkaptahs, dass ihm schreckliche Dinge widerfahren werden, schenkt er keine Beachtung. Setnes Vater, der Pharao Usermaatre, rät seinem Sohn, das Buch zurückzubringen, und schützt sich selbst mit mächtigen Zaubern. Der Sohn ignoriert diesen Rat und gerät in ein Abenteuer, das ihn zu vernichten droht. Eines Tages spaziert er im Tempelbezirk des Ptah umher und trifft auf eine attraktive Dame, der er den Hof macht. Sie ist eine Priesterin der Bastet, der Katzengöttin von Bubastis, und weist Chamuas Avancen zunächst zurück. Dann arrangiert sie jedoch ein Stelldichein in ihrem Haus in Bubastis. Zu gegebener Zeit reist Chamuas nach Bubastis und findet das Haus der Priesterin, deren Name Tabubu ist. Er giert danach, sie zu verführen, doch sie lässt ihn zappeln und überredet ihn schließlich, ein Testament zu ihren Gunsten zu schreiben. Außerdem bringt sie Chamuas dazu, seine Kinder vorzuladen und sie unterschreiben zu lassen, dass sie auf jegliche Erbschaft verzichten. Schließlich willigt Chamuas sogar ein, seine Kinder zu töten, um Tabubu zu erobern. Während sich die beiden ihrer Leidenschaft hingeben, hören sie Geräusche von Katzen und Hunden, die die Leichname der Kinder zerreißen. Doch Chamuas bleibt der hart erkämpfte Lohn verwehrt. Als er seine Hand ausstreckt, um Tabubu zu berühren, gibt sie einen lauten Schrei von sich und er erwacht, noch immer sexuell erregt, unbekleidet in offenem Gelände. In diesem Moment sieht er eine Gesellschaft, die sich ihm nähert, mit einem großen Mann, der in einer Sänfte getragen wird. Es ist der Pharao, sein Vater. Verlegen ob seiner Nacktheit, wagt Chamuas nicht, aufzustehen. Doch der Pharao entdeckt ihn: „Setne, weshalb bis du solch in einem schrecklichen Zustand?" „Dafür ist Naneferkaptah verantwortlich", sagt Chamuas. Der Pharao trägt ihm auf, nach Memphis zu gehen, wo er seine Kinder findet, die ihn erwarten. „Wie kann ich nackt nach Memphis gehen?" Usermaatre befiehlt einem Sklaven, Gewänder zu bringen. Zurück in Memphis fragt der Pharao seinen Sohn, ob er betrunken gewesen sei. Chamuas erzählt ihm von seinem Abenteuer mit Tabubu und sein Vater legt ihm nahe, das Zauberbuch Naneferkaptah zurückzubringen. Dieses Mal befolgt Setne Chamuas den Rat des Vaters. Er bringt das Buch zurück in das Grab in Sakkara und übergibt es dem Geist von Naneferkaptah. „Es ist der große Gott Ptah, der dich wieder in Sicherheit brachte", spricht Ahwerre, die Gemahlin des Geistes. „Das habe ich dir prophezeit", sagt der Geist selbst. Und sie gehen in Freundschaft auseinander.

Diese nette Geschichte ist frei erfunden, doch die Charaktere und Orte lassen sich identifizieren. Setne Chamuas lebte eintausend Jahre früher. Er war Chaemweset, geliebter Sohn Ramses' II., Hoher Priester des Ptah in Memphis. In dieser Stadt war er zu Hause und in der nahe gelegenen Nekropole von Sakkara wurde er beigesetzt. Über Tabubu ist nichts bekannt. Man weiß jedoch, dass ein kleiner Tempel in Anchtawj, einem Bezirk von Memphis, der Göttin Bastet geweiht war, die in der Geschichte erwähnt wird. Bubastis liegt etwa 100 km nordwestlich von Memphis und kann über den Wasserweg problemlos erreicht werden. Alles andere in der Geschichte korrespondiert nicht mit der Realität zur Zeit Ramses' II., dem Usermaatre in der Erzählung. Es ist ein Märchen und gehört zu einer Reihe von Märchen, die auf imaginären Ereignissen basieren, die sich auf eine historische Person beziehen, an die man sich noch verschwommen erinnerte. Ebenso wie man sich an den Vater, den großen Ramses II. erinnerte, dessen Skulpturen man noch immer in Memphis bewundern konnte.

Ramses II.

Weitaus differenzierter ist die Erinnerung an ein Ereignis, das sich auf eine eindeutiger zu identifizierende königliche Person bezieht. Dieses Ereignis ist auf einer über 2 m hohen Steinstele verewigt, die man 1829 in Karnak in der Nähe des Chonstempels entdeckt hat, innerhalb des Bezirks des großen Tempels des Amun-Re. Heute befindet sich die Stele im Louvre in Paris. Die eingemeißelte Inschrift scheint aus der Zeit Ramses' II. zu datieren, sie wurde jedoch gegen Ende der Pharaonenzeit angefertigt, möglicherweise im 6. Jahrhundert v. Chr. zur Zeit der 27. Dynastie (Perser), sicher jedoch vor der Ankunft Alexanders des Großen im Jahr 332 v. Chr. Es handelt sich für diese Zeit um eine ungewöhnliche Inschrift und es wurde viel diskutiert, weshalb sie angefertigt wurde. Man hat große Anstrengungen unternommen, um den Eindruck zu erwecken, der Text entspreche einer königlichen Inschrift der 19. Dynastie. Die Sprache kopiert Grammatik, Syntax und Rechtschreibung eines authentischen Textes aus der Zeit Ramses' II. Vielleicht sollte die Inschrift politischen oder religiösen Propagandazwecken dienen, möglicherweise bezogen auf den Chonstempel. Unbestritten ist, dass man es für nötig erachtete, die Erinnerung an den großen Ramses wieder zu erwecken, seine reale Präsenz in Karnak, dem Ort, an dem er noch immer von jenen ins Gedächtnis gerufen werden konnte, die die mannigfaltigen Inschriften lesen konnten, die man in seinem Namen angefertigt hatte. Doch wer konnte oder wollte die Inschrift auf dieser Stele lesen, die die Geschichte von Bentresch, einer Prinzessin aus Bachtan, erzählt? Es bleibt ein Änigma.

Die Szene an der Spitze der Stele ist zweigeteilt. Rechts bringt Ramses II. der Barke des Chons, der als „Ränkeschmied-in-Theben" abgebildet ist, Opfer dar. Links ist ein Priester namens Chonsemhet-netjerneb dargestellt, der ebenfalls ein Opfer darbringt. Diese Doppelszene belegt, dass die Stele mit dem Chonskult von Karnak in Verbindung stand, der, wie aus dem Text hervorgeht, den Kult des Chons-Neferhotep einschloss. Der Text beginnt mit einer Auflistung aller königlichen Titel, darunter die Namen Usermaatre-Setpenre und Ramses-Meriamun, Thron- und Geburtsname Ramses' II. Man findet jedoch weitere königliche Titel, die sich auf Thutmosis IV. (um 1400–1390 v. Chr.), einen König der 18. Dynastie beziehen. Nach einer blumigen Lobrede beginnt der Haupttext mit einer retrospektiven Präambel, die von Ramses' jährlichem Besuch in Naharin (nördliches Syrien) erzählt, wo er von vielen ausländischen Fürsten Tribute erhielt. Der Fürst von Bachtan mach dem Pharao ein besonderes Geschenk: Er überlässt ihm seine älteste Tochter. Ramses ist entzückt und macht die Prinzessin zu einer Großen Königlichen Gemahlin mit Namen Neferure. Er bringt sie nach Ägypten und sie verhält sich so, „wie es sich für eine Königin geziemt". Anschließend folgt eine Beschreibung von Ereignissen, die in enger Verbindung mit dem Chonskult standen. Ein präzises Datum hält den Besuch eines Envoyés des Fürsten von Bachtan fest: 23. Regierungsjahr, zweiter Sommermonat, 22. Tag (um 1257 v. Chr. in der tatsächlichen Regierungszeit Ramses'). Zu dieser Zeit hält sich Ramses in Theben auf, um das Opetfest zu zelebrieren. Der Gesandte überbringt Geschenke und kommt dann auf den eigentlichen Grund seines Besuches zu sprechen: Bentresch, die jüngere Schwester von Neferure, ist ernsthaft erkrankt und man bittet einen ägyptischen Arzt um Hilfe. Der königliche Schreiber Djehuti-emheb wird empfohlen. Er reist umgehend nach Bachtan und diagnostiziert, dass ein Dämon vom Körper der Prinzessin Besitz ergriffen hat. Der Fürst von Bachtan bittet Ramses in einem Schreiben, einen geeigneten Gott zu schicken, der gegen den Dämonen antreten kann. Man befindet sich mittlerweile im 26. Regierungsjahr Ramses'. Der Pharao hält sich wiederum in Theben auf. Er konsultiert Chons-Neferhotep, die Hauptform des Gottes, und dieser schlägt Chons-den-Ränkeschmied vor, „der große Gott, der Krankheitsdämonen austreibt". Gestärkt durch besondere Magie wird das Kultbild Chons-des-Ränkeschmieds mit einer großen Zeremonie und einem eindrucksvollen Gefolge nach Bachtan entsendet, das er nach einem Jahr und fünf Monaten erreicht.

Nach der Begrüßung des Gottes in Bachtan wird das Kultbild unverzüglich zur kranken Prinzessin gebracht. Chons-der-Ränkeschmied befreit das Mädchen von dem Dämonen, der sich kampflos ergibt, indem er sagt: „Sei willkommen, großer Gott, der die Dämonen austreibt. Bachtan ist jetzt deine Stadt, ihre Einwohner sind deine Diener und ich bin ebenfalls dein Diener. Ich werde jetzt an den Ort zurückkehren, von dem ich kam, um deinem Wunsch in der Angelegenheit zu entsprechen, wegen der du in diese Stadt gekommen bist. Möge deine göttliche Majestät ein Fest zelebrieren, an dem ich und der Fürst von Bachtan teilnehmen können." Während diese privaten Höflichkeiten in der Kammer der Prinzessin ausgetauscht werden, warten der Fürst von Bachtan und sein Gefolge vor der Tür, erschrocken über die furchtbaren Geräusche, die aus dem Zimmer dringen. Nachdem die Heilung eingesetzt hat, arrangiert

307
Heraldische Symbole zieren die Säulen von Bauwerken, die unter Ramses II. erbaut wurden. Die Kartuschen mit dem Thron- und dem Geburtsnamen des Herrschers ruhen über dem Zeichen für Gold, gekrönt von Sonnenscheiben und flankiert von Uräusschlangen mit Sonnenscheiben.

der Fürst ein großes Fest, wie es der Dämon vorgeschlagen hatte. Insgeheim beschließt er jedoch, das Bild von Chons-dem-Ränkeschmied etwas länger zu behalten – letztendlich sollten es drei Jahre und neun Monate sein. Dann hat der Fürst einen Traum, in dem er sieht, wie der Gott seinen Schrein als goldener Falke verlässt und Richtung Ägypten fliegt. Beschämt darüber, dass er die Rückkehr des Gottes verzögert hat, spricht der Fürst mit dem Priester des Chons: „Es scheint, dass dein Gott noch immer hier bei uns in Bachtan ist. Es ist an der Zeit, dass er nach Ägypten zurückkehrt. Bereite seinen Streitwagen vor." Und so verlässt der Gott in Ehren Bachtan, beladen mit vielen wertvollen Geschenken. Alle Einwohner Bachtans verlassen ihre Häuser, um den Gott zu verabschieden. Nach seiner Ankunft in Theben begibt sich Chons-der-Ränkeschmied zum Heiligtum von Chons-Neferhotep, um Bericht zu erstatten und dem Gott alle Geschenke aus Bachtan zu übergeben. Mittlerweile ist der zweite Wintermonat und der 19. Tag im 33. Regierungsjahr von Usermaatre-Setpenre, des Königs von Ober- und Unterägypten, angebrochen. Die Episode hatte zehn Jahre gedauert.

Diese außergewöhnliche Inschrift, die in ihrer Art nicht einzigartig unter den altägyptischen Monumentaltexten ist, erinnert an eine Fantasy und könnte auch als solche klassifiziert werden, wären da nicht die Verbindungen mit dem Kult von Chons-Neferhotep in Theben, die darauf hindeuten, dass der Text keine reine Fiktion ist. Signifikant ist, dass die Ereignisse in die Regierungszeit Ramses' II. datiert werden, der vermutlich 700 Jahre vor der Zeit, als der Text verfasst wurde, über Ägypten herrschte. Die Intention war offensichtlich, das Prestige Chons' zu fördern, indem man längst vergangene Ereignisse ins Gedächtnis rief, die nur ansatzweise in Verbindung mit Ramses' Herrschaft gebracht werden können. Der König heiratete in seinem 34. Regierungsjahr (um 1246/1245 v. Chr.) eine ausländische Prinzessin, nicht im 23. Jahr, wie der Text, der aus der Spätzeit datiert, angibt. Die neue Gemahlin erhielt den Namen Mahor-neferure, der Text erwähnt jedoch nur den Namen Neferure. Die historische Prinzessin war eine Hethiterin, die allerdings in der Inschrift als Prinzessin aus Bachtan identifiziert wird. Dieses Land ist wiederum unbekannt und in der Vergangenheit vertraten die Ägyptologen die Meinung, dass die Bezeichnung Bachtan eine Version des ägyptischen Wortes für Baktrien darstellt, einem entlegenen Land in Zentralasien. Heute geht man allerdings davon aus, dass eine entscheidende Hieroglyphe in der Schreibung des Ortsnamens fehlinterpretiert wurde und dass der Verfasser des Textes von Hatti spricht, dem Reich der Hethiter. Mit dieser Lösung ließe sich die Legende auf der Stele in das historische Ereignis der Hochzeit Ramses' mit einer hethitischen Prinzessin einreihen. Die Vorstellung, dass medizinische Hilfe zwischen den Ländern der alten Welt ausgetauscht wurde, ist nicht unbegründet. Bereits in weitaus früherer Zeit entsandte der König von Babylon das Kultbild der Ischtar von Ninive, das dem kränklichen König Amenophis III. (18. Dynastie) helfen sollte. Hethitische Quellen belegen, dass man zur Zeit Ramses' II. um medizinische Hilfe aus Ägypten bat. Die ägyptischen Ärzte waren im Altertum für ihre Heilkunst berühmt. Sie hatten sich in bestimmten Bereichen spezialisiert und reisten

bereitwillig in andere Länder, wenn sie darum gebeten wurden. Es steht außer Frage, dass die Hethiter die Ägypter um Hilfe baten, und auch die Entsendung eines göttlichen Kultbildes entsprach der antiken Praxis. Man könnte auf mehrere offensichtliche Fehler in der Inschrift auf der Stele hinweisen, doch diese würden keine signifikanten Schwächen in der Berichterstattung offenlegen. Für die Nachwelt ist lediglich beeindruckend, dass die Erinnerung an Ramses II. noch nach so langer Zeit lebendig war und dass sein Name und einige Ereignisse aus seiner Regierungszeit verwendet wurden, um den Kult von Chons-Neferhotep in einer Zeit zu stärken, in der die Lage in Ägypten angespannt war, da das Land unter der Herrschaft der Perser stand.

Die Erinnerung an Ramses II. lebte auch in den Schriften griechischer Autoren weiter, die nichts über den großen König aus erster Hand wussten, sondern sich auf die verblasste Erinnerung und die Geschichten der Einheimischen verließen. Der griechische Geschichtsschreiber Herodot bereiste Ägypten Mitte des 5. Jahrhunderts v. Chr. Er hielt das, was er über Geschichte, Kultur, Religion und über weitere Aspekte des alten Ägypten zur Zeit der Perser (laut Manetho zur Zeit der 27. Dynastie) herausgefunden hatte, im zweiten Buch seiner Historie fest. Herodot scheint keine Schwierigkeiten gehabt zu haben, in Ägypten einzureisen und sich dort mehrere Monate aufzuhalten, obwohl kurz vor seinem Besuch mit griechischer Hilfe im Delta eine Revolution angezettelt worden war und die Griechen, vor allem die Athener, den Persern grundsätzlich mehr als suspekt waren. Seit dem 7. Jahrhundert v. Chr. waren die Griechen in Ägypten stets präsent, aber nicht alle griechischen Gemeinden waren den Persern feindlich gesinnt. Herodot sammelte seine Informationen offensichtlich nach dem Zufallsprinzip. Er beschreibt oder kommentiert die Monumente des Altertums nicht nach einem regulären oder geographischen System. Er spricht allerdings von einem König namens Rhampsinitus und von dessen besonderem Monument, welches das Westtor des Tempels des Vulkan war, der dem Ptahtempel in Memphis entspricht, vor dem zwei Kolossalfiguren standen. Diese wurden gemäß den Erläuterungen der Priester Sommer und Winter genannt. Ersterer wurde von den einfachen Ägyptern verehrt, Letzterer von den einflussreichen. Man geht heute davon aus, dass es sich bei dem Namen Rhampsinitus um eine Verfälschung des Namens Ramses handelt, dem der Beiname sa-Neith, „Sohn der Neith" (der Göttin der Stadt Sais im Delta), hinzugefügt wurde. Dieser Beiname war jedoch niemals Teil der formellen Titulatur Ramses' II. und es deutet nichts darauf hin, dass Herodot an einen bestimmten ägyptischen König gedacht hat. Er liefert lediglich Informationen, die er von Priestern erhalten hat, und es ist noch nicht einmal geklärt, ob er selbst jemals in Memphis war und den Ptahtempel sowie die beiden Kolossalstatuen gesehen hat.

Herodot scheint auch die großen Totentempel, das Ramesseum und den Tempel Ramses' III. in Medinet Habu, nicht besucht zu haben. Im Ramesseum hätte er Kolossalstatuen gesehen, die größer als jene in Memphis sind, und die er kommentieren hätte müssen. Tatsächlich berichtet er nichts Grundlegendes über Theben und seine Monumente und einige Wissenschaftler zweifelten daran, ob er überhaupt jemals in Oberägypten war. Er schreibt mehr über Rhampsinitus und präsentiert sehr ausführlich eine Geschichte, die ihn beschäftigte. Sie dreht sich um vage Erinnerungen an die Prosperität zur Zeit Ramses' II. und um das Ramesseum. Gemäß dieser Geschichte war Rhampsinitus immens reich. Für seine Reichtümer ließ er ein scheinbar uneinnehmbares Schatzhaus errichten. Der Baumeister, der wusste, welchem Zweck das Gebäudes dienen sollte, fügte einen losen Stein in das Mauerwerk ein. Wenn er diesen Stein entfernte, konnte er unbemerkt in das Schatzhaus eindringen und etwas von den Kostbarkeiten stehlen. Er selbst nutzte sein Wissen nie aus, doch auf seinem Totenbett offenbarte er seinen beiden Söhnen das Geheimnis. Sie beraubten den König seiner Schätze, bis der Herrscher den Dieben eine Falle stellte. Einer der beiden Söhne ging in die Falle und er überredete seinen Bruder, ihm den Kopf abzuschlagen, damit man ihn nicht identifizieren konnte. Der König war überrascht, einen kopflosen Körper, aber keinen Hinweis auf einen Einbruch zu finden. Er ließ den Leichnam öffentlich zur Schau stellen, in der Hoffnung, seine Identität mithilfe einer weinenden Mutter zu klären. Die Mutter wendete in ihrem unsagbaren Schmerz jedoch eine List an. Sie machte die Wachen betrunken und ihr zweiter Sohn nahm den Leichnam mit. Der König war sehr verärgert und noch entschlossener, den Dieb zu fassen. Eine seiner Töchter musste den Köder spielen. Er schleuste sie in ein Bordell ein und trug ihr auf, jeden Freier zu fragen, was das cleverste und boshafteste war, das er jemals getan hatte. Wiederum durchschaute der Dieb die List. Er besuchte das Bordell, täuschte die Tochter und entkam. Daraufhin gab der König auf. Er bot dem Dieb eine großzügige Belohnung an. Als er sich stellte, erhielt er die Hand der Prinzessin. Rhampsinitus erklärte:

*309
Marmorbüste des griechischen
Geschichtsschreibers Herodot aus
Halikarnassos (5. Jahrhundert v. Chr.).
Im zweiten Buch seiner Historie berichtet
Herodot über Ägypten und erzählt unter
anderem die Geschichte von Rhampsinitus,
bei dem es sich offensichtlich um Ramses II.
handelt.*

„Die Ägypter sind weiser als der Rest der Welt und dieser Mann ist der weiseste von allen." Wenn es sich bei Rhampsinitus tatsächlich um Ramses II. gehandelt hat, dürfte es dem König leicht gefallen sein, auf eine seiner vielen Töchter zu verzichten, vor allem da jene, um die es ging, nun ein „Ladenhüter" war, für den sich nur schwer ein anständiger Gatte finden ließ.

Einige Wissenschaftler gingen davon aus, dass sich die ganze Geschichte auf Ramses III. bezieht und dass es sich bei dem Schatzhaus um den Tempel von Medinet Habu handelt oder um eines der Nebengebäude dieses Heiligtums. Wahrscheinlicher ist jedoch, dass die Rede vom Ramesseum, dem Totentempel Ramses' II. ist. Es gibt Hinweise darauf, dass das Ramesseum in der späten Pharaonenzeit der beeindruckendere Gebäudekomplex war, ungeachtet der Tatsache, dass sich der Tempel von Medinet Habu in einem weitaus besseren Zustand befand. Medinet Habu war zu diesem Zeitpunkt bereits eine geschäftige Stadt, deren Haupttempel weitgehend in Wohnhäusern und anderen Bauten unterging. Der Tempelbezirk wurde mit Lehmziegelbauten zugebaut, bis er in den ersten Jahrzehnten der 20. Dynastie von Ausgräbern befreit wurde. Außerdem befinden sich im Tempelbezirk des Ramesseums hinter dem Heiligtum verschiedene Lehmziegelbauten mit Gewölben, Lagerräume für die Tempelutensilien, unter denen man in der Spätantike möglicherweise das Schatzhaus Ramses' II. vermutet hat. Diese Lagerräume standen nur wenige hundert Meter von dem kleinen Palast entfernt, der innerhalb des Tempelbezirks für die gelegentlichen Besuche des Königs erbaut worden war.

Es wird niemals möglich sein, eindeutig zu bestimmen, wer Rhampsinitus war, oder die Details zu bestätigen, die Herodot in seiner Geschichte auflistet. Die Erzählung des griechischen Geschichtsschreibers endet mit der Wiedergabe der Meinung der Priester, dass Ägypten bis zum Tod des Königs gut regiert wurde und prosperierte. Dieses Urteil passt besser zur langen und im Allgemeinen erfolgreichen Regentschaft Ramses' II., als zu jener Ramses' III., denn zu dessen Zeit litt das Land unter inneren und äußeren Problemen. Man sollte den Berichten Herodots jedoch nicht zu viel Glauben schenken. Er lässt zum Beispiel Cheops auf Rhampsinitus folgen. Der Erbauer der Großen Pyramide regierte jedoch bereits etwa 1 300 Jahre vor Ramses II.

Etwas einleuchtender erscheint die „Historische Bibliothek", die der griechische Historiker Diodorus Siculus im 1. Jahrhundert v. Chr. verfasste. Diodor reiste zwar nie bis nach Theben, er beschreibt jedoch die thebanischen Monumente wie zum Beispiel „das Grab des Osymandyas". Dieses Grab, ähnelte gemäß Diodor dem Ramesseum stark, vor allem hinsichtlich der Kolosse des großen Königs, die den Bezirk übersäten. Sie konnten im 1. Jahrhundert v. Chr. tatsächlich bewundert werden. Diodor berichtet insbesondere von einem gewaltigen Sitzkoloss des Königs, der aus einem einzigen Block des schwarzen Gesteins von Syene gehauen war. Dieser schwarze Granit (oder besser Granodiorit) stammte aus den Steinbrüchen von Assuan. Der Historiker beschreibt die Statue knapp. Er bezeichnet sie als größte Ägyptens und er interpretiert die Inschrift darauf frei: „König der Könige, Osymandyas bin ich. Wenn irgendjemand wissen will, wie groß ich bin und ob ich lüge, so soll er meine Werke übertreffen." Man hat den Namen Osymandyas als griechische Verfälschung von Usermaatre identifiziert, dem Thronnamen Ramses' II.

Der griechische Geograph und Historiker Strabo, ein Zeitgenosse Diodors, beschreibt das Ramesseum als „heiligen Bezirk Memnons". Die Verwendung des Namens Memnon zur Identifizierung des Erbauers des Ramesseums deutet eindeutig darauf hin, dass Strabo, ebenso wie andere klassische Autoren, die diesen Namen verwenden, nichts von der historischen Person Ramses wusste. Er hielt den mystischen griechischen Helden für geeignet, ein solch großartiges Bauwerk zu besitzen. Aus dem gleichen Grund wurden die beiden großen Statuen Amenophis' III., die über der überfluteten Ebene in der Nähe des Ramesseums thronen, als Memnonskolosse bezeichnet. Unter diesem Namen sind sie noch heute bekannt.

Die griechischen Historiker stützen ihre Aufzeichnungen über das Ramesseum und dessen Erbauer auf ein Gemisch aus wahren Informationen, halb wahren Legenden und romantischen Erfindungen. Wenn sie Ägypten besuchten, mussten sie sich auf das verlassen, was ihnen die Ägypter oder die Griechen, die in Ägypten lebten, erzählten oder auf das, was sie in den Aufzeichnungen früherer griechischer Autoren lasen. Sie konnten in der Regel keine Hieroglyphen entziffern. Wenn ihnen dies möglich war, so dürften sie Schwierigkeiten gehabt haben, den Inhalt richtig zu deuten. Ihre Informationen stützten sich weitgehend auf die Erinnerung der Bewohner und jeder weiß, wie unzuverlässig solche Erinnerungen sein können. Wenn Diodor mit der Aussage, das Ramesseum sei das Grab Osymandyas' nahe an der Wahrheit lag, verstanden es andere Zeitgenossen wie Strabo hervorragend, Memnon in die Geschichte zu integrieren.

In der berühmten „Description de l'Égypte", einem der bedeutendsten Werke der Napoleonischen Expedition in Ägypten (1798–1801), sind die Darstellungen veröffentlicht, die in das Ramesseum gemeißelt sind. Hier wird der Totentempel Ramses' II. als Memnonium, Grab des Memnon, beschrieben. Eine Verbindung mit Ramses II. wird nicht hergestellt und auch wenn der Name Osymandyas gelegentlich verwendet wird, darf dies nicht so interpretiert werden, dass er den wahren Thronnamen des großen Königs, Usermaatre, verschleiern sollte. Der hieroglyphische Name Ramses wurde erst einige Jahre später von Jean François Champollion identifiziert, dem französischen Ägyptologen, der 1822 die ägyptischen Hieroglyphen entzifferte.

Zu Beginn des 19. Jahrhunderts gingen die Wissenschaftler dazu über, sich von der Ignoranz der Vergangenheit zu lösen und sich dem Wissen und der Klarheit der Zukunft zuzuwenden, zumindest so weit es Ägypten betraf. Zu diesem Zeitpunkt war der Name Ramses aus der „Geschichte Ägyptens" von Manetho bekannt. Man wusste, dass sich der Name auf einen König der 19. Dynastie bezog, der sehr lange lebte. Außerdem kannte man den Namen aus dem Alten Testament, wo er sich auf eine ägyptische Stadt bezieht (vielleicht auf Pi-Ramses), mit der die Kinder Israels zu tun hatten. In seiner hieroglyphischen Form war der Name noch nicht entschlüsselt und Gebäude, die diesen Namen trugen, konnten nicht datiert werden. Henry Salt und William John Bankes, die im Jahr 1818 Ramses' großen Tempel in Abu Simbel besuchten – ein Jahr nachdem Giovanni Battista Belzoni den Eingang des Heiligtums von Sandmassen befreit hatte –, hatten keine Vorstellung davon, wann der Tempel in den Fels gebaut worden war und wen die kolossalen Sitzstatuen an der Fassade repräsentierten.

Bankes, der auf dem Flugsand vor dem Eingang stand, bemerkte am Bein eines Kolosses eine griechische Inschrift, die sich auf eine Kampagne in Nubien bezog, die unter einem König namens Psammetich durchgeführt worden war. Aus klassischen Quellen wusste Bankes, dass einige Könige der 26. Dynastie diesen Namen trugen. Sie herrschten um 660 v. Chr. und Bankes schloss daraus, dass der Erbauer des Tempels von Abu Simbel wesentlich früher gelebt haben musste. Der Verfasser der Inschrift musste auf Flugsand gestanden haben, der sich über dem Zugangsweg auftürmte, der zum Tempeleingang führt. Andernfalls hätte er die Stelle nicht erreicht, an der sich die Inschrift befindet. Das Geheimnis um den Namen des Gründers des Tempels sollte innerhalb von zehn Jahren nach dem Besuch von Salt und Bankes gelüftet werden. Bis zur Entzifferung der Hieroglyphen konnten Wissenschaftler und Reisende jedoch lediglich Vermutungen über die Identität des Königs anstellen.

Es überrascht nicht, dass der Name Memnon im frühen 19. Jahrhundert akzeptiert wurde, hingegen erscheint es verwunderlich, dass der Name bis heute Verwendung findet. Diodor schrieb über die kolossale Sitzstatue im Ramesseum. Im Jahr 1801 bereiste William Hamilton, ein Envoyé Lord Elgins, Ägypten. Über die Büste einer Kolossalstatue, die ihm im Ramesseum auffiel, bemerkt er: „Dies ist zweifellos das schönste und perfekteste Werk der ägyptischen Skulptur im ganzen Land. Wir waren beeindruckt von seiner außergewöhnlichen Feinheit; von der ungewöhnlichen Ausdruckskraft der Gesichtszüge." Er sagt weiter: „Der Ort, an dem es zu finden ist, entspricht exakt dem heiligen Bezirk Memnons [Hamilton verwendet hier den griechischen Namen Strabos]." Im Auftrag von Henry Salt und

310
Das Innere des kleinen ptolemäischen Tempels in Deir el-Medina. So stellten es sich zumindest die Künstler der „Description de l'Egypte" vor. Man darf annehmen, dass die ägyptischen Tempel sogar noch leuchtender bemalt waren.

Johann Ludwig Burckhardt, einem Schweizer Orientreisenden, entfernte Belzoni diese Büste über 15 Jahre später aus dem Ramesseum. Man schenkte sie dem British Museum. In London war sie als „Memnon" oder „Jüngerer Memnon" bekannt, weil sie kleiner als die Memnonskolosse (die nicht Ramses II. repräsentieren) und der Koloss aus Granodiorit im Ramesseum ist. Auch heute wird die Büste gelegentlich noch als „Jüngerer Memnon" bezeichnet, obwohl man ihre wahre Identität nunmehr seit beinahe 200 Jahren kennt.

Der „Jüngere Memnon" kam 1817 in London an. Er wurde kurz darauf mit anderen antiken Skulpturen in die ägyptische Ausstellung integriert. Einige Jahre später bemerkte ein unsympathischer Treuhänder gegenüber Salt, dass die Büste nicht „zu den Werken der schönen Künste" gehöre. Er ging sogar noch weiter: „Ob überhaupt irgendeine Statue, die man in Ägypten gefunden hat, mit den grandiosen Arbeiten der Townley Gallery [damit meinte er die griechische Skulptur] verglichen werden kann, bleibt zu prüfen."

Etwa zu der Zeit, als die Büste in London eintraf, verfasste Percy Bysshe Shelley sein Sonett „Ozymandias". Die Inspiration für dieses Werk lieferte vielleicht der „Jüngere Memnon" aus dem Ramesseum, davon gingen zumindest einige Wissenschaftler aus, die sich mit dem alten Ägypten beziehungsweise mit englischer Literatur befassten. Der König, den die Büste repräsentiert, wurde zwar niemals mit dem Osymandyas von Diodor identifiziert, doch man geht heute davon aus, dass Shelley unter anderem davon inspiriert wurde – er hielt Diodor für einen guten klassischen Gelehrten – und von William Hamilton. Hamilton hatte über das Ramesseum und über Memnon geschrieben und vielleicht sogar mit Shelley über den umgestürzten Koloss in dem Tempel gesprochen. Er mag tatsächlich jene Person sein, von der die ersten Zeilen des Sonetts handeln:

Ich traf einen Reisenden aus einem antiken Land,
der sagte: „Zwei gigantische und stämmige Beine aus Stein
stehen in der Wüste ... In ihrer Nähe, im Sand,
halb versunken, liegt ein zerschmettertes Antlitz ...

Diodor ist zweifellos die Quelle für diese Zeilen:
Und auf dem Säulenfuß erscheinen diese Worte:
„Mein Name ist Ozymandias, König der Könige:
Blicke auf meine Werke, du Mächtiger, und verzweifle!"

Und so wurde Ozymandias (Osymandyas), Usermaatre, in Form eines Poems der britischen Öffentlichkeit vorgestellt, zur gleichen Zeit als das Antlitz des großen Ramses im British Museum unter dem „Pseudonym" Memnon enthüllt wurde. Es gibt nichts, um die beiden Ereignisse miteinander in Verbindung zu bringen, nichts, das darauf hinweist, dass zu jener Zeit (1817) Ozymandias und der „Jüngere Memnon" für ein und dieselbe Person gehalten wurden. Doch in wenigen Jahren sollten die hieroglyphischen Kartuschen Ramses' II. entziffert werden. Plötzlich sollte der Umfang der Bautätigkeit Ramses des Großen in ganz Ägypten beurteilt werden können und seine Präsenz in den imposanten Szenen der Schlacht von Kadesch in den Tempeln von Theben und Abu Simbel identifiziert werden.

John Gardner Wilkinson vergleicht in seinem Werk „Manners and Customs of the Ancient Egyptians" (1837) relativ ausführlich Diodors Beschreibung des Memnoniums mit den Überresten des Ramesseums und kommt zu dem richtigen Schluss, dass der Erbauer Ramses II. hieß. Er vermerkt weiterhin, dass die lange Regentschaft dieses Königs, die Manetho ihm zuschreibt (66 Jahre), praktisch bestätigt wird durch die Daten aus dem 62. Regierungsjahr Ramses', die man auf den erhaltenen Monumenten entdeckt hat.

Champollion identifizierte den Namen Ramses unter den ersten königlichen Kartuschen, die er entzifferte. Er erkannte den Umfang und die Bedeutung der Monumente dieses Herrschers, unter denen sich auch der große Obelisk aus Luxor befand, der nach Paris überführt werden sollte. Nach vielen Verzögerungen wurde der Obelisk demontiert und in die französische Hauptstadt transportiert. Im Oktober 1833 stellte man ihn auf der Place de la Concorde wieder auf. Etwa zur selben Zeit wurde im Ägyptischen Museum in Turin die fein gearbeitete Sitzstatue des jungen Ramses II. aufgestellt, die aus Karnak stammte. Viele Werke dieses Königs wurden zu dieser Zeit in die großen Kollektionen Europas aufgenommen und erweckten den Mythos Ramses' des Großen zu neuem Leben. Die Legende Ramses' II. wurde mit dem Wissen wieder belebt, das man den antiken Quellen entnahm und das einem neuen Zeitalter eine Betrachtungsweise darlegte, die sich grundlegend von jener unterschied, die bis in die späte Pharaonenzeit üblich war. Ramses sollte in neuem Glanz erstrahlen. Die Wissenschaftler behaupten zwar, man könne den großen Königen und Königinnen des alten Ägyptens nicht allzu nahe kommen, doch viele Menschen betrachten die Monumente Ramses' II., vor allem die wieder aufgebauten Tempel in Abu Simbel, und spüren, dass sie Ramses den Großen mehr als nur ein wenig kennen.

GLOSSAR

Afnet Krone (auch Kopftuch) in Form einer eng anliegenden Kappe mit seitlichen „Flügeln". An der Stirn thront die Uräusschlange.

Anch Hieroglyphe für Leben. Das Symbol erinnert an ein Henkelkreuz. Der König empfing das Anch von den Göttern.

Apisstier Heiliger Stier, Inkarnation des Ptah, des Stadtgottes von Memphis. Die Apisstiere wurden im Tempelbezirk des Ptah in Memphis gehalten und in Sakkara im Serapeum beigesetzt.

Atef Krone des Osiris mit Widderhörnern, Sonnenscheibe und Straußenfedern. Gelegentlich trug auch der König diese Krone.

Chepesh Schwert, das an einen Krummsäbel erinnert. Symbol der königlichen Macht. Darstellungen zeigen oft den König, der dieses Schwert von einem Gott in Empfang nimmt.

Chepresh Die blaue Krone mit Uräusschlange an der Stirn. Der König trug diese Krone, die an einen Helm erinnert, in der Schlacht.

Djed Hieroglyphe, die an einen Pfeiler erinnert und gelegentlich als „Wirbelsäule" des Osiris bezeichnet wird. In seiner Bedeutung „Dauer, Ewigkeit", diente das Symbol oft gemeinsam mit dem Tit-Zeichen, dem „Isisknoten", als Amulett.

Fayence Tonkeramisches Erzeugnis, überzogen mit einer farbigen oder weißdeckenden Glasur, für die Zinnoxid zum Trüben dient. Die Bezeichnung „Fayence" für farbig glasierte Gefäße und Schmuckstücke aus dem alten Ägypten ist zwar üblich, aber nicht zutreffen, denn die Beimengung von Zinnoxid lässt sich nicht nachweisen.

Geburtsname Der Name des Königs vor seiner Krönung in einer der beiden Kartuschen.

Hemi-Speos Tempel, bei dem ein Teil (zum Beispiel das Allerheiligste) aus dem Fels gehauen ist, während der andere Teil frei steht.

Heqa Zepter in Form eines Hirtenstabes. Zepter und Geißel (siehe Nekhakha) waren im alten Ägypten die Königsinsignien.

Hypostylon Gedeckte Säulenhalle.

Iunmutef „Pfeiler seiner Mutter". Eine Form des Gottes Horus und des Priesters der diesen Gott verkörperte. Iunmutef wurde außerdem mit dem Sempriester assoziiert.

Iusas Göttin aus Heliopolis. Die göttliche Expression des weiblichen Prinzips.

Ka Eine der menschlichen Seelen, die Lebenskraft. Der Mensch und sein ka sind identisch. Das ka galt jedoch als unsterblich und repräsentierte im Jenseits den Verstorbenen.

Kamutef „Stier seiner Mutter". Name des Gottes Amun-Re in Gestalt des Fruchtbarkeitsgottes Min, mumienförmig und ithyphallisch.

Kanopen Vier Krüge, die die mumifizierten Eingeweide des Verstorbenen bargen. Die Kanopen wurden im Grab aufgestellt.

Kartusche Ovale Seilschleife mit Knoten an der Unterseite. Die Kartusche umschließt den Namen des Königs und ist den beiden wichtigsten der fünf Namen vorbehalten: dem Geburts- und dem Thronnamen.

Ma'at Ägyptisches Wort für „Wahrheit, Recht, Ordnung", personifiziert als die Göttin Ma'at, die mit der Feder der Wahrheit dargestellt ist und oft in Form einer kleinen Figur geopfert wird.

Mammisi Geburtshaus. Der Raum oder das Gebäude in einem Tempelbezirk, in dem die göttliche Geburt des Königs dargestellt ist und zelebriert wird.

Memnon Sagenhafter äthiopischer König. Memnon wurde unzutreffend mit dem ägyptischen König der Memnonskolosse identifiziert (Amenophis III.) und mit dem Ramesseum (Ramses II.).

Memnonium Grab des Memnon, das von frühen Reisenden und Wissenschaftlern unzutreffend mit dem Ramesseum identifiziert wurde.

Menhit Schutzgöttin, ursprünglich möglicherweise die Kobra, später jedoch oft als Frau mit dem Kopf einer Löwin dargestellt.

Moringabaum Baum, der mit bestimmten Göttern assoziiert wurde, die beschrieben werden als „unter" oder „in seinem Moringabaum". Der Baum ist vielseitig nutzbar. Aus dem Samen lässt sich zum Beispiel Öl gewinnen.

Nekhakha Geißel. Zepter und Geißel waren im alten Ägypten die Königsinsignien.

Nemes Das berühmte königliche Kopftuch mit seitlichen „Flügeln" und der Uräusschlange an der Stirn.

Nomos Griechisches Wort, das für die Verwaltungsbezirke Ägyptens steht. Im Alten Reich gab es 39 Verwaltungsbezirke, später 42 (20 in Unterägypten, 22 in Oberägypten).

Opetfest Das bedeutendste, jährlich zelebrierte Fest in Theben. Am Opetfest reisten die Götter von Karnak, die thebanische Triade Amun-Re, Mut und Chons, auf dem Nil nach Luxor, um die heilige Vermählung zu feiern.

Osirispfeiler Quadratischer Pfeiler mit Osirisstatue in einem Tempel. Der Gott ist als Mumie dargestellt und wird mit dem entsprechenden König identifiziert.

Ostrakon Scherbe eines Gefäßes oder Kalksteinsplitter, die als Schreibmaterial dienten.

Perseabaum Der Baum Mimusops schimperi. Auf die Blätter dieses Baumes schrieben die Götter traditionell den Namen des jeweiligen Königs.

Ronpet Göttin, die Personifikation des Jahres, vor allem in Verbindung mit den Regierungsjahren eines Königs.

Sedfest Das königliche Jubiläum, Fest der Erneuerung. Das Sedfest wurde erstmals im 30 Regierungsjahr des Königs gefeiert und danach in einem Zyklus von drei Jahren.

Sempriester Priester, der vorwiegend in Diensten des Gottes Ptah von Memphis stand. Charakteristisch für den Sempriester sind das Leopardenfell und die Seitenlocke.

Serapeum Tempelanlage der Nekropole von Sakkara mit unterirdischen Grüften, in denen die einbalsamierten Apisstiere beigesetzt wurden.

Speos Felsentempel, zum Beispiel der Tempel von Abu Simbel.

Stele Mit Inschriften versehene, in der Regel frei stehende Platte oder Pfeiler. Der Inhalt des Textes richtet sich nach dem Zweck der Stele: Grab-, Festtags- oder historische Inschrift.

Thronname Der Name des Königs nach der Krönung in einer seiner beiden Kartuschen.

Tit Schutzamulett in Form eines Knotens, assoziiert mit der Göttin Isis. Gelegentlich auch als „Isisblut" bezeichnet.

Uräusschlange Die Kobra an der Stirn des Königs. Verkörperung der Schutzgöttin Uto (Wadjet), die in Buto im Delta verehrt wurde.

Uschebti Grabbeigabe in Form einer Figurine. Das Uschebti hatte die Pflichten des Verstorbenen zu erfüllen, wenn dieser im Jenseits zur Arbeit gerufen wurde.

User-Stab Amtsstab, dessen Abschluss oft ein Tierkopf bildet. Der User-Stab verkörpert „Macht" und ist im Allgemeinen ein Attribut der Göttern.

Weret-hekau „Die Große der Magie". Eine Göttin, die oft als Schlange dargestellt ist. Weret-hekau stand in enger Verbindung mit Isis und dem Schutz der königlichen Macht.

Register

Hinweis: b = *Bildunterschrift*

A
Abu Gurob, 253
Abu Simbel, 9, 9b, 25b, 30, 31b, 32, 33, 76b, 78b, 83, 86b, 89b, 90b, 92b, 98, 103, 103b, 104b, 107b, 111b, 112b, 119b, 120b, 123, 174, 177, 177b, 178b, 180, 180b, 182, 191b, 197b, 205b, 208, 211, 211b, 218, 220, 220b, 222, 222b, 225, 227, 229b, 232, 240, 241b, 244b, 257b, 261b, 270, 271, 275b, 276, 279
Abydos, 44, 56, 59b, 64, 68, 68b, 71, 71b, 73, 85, 98, 104b, 120b, 123, 126, 126b, 127b, 128b, 131b, 135, 198, 201b, 220, 244, 247b, 261 264, 276, 300
Achmim, 256
Ägypten, 9, 9b, 21, 22, 25, 27, 28, 28b, 29, 30, 31b, 32, 33, 33b, 34, 34b, 36, 37, 41, 44, 47, 51, 53, 54, 56b, 59, 59b, 60, 62, 67, 68, 71, 71b, 73, 74, 76, 78, 81, 82, 83b, 84, 85, 91, 92, 95, 98, 107, 110, 110b, 116, 123, 125, 130, 132b, 140b, 161, 161b, 164b, 166, 169, 169b, 197, 197b, 198, 200, 201, 203, 204, 211, 214, 217, 220, 222, 241, 243, 243b, 249, 250, 252, 253, 254, 256, 259, 262, 264, 265, 266, 268, 270, 273, 276, 279, 281, 286, 286b, 288b, 289, 292, 293, 294, 296, 300, 300b, 301, 302, 304, 306, 307, 308
Ahhotep, 214
Akscha, 171
Aleppo, 110, 113, 121
Alexander der Große, 306
Alexandria, 92, 161b, 165, 207
Amara, 64, 91, 171, 243, 247
Amarna, 135, 214, 217, 259, 273
Amenemopes, 86, 166, 302
Amenhotep III., 35
Amenhotpe, 294
Amenophis I., 214, 281, 294
Amenophis II., 125b, 140b, 148b
Amenophis III., 9b, 25, 44, 47, 48, 67, 71, 74, 91, 135, 140, 144b, 153, 200, 211, 218, 219, 222, 245, 277, 307
Amenophis IV. siehe Echnaton
Amosis, 54, 214, 266, 281
Amosis-Nofretiri, 214, 281, 294
Amunemuia, 246, 247
Amunherchopeschef, 27b, 78, 78b, 220, 239, 240, 243b, 246, 247, 247b, 249
Amunherwonemef, 86, 173b, 246
Amun, 44b, 48, 59, 59b, 64b, 65b, 67, 108, 115, 116, 118, 135, 166, 180b, 218, 219, 232, 246, 247, 252, 261, 266, 271, 277, 278, 281, 285, 289, 291, 294, 295b, 299b
Amun-Re, 59b, 61b, 74b, 86b, 128b, 129, 135, 135b, 139, 139b, 140b, 148b, 154b, 157b, 165, 170b, 181, 186b, 189b, 191b, 192b, 194b, 199b, 203b, 211, 225b, 227b, 243b, 247b, 261b, 273b, 280b, 282b, 286b, 292, 293, 294, 295b, 306
Amurru, 60, 74, 107, 107b, 108, 116, 120, 123
Anat, 294
Anchesenamun, 53, 217, 217b
Anchtawj, 305
Aniba, 91
Anubis, 51b, 55b, 235b, 264
Anukis, 171, 257b, 273b
Apisstier, 161, 251b, 252, 252b, 254, 261b, 262b, 264, 265b, 304b
Araspes, 227b
Arinna, 83b, 85b
Armant, 203, 295
Arrhidaeus, Philip III., 277b
Arunwandas II., 53
Arzawa, 53, 107
Aschahebsed, 177
Ascheru, 293
Assuan, 91, 150, 171, 207, 270
Assyrien, 76, 81, 123
Astarte, 294
Atomemtaneb, 281b
Aton, 41b, 259, 273
Atum, 55b, 154b, 166b, 207b, 274, 278b, 281
Avaris, 166
Azzi-Hayasa, 53

B
Babylon, 307
Bachtan, 85, 306, 307
Baktrien, 307
Bankes, William John, 30
Bastet, 281, 305
Beirut, 74
Beit el-Wali, 86, 90b, 171, 172b, 173b, 246, 250, 273b
Bekmut, 186b
Belzoni, Giovanni Battista, 25, 25b, 27, 30, 31b, 56b, 71, 182b, 261b
Bentresch, 306
Berlin, 86
Bes, 294
Beth Schan, 62
Biga, 203, 253
Bintanta, 136b, 164b, 211, 239, 239b, 240, 256, 257b
Blandford Edwards, Amelia, 34, 34b, 35, 37, 220
Breasted, James Henry, 35, 36, 37, 98, 103, 220, 243
Bubastis, 208, 280b, 305
Buhen, 91
Burckhardt, Johann Ludwig, 25, 29, 30
Burton, James, 48b, 249
Byblos, 74

C
Chabechnet, 299
Chaemet, 259b
Chaemweset, 86, 125, 201, 203, 239, 243b, 246, 247, 250, 251b, 252, 252b, 253, 253b, 254, 254b, 264, 304b, 305
Champollion, Jean François, 22, 30, 32, 33b
Chepre, 232b, 278b
Chnum, 173b, 184b
Chons, 135, 140b, 154b, 199b, 243b, 276, 277, 278, 280b, 291, 293, 296, 306, 307
Chons-Neferhotep, 281, 306, 307
Chonsemhet-netjerneb, 306
Cogniet, Leon, 33b

D
Damaskus, 76, 78
Dapur, 78, 80b, 81, 157b
Dardany, 107
Deir el-Bahari, 218, 277, 289
Deir el-Medina, 214, 262, 273, 278b, 291, 291b, 293, 294, 295b, 296, 296b, 299b, 300, 300b, 301
Dendera, 30, 227b, 277
Derr, 170, 171
Diodorus Siculus, 28, 29
Djahy, 110
Djehuti-emheb, 306
Drovetti, Bernardino, 26b, 27, 35
Dubois, François, 22b

E
Echnaton, 9, 41, 41b, 44, 47, 48, 49, 53, 74, 91, 136, 217, 241, 259, 273, 276
Edfu, 30, 277
Eje, 41, 44, 47, 48, 52, 282
Elephantine, 91, 125b, 203, 270, 273b
Eleutheros, 116
Elgin, Lord, 25
El-Kurna, 294

F
Faijum, 220, 239, 243, 300b
Fraktin, 85b
Frankreich, 22b, 30

G
Gardiner, Sir Alan, 243
Gebel Ahmar, 166
Gebel Barkal, 64
Gebel es-Silsila, 150, 201, 203, 239
Gell, Sir William, 30
Gerf Hussein, 171

H
Hamilton, William, 25
Hapi, 150, 203
Haremhab, 9b, 41, 44, 44b, 47, 47b, 48, 49, 49b, 51, 52, 54, 55b, 59, 67, 136, 140, 148b, 150b, 219, 259
Haroeris, 199b
Hathor, 9b, 163b, 177, 214, 214b, 220b, 222, 224b, 225, 227, 227b, 229b, 232b, 277, 278b
Hatschepsut, 9, 44, 71b, 214b, 218, 219
Hatti, 74, 76, 78, 81, 82, 83, 84, 85, 92, 98, 107, 110, 116, 119, 120b, 121, 169, 241, 307
Hattusa, 76, 82, 83, 219
Hattusilis, 78, 81, 82, 83, 84, 84b, 85, 85b
Hauron, 197b
Heliopolis, 135, 161, 164b, 165, 166, 166b,

198, 207, 247, 252, 267, 278b, 281, 300
Hent-taui, 186b, 256
Herakleopolis, 264
Herihor, 289
Hermopolis, 41, 252
Herodot, 28, 308, 309, 309b
Hischmi-Scharruma, 85
Horherwonemef, 246
Hori, 266
Hormin, 59b
Horus, 51b, 55b, 56b, 83, 129, 129b, 197b, 198, 227, 232b, 251b, 254b, 267b, 270, 274, 281, 282, 289
Hui, 266, 267, 271
Huinefer, 293
Hurbeit, 211
Hyksos, 44, 166, 214

I
Iaru, 301
Ibschek, 222, 222b, 225, 227
Inhapi, 289
Iniferti, 291b
Irem, 86
Irunefer, 296b
Isis, 51, 68b, 129, 129b, 140b, 227, 229b, 230b, 235b, 262b, 267b, 296b, 299
Isisnofret, 186b, 239, 239b, 240, 246, 254, 256
Israel, 28, 37, 95
Israeliten, 28, 37
Iunmutef, 254b
Iunu, 165

K
Kadesch, 9b, 34, 35, 59, 60, 76, 78, 98, 103, 104b, 107b, 108, 109, 110b, 111b, 113, 115b, 116, 116b, 119, 120, 120b, 121, 123, 123b, 130, 131b, 139, 153, 204, 218, 220, 244, 245, 250, 254, 302, 303b
Kairo, 9b, 21, 21b, 161, 163, 165, 208, 288b, 289, 305

Kamose, 214
Kamutef, 140b, 148b, 170b, 194b
Kanaan, 60, 62, 74, 78, 81, 85, 107, 110, 120, 247
Kantir, 166, 169, 169b, 211
Karkemisch, 53, 108
Karnak, 27, 30, 32, 41, 41b, 44b, 48, 48b, 51, 56, 59, 59b, 61b, 62b, 64, 64b, 65b, 67, 67b, 71, 78, 82, 98, 125, 135, 135b, 136, 136b, 139b, 142, 145b, 154, 199b, 200, 203b, 211, 239b, 244, 253b, 274, 277, 277b, 278, 279, 281, 282b, 293, 294, 299b, 306
Kasr Ibrim, 91
Kemet, 41
Kenherchopeschef, 292
Kerma, 91
Keschkesch, 107
Kitchen, Kenneth, 9
Kizzuwadna, 107, 110
Kleinasien, 47, 54, 59, 62, 73, 78, 81, 107, 110
Kleopatra, 165
Koptos, 85
Kusch, 64, 91, 171, 177, 204, 261b, 270, 271, 271b

L
Lebas, Jean-Baptiste Apollinaire, 22b
Lepsius, Karl Richard, 76b, 153b, 157b, 203b, 275b
Letopolis, 199b, 281
Libanon, 60, 62b, 78, 81, 107
Libyen, 62, 73, 92, 304
Luka, 107
Luxor, 9b, 22, 22b, 32, 37b, 44b, 48, 48b, 49b, 60b, 67, 78, 81, 98, 125, 125b, 135, 139, 140, 140b, 144b, 145b, 146b, 148b, 180, 200, 207b, 208b, 211, 211b, 218, 220b, 232, 243b, 244, 244b, 273b, 274, 277, 281

M
Maaninachtef, 293
Ma'at, 129b, 177b, 197, 211b, 225b, 227b, 235b, 270, 296b
Maha, 227
Mahor-neferure, 83b, 84, 85, 241, 307
Manetho, 29, 308
Mariette, Auguste, 252
Marsa Matruh, 92
Masa, 107
Medinet Habu, 52, 219, 273, 305, 308, 309
Medjemmut, 186b
Mehit, 281
Memnon, 25, 29, 150, 153, 200, 208, 211
Memphis, 21, 21b, 25, 47, 48, 71, 73b, 103, 119, 126, 161, 161b, 162b, 163, 163b, 164b, 165, 166, 198, 200, 201, 203, 207, 208, 217b, 219, 247, 250, 252, 253b, 259, 262, 273, 274, 276, 294, 300, 303, 305, 308
Menhit, 170b
Menna, 265b
Menpehtire, 54, 82
Merenptah, 26b, 37, 73b, 91, 95, 126, 239, 245, 246, 247, 250, 254, 285, 289
Merire, 246, 261
Merire II., 244b
Meritamun, 186b, 239, 239b, 240, 244b, 256, 257b
Meritaton, 247
Meschwesch, 92
Mertseger, 294
Miam, 91
Miamun, 197
Min, 140b, 259b
Mitanni, 214
Mit-Rahina, 161
Mittelmeer, 92, 270, 301
Mi-wer, 220, 239, 244, 256

Moab, 78
Mohammed Ali Pascha, 21, 22, 22b, 144
Month, 154b, 203, 204
Montherchopeschef, 246
Mose, 262, 266, 267, 295
Mursilis II., 53, 62, 74, 78, 82
Mut, 86b, 135, 186b, 191b, 199b, 222, 232, 243b, 247b, 273b, 276, 278, 280b, 286b,293
Mutnodjmet, 44, 47
Mut-Tui, 218b, 219, 240
Muwatallis, 74, 76, 78, 107, 108, 109, 110, 113, 119, 120, 123

N
Nadeln der Kleopatra, 207
Naharin, 110, 120b, 306
Nahr el-Kalb, 74, 81
Naneferkaptah, 305
Napata, 64
Nassersee, 169b, 174, 177b, 178b
Nauri, 64, 73, 300
Nearin, 108, 116, 118, 120
Nebencharu, 246
Nebentaneb, 244b
Nebre, 92, 262
Nebt-taui, 240, 241, 257b
Nechbet, 71b, 197
Neferchai, 293
Neferronpe, 203
Nefertum, 129b
Neferure, 221, 306, 307
Neith, 55b, 262b, 281
Neschi, 266, 267
Neuserre, 253
Nil, 21, 25b, 30, 31b, 32, 64, 91, 136, 166, 174, 201, 203, 235b, 265, 268, 270, 278, 279, 301
Nitocris, 295
Nofretete, 8, 9, 41b, 44, 48, 49, 217, 217b, 218, 222b
Nofretiri, 27b, 31b, 83, 150b, 177, 182, 186b, 192b, 218, 219, 220, 220b, 222, 222b, 225, 225b, 227, 227b, 229b,

230, 230b, 232, 232b, 235b, 239, 239b, 240, 241, 241b, 246, 256, 270, 299
Nubien, 30, 32, 47, 53, 62, 64, 73, 83, 86, 89b, 91, 92, 98, 104b, 125, 166, 171, 173b, 177, 182, 222, 225, 232, 243, 244, 246, 247, 250, 256, 270, 271, 276, 300
Nut, 271b

O
Ombos, 227
Opetfest, 48, 48b, 126, 135, 136, 139,140, 276, 278, 279, 306
Orontes, 78, 110, 113, 118, 119, 119b, 157b
Osiris, 51b, 55b, 56b, 68, 68b, 71, 73, 126, 128b, 129, 129b, 130, 131b, 132b, 154b, 170b, 174b, 179b, 182b, 198, 214b, 232b, 261b, 264, 265b, 267b, 274, 276, 282, 296b, 300
Osorkon I., 289

P
Pabes, 166, 302
Pai, 293
Palästina, 59, 60, 110, 302
Panhesi, 266, 267b
Paris, 9, 22, 22b, 27, 144, 145b, 289
Paser, 83, 86, 261, 261b, 262, 262b, 264, 270, 271, 278
Pendua, 291
Pentawer, 103
Pesaro, 292
Philae, 30, 203
Phönizien, 74
Pidasa, 107
Pinnodjem I, 136b, 139, 211
Pi-Ramses, 9, 37, 51, 52, 54, 78, 82, 85, 95, 103, 120, 161, 164b, 165, 166, 169, 198, 201, 203, 204, 207, 207b, 208, 211, 219, 220, 239,

241, 243, 244, 253, 254, 256, 261, 261b, 267, 270, 273, 274, 276, 279, 289, 300
Pi-Ramses-Meriamun, 91
Pithom, 95
Pre, 110, 113, 118
Pre-emheb, 293
Preherwonemef, 78b, 246
Prehotpe, 211, 264, 292
Prisse d'Avennes, Emile, 9b, 257b, 292b, 293b, 300b
Psammetich, 30
Ptah, 21b, 59, 59b, 103, 108, 110, 116b, 118, 127b, 129, 161, 161b, 162b, 163b, 166, 181, 200, 201, 227b, 243b, 252, 264, 266, 273, 294, 300, 304b, 305, 308
Ptah-Sokaris, 129b,
Ptah-Sokaris-Osiris, 296b
Ptah-Tatenen, 164b, 166b, 203, 207, 253b
Ptolemäer, 165
Puduhepa, 83, 83b, 84, 84b, 85b

Q
Qudschu, 294

R
Rahotpe, 211, 265b
Ramses I., 52, 55b, 59, 67, 82, 130, 136, 285, 289
Ramses II., 9, 9b, 21, 21b, 22, 22b, 25, 25b, 26b, 27, 27b, 28, 28b, 29, 30, 31b, 32, 33, 34, 35, 36, 37, 41, 44, 51, 52, 54, 59, 59b, 64, 67, 68, 71, 71b, 73, 73b, 74, 74b, 76, 78, 78b, 80b, 81, 82, 83, 84, 85, 86b, 89b, 90b, 91, 92, 92b, 95, 95b, 98, 103, 104b, 121, 123, 123b, 125, 125b, 126b, 127b, 128b, 129, 129b, 130, 131b, 132b, 135, 135b, 136, 136b, 137b, 139, 139b, 140, 144, 145b, 146b, 148b, 150, 153b, 154b, 157b, 161, 161b, 162b, 163, 163b, 164b, 165, 165b, 166b, 169, 170b, 171, 172b, 173b, 177, 177b, 179b, 180, 181, 182, 184b, 186b, 189b, 191b, 192b, 194b, 197, 197b, 199b, 200, 201, 201b, 203, 203b, 204, 205b, 207, 207b, 208, 208b, 211, 211b, 218, 218b, 219, 220, 220b, 222, 222b, 225, 225b, 227, 227b, 229b, 230b, 232, 239, 239b, 240, 241, 243b, 245, 246, 247, 247b, 249, 250, 251b, 252b, 253, 254, 256, 257b, 259b, 261, 264, 265, 266, 267, 267b, 270, 271, 273, 273b, 274, 275b, 276, 278b, 279, 280b, 281, 282b, 284b, 285, 285b, 286, 286b, 288b, 289, 291, 291b, 292, 293, 294, 295, 296, 300, 301, 302, 303, 303b, 304, 305, 306, 307, 307b, 308, 309, 309b
Ramses III., 52, 219, 266, 273, 289, 305, 308
Ramses IV., 211, 246
Ramses XI., 289
Ramses-Meriamun, 130, 197, 207, 208, 306
Ramose, 92, 95, 261, 278b
Rapsaces, 29
Re, 59, 73, 108, 165, 166, 197b, 198, 207, 222, 235b, 247, 252, 274, 281, 286b, 300
Rechmire, 261, 262, 292b, 293b
Re-Harachte, 111b, 129, 164b, 166b, 181, 186b, 193b, 211b, 227b, 229b, 232b, 275b, 278b, 281
Rehotpe, 264
Remphis, 28
Reschep, 294
Retjenu, 207
Rhampsinitus, 28, 308, 309, 309b
Rifaud, Jean Jacques, 27, 35
Ronpet, 129
Rosellini, Ippolito, 60b, 74b, 76b, 78b, 80b, 86b, 90b, 92b, 95b, 103b, 107b, 108b, 112b, 115b, 116b, 123b, 257b, 300b, 303b

S
Sa'd Zaghlul, 289
Sai, 64
Sechmet, 119, 281
Salt, Henry, 27, 29, 30, 33b
Sakkara, 47, 47b, 48, 49, 52, 59b, 219, 251b, 252, 252b, 253, 254b, 264, 265b, 295, 304b, 305
Schiaparelli, Ernesto, 230
Schmunu, 41
Schwarzes Meer, 53, 107, 110
Sebennjtos, 29
Sedeinga, 91, 222
Sedment, 264
Sekenenre-Taa II., 289
Selkis, 235b
Semna, 30
Sennodjem, 296, 296b, 298b, 299, 299b
Senusret I., 208
Senusret III., 29
Seschat, 274, 275b
Sesebi, 91
Sesostris I., 29, 32, 165
Sesothis I., 29
Setau, 91, 92, 171, 271
Seth, 59, 68, 108, 110, 116, 118, 120, 166, 204, 227
Sethherchopeschef, 83, 247, 249
Sethos I., 27, 41, 44, 51, 56b, 59, 59b, 60, 61b, 62, 62b, 64, 65b, 67, 67b, 68, 68b, 71, 71b, 73, 74, 82, 83, 91, 239, 244, 246, 250, 256, 259, 261, 270, 276, 285, 286, 289, 300
Setne Chamuas, 305
Setpenre, 246
Schabtuna, 110
Schasu, 204
Scherden, 107, 108b
Scheritre, 266
Shelley, Percy Bysshe, 27, 29, 197
Siamun, 289
Sile, 59
Sinaihalbinsel, 177, 214b, 225
Sitamun, 292, 295b
Siwadjet, 271, 291
Sobchotpe, 295
Sokaris, 276
Soleb, 91
Suppiluliuma, 53, 82
Sutech, 108
Syrien, 53, 76, 78, 81, 85, 110, 111b, 123, 173b, 306

T
Tabubu, 305
Tamaket, 299
Tanis, 32, 85, 164b, 165, 165b, 166, 166b, 197b, 204, 207b, 208, 241, 278b
Tatenen, 59b, 200
Tell el-Dab'a, 166
Tell esch-Schihab, 62
Tetischeri, 214
Theben, 25, 25b, 33b, 47, 56, 71, 83, 85, 86b, 98, 104b, 125, 126, 135, 150, 153, 154, 161, 165, 166, 203, 207b, 208, 218, 218b, 235b, 246, 252, 254b, 259, 261, 261b, 262, 266, 271, 276, 278, 279, 285, 289, 291, 293, 294, 295b, 299b, 303b, 305, 306, 307, 309
Thoeris, 229b, 294, 295b
Thot, 154b, 198, 224b, 252, 274, 275b
Tije, 214, 214b, 222
Tjai, 295
Tjehenu, 92
Tjel, 107
Tjemehu, 92
Tudhalijas, 85
Tui, 83, 218, 218b, 219, 281
Tunip, 78, 81
Turin, 27, 35, 47, 48, 208
Tuschratta, 214
Tutanchamun, 41, 44, 47, 48, 49, 49b, 52, 53, 140, 217, 217b, 219, 220, 277, 282
Thutmosis I., 214, 294
Thutmosis II., 214
Thutmosis III.; 35, 37, 44, 44b, 165, 200, 203, 207, 214, 245, 262
Thutmosis IV., 306
Tutuia, 292

U
Unennefer, 276
Upe, 76, 123
Urhi-Teschub, 78, 81, 83, 84
User-Ma'at-Re, 29
Usermaatre-Setpenre, 130, 197, 201, 207, 208, 211, 222, 293, 306, 307
Usimare, 29
Uto, 166, 197

V
Victoria, 304

W
Wadi es-Sebua, 91, 92, 95, 171, 174, 174b, 175b, 203b, 243, 244, 250, 271
Wadjet siehe Uto
Wadjmose, 291
Weeks, Kent, 248b, 249, 249b
Werel, 293, 294
Werenro, 186b, 266
Weret-hekau, 170b
Wiggett, James Samuel, 30
Wilkinson, John Gardner, 30, 32, 33, 33b, 34, 35, 37, 59b, 67b, 249

Y
Young, Thomas, 30

Z
Zawijet Umm el-Racham, 92

BIBLIOGRAPIE

Baines J., und Malek, J.: *Atlas of Ancient Egypt*. Oxford 1980.

Bierbrier, M. L.: *Tomb Builders of the Pharaohs*. London 1982; Kairo 1989.

Bietak, M.: Avaris: *Capital of the Hyksos. Recent Excavations*. London 1996.

Bleiberg, E., und Freed, R., (Hrsg.): *Fragments of a shattered visage. Proceedings of the International Symposium on Ramesses the Great*. Memphis, TN, 1991.

Desroches-Noblecourt, C. und Kuentz, C.: *Le Petit temple d'Abou Simbel*. Kairo 1968.

Freed, R. E.: *Ramesses the Great. His Life and Works*. Ausstellungskatalog. Memphis, TN, 1987.

Gardiner, A. H.: *Egypt of the Pharaohs*. Oxford 1961.

Gardiner, A. H.: *The Kadesh Inscriptions of Ramesses II*. Oxford 1960.

Gurney, O. R.: *The Hittites*. London 1952 (letzte Überarbeitung 1999).

Habachi, L.: *Features of the deification of Ramesses II*. Glückstadts 1969.

Kitchen, K. A.: *Pharaoh Triumphant. The Life and times of Ramesses II*. Warminster 1982.

Kitchen, K. A.: *Ramesside Inscriptions*. Vol. I *Ramesses I Sethos I and Contemporaries*: Texts, Oxford 1968–1969; Translations, Oxford 1993; Annotations, Oxford 1993. Vol. II, *Ramesses II, Royal Inscriptions*: Texts, Oxford 1969–1979; Translations, Oxford 1996; Annotations, Oxford 1999. Vol. III, *Ramesses II. His Contemporaries*: Texts, Oxford 1978–1980; Translations, Oxford 2000; Annotations, in Kürze erscheinend.

Menu, B.: *Ramesses the Great. Warrior and Builder*. London und New York 1999.

Murnane, W. J.: *The Road to Kadesh*. Chicago 1985.

Tanis: *L'Or des pharaons*. Ausstellungskatalog. Paris 1987.

Tyldesley, J.: *Ramesses. Egypt's greatest Pharaoh*. London 2000.

Weeks, K. R.: *The Lost tomb. The greatest discovery at the Valley of the Kings since Tutankhamen*. London 1998.

Weeks, K. R., (Hrsg.): *Valley of the Kings. The Tombs and Funeral Temples of Thebes West*. Vercelli 2001.

DANKSAGUNG

DER VERLAG DANKT:

H. E. Farouk Hosny, Ägyptischer Kultusminister

Zahi Hawass, Generalsekräter des Obersten Rates für Antiquitäten

Nabil Osman, Präsident des ägyptischen Informationszentrums

Gamal Morsi, Direktor des Kairoer Pressezentrums

Sabry Abd El Aziz Khater, Generaldirektor der Antiquitäten von Luxor und Oberägypten

Mohamed A. El-Bialy, Generaldirektor der Antiquitäten von Theben-West

Kent Weeks

Christian Leblanc

Gamal Shafik vom Kairoer Pressezentrum

Hotel „Mena House Oberoi"

Alessandro Cocconi und Guido Paradisi

DANK GEHT AUCH AN:

Ashmolean-Museum

Bodleian Library, Abteilung Western Manuscript, Oxford

Tanya Watkins vom British Museum, Abteilung Egyptian Antiquities, London

CNRS Phototeque, Paris

Robert Partridge von der Egypt Picture Library

Sue Hutchinson vom Griffith Institute

Rebecca Akhan vom Metropolitan Museum of Art, New York

Musèe du Louvre, Abteilung des Antiquites Orientales, Paris

Cristiana Morigi Govi vom Museo Civico, Bologna

Matilde Borla vom Museo Egizio, Turin

Hikmet Denizli vom Museum für anatolische Zivilisationen, Ankara

Carla Hosein vom Oriental Institute, Chicago University

Reunion de Musees Nationaux, Paris

Patricia Spencer von der Egypt Exploration Society

Steven Snape von der University of Liverpool

Abbas Ataman

Ersu Pekin

BILDNACHWEIS

Seite 1 Alfio Garozzo/Archivio White Star
Seiten 2-3 Araldo De Luca/Archivio White Star
Seiten 4-5 Araldo De Luca/Archivio White Star
Seiten 6-7 Giulio Veggi/Archivio White Star
Seite 8 Alfio Garozzo/Archivio White Star
Seite 9 Alfio Garozzo/Archivio White Star
Seite 10 Hervè Lewandowski/Photo RMN
Seite 11 Alfio Garozzo/Archivio White Star
Seiten 12-15 Araldo De Luca/Archivio White Star
Seiten 16-17 Alfio Garozzo/Archivio White Star
Seiten 18-19 Araldo De Luca/Archivio White Star
Seite 20 Alfio Garozzo/Archivio White Star
Seite 21 Alfio Garozzo/Archivio White Star
Seite 22 oben R.& V./Contrasto
Seiten 22-23 Mitte R.& V./Contrasto
Seite 23 oben links Photos12
Seite 23 unten links Photos12
Seite 23 rechts Giulio Veggi/Archivio White Star
Seite 24 oben rechts T.G.H. James
Seite 24 oben links T.G.H. James
Seiten 24-25 Archivio Images Service
Seite 25 oben British Museum
Seite 26 oben Archivio White Star
Seite 26 unten Archivio White Star
Seite 27 links Archivio White Star
Seite 27 rechts Antonio Attini/Archivio White Star
Seite 28 oben Alfio Garozzo/Archivio White Star
Seite 29 oben Alfio Garozzo/Archivio White Star
Seite 30 oben Archivio White Star
Seiten 30-31 Archivio White Star
Seite 31 unten links Archivio White Star
Seite 31 unten rechts Archivio White Star
Seite 32 Archivio White Star
Seite 33 oben links Alberto Siliotti/Archivio Geodia
Seite 33 oben rechts Archivio White Star
Seite 34 T.G.H. James
Seiten 38-39 Alfio Garozzo/Archivio White Star
Seite 40 Araldo De Luca/Archivio White Star
Seite 41 oben Araldo De Luca/Archivio White Star

Seite 41 unten Araldo De Luca/Archivio White Star
Seiten 42-43 Archivio White Star
Seite 44 links Araldo De Luca/Archivio White Star
Seite 44 oben rechts Hervè Lewandowski/Photo RMN
Seite 44 unten rechts Hervè Lewandowski/Photo RMN
Seite 45 Araldo De Luca/Archivio White Star
Seite 46 oben links Araldo De Luca/Archivio White Star
Seite 46 oben rechts Chuzeville/Photo RMN
Seiten 46-47 Archivio Scala
Seite 47 links B. Hatala/Photo RMN
Seite 47 rechts Araldo De Luca/Archivio White Star
Seite 48 oben Alfio Garozzo/Archivio White Star
Seite 48 Mitte links Alfio Garozzo/Archivio White Star
Seite 48 Mitte rechts Alfio Garozzo/Archivio White Star
Seite 48 unten Alfio Garozzo/Archivio White Star
Seite 49 links Antonio Attini/Archivio White Star
Seite 49 rechts Araldo De Luca/Archivio White Star
Seite 50 Araldo De Luca/Archivio White Star
Seite 51 oben Araldo De Luca/Archivio White Star
Seite 51 unten links Araldo De Luca/Archivio White Star
Seite 51 unten rechts Araldo De Luca/Archivio White Star
Seiten 52-53 Araldo De Luca/Archivio White Star
Seiten 54-55 Araldo De Luca/Archivio White Star
Seite 55 oben Araldo De Luca/Archivio White Star
Seite 56 oben Archivio White Star
Seite 56 unten links Archivio White Star
Seite 56 unten rechts Archivio White Star
Seite 57 Araldo De Luca/Archivio White Star
Seite 58 links Alfio Garozzo/Archivio White Star
Seite 58 oben rechts Antonio Attini/Archivio White Star
Seite 58 Mitte rechts Antonio Attini/Archivio White Star
Seiten 58-59 Archivio White Star
Seite 59 unten Hervè Lewandowski/Photo RMN
Seite 60 unten Archivio White Star
Seiten 60-61 Alfio Garozzo/Archivio White Star

Seite 61 oben Alfio Garozzo/Archivio White Star
Seite 62 oben links Archivio White Star
Seite 62 unten rechts Archivio White Star
Seiten 62-63 Archivio White Star
Seite 63 unten Archivio White Star
Seiten 64-65 Alfio Garozzo/Archivio White Star
Seite 65 oben Alfio Garozzo/Archivio White Star
Seite 65 rechts Antonio Attini/Archivio White Star
Seite 66 oben Antonio Attini/Archivio White Star
Seiten 66-67 Archivio White Star
Seite 67 Archivio White Star
Seite 68 oben Antonio Attini/Archivio White Star
Seite 68 unten links Antonio Attini/Archivio White Star
Seite 68 unten rechts Antonio Attini/Archivio White Star
Seite 69 Antonio Attini/Archivio White Star
Seite 70 oben Antonio Attini/Archivio White Star
Seite 70 Mitte Antonio Attini/Archivio White Star
Seite 70 unten British Museum
Seite 71 Antonio Attini/Archivio White Star
Seite 72 Araldo De Luca/Archivio White Star
Seite 73 Archivio White Star
Seite 74 unten Hervè Lewandowski/RMN
Seiten 74-75 Archivio White Star
Seiten 76-77 Araldo De Luca/Archivio White Star
Seite 77 Archivio White Star
Seite 78 unten links Archivio White Star
Seite 78 unten rechts Archivio White Star
Seite 79 Archivio White Star
Seite 80 Antonio Attini/Archivio White Star
Seite 81 Archivio White Star
Seite 82 oben links Hadiye Cangokce-Cem Cetin
Seite 82 oben rechts Hadiye Cangokce-Cem Cetin
Seite 83 oben Hadiye Cangokce-Cem Cetin
Seite 84 oben Hadiye Cangokce-Cem Cetin
Seite 84 Mitte Hadiye Cangokce-Cem Cetin
Seiten 84-85 Ekrem Akurgal
Seite 86 oben Archivio White Star
Seiten 86-87 Archivio White Star
Seite 87 unten Archivio White Star

Seiten 88-89 Araldo De Luca/Archivio White Star
Seiten 90-91 Alfio Garozzo/Archivio White Star
Seite 90 Mitte Archivio White Star
Seite 90 unten Archivio White Star
Seite 92 Alfio Garozzo/Archivio White Star
Seiten 92-93 Archivio White Star
Seite 93 unten Archivio White Star
Seite 94 Araldo De Luca/Archivio White Star
Seite 95 Araldo De Luca/Archivio White Star
Seiten 96-97 Araldo De Luca/Archivio White Star
Seiten 98-99 Archivio White Star
Seiten 100-103 Araldo De Luca/Archivio White Star
Seiten 104-105 Archivio White Star
Seite 105 oben Araldo De Luca/Archivio White Star
Seite 105 unten Araldo De Luca/Archivio White Star
Seite 106 Araldo De Luca/Archivio White Star
Seite 107 oben Archivio White Star
Seite 108-109 Archivio White Star
Seite 110 oben Araldo De Luca/Archivio White Star
Seite 110 unten Araldo De Luca/Archivio White Star
Seite 111 oben Araldo De Luca/Archivio White Star
Seite 111 Mitte Araldo De Luca/Archivio White Star
Seite 112-113 Araldo De Luca/Archivio White Star
Seite 113 oben Archivio White Star
Seite 113 unten Archivio White Star
Seite 114-115 Archivio White Star
Seite 116 unten Araldo De Luca/Archivio White Star
Seite 117 Archivio White Star
Seiten 118-119 Archivio White Star
Seite 120 oben Araldo De Luca/Archivio White Star
Seite 120 unten Antonio Attini/Archivio White Star
Seiten 120-121 Araldo De Luca/Archivio White Star
Seite 122 Araldo De Luca/Archivio White Star
Seite 123 Archivio White Star
Seite 124 Antonio Attini/Archivio White Star
Seite 125 British Museum
Seite 126 Alfio Garozzo/Archivio White Star
Seite 126 unten Grafik: Angelo Colombo/Archivio White Star

Seiten 126-127 Alfio Garozzo/Archivio White Star
Seite 127 oben links Alfio Garozzo/Archivio White Star
Seite 127 rechts Alfio Garozzo/Archivio White Star
Seite 127 unten Alfio Garozzo/Archivio White Star
Seiten 128-129 Alfio Garozzo/Archivio White Star
Seite 128 unten Alfio Garozzo/Archivio White Star
Seite 129 Mitte links Antonio Attini/Archivio White Star
Seite 129 Mitte rechts Antonio Attini/Archivio White Star
Seite 129 unten rechts Antonio Attini/Archivio White Star
Seite 129 unten links Antonio Attini/Archivio White Star
Seite 130 oben rechts Grafik: Angelo Colombo/Archivio White Star
Seite 130 Mitte Alfio Garozzo/Archivio White Star
Seite 130 unten Alfio Garozzo/Archivio White Star
Seiten 130-131 Alfio Garozzo/Archivio White Star
Seite 131 unten Giulio Veggi/Archivio White Star
Seite 132 links Alfio Garozzo/Archivio White Star
Seite 132-133 Alfio Garozzo/Archivio White Star
Seite 133 Alfio Garozzo/Archivio White Star
Seiten 134-135 Marcello Bertinetti/Archivio White Star
Seite 134 unten Alfio Garozzo/Archivio White Star
Seite 134 unten Grafik: Angelo Colombo/Archivio White Star
Seite 135 Marcello Bertinetti/Archivio White Star
Seite 136 oben Giulio Veggi/Archivio White Star
Seite 136 Mitte Giulio Veggi/Archivio White Star
Seite 136 unten Marcello Bertinetti/Archivio White Star
Seiten 136-137 Giulio Veggi/Archivio White Star
Seite 138 Marcello Bertinetti/Archivio White Star
Seite 139 oben Alfio Garozzo/Archivio White Star
Seite 139 unten Antonio Attini/Archivio White Star
Seite 140 oben Marcello Bertinetti/Archivio White Star
Seite 140 links Alfio Garozzo/Archivio White Star
Seite 140 rechts Antonio Attini/Archivio White Star
Seite 141 Alfio Garozzo/Archivio White Star
Seite 142 Alfio Garozzo/Archivio White Star
Seite 143 Giulio Veggi/Archivio White Star
Seite 144 Marcello Bertinetti/Archivio White Star
Seite 144 oben Grafik: Angelo Colombo/Archivio White Star
Seiten 144-145 Marcello Bertinetti/Archivio White Star
Seite 145 unten Giulio Veggi/Archivio White Star
Seite 146 oben Antonio Attini/Archivio White Star
Seite 146 unten Marcello Bertinetti/Archivio White Star
Seite 147 Marcello Bertinetti/Archivio White Star
Seite 148 oben Alfio Garozzo/Archivio White Star
Seite 148 unten Marcello Bertinetti/Archivio White Star
Seiten 148-149 Alfio Garozzo/Archivio White Star
Seite 151 Alfio Garozzo/Archivio White Star
Seiten 152-153 Marcello Bertinetti/Archivio White Star
Seite 152 unten Archivio White Star
Seite 152 unten links Grafik: Angelo Colombo/Archivio White Star
Seite 153 oben Marcello Bertinetti/Archivio White Star
Seite 153 unten Archivio White Star
Seite 154 oben Antonio Attini/Archivio White Star
Seite 154 unten rechts Marcello Bertinetti/Archivio White Star
Seiten 154-155 Alfio Garozzo/Archivio White Star
Seite 155 unten links Marcello Bertinetti/Archivio White Star
Seite 155 unten rechts Alfio Garozzo/Archivio White Star
Seite 156 Antonio Attini/Archivio White Star
Seite 157 oben Antonio Attini/Archivio White Star
Seite 157 Mitte Antonio Attini/Archivio White Star
Seite 157 links and rechts Archivio White Star
Seiten 158-159 Antonio Attini/Archivio White Star
Seite 160 oben Alfio Garozzo/Archivio White Star
Seite 160 unten Alfio Garozzo/Archivio White Star
Seite 161 oben British Museum
Seite 161 unten Antonio Attini/Archivio White Star
Seite 162 links Alfio Garozzo/Archivio White Star
Seiten 162-163 Alfio Garozzo/Archivio White Star
Seite 162 unten Marcello Bertinetti/Archivio White Star
Seite 162 unten links Grafik: Angelo Colombo/Archivio White Star
Seite 163 oben Alfio Garozzo/Archivio White Star
Seite 163 unten Alfio Garozzo/Archivio White Star
Seite 164 oben Alfio Garozzo/Archivio White Star
Seite 164 Mitte Alfio Garozzo/Archivio White Star
Seite 164 unten Alfio Garozzo/Archivio White Star
Seite 165 oben Alfio Garozzo/Archivio White Star
Seite 165 unten Alfio Garozzo/Archivio White Star
Seite 166 oben Alfio Garozzo/Archivio White Star
Seite 166 unten Alfio Garozzo/Archivio White Star
Seite 167 Alfio Garozzo/Archivio White Star
Seite 168 rechts Hervè Lewandowski/Photo RMN
Seite 168 links Gerard Blot/Photo RMN
Seite 168 unten links Araldo De Luca/Archivio White Star
Seite 169 oben Araldo De Luca/Archivio White Star
Seite 169 unten Araldo De Luca/Archivio White Star
Seiten 170-171 Alfio Garozzo/Archivio White Star
Seite 170 unten Alfio Garozzo/Archivio White Star
Seite 171 Alfio Garozzo/Archivio White Star
Seite 172 oben Alfio Garozzo/Archivio White Star
Seite 172-173 Alfio Garozzo/Archivio White Star
Seite 172 unten Alfio Garozzo/Archivio White Star
Seite 173 rechts Alfio Garozzo/Archivio White Star
Seite 173 links Alfio Garozzo/Archivio White Star
Seite 173 Mitte Alfio Garozzo/Archivio White Star
Seite 173 oben Antonio Attini/Archivio White Star
Seite 174 unten Grafik: Angelo Colombo/Archivio White Star
Seiten 174-175 Marcello Bertinetti/Archivio White Star
Seite 175 unten Antonio Attini/Archivio White Star
Seite 176 Giulio Veggi/Archivio White Star
Seite 177 oben Araldo De Luca/Archivio White Star
Seiten 178-179 Marcello Bertinetti/Archivio White Star
Seite 178 unten Antonio Attini/Archivio White Star
Seite 179 rechts Alfio Garozzo/Archivio White Star
Seite 179 unten Grafik: Angelo Colombo/Archivio White Star
Seite 180 Araldo De Luca/Archivio White Star
Seiten 180-181 Antonio Attini/Archivio White Star
Seite 182 Araldo De Luca/Archivio White Star
Seite 183 Araldo De Luca/Archivio White Star
Seite 184 Araldo De Luca/Archivio White Star
Seiten 184-185 Araldo De Luca/Archivio White Star
Seite 185 oben Araldo De Luca/Archivio White Star
Seite 185 unten Araldo De Luca/Archivio White Star
Seite 186 oben Araldo De Luca/Archivio White Star
Seite 186 unten Araldo De Luca/Archivio White Star
Seite 187 Araldo De Luca/Archivio White Star
Seite 188 Araldo De Luca/Archivio White Star
Seite 189 Araldo De Luca/Archivio White Star
Seiten 190-191 Araldo De Luca/Archivio White Star
Seite 190 links Araldo De Luca/Archivio White Star
Seite 191 oben Araldo De Luca/Archivio White Star
Seite 191 unten Araldo De Luca/Archivio White Star
Seiten 192-193 Araldo De Luca/Archivio White Star
Seite 192 unten Araldo De Luca/Archivio White Star
Seite 193 oben Araldo De Luca/Archivio White Star
Seite 193 unten Araldo De Luca/Archivio White Star
Seite 194 oben Araldo De Luca/Archivio White Star
Seite 194 unten Araldo De Luca/Archivio White Star
Seite 195 Antonio Attini/Archivio White Star

Seite 196 Araldo De Luca/ Archivio White Star
Seite 197 Araldo De Luca/ Archivio White Star
Seite 198 oben Marcello Bertinetti/Archivio White Star
Seiten 198-199 Alfio Garozzo/ Archivio White Star
Seiten 200-201 Antonio Attini/ Archivio White Star
Seite 201 unten Antonio Attini/ Archivio White Star
Seite 202 Alfio Garozzo/Archivio White Star
Seite 203 Archivio White Star
Seiten 204-205 Araldo De Luca/ Archivio White Star
Seite 205 Araldo De Luca/ Archivio White Star
Seite 206 Alfio Garozzo/Archivio White Star
Seite 207 Alfio Garozzo/Archivio White Star
Seite 208 Marcello Bertinetti/ Archivio White Star
Seite 209 Marcello Bertinetti/ Archivio White Star
Seite 210 Giulio Veggi/Archivio White Star
Seite 211 Marcello Bertinetti/ Archivio White Star
Seiten 212-213 Antonio Attini/ Archivio White Star
Seite 214 Araldo De Luca/ Archivio White Star
Seite 215 Araldo De Luca/ Archivio White Star
Seite 216 Araldo De Luca/ Archivio White Star
Seite 217 Araldo De Luca/ Archivio White Star
Seite 218 Marcello Bertinetti/ Archivio White Star
Seite 219 Antonio Attini/ Archivio White Star
Seite 221 rechts Araldo De Luca/ Archivio White Star
Seite 221 links Antonio Attini/ Archivio White Star
Seite 222 Araldo De Luca/ Archivio White Star
Seite 222 unten Grafik: Angelo Colombo/Archivio White Star
Seiten 222-223 Marcello Bertinetti/Archivio White Star
Seite 223 unten Marcello Bertinetti/Archivio White Star
Seiten 224-225 Araldo De Luca/ Archivio White Star
Seite 224 unten Araldo De Luca/Archivio White Star
Seite 225 Araldo De Luca/ Archivio White Star
Seite 226 Araldo De Luca/ Archivio White Star
Seiten 226-227 Araldo De Luca/ Archivio White Star
Seiten 228-229 Araldo De Luca/ Archivio White Star
Seite 229 oben Araldo De Luca/ Archivio White Star
Seite 229 unten Araldo De Luca/ Archivio White Star
Seite 230 rechts Araldo De Luca/ Archivio White Star
Seite 230 links Araldo De Luca/ Archivio White Star
Seite 231 Araldo De Luca/ Archivio White Star
Seite 232 unten Grafik: Elena Tagliabò/Archivio White Star
Seiten 232-233 Araldo De Luca/ Archivio White Star
Seite 233 unten links Araldo De Luca/Archivio White Star
Seite 233 unten rechts Araldo De Luca/Archivio White Star
Seiten 234-235 Araldo De Luca/ Archivio White Star
Seite 234 links Araldo De Luca/ Archivio White Star
Seite 234 unten Araldo De Luca/Archivio White Star
Seite 235 unten links Araldo De Luca/Archivio White Star
Seite 235 unten rechts Araldo De Luca/Archivio White Star
Seiten 236-237 Araldo De Luca/Archivio White Star
Seite 237 oben Araldo De Luca/Archivio White Star
Seite 237 unten Araldo De Luca/Archivio White Star
Seite 238 links Araldo De Luca/ Archivio White Star
Seite 238 rechts Marcello Bertinetti/Archivio White Star
Seite 239 unten Marcello Bertinetti/Archivio White Star
Seite 240 Giulio Veggi/Archivio White Star
Seite 242 Marcello Bertinetti/ Archivio White Star
Seite 243 Antonio Attini/ Archivio White Star
Seite 244 links Araldo De Luca/ Archivio White Star
Seiten 244-245 Alfio Garozzo/ Archivio White Star
Seiten 246-247 Antonio Attini/ Archivio White Star
Seite 248 unten Grafik: Theban Mapping Project
Seiten 248-249 Kenneth Garrett
Seite 249 Francis Dzikowski and the Theban Mapping Project
Seite 250 rechts Louvre/Photo RMN
Seite 250 links Hervè Lewandowski/ Photo RMN
Seiten 250-251 Chuzeville/ Photo RMN
Seite 252 oben Chuzeville/ Photo RMN
Seite 252 unten Hervè Lewandowski/Photo RMN
Seite 253 Araldo De Luca/ Archivio White Star
Seite 254 links Hervè Lewandowski/Photo RMN
Seite 254 rechts Hervè Lewandowski/Photo RMN
Seiten 254-255 Araldo De Luca/ Archivio White Star
Seite 256 Archivio White Star
Seite 257 Archivio White Star
Seite 258 Antonio Attini/ Archivio White Star
Seite 259 Araldo De Luca/ Archivio White Star
Seite 260 links Araldo De Luca/ Archivio White Star
Seite 260 rechts Chuzeville/ Photo RMN
Seite 261 Louvre/Photo RMN
Seite 262 oben Ch. Larrieu/ Photo RMN
Seite 262 unten Chuzeville/ Photo RMN
Seite 263 links Hervè Lewandowski/Photo RMN
Seite 263 rechts Hervè Lewandowski/Photo RMN
Seite 264 unten Araldo De Luca/ Archivio White Star
Seite 264-265 Araldo De Luca/ Archivio White Star
Seite 265 oben Araldo De Luca/ Archivio White Star
Seite 267 British Museum
Seite 269 oben Araldo De Luca/ Archivio White Star
Seite 269 unten Araldo De Luca/ Archivio White Star
Seite 270 Hervè Lewandowski/Photo RMN
Seite 271 British Museum
Seite 272 Archivio White Star
Seite 273 Antonio Attini/ Archivio White Star
Seite 274 Archivio White Star
Seite 275 Araldo De Luca/ Archivio White Star
Seiten 276-277 Marcello Bertinetti/Archivio White Star
Seiten 278-279 B. Datala/Photo RMN
Seite 279 Araldo De Luca/ Archivio White Star
Seiten 280-281 Antonio Attini/ Archivio White Star
Seite 280 unten Araldo De Luca/ Archivio White Star
Seite 281 Araldo De Luca/ Archivio White Star
Seite 282 Alfio Garozzo/Archivio White Star
Seite 283 Antonio Attini/ Archivio White Star
Seite 284 unten Grafik: Paola Furbatto/Archivio White Star
Seiten 284-285 Araldo De Luca/ Archivio White Star
Seite 285 oben Francis Dzikowski and the Theban Mapping Project
Seite 285 unten links Araldo De Luca/Archivio White Star
Seite 285 unten rechts Francis Dzikowski and the Theban Mapping Project
Seite 286 Araldo De Luca/ Archivio White Star
Seite 287 oben Francis Dzikowski and the Theban Mapping Project
Seite 287 unten Francis Dzikowski and the Theban Mapping Project
Seite 288 Yann Rantier-CNRS
Seite 289 oben Chuzeville/Photo RMN
Seite 289 unten Archivio Scala
Seite 290 Marcello Bertinetti/ Archivio White Star
Seite 291 oben Araldo De Luca/Archivio White Star
Seite 291 unten Araldo De Luca/Archivio White Star
Seite 292 Archivio White Star
Seite 293 Archivio White Star
Seite 294 Araldo De Luca/ Archivio White Star
Seite 295 links Araldo De Luca/ Archivio White Star
Seite 295 rechts Araldo De Luca/ Archivio White Star
Seite 296 links Araldo De Luca/ Archivio White Star
Seite 296 rechts Araldo De Luca/ Archivio White Star
Seite 297 Araldo De Luca/ Archivio White Star
Seite 298-299 Araldo De Luca/ Archivio White Star
Seite 298 unten Araldo De Luca/ Archivio White Star
Seite 299 oben Araldo De Luca/ Archivio White Star
Seite 299 unten Araldo De Luca/Archivio White Star
Seite 300 Archivio White Star
Seite 301 Archivio White Star
Seite 302 Archivio White Star
Seite 303 Archivio White Star
Seite 304 B. Hatala/Photo RMN
Seite 307 Antonio Attini/ Archivio White Star
Seite 309 Archivio Scala
Seite 310 Archivio White Star
Seite 320 Archivio White Star